MINISTÈRE DU COMMERCE, DE L'INDUSTRIE
ET DES COLONIES

EXPOSITION UNIVERSELLE INTERNATIONALE DE 1889
A PARIS

RAPPORTS DU JURY INTERNATIONAL

PUBLIÉS SOUS LA DIRECTION

DE

M. ALFRED PICARD

INSPECTEUR GÉNÉRAL DES PONTS ET CHAUSSÉES, PRÉSIDENT DE SECTION AU CONSEIL D'ÉTAT
RAPPORTEUR GÉNÉRAL

CLASSE 10. — Papeterie, reliure, matériel des arts de la peinture et du dessin

RAPPORT DE M. CHOQUET

PRÉSIDENT DE LA CHAMBRE SYNDICALE DU PAPIER ET DES INDUSTRIES QUI LE TRANSFORMENT
ANCIEN VICE-PRÉSIDENT DU CERCLE DE LA LIBRAIRIE
SECRÉTAIRE DU COMITÉ CENTRAL DES CHAMBRES SYNDICALES
VICE-PRÉSIDENT DU COMITÉ D'INSTALLATION ET MEMBRE DU JURY DE RÉCOMPENSES DE LA CLASSE 10
DOCTEUR EN MÉDECINE, LAURÉAT DE LA FACULTÉ DE PARIS

PARIS

IMPRIMERIE NATIONALE

M DCCC XCI

CLASSE 10

Papeterie, reliure, matériel des arts de la peinture et du dessin

RAPPORT DE M. CHOQUET

MINISTÈRE DU COMMERCE, DE L'INDUSTRIE
ET DES COLONIES

EXPOSITION UNIVERSELLE INTERNATIONALE DE 1889
À PARIS

RAPPORTS DU JURY INTERNATIONAL

PUBLIÉS SOUS LA DIRECTION

DE

M. ALFRED PICARD

INSPECTEUR GÉNÉRAL DES PONTS ET CHAUSSÉES, PRÉSIDENT DE SECTION AU CONSEIL D'ÉTAT

RAPPORTEUR GÉNÉRAL

CLASSE 10. — Papeterie, reliure, matériel des arts de la peinture et du dessin

RAPPORT DE M. CHOQUET

PRÉSIDENT DE LA CHAMBRE SYNDICALE DU PAPIER ET DES INDUSTRIES QUI LE TRANSFORMENT
ANCIEN VICE-PRÉSIDENT DU CERCLE DE LA LIBRAIRIE
SECRÉTAIRE DU COMITÉ CENTRAL DES CHAMBRES SYNDICALES
VICE-PRÉSIDENT DU COMITÉ D'INSTALLATION ET MEMBRE DU JURY DES RÉCOMPENSES DE LA CLASSE 10
DOCTEUR EN MÉDECINE, LAURÉAT DE LA FACULTÉ DE PARIS

PARIS
IMPRIMERIE NATIONALE

M DCCC XCI

MINISTÈRE DU COMMERCE, DE L'INDUSTRIE
DES POSTES ET DES TÉLÉGRAPHES

EXPOSITION UNIVERSELLE INTERNATIONALE DE 1889

7e GROUPE

RAPPORTS DU JURY INTERNATIONAL

PUBLIÉS SOUS LA DIRECTION
DE

M. ALFRED PICARD

INSPECTEUR GÉNÉRAL DES PONTS ET CHAUSSÉES, RAPPORTEUR DE SECTION AU CONSEIL D'ÉTAT
RAPPORTEUR GÉNÉRAL

(Classe 10. — Papeterie), reliure, matériel d'art, de la peinture et du dessin.)

RAPPORT DE M. GRIGOULT

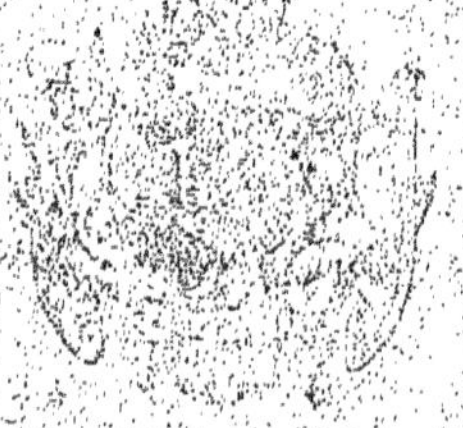

PARIS

IMPRIMERIE NATIONALE

M DCCC XCI

COMPOSITION DU JURY.

MM. Vacquerel (Eugène), *Président,* fabricant de papier d'emballage et de carton, membre du jury des récompenses à l'Exposition de Paris en 1878.   France.

Lamort, *Vice-Président,* ingénieur civil, fabricant de papier . . . .   Luxembourg.

Choquet, *Rapporteur,* fabricant de papier . . . .   France.

Fortin (Ch.), *Secrétaire,* papetier-imprimeur, fabricant de fournitures de bureau. . . . .   France.

Wedeles (Siegfried), membre du Comité général austro-hongrois. . . . . . .   Autriche-Hongrie.

Narushima, membre de la Commission Impériale du Japon. . . . .   Japon.

Obreen (A.-L.-H.), membre du Comité néerlandais, ingénieur, membre du jury des récompenses à l'Exposition de Paris en 1878. . . . .   Pays-Bas.

Dumont (H.-L.), administrateur de la Société anonyme des papeteries du Marais et de Sainte-Marie, membre de la Commission permanente des valeurs de douane, grande médaille à l'Exposition de Paris en 1878 . . .   France.

Engel père, relieur, membre du jury des récompenses à l'Exposition de Paris en 1878, diplôme d'honneur à l'Exposition d'Anvers en 1885 . . .   France.

Johannot (Henri), fabricant de papier, médaille d'or à l'Exposition de Paris en 1878. . . . .   France.

Kléber (Émile), de la maison Blanchet et Kléber, fabricant de papier à écrire, grande médaille à l'Exposition de Paris en 1878. . . . .   France.

Sirven, fabricant d'articles de bureau, médaille d'or à l'Exposition de Paris en 1878. . . . .   France.

Rogers (H.-G.), *suppléant.* . . . .   États-Unis.

Schubert (Joseph), *suppléant.* . . . .   Autriche-Hongrie.

Pauilhac, *suppléant,* fabricant de papier à cigarette à Toulouse . . . .   France.

Varin (P.), *suppléant,* fabricant de papier, médaille d'argent à l'Exposition de Paris en 1878. . . . .   France.

Haro (J.), *expert.* . . . .   France.

Mangin (E.), *expert.* . . . .   France.

PAPETERIE, RELIURE,
MATÉRIEL DES ARTS DE LA PEINTURE
ET DU DESSIN.

CHAPITRE PREMIER.

Introduction. — Considérations générales sur le papier et le carton, les diverses transformations de ces substances, les fournitures de bureau, la reliure, le matériel des arts de la peinture et du dessin.

INTRODUCTION.

La diversité des produits groupés dans la classe 1 o imposa, *a priori*, au jury, l'établissement d'une classification méthodique des objets à examiner.

Les papiers et les cartons formèrent une première catégorie d'articles à apprécier; les dérivés de ces substances constituèrent une seconde section toute indiquée, à la suite de laquelle vinrent se placer les différents échantillons rentrant dans le domaine des fournitures de bureau; les travaux de reliure furent rangés dans une quatrième division, et l'ensemble fut complété par la création d'un cinquième groupe réservé au matériel des arts.

Dans la section française, l'insuffisance du local, primitivement attribué à la classe 1 o, avait nécessité l'adjonction de diverses annexes, à la partie principale représentée par la salle, formant, au premier étage, l'extrémité nord du palais des Arts libéraux. On accédait à cette salle par deux vastes escaliers symétriquement placés à droite et à gauche de l'entrée principale de la grande nef du palais, et séparés de la clôture de la galerie terminale du rez-de-chaussée par un espace étroit affecté à l'exposition des papiers en bobines.

Au-dessous de ces escaliers étaient exposés, soit dans des vitrines, soit sur des plates-formes, les couleurs, les pinceaux, les mannequins, etc., en un mot tous les objets classés dans le cinquième groupe.

Le grand salon du premier étage comportait une longueur de 52 mètres sur une largeur de 15 mètres environ.

Éclairée par sa toiture et par la cloison vitrée donnant vue sur le jardin du Champ de Mars, cette salle comprenait deux rangées parallèles de vitrines hautes, laissant entre elles une allée de 4 mètres; et pour éviter la monotonie inséparable d'une semblable disposition, l'architecte, M. Pucey, avait eu l'heureuse inspiration d'interrompre ces grandes lignes par un certain nombre de passages transversaux limitant des vitrines isolées, appropriées par leur forme à la nature des produits qu'elles étaient destinées à recevoir.

Adossées aux deux rangées principales, d'autres vitrines hautes formaient le bord intérieur des allées latérales que complétaient du côté opposé les pupitres et les armoires meublant le pourtour du salon.

Une vaste baie, ménagée dans la cloison de clôture intérieure, permettait d'apercevoir l'exposition de l'histoire du travail.

La grande salle communiquait à ses extrémités avec deux pavillons carrés et symétriques, et l'un d'eux avait été attribué à la classe 10.

Ce pavillon, d'une superficie de 200 mètres carrés environ, était éclairé par le vitrage de sa toiture et de ses deux cloisons extérieures; une élégante vitrine à quatre faces occupait son centre et donnait place, ainsi que les vitrines basses qui l'entouraient, aux travaux exposés par l'industrie de la reliure; à son pourtour étaient disposés les pupitres et les vitrines hautes destinés à l'exposition des fabricants et des transformateurs de papier à cigarette [1].

Dans les sections coloniales et étrangères, à l'exception toutefois de l'Angleterre, de l'Autriche, de la Hollande, du Japon et de la Russie, les produits appartenant à la classe 10 se trouvaient généralement disséminés [2].

CONSIDÉRATIONS GÉNÉRALES.

PREMIÈRE CATÉGORIE DES PRODUITS EXPOSÉS.

PAPIER ET CARTON.

L'industrie du papier est intimement liée au développement intellectuel des peuples, et sa production s'accroît au fur et à mesure que s'élève et se généralise l'instruction.

---

[1] Le nombre total des exposants français, de la classe 10, dont le comité a dû préparer l'installation, a été de 239. Le prix de revient des vitrines hautes a été de 154 francs le mètre, celui des pupitres de 109 francs, celui des gradins de 16 francs. La somme totale dépensée pour l'organisation et l'aménagement de cette section a atteint un chiffre d'environ 110,000 francs. Il a été distribué aux exposants français de cette classe : 7 grands prix, 36 médailles d'or, 57 médailles d'argent, 57 médailles de bronze, 39 mentions honorables.

Dix-huit médailles ont été accordées en outre aux collaborateurs : 1 médaille d'or, 9 médailles d'argent, 8 médailles de bronze.

[2] Il a été accordé aux exposants de la classe 10 :

Grands prix	13
Médailles d'or	56
Médailles d'argent	100
Médailles de bronze	136
Mentions honorables	98
RÉCOMPENSES	403

Ambroise Didot, l'éminent rapporteur du jury de la classe 17, à l'Exposition universelle de Londres (1851), estimait ainsi qu'il suit la production approximative en papier et en carton des divers pays ayant participé à ce grand concours industriel :

PRODUCTION TOTALE DU PAPIER ET DU CARTON EN 1850.

PAYS.	NOMBRE		PRODUCTION.
	DE MACHINES.	DE CUVES.	kilogrammes.
Angleterre....................................	322	266	62,960,000
Écosse..	58	19	14,300,000
Irlande.......................................	33	15	3,309,751
France..	210	250	41,680,000
Zollverein....................................	140	1,024	37,200,000
Autriche......................................	49	900	22,320,000
Danemark......................................	7	20	1,680,000
Suède...	7	8	1,530,000
Belgique......................................	28	52	6,132,000
Pays-Bas......................................	//	//	4,200,000
Espagne.......................................	17	250	5,310,000
Italie..	35	72	7,992,000
Suisse..	26	//	13,000,000
Turquie.......................................	1	//	180,000

Dans l'intéressant travail rédigé par Roulhac[1], à la suite de l'Exposition de 1867, nous n'avons pas trouvé de chiffres indiquant la production de ces matières, mais quelques années plus tard la statistique de M. Rudal, de Vienne, accusait pour le monde entier l'existence de 3,960 usines à papier et à carton employant 90,000 hommes, 180,000 femmes et fabriquant annuellement 900 millions de kilogrammes ainsi répartis : 450 millions pour l'imprimerie, 150 millions pour l'écriture et 300 millions pour les autres emplois.

M. Haro, l'honorable rapporteur de la classe 10, se bornant à l'examen des dix-sept nations qui avaient pris part à l'Exposition universelle de 1878, estimait que la production totale de leurs 3,352 machines et de leurs 2,000 cuves représentait un capital d'environ 2 milliards.

Si nous consultons à notre tour les derniers documents parus sur la question, nous arrivons pour le monde entier [2] à une production annuelle totale de 2,261,904,430 kilogrammes fabriqués par 2,758 cuves, 4,397 machines et employant 205,716 ouvriers et ouvrières [3].

Tous les chiffres mentionnés ci-dessus n'ont du reste qu'une valeur approximative, car

[1] Rapporteur du jury de la papeterie.
[2] A l'exception de la Chine et du Japon.
[3] Voir, pour les détails, l'index du présent rapport.

la statistique exacte de la production du papier reste encore à faire. Nous avons tenu dans nos calculs à nous rapprocher autant que possible de la vérité, et nous nous sommes mis en garde contre l'exagération qu'il nous a été permis de constater dans quelques-uns des ouvrages que nous avons consultés.

Si certaines machines sont capables d'atteindre la production quotidienne de 6,000 à 8,000 kilogrammes, il ne s'ensuit pas qu'il faille baser le calcul de la moyenne générale sur de tels chiffres. Les machines de petite largeur sont encore les plus nombreuses, et la variété des produits fabriqués crée nécessairement des différences dans la continuité et dans la vitesse de la marche de l'outillage industriel; c'est en tenant compte de ces considérations et après enquête minutieuse auprès des administrations françaises et des consulats étrangers, que nous nous sommes arrêté à ces chiffres.

L'augmentation de production du papier et du carton qui s'est manifestée depuis dix ans correspond à la progression proportionnelle de la consommation de ces substances, progression qui tient à la fois au développement des utilisations anciennes et à l'application à de nouveaux usages.

Nombreux, en effet, sont aujourd'hui les emplois du papier et du carton; il en surgit chaque jour d'imprévus; or, toute sorte nouvelle entraînant ses exigences particulières, il en résulte que le fabricant est involontairement incité à varier et à améliorer perpétuellement ses procédés.

Est-il nécessaire de rappeler ici la multiplicité des articles livrés par les fabricants à la consommation?

S'agit-il des papiers à imprimer : nous avons à considérer les sortes en bobines ou en rames destinées au tirage des journaux illustrés ou non illustrés; les sans colle et les collés pour les ouvrages de librairie; les articles spéciaux employés pour la lithographie, la chromolithographie, la gravure et la taille-douce; les coquilles et autres formats courants pour les travaux typographiques et lithographiques dits *travaux de ville*; les papiers de couleur pour affiches.

La catégorie des papiers à écrire n'est pas moins riche en variétés que la précédente : nous y trouvons en effet toute la collection des vélins et des vergés blancs, bulles et colorés; les rectangles et les losanges pour enveloppes; les sortes collées à la gélatine; le papier ministre, l'assortiment complet des pâtes à registres.

Touchant de près à ces deux classes, viennent prendre place les papiers filigranés à la forme ou à la machine pour billets de banque, les parcheminés pour titres, chèques, effets de commerce.

Mentionnons ensuite les bobines blanches ou colorées servant à la confection des papiers de tenture; les raisins et les jésus pour bristols; les sortes d'intérieur ou de dessus destinées à l'encollage de la carte blanche, les articles affectés à la fabrication des papiers couchés dits *de fantaisie*.

Citons également toute la série des sortes minces : papiers à cigarette, serpentes pour fleuristes, pelures pour copies de lettres, pour gardes de gravures, mousse-lines, etc., et avant d'en arriver à parler des sortes d'emballage, signalons enfin les buvards, les papiers à filtrer, les sortes à dessin, à aquarelle, etc.

La classe des papiers de paquetage comprend également une infinité de variétés, dont les principales sont le phormium, le goudron, la manille, la paille, la macula-ture, le bulle dit *bulle anglais*, le papier à sucre, à aiguilles, etc.

Le papier comprimé, d'autre part, a trouvé depuis quelques années un certain nombre d'applications intéressantes : on l'emploie à la construction des rails, des roues de wagons, des tonneaux, des coques pour petites embarcations, à la confection des vases imperméables et hydrofuges.

L'extension de l'industrie de la papeterie a nécessairement entraîné à sa suite le développement de la fabrication du carton, carton de chiffons, carton de bois, carton de paille, articles destinés à la confection des registres, à la reliure, au carton-nage, etc.

La pâte de carton a été utilisée de son côté pour la fabrication d'une foule d'objets tels que : roues, manivelles, brancards de voitures, briques, vases, coiffures, talons, semelles, renforts de chaussures, etc.

Si la consommation du papier et du carton a augmenté, le cours de ces marchan-dises a singulièrement baissé depuis 1878; mais cette diminution dans les prix n'a pas frappé toutes les nations dans les mêmes proportions et n'a pas atteint indistincte-ment toutes les produits dans la même mesure; lorsque nous aborderons l'examen des diverses sections, nous ne manquerons pas de faire ressortir la situation particulière à chaque pays; nous nous bornerons pour l'instant à signaler ce fait : que depuis une dizaine d'années, les papiers de qualité supérieure affectés au dessin, à la platinotypie à l'impression des titres, des livres de luxe, de la gravure, de la taille-douce, de la chromolithographie, à la confection des registres, etc., ont subi une diminution de prix de 10 à 20 p. 100 et que les papiers moyens et inférieurs ont vu leur cours s'abaisser de 40 à 50 p. 100.

Eu égard aux exigences spéciales auxquelles est soumis leur emploi, les sortes fines ne sont point de nature à supporter des modifications profondes dans le choix de leurs matières premières, dont les chiffons supérieurs forment la base et dont la valeur n'a pas sensiblement diminué; il n'en est pas de même des autres papiers, dans la compo-sition desquels les succédanés sont intervenus en totalité ou en partie.

Les industriels qui ont la spécialité des papiers fins se sont appliqués à perfectionner leurs articles, à les établir à meilleur compte; quelques-uns même, et principalement les Anglais, ont introduit l'alfa dans la constitution de leurs pâtes; mais ces diverses améliorations, qui leur ont permis d'offrir aux consommateurs un certain avantage sur le cours de leurs marchandises, devaient nécessairement demeurer assez limitées.

Tout au contraire, les fabricants des autres sortes et les fabricants de carton ont vu l'économie de leur industrie se bouleverser complètement par suite de l'emploi des succédanés, et ont dû apporter à leur outillage les adaptations nécessitées par ce nouveau genre de fabrication.

Les progrès accomplis dans les diverses branches industrielles de la transformation du papier et du carton ont obligé, d'autre part, les fabricants à modifier la présentation de leurs marchandises.

En résumé, l'évolution accomplie dans la papeterie depuis 1878 peut se traduire :

1° Par la modification des matières premières en usage et l'emploi définitif des succédanés;

2° Par les changements intervenus dans l'outillage : élargissement des machines, augmentation de vitesse de leur marche;

3° Par l'appropriation des modes de présentation des marchandises fabriquées aux nombreux besoins de la consommation.

I

MODIFICATION DES MATIÈRES PREMIERES EN USAGE ET EMPLOI DÉFINITIF DES SUCCÉDANES.

CHIFFONS.

Il va sans dire que l'introduction de procédés nouveaux dans les différentes branches de l'industrie des tissus a forcément modifié la nature des chiffons consommés par la papeterie. Certaines sortes, telles que les toiles de chanvre tissées à la main, sont devenues de plus en plus rares; d'autres, ainsi que les cordages, se sont transformées par l'incorporation de nouvelles substances dans leur texture. Les fabricants ont dû parer à ces difficultés par des substitutions et par des moyens de traitement appropriés. Ils n'ont rien épargné d'ailleurs pour tirer le meilleur parti possible des matières qui, pendant des siècles, avaient constitué l'élément principal de leur industrie, et c'est ainsi que des chiffons communs, déchets, cordages, vieux papiers et rognures, qui ne servaient, il y a une dizaine d'années, qu'à la fabrication du papier d'emballage et du carton, ont trouvé leur utilisation dans la confection des sortes blanches et de couleur, grâce à des moyens de lessivage et de blanchiment plus perfectionnés.

PAILLE.

La paille[1] est restée la matière première fondamentale des papiers qui portent son nom et qui sont destinés à l'empaquetage et à la fabrication des sacs; il y a près de quarante ans déjà, que l'idée d'utiliser cette substance pour la confection des pâtes à

[1] L'emploi de la paille comme matière première du papier fut introduit par Seguin au commencement de ce siècle.

papiers blancs occupait l'esprit des inventeurs; le brevet pris au mois d'août 1851 par MM. Coupier et Mellier attestait de sérieux efforts dans ce sens; toutefois ce n'est que quelques années plus tard, à la suite des tentatives heureuses de M. Lespermont, que la fabrication de la pâte chimique de paille entra dans la voie pratique qui lui appartenait et où elle remplit encore aujourd'hui un rôle important.

ALFA.

Les premières expériences sur l'emploi de l'alfa remontent à trente-cinq ans environ [1]; cette substance, très justement appréciée grâce à la richesse de son rendement (42 à 50 p. 100), à sa résistance, à sa souplesse et à sa légèreté, convient admirablement à la fabrication des sortes pour impression.

Les papiers d'alfa présentent, à poids égal, une épaisseur supérieure à celle des papiers de bois et de chiffons.

Le bon marché de la houille, du chlorure de chaux et de la soude, en Angleterre, a singulièrement favorisé l'emploi de la pâte d'alfa par les fabricants de papier de ce pays; aussi furent-ils les premiers à l'utiliser et sont-ils encore les principaux consommateurs de ce produit qu'ils se procurent en grande partie en Algérie.

PÂTE DE BOIS CHIMIQUE.

La pâte de bois chimique, vulgairement nommée *cellulose au bisulfite,* est devenue la matière première par excellence des fabricants de papiers moyens, qui l'emploient isolément ou l'allient à la pâte de chiffons. Il ne nous appartient pas de nous étendre ici sur la technique de la pâte de bois chimique, qui rentre dans le domaine de l'honorable rapporteur de la classe 58; nous nous bornerons à rappeler que les divers procédés Mitscherlich, Franke, Ekman, Kellner, Darblay, etc., se résument tous à un lessivage de la matière, effectué à une température plus ou moins élevée, dans un bain concentré de bisulfite, et suivi d'un lavage complet destiné à enlever à la pâte toute trace d'acidité.

PÂTE DE BOIS MÉCANIQUE.

La pâte de bois mécanique ou bois râpé est universellement employée aujourd'hui dans la fabrication des sortes communes, et convient admirablement pour remplir les cellules que laissent entre elles les fibres qui forment la trame du papier. Employé exclusivement, le bois râpé donne un produit sans soutien et sans consistance [2].

Il est aisé de concevoir l'avantage énorme des fabricants de papier dont les usines

[1] Vers 1854, Helenus fabriqua à Echarcon et à Sorel un papier d'alfa.

[2] Le premier appareil défibreur est attribué à Keller, qui céda son invention à Vœlter, fabricant de papier à Heidenheim.

se trouvent à proximité des forêts produisant les espèces de bois favorables à leur genre de fabrication.

L'industrie du carton a nécessairement suivi l'impulsion de la papeterie et a utilisé avantageusement les succédanés pour la confection de ses cartons de paille et de ses cartons de bois.

C'est principalement à la galerie des Machines et au pavillon des Forêts qu'il nous a été permis d'étudier les matières premières servant à la fabrication des papiers de toutes sortes que nous avions à examiner, et nous avons trouvé dans les vitrines de MM. BERGÈS, BICHELBERGER, BOUCHER, HORTEUR, LEGRAND, DE NAEYER et Cie, METTENET et Cie, ZUBER et RIEDER, dans celles des PAPETERIES DU SOUCHE, des PAPETERIES DE DIEPPE, etc., les nombreux spécimens de ces substances : chiffons, pâtes d'épicéa, de sapin, de tremble, de pin, de peuplier, de bouleau, de frêne, de tilleul, d'orme, d'aune, de saule, de noisetier, de charme, etc.; cellulose au bisulfite blanchie et non blanchie; pâte d'alfa, pâte de paille, etc. Si l'on en jugeait, au premier abord, par les 62 échantillons de pâtes exposés par MM. DE NAEYER et Cie, et correspondant à autant de variétés de matières textiles, on pourrait penser que les éléments de la fabrication du papier sont inépuisables; mais un examen attentif amène à constater que parmi toutes ces matières, il en est dont le faible rendement est incompatible avec l'emploi économique, recherché à juste titre.

Le tableau dressé par M. Haro à la suite de l'Exposition de 1878, tableau que nous reproduisons ici, permettra du reste de se rendre compte des différences de rendement de ces substances.

REPRODUCTION DU TABLEAU DONNÉ PAR M. HARO DANS SON RAPPORT
INDIQUANT LES MATIÈRES PREMIÈRES VÉGÉTALES EXPOSÉES EN 1878 PAR MM. DE NAEYER ET Cie.

1° *Espèces de pailles.*

(Rendement par 100 kilogrammes.)

1.	Cameline	29.16	13. Canua	20.29
2.	Agrostide	45.82	14. Seigle	44.12
3.	Sarrasin	30.60	15. Grande ortie	21.66
4.	Scirpe des marais	41.70	16. Canne à sucre	29.15
5.	Bananier	31.81	17. Orge	36.21
6.	Malcva	26.08	18. Carex	33.86
7.	Avoine	35.08	19. Froment	43.14
8.	Lin de la Nouvelle-Zélande	32.71	20. Fromenteau	46.17
9.	Tiges d'asperges	32.56	21. Couche bleue	40.07
10.	Paturin aquatique	38.80	22. Tige de houblon	34.84
11.	Maïs	40.24	23. Alpiste des Canaries	44.16
12.	Roseau	41.57	24. Genêt sauvage	32.43
			25. Chiendent	28.38

2° *Espèces de bois.*

(Rendement par 100 kilogrammes.)

1. Bruyère	27.14	14. Osier	29.50
2. Noisetier	31.50	15. Peuplier du Canada	36.88
3. Aune	34.30	16. Hêtre	30.80
4. Bambou	34.82	17. Sapin pitchpin	31.08
5. Sapin blanc	34.60	18. Noyer	26.52
6. Marronnier	38.26	19. Saule	37.82
7. Chêne	29.16	20. Bouleau	33.80
8. Peuplier blanc	35.81	21. Peuplier d'Italie	36.12
9. Sapin rouge	32.28	22. Acacia	34.10
10. Orme	31.81	23. Tilleul	38.16
11. Frêne	32.28	24. Rotin grenine	29.19
12. Bourdaine	37.82	25. Genêt	32.43
13. Sapin de Campine	35.17		

Il suffit de suivre l'histoire de la papeterie pour reconnaître que l'idée de substituer les succédanés aux chiffons date de loin. En 1787 parut effectivement, en France, un livre imprimé sur papier de tilleul et relatant les expériences faites par Leorier Delisle sur différents végétaux, au point de vue de cette utilisation. L'expérimentateur avait trouvé le moyen d'employer l'ortie, le houblon, la mousse, le roseau, la racine de chiendent, le bois de coudrier, l'écorce de chêne, de tilleul, de peuplier, d'osier et de saule.

II

CHANGEMENTS DANS L'OUTILLAGE, ÉLARGISSEMENT DES MACHINES,
AUGMENTATION DE VITESSE DE LEUR MARCHE.

Il est facile de concevoir que les modifications, introduites depuis quinze ans dans la papeterie, eurent toutes pour objectif l'amélioration du produit, au point de vue des qualités de sa fabrication et de son établissement à meilleur compte. Chez les fabricants de sortes fines, le premier de ces résultats fut plus particulièrement recherché; chez les producteurs de papier courant, les efforts tendirent principalement à fabriquer économiquement. Un grand nombre de ces derniers installèrent de toutes pièces des usines destinées à préparer les pâtes de succédanés nécessaires à leur exploitation.

Le traitement classique des chiffons ne s'est pas sensiblement modifié; le lessivage et le défilage, pratiqués actuellement, ne présentent ni comme appareils, ni comme procédés, d'innovations importantes; les efforts se sont plus spécialement appliqués à approprier le raffinage au traitement rapide des nouvelles substances; la substitution des pulp-engines, des piles d'Umpherston, des mélangeuses Debié, des raffineurs Simonet, Brightman, Jordan, Schulte, aux anciennes raffineuses en usage, est venue répondre aux besoins nouveaux de la fabrication et mérite d'être mentionnée.

Le blanchiment des pâtes s'est borné à l'amélioration du traitement par la dissolution de l'hypochlorite calcique (*chlore liquide*); l'emploi du chlore gazeux, eu égard à l'irrégularité de son action décolorante et à sa dépense relativement coûteuse, a été dans ces derniers temps un peu délaissé.

Afin de répondre au débit de la trituration, les machines ont dû subir à leur tour diverses transformations destinées à augmenter leur production. Une adaptation fort entendue de l'outillage moteur est parvenue à augmenter la vitesse de leur marche et à en assurer la constance; des modifications de détail ont facilité leur conduite; de nouveaux épurateurs, tels que ceux de Wandel, de Dautrebande, de Watson, d'Escher Wyss, etc., sont venus tantôt s'ajouter, tantôt se substituer aux anciens appareils moins parfaits; de nouvelles dispositions de la table de fabrication ont permis le changement de format durant la marche, ont assuré la régularisation de l'épaisseur de la feuille, etc. Plusieurs fabricants ont élargi leurs machines, allongé leurs tables de fabrication, multiplié leurs sécheurs, en un mot se sont appliqués à obtenir tout à la fois, la quantité, la grandeur, la vitesse et l'économie [1].

L'emploi usuel de la calandre ne date pas d'assez loin, une quinzaine d'années environ, pour qu'il nous soit défendu de le revendiquer parmi les progrès récents de la papeterie méritant d'être enregistrés. Cet appareil, qui a détrôné presque complètement l'ancienne satineuse (vulgairement nommée *lisse*), a, depuis sa création, subi lui-même de nombreux perfectionnements. Les calandres de L'Huillier, de Dehaître de Kientzy, d'Escher Wyss, etc., comportent dans les détails de leur construction des améliorations dont les praticiens apprécient à juste titre l'importance et la valeur. L'usage des calandres a nécessité le mouillage du papier à la sortie de la machine, opération qui n'est pas sans présenter certaines difficultés au point de vue de sa régularité, difficultés que MM. Erard, de Brouains, et Granger, de Creysse, ont cherché à écarter dans la confection de leurs mouilleurs.

Le degré et le mode de séchage du papier tiennent de si près aux conditions plus ou moins favorables du calandrage, que l'obtention d'un satinage régulier et durable est entrée en ligne de compte aussi bien que la vitesse de la marche de la machine, lorsque les fabricants ont modifié leur sécherie par l'adjonction de nouveaux sécheurs de feutres et de cylindres refroidisseurs.

L'opération de la coupe du papier, dont l'importance ne saurait être méconnue, a subi également de sérieuses améliorations; depuis l'invention de l'appareil Verny,

---

[1] La machine exposée par M. de Naeyer peut faire une largeur de papier rogné de 2 m. 50 et atteindre une production de 7,000 kilogrammes en vingt-quatre heures.

La machine exposée par MM. Escher Wyss et Cie, de Zurich, possède une table de fabrication de 13 mètres de longueur, 10 sécheurs et 6 sécheurs de feutres et marche à raison de 60 mètres par minute.

la coupeuse en long et en large de Burot, celle de Chantrenne avec son multiplicateur de coupes, son ramasse-feuilles et son empileur automatique, ont répondu à un véritable besoin de la fabrication.

Nous ne saurions terminer cet aperçu sans faire observer que nous avons volontairement laissé de côté le collage, le colorage, l'emploi de la charge (substances minérales) et la fabrication du papier à la cuve, qui ne nous ont point paru comporter d'innovations dignes de remarque; et sans mentionner l'apparition récente de l'électrolyseur Hermitte, appareil de blanchiment que quelques fabricants ont déjà installé dans leurs usines et dont ils se plaisent à constater les heureux résultats.

III

APPROPRIATION DES MODES DE PRÉSENTATION DES MARCHANDISES FABRIQUÉES AUX NOMBREUX BESOINS DE LA CONSOMMATION.

Nous avons dit que les fabricants avaient dû se conformer aux exigences créées par suite des besoins nouveaux de la consommation. Deux faits principaux caractérisent cette appropriation :

1° L'extension de la fabrication du papier en bobines, dérivant de l'usage de plus en plus répandu des machines à imprimer le papier continu, et nécessitant l'établissement d'embobineuses destinées à l'enroulement régulier et serré du papier autour des mandrins;

2° Le développement, dans les fabriques de papier à écrire, des ateliers de transformation, réglure, façonnage, confection de cahiers, de piqûres, de registres, d'enveloppes, de papiers bordés, etc.

RÉSUMÉ HISTORIQUE DE L'INDUSTRIE DU PAPIER ET DU CARTON.

Les perfectionnements signalés dans l'industrie du papier s'appliquent également à celle du carton, qui, transformant son outillage, est parvenue à augmenter sa production, à baisser ses prix et à améliorer sensiblement ses articles.

Ainsi qu'on le voit, la fabrication du papier et du carton est entrée, depuis quinze ans, dans une phase absolument nouvelle et qui nous paraît mériter une place spéciale dans l'historique de la papeterie.

Papyrus, papier de coton, papier de chiffons, papier mécanique, papier de succédanés, tels sont les termes génériques qui peuvent s'appliquer aux cinq périodes principales de l'histoire industrielle du papier.

L'origine égyptienne du papyrus paraît établie d'une manière à peu près certaine; ce produit, dont le prix était environ cinq cents fois supérieur à celui du papier actuel, fut remplacé par le papier de coton que les Musulmans introduisirent en Égypte lors de leur envahissement et dont ils auraient eux-mêmes, selon quelques auteurs, emprunté les procédés aux Chinois.

La Grèce, l'Italie, l'Espagne, grâce à leurs relations commerciales avec l'Égypte, furent les premières nations occidentales qui en adoptèrent l'usage, et ce ne fut que vers le x⁰ siècle, que le papier de coton, qu'on appelait alors improprement *parchemin*, fut introduit en France.

Mais ce produit formé de coton vierge ne pouvait, eu égard à la rareté de sa matière première, régner longtemps en Occident. Les procédés de fabrication du papier de coton furent conservés, mais on chercha à les appliquer au traitement des matières qu'il était facile de se procurer : c'est ainsi que le chiffon fut substitué au coton vierge. Ce nouveau genre de fabrication semble remonter au xii⁰ siècle. En 1189, en effet, Guillaume, évêque de Lodève, permit la construction de plusieurs moulins à papier sur l'Hérault. Dans les Pays-Bas, l'Allemagne, la Toscane, des fabriques de papier de chiffons s'installèrent également. En Angleterre, l'établissement de cette industrie fut plus tardif.

Ainsi se fonda la fabrication du papier de chiffons à la cuve, dont nous passerons rapidement en revue les différentes transformations, dans le chapitre particulier consacré à l'historique de la papeterie française.

En 1797, Louis Robert, employé à la papeterie d'Essonne, imagina une série d'appareils destinés à produire le papier continu; il vendit son procédé à Didot-Saint-Léger, qui, ne trouvant point en France de mécaniciens suffisamment capables de réaliser pratiquement le projet de Robert, s'associa avec l'Anglais John Gamble, et, grâce au concours de l'ingénieur Boyan Donkin, installa à Frogmore, dans le comté d'Herford, la première machine à papier continu.

Les résultats obtenus donnèrent l'impulsion à l'établissement de ces machines, qu'une suite de modifications et d'adjonctions amena au degré de perfectionnement qu'elles possèdent aujourd'hui.

L'appropriation industrielle de l'outillage de la papeterie à l'emploi des succédanés correspond à la nouvelle phase dans laquelle cette industrie est entrée actuellement.

DEUXIÈME CATÉGORIE DES PRODUITS EXPOSÉS.

PAPIER ET CARTON TRANSFORMÉS.

Les cahiers, ramettes de papier et tubes à cigarette, le papier sulfurisé dit *parchemin végétal*, les papiers cirés, bituminés, les papiers dentelles, les papiers gaufrés, les caisses en papier pour pâtisserie et confiserie, les papiers réglés, les cahiers d'écriture, les papiers façonnés, bordés, les sacs, pochettes et enveloppes de papier, les registres et carnets, la carte encollée, la carte couchée, la carte découpée pour cartes de visite, cartes d'adresse, cartes photographiques, menus, etc., les cartons moulés pour cordonnerie, dentelés pour emballage, les cartes à jouer, les cartonnages, abat-jour, les objets en carton, etc., constituent la catégorie des dérivés du papier et du carton, et l'on conçoit, par la simple énumération de ces nombreux articles, que nous soyons forcé de nous limiter ici à l'examen de ceux d'entre eux qui présentent la plus grande importance comme production industrielle [1].

La transformation du papier à cigarette en cahiers, en ramettes et la confection des tubes s'effectuent actuellement par deux classes d'industriels : les fabricants qui façonnent dans des ateliers spéciaux les papiers sortis de leurs machines, et ceux qui se bornent à adapter à la convenance de leur clientèle les produits qu'ils ont commandés dans des fabriques.

L'usage toujours croissant de la cigarette a donné un grand essor à cette industrie qui s'est ingéniée à créer de nombreuses variétés, de façon à capter l'attention du consommateur, soit par l'originalité de la présentation, soit par la qualité réelle du produit.

Lorsqu'il s'agit de lancer dans la consommation un article récemment créé, la réclame joue nécessairement un rôle important; car il n'est point facile de lutter de concurrence avec des marques telles que le Job, le Papier de riz, le Persan, etc., qui ont, depuis de longues années, acquis la faveur des fumeurs du monde entier. Cette industrie a sérieusement progressé depuis quinze ans : découpage des bobines [2], assemblage, mise en cahiers, impression, estampage des couvertures, fabrication des tubes, etc., sont autant d'opérations qui se pratiquent aujourd'hui au moyen d'appareils que le public intéressé a pu examiner à loisir dans le palais des Machines (classe 58).

Depuis que la réglure s'effectue en majeure partie dans les manufactures de papier, son prix s'est considérablement amoindri; ce travail est devenu incontestablement plus régulier et plus soigné. L'emploi des régleuses mécaniques s'est généralisé aux dépens bien entendu des systèmes de réglure à la main, dont la pratique reste désormais bornée aux travaux sortant des usages courants. Parmi les machines à régler, celle de Brissard semble jouir à juste titre de la faveur des intéressés. Nous ne saurions toutefois négliger de mentionner la régleuse d'Adams et Dawson, dont le principe repose sur la substitution des fils métalliques aux plumes et peignes habituellement employés, et la machine de Timokhowitsch, qui supprime la réglure à l'encre et la remplace par une sorte de filigranage produit par la pression de petites molettes.

L'assemblage des papiers réglés par la couture, et l'apposition d'une couverture appropriée, constituent les éléments de l'industrie des cahiers d'écriture, industrie qui, avec la vulgarisation de l'instruction, a pris dans ces derniers temps, en France et à l'étranger, un développement considérable. Réglure et confection des cahiers d'école se pratiquent soit dans des établissements exploitant particulièrement ces spécialités industrielles, soit dans les usines où se fabriquent les papiers pour écriture.

Nous en dirons autant des papiers façonnés pour correspondance, et des enveloppes

---

[1] Les notices particulières aux exposants combleront d'ailleurs en partie les lacunes auxquelles nous faisons allusion.

[2] Le papier destiné à la confection des cahiers de papier à cigarette se livre en bobines étroites.

de lettre. La fabrication de ce dernier article semble avoir pris son origine en France sous le règne de Louis XIV, à l'époque où le sieur Valfyer, avec l'autorisation royale, installa un service de poste privé. Les lettres renfermées dans des enveloppes, que l'on achetait dans des bureaux spécialement établis à cet effet, étaient déposées dans des boîtes placées au coin des rues. En Angleterre et en Allemagne, l'usage des enveloppes de lettre, exclusivement affectées au début à la correspondance officielle, fut plus long à se vulgariser; cet article, contrairement à la disposition moderne, s'ouvrait par ses deux extrémités latérales. L'enveloppe de lettre, comme le papier de correspondance qu'elle était appelée à renfermer, a subi de nombreuses transformations; l'appropriation à l'usage et l'influence de la mode ont présidé et président encore aux modifications incessantes de ces objets.

Il serait certes intéressant de suivre, pendant les deux siècles qui nous séparent de l'origine de ces articles, l'histoire de l'enveloppe et de son inséparable compagnon le papier à lettre; mais le programme qui nous a été tracé ne nous permet pas de nous laisser entraîner hors du chemin que nous avons à parcourir, par l'attrait de cette curiosité, et après avoir rappelé que l'enveloppe de lettre, tour à tour cachetée à la cire et scellée au pain à cacheter, est aujourd'hui presque universellement gommée, nous appellerons l'attention sur l'importance des établissements qui, en dehors des usines à papier, s'adonnent à cette spécialité. Importantes sont aujourd'hui, effectivement, les manufactures d'enveloppes, qui, réalisant de rapides progrès, sont arrivées à créer un outillage admirablement organisé. Découpure du papier, gommage, pliure et timbrage s'effectuent désormais mécaniquement; et la variété des articles qui sortent de ces usines ne le cède en rien à la quantité productive obtenue.

La fabrication des sacs en papier est devenue une industrie très sérieuse. En admirant l'excellent aménagement des manufactures où se confectionnent ces objets dont l'emploi s'accroît de jour en jour, aménagement qui offre de nombreux points d'analogie avec celui des fabriques d'enveloppes, la mémoire se reporte involontairement à une vingtaine d'années en arrière, au moment où le cornet-sac du marchand de tabac et de l'épicier du quartier se fabriquaient au foyer de l'ouvrier, par des vieillards et des enfants en quête d'une occupation lucrative de leurs veillées, et l'on est véritablement surpris de la rapidité des progrès accomplis depuis cette époque.

A côté des machines Rochette, signalons, parmi les appareils les plus nouveaux affectés à cette fabrication, la nouvelle machine automatique de Leibach, de Bethlehem, dont le débit serait, paraît-il, considérable, et les avantages nombreux.

L'opération de la bordure du papier n'a pas subi grand changement depuis 1878, et reste encore confinée dans le domaine de la manipulation confiée à des ouvrières spécialistes plus ou moins habiles. Des machines à border ont cependant été introduites chez quelques fabricants, mais elles n'auraient pas répondu, en général, paraît-il, à tous les *desiderata*, et c'est à cette raison qu'il faut vraisemblablement attribuer cette sorte de délaissement qui les a frappées.

La fabrication des registres n'est pas restée en arrière : elle présente dans ses procédés et dans ses spécialisations plus d'un point de rapprochement avec la reliure, et, comme cette dernière, mérite d'être envisagée d'une façon différente, selon qu'il s'agit d'objets appartenant à la branche artistique, ou de produits courants manufacturés par grosses quantités.

L'expression « artistique » semblera peut-être exagérée au premier abord, appliquée à des articles qui comme les registres rentrent par leur rôle dans le domaine exclusif de la comptabilité commerciale; mais en réfléchissant au goût et à la richesse de quelques-uns de ces objets, à l'habileté des ouvriers qui les ont confectionnés, cette qualification n'a plus rien de choquant. Vulgairement appelée branche du registre sur commande, cette spécialité est forcément destinée à rester restreinte; bornée à la consommation des officiers ministériels, des grandes administrations publiques et privées, des négociants importants, elle se distingue d'autre part par une adaptation fort entendue aux besoins particuliers de cette clientèle variée mais difficile, et, s'identifiant pour ainsi dire aux exigences de l'emploi, prend le plus souvent l'initiative des innovations.

Les fabricants de registres courants, travaillant en grand, procèdent le plus souvent avec un outillage mécanique; et lorsque nous employons le terme général de registres, nous comprenons qu'il s'applique non seulement à l'article proprement dit, mais aux corrigés, aux copies de lettres, aux carnets, aux agendas, etc. Quelques fabricants de papier ont introduit cette transformation dans leurs usines; d'autres industriels achètent le papier en blanc, le règlent mécaniquement et le confectionnent; il en est enfin qui se procurent le papier tout réglé et se bornent aux simples travaux d'assemblage, s'adressant à des façonneurs spécialistes pour le foliotage, l'impression, la confection de la tranche, la dorure, la garniture, etc.

L'outillage du fabricant de registres comprend : compas, règles, équerres, ciseaux, poinçons, rogneuses, pinceaux à colle, cisailles, métiers à coudre, presses, coupeuses Massiquot ou appareils similaires, machines à folioter, machines à coudre, etc., et les ateliers qui comportent la garniture, la dorure, l'impression et le façonnage de la tranche possèdent les ustensiles et les machines en usage pour ces différents travaux.

En dehors de la qualité du papier et de la régularité de la réglure, le registre, et principalement l'article de commande, doit répondre aux exigences de solidité, de bonne ouverture et de durée que réclament, à juste titre, ceux qui l'emploient, conditions qu'il n'est pas toujours aisé de réunir harmonieusement.

L'assemblage des cahiers se fait sur métier au fil de chanvre, au fouet d'Amiens, à la ganse de soie, etc., ou bien à la machine et au fil métallique. L'union des cahiers assemblés et leur reliure s'effectuent au moyen des rubans, des clefs de toile et des charnières, et l'endossure suivant le procédé adopté présente les variétés de : dos ordinaire dit *à simple carton*, dos à l'anglaise, dos chinois, dos métallique, dos à double carton, etc., avec leur montage approprié. Les nerfs des dos sont dissimulés ou apparents. La tranche est généralement en rapport de style avec les gardes et affecte différents genres, parmi lesquels nous citerons le peigne simple, le peigne argenté, doré, le tourbillon, l'ombré, le jaspé, le marbré, etc. Quant à la couverture, elle emprunte aux papiers couchés, chagrinés, etc., à la toile, à la peausserie : basanes fauves ou teintées, mouton, veau, vache russe, chamois, peau de truie, parchemin, cuir de Russie, etc., les différents éléments de sa confection. Tantôt le plat du registre est uni, tantôt ornementé par la peau ayant servi à sa couverture, avec dessins au fer, dorés ou non dorés, grecques et autres dispositions en parchemin blanc ou colorié; dans les registres volumineux, l'élément métallique vient constituer les garnitures argent, cuivre, acier, métal nickelé, et cette garniture, bornée parfois aux coins et aux mors, étendue dans certains cas à l'encadrement de la couverture, est elle-même l'objet d'une nouvelle décoration par la gravure et la ciselure du métal employé. Les clous et les ancres appliqués sur les plats ne sont pas seulement des adjonctions de pur ornement, mais contribuent à la préservation de la couverture. L'applique du titre d'un registre soigné n'est pas indifférente aux yeux de l'homme du métier : sa disposition sur le dos ou sur le plat, en lettres détachées en saillie ou incrustées, suffit parfois à provoquer l'éloge ou la critique du connaisseur.

La fabrication de la carte encollée s'est beaucoup développée depuis 1878; l'encollage se fait aujourd'hui mécaniquement, et les différentes transformations de ce produit, telles que : cartes couchées, découpées, bordées, imprimées, s'effectuent généralement dans les mêmes établissements. Ces objets, qui comprennent des cartes en deux, en trois, en quatre, en six, en huit, suivant les cas, sont destinés aux usages des imprimeurs : pour cartes d'adresse, cartes de visite et autres produits similaires; des photographes : pour portraits-cartes, cartes-albums, étuis, etc.; des papetiers : pour menus, cartes-correspondance, étiquettes; des encadreurs, des cartonniers, etc.

L'origine des cartes à jouer remonterait, suivant les auteurs, à une époque fort ancienne. Ce jeu, qui ne serait que le résultat d'une modification des échecs, nous serait venu de l'Inde et de la Chine par l'intermédiaire des Arabes et des Sarrasins, auxquels les Européens l'auraient emprunté à l'époque des croisades.

Dès le xvᵉ siècle, en tout cas, les cartes à jouer étaient déjà populaires en Espagne, en Allemagne, en France, en Italie. Leurs emblèmes, leur forme, et jusqu'à leur nombre variaient suivant les pays et les caprices des joueurs. L'Allemagne et la Hollande, grâce à l'invention de la gravure sur bois, exportaient de telles quantités de jeux de cartes qu'en 1441, les maîtres cartiers de Venise, constitués en une association assez nombreuse, durent obtenir du Sénat une sorte de prohibition contre l'importation étrangère de ces articles. La création du jeu de piquet français remonterait au règne de Charles VII.

La fabrication des cartes à jouer a suivi à travers les siècles les progrès industriels de la papeterie et de l'imprimerie, et, spécialisée dans quelques maisons, constitue une catégorie importante de la transformation du papier.

Les trois branches principales de l'industrie du cartonnage ont réalisé de réels progrès : le cartonnage pour objets de nouveautés, de parfumerie, de pharmacie, d'épicerie, de bijouterie, etc., s'est monté mécaniquement et a substitué, dans un certain nombre de cas, le bois encollé de papier au carton proprement dit; le cartonnage pour articles de bureau, cuvettes d'échantillons, spécimens d'étalages, etc., s'est montré à la hauteur des besoins du commerce et a créé un grand nombre d'objets nouveaux; le cartonnage de fantaisie, et principalement l'article pour confiserie, s'est prêté à tous les perfectionnements et à toutes les innovations que réclame son genre particulier de clientèle.

TROISIÈME CATÉGORIE DES PRODUITS EXPOSÉS.

FOURNITURES DE BUREAU.

Les articles qui constituent la fourniture de bureau proprement dite sont si nombreux, si variés, et parfois si complexes, qu'il convient d'adopter un certain classement avant de les étudier. Nous examinerons donc successivement les plumes à écrire, les porte-plumes et les porte-mines, les encres, les gommes, cires et pains à cacheter, les encriers, les presses à copier, les appareils autocopistes, les timbres, et si nous passons sous silence les crayons, c'est que nous les rangerons plus loin dans les articles qui constituent le matériel des arts.

La fabrication des plumes métalliques a pris une grande extension depuis 1878. C'est la conséquence naturelle des progrès accomplis dans la civilisation : l'instruction s'est développée et les illettrés sont devenus moins nombreux. La plume d'oie, qui pendant des siècles a régné en souveraine maîtresse, a été détrônée par sa redoutable rivale. Le prix des plumes métalliques, de qualité supérieure, n'a pas sensiblement varié depuis dix ans; toutefois l'extension de cette industrie a entraîné la création d'articles nouveaux plus communs et de meilleur marché [1].

Les porte-plumes et porte-mines ont marché de pair avec le développement industriel de la plume métallique; la variété de ces objets a été considérablement augmentée et principalement en France, en Autriche, en Angleterre et aux États-Unis. Soit qu'il s'agisse d'objets luxueux, soit qu'on considère plus particulièrement les articles courants, il s'est produit dans cette industrie un progrès réel [2].

La fabrication de l'encre à écrire et de l'encre à copier n'a pas subi grand changement depuis la dernière exposition. Les encres de bonne qualité sont restées à peu

---

[1] En fait d'établissements importants, il existe trois fabriques de plumes métalliques en France, dix en Angleterre, une en Allemagne, et une aux États-Unis. Dans la plupart de ces usines se confectionnent également des porte-plumes.

[2] Les porte-plumes et les porte-mines se fabriquent en France, en Angleterre, en Autriche, en Italie, aux États-Unis et en Allemagne; ce dernier pays se spécialise principalement dans la confection des articles à bon marché.

près stationnaires comme prix; mais la nécessité de créer des articles à bon marché a introduit dans cette industrie diverses modifications qui dans bon nombre de cas n'ont pas été à l'avantage du produit. Cette particularité explique la faveur dont jouissent les marques de certains fabricants qui se sont appliqués à maintenir leur juste renommée. La crainte d'avoir affaire à une encre instable, mordante, boueuse, oxydante, défauts qu'on rencontre trop souvent dans les encres inférieures, assure la fidélité d'une certaine classe de consommateurs aux marques qu'ils ont adoptées.

Point de changement à signaler depuis dix ans dans l'industrie des gommes à coller, des gommes à effacer, des cires et des pains à cacheter; ce dernier article toutefois voit se restreindre de plus en plus sa consommation par suite de l'emploi toujours croissant des enveloppes gommées.

La fabrication des encriers, poudrières, presse-papiers et autres objets similaires touche de si près à la bimbeloterie, qu'elle suit invinciblement le cours de cette industrie dont elle constitue pour ainsi dire l'une des branches. Là s'accusent encore deux progrès en sens inverse : la perfection des objets d'une certaine valeur, l'établissement à plus bas prix qu'autrefois des articles courants. La France, l'Autriche, l'Angleterre et les États-Unis tiennent la première place dans la confection des encriers soignés, mais la concurrence allemande leur crée de sérieux embarras lorsqu'il s'agit de l'écoulement des encriers à bon marché.

La fabrication des presses à copier, à part quelques perfectionnements apportés, est restée à peu près stationnaire depuis dix ans.

La confection des timbres a progressé sous le rapport du bon établissement et de l'extension de l'emploi; et la création des appareils autocopistes reproduisant à plusieurs exemplaires les lettres, circulaires, dessins, etc., a pris un développement important.

RELIURE.

L'industrie de la reliure comprend quatre branches principales :
1° La reliure d'art;
2° La reliure d'amateur;
3° La reliure commerciale;
4° La reliure usuelle.

La première de ces branches s'applique non seulement à adapter aussi parfaitement que possible l'objet qu'elle confectionne à l'usage spécial auquel il est destiné, mais encore à orner cet objet dans le style qui lui appartient.

Les relieurs d'art, ne s'occupant point de la question de prix, travaillent exclusivement pour les amateurs qui désirent donner à leurs livres rares un encadrement à la fois riche et original et ne regardent pas à la dépense. Et si nous nous servons de cette expression d'encadrement, c'est qu'elle nous semble traduire exactement le caractère particulier de la reliure artistique : le livre représentant l'œuvre principale, et sa reliure le cadre destiné à la faire ressortir.

Une couverture artistique bien comprise doit indiquer, au simple examen de l'ornementation, la nature de l'ouvrage qu'elle renferme, l'esprit de son auteur, l'époque de sa publication. Nous serions tenté de nous étendre sur ce sujet et d'examiner, au point de vue esthétique, les règles dans lesquelles doit se renfermer la richesse décorative d'une reliure, mais cet exposé ne comporte pas de semblables développements.

Nous nous réservons d'ailleurs, lorsque nous aborderons le chapitre consacré aux exposants de la section française, de traiter d'une façon rapide l'historique de cet art industriel.

La reliure de luxe, d'amateur et de bibliothèque tient le milieu entre la branche artistique et la branche industrielle. Elle se reconnaît au soin apporté dans le travail et à la conservation des marges; la tête du volume exposée à la poussière a seule subi l'opération de la rognure et du tranchage.

La reliure commerciale est d'origine relativement récente. C'est à l'Angleterre qu'appartient l'initiative de sa création; elle ne s'est véritablement implantée en France que depuis une quarantaine d'années. Cette industrie a singulièrement favorisé le commerce de la librairie, en lui permettant de substituer, dans bon nombre de cas, l'encartonnage à la simple brochure.

Après le séchage, le satinage et le travail de l'assemblage, des machines à coudre, telles que celle de Brehmer, se chargent de la réunion des feuillets; quelques-uns de ces outils cousent jusqu'à 150 volumes in-8° par jour.

Les ouvrages rognés au massiquot sont alors livrés à l'atelier de dorure, où les tranches reçoivent la couche décorative et préservatrice qui leur est destinée. Ils passent ensuite entre les mains des relieurs proprement dits qui ont déjà préparé les dos et les plats destinés à les contenir et qui n'ont plus qu'à les en habiller.

L'ornementation de la couverture en peau, en cuir, en toile, en papier, ne se fait plus au petit fer, comme dans la reliure artistique, mais à la plaque, plaque en cuivre, gravée d'une seule pièce, ou composée d'éléments exactement adaptés dans la noix du plateau supérieur de la presse à gaufrer (mouton).

L'or en feuilles est convenablement disposé sur la partie de la couverture qu'il doit décorer, et le mouton, mû le plus souvent par la vapeur, se charge de l'incruster suivant le dessin de la plaque. L'ornementation en mosaïque polychrome est obtenue par un procédé analogue.

La reliure usuelle rentre dans la catégorie des travaux à façon. L'ouvrier qui l'exécute, après avoir débroché le volume qui lui a été confié, collationne les feuilles, les classe, les replie au besoin pour la régularité des marges, intercale les planches sur un onglet, puis divise le livre par cahiers qu'il bat successivement sur un bloc de pierre, avec un marteau spécial. Placés entre deux ais et fortement serrés, les cahiers sont ensuite assemblés par la couture. Le volume est alors soumis à l'endossure, opération qui consiste dans l'apposition et le collage des cartons. A ce travail succèdent la rognure de la tranche, l'application de l'or ou des couleurs qui doivent la décorer, et la pose du tranchefile.

Le relieur pratique alors un second battage, colle sur l'endos une bande de parchemin ou de toile et habille l'ouvrage avec sa couverture constituée en peau, en étoffe ou en papier. La façon du racinage a pour objet, non seulement d'ornementer la peau, mais aussi d'en dissimuler les défauts, et s'obtient par la projection, au moyen d'un pinceau, des couleurs appropriées. L'habillage achevé, il ne reste plus alors, pour terminer le travail, qu'à imprimer les titres en or, brunir la tranche, polir avec un fer chaud ou vernir. Les qualités d'une bonne reliure usuelle consistent dans la légèreté, la solidité et la bonne ouverture du livre; la disposition dite *à dos brisé* a été, au point de vue de la facilité du feuilletage du livre, une heureuse innovation. Bradel a laissé son nom à un genre de cartonnage imité des Allemands et qui offre l'avantage de laisser la marge intacte.

Par suite des progrès apportés dans la confection des papiers couchés, marbrés, etc., la demi-reliure (dos en peau, plats en papier ou en toile) s'est substituée en grande partie à la reliure pleine. Ce système économique est adopté de nos jours dans la plupart des bibliothèques publiques et particulières.

Nous ne parlerons pas de la valeur vénale de la reliure artistique, qui reste forcément élevée et varie avec le talent du relieur et la nature du travail. Ce genre de reliure ne s'applique en général qu'à des ouvrages précieux, possédés par des amateurs fortunés qui savent apprécier le mérite et n'ont point l'habitude de marchander.

Quant à la reliure industrielle, ses prix ont sensiblement diminué depuis dix ans par suite de l'abaissement des cours du papier et du carton, par suite également de la concurrence qui s'est établie dans ce genre de commerce. Il convient de remarquer qu'un certain nombre de libraires ont établi des ateliers pour la reliure courante de leurs ouvrages, au détriment des industriels s'adonnant exclusivement à cette spécialité.

Le développement de l'instruction, sous toutes ses formes, tend nécessairement à accroître la production des reliures courantes; mais l'une des plus grandes difficultés que rencontre ce genre d'industrie consiste dans l'irrégularité des commandes. A certaines époques de l'année, le matériel important de ces établissements suffit en effet à peine à répondre aux besoins de la clientèle des éditeurs et, après quelques mois d'une activité excessive, les travaux, considérablement réduits, parviennent difficilement à alimenter le personnel et l'outillage.

MATÉRIEL DES ARTS DE LA PEINTURE ET DU DESSIN.

La section du matériel des arts comprenait les toiles pour peinture et les procédés de rentoilage; les couleurs, pastels et vernis; les crayons, fusains et estompes; les brosses et pinceaux; les outils pour graveurs sur bois et aquafortistes; les règles, équerres et autres instruments de précision pour les dessinateurs; les chevalets, palettes, grattoirs, boîtes à couleurs et les mannequins.

A part quelques expositions de crayons et de couleurs, dont nous aurons à parler plus loin, la section française semblait avoir centralisé tous ces articles, et cette remarque n'a pas lieu de surprendre, lorsqu'on réfléchit que c'est en France, et particulièrement à Paris, que s'exécutent le plus grand nombre d'œuvres d'art : sculpture, peinture, dessin et gravure.

CHAPITRE II.

SECTION FRANÇAISE.

Papier et carton. — Notices sur les fabricants de papier et les fabricants de carton
exposant dans la classe 10.

PAPIER ET CARTON.

Si nous nous reportons à cent ans en arrière, nous constatons que le papier français atteignait une valeur représentative de 1 franc le kilogramme en moyenne, et sa matière première, le chiffon, celle de 0 fr. 18, chiffres sensiblement supérieurs aux cours de 0 fr. 80 et 0 fr. 12 dont nous trouvons la mention dans un prix de revient établi en 1750 [1].

[1] Extrait d'un compte de revient établi en 1750.

Dépense.

Il faut pour entretenir l'ouvrage d'une papeterie pendant l'année, sans interruption, 600 quintaux de chiffons : mettons-les à 8 livres quoiqu'on les ait souvent à 6 et même à 4 livres.......... 4,800 liv.

Nota. Les 600 quintaux après avoir été triés et pourris se réduiront aux deux tiers ou 400 quintaux qui fourniront 300 rames de papier.

La colle étant à raison d'une livre par rame; 3,000 livres à 7 livres le quintal... 210

200 livres d'alun à 20 livres le quintal. 40

75 aunes de drap à 40 sols l'aune.... 150

Le maître de moulin faisant les fonctions de sallerant n'a besoin que de quatre ouvriers; savoir, le gouverneur et trois compagnons de cuves à 120 livres de gages et 12 sols par jour de nourriture........ 1,356

Trois femmes pour laver et préparer les chiffons avant de les pourrir, 45 livres de gages et 6 sols par jour................ 463

Bois, charbons.................. 150

Entretien de l'usine de graisse et de savon..................... 100

Total de la dépense....... 7,269

Les matières propres pour la colle se trouvent également dans toutes les provinces, mais l'Auvergne seule en épuise plusieurs. Les papeteries de la Franche-Comté et des autres provinces circonvoisines n'ont guère que le rebut qu'elles payent 3 ou 4 livres le quintal, même en estimant très peu le papier qui en provient et que l'on prend en payement.

Produit.

On suppose 300 jours ouvrables dans l'année puisqu'on ne chôme dans ces fortes manufactures que les dimanches et fêtes principales; chaque jour on peut faire 10 rames de papier grand format du poids de 12 à 14 livres, c'est-à-dire pendant l'année 3,000 rames.

200 quintaux de matière font 1,419 rames du poids de 14 livres première qualité à 5 livres la rame.................... 7,145 liv.

133 quintaux font 1,111 rames du poids de 12 livres seconde qualité à 4 livres la rame.................... 4,444

67 quintaux font 1,111 rames petit format du poids de 6 livres à 30 sols la rame..................... 1,666

Total du produit de 400 quintaux de matière..................... 13,255

Ainsi l'on voit qu'une cuve et un moulin peuvent rendre environ 6,000 livres de revenu, en supposant qu'on y travaille avec exactitude et avec succès; l'expérience prouve à la vérité qu'il se fait plus d'un

L'accaparement[1] allait donner naissance à un fort mouvement de hausse, lorsque le gouvernement établit (1790) les mercuriales qui fixèrent le prix de vente du papier au détail sur le pied de 1 fr. 35 environ le kilogramme. Le chiffon continua de son côté à hausser, par suite de son exportation à l'étranger, et finit par devenir si rare, que Louis XVI, par décret du 15 mars 1791, dut en prohiber la sortie[2].

Malgré ces mesures, les fabricants se trouvaient tellement entravés dans l'exploitation de leur industrie, que la production du papier n'arrivait pas à satisfaire aux besoins ordinaires de la consommation, et l'on vit en 1793 la Convention réquisitionner les manufactures, et dispenser les ouvriers papetiers du service militaire afin d'assurer la fourniture des administrations publiques[3].

Les agitations politiques de cette époque arrêtèrent momentanément le développement de la papeterie, mais le travail, un instant interrompu, reprit peu à peu son activité normale, et, quelques années plus tard, les fabricants de papier ne manquèrent pas d'envoyer leurs produits à l'exposition du Champ de Mars organisée par François de Neufchâteau (1799). Les formats usuels de la papeterie étaient alors les suivants :

TABLEAU DES DIMENSIONS ET DES POIDS DES PAPIERS DE FRANCE ÉTABLIS AVANT LE SYSTÈME DÉCIMAL EN POUCES ET EN LIGNES.

DÉNOMINATIONS.	LARGEUR.	HAUTEUR.	POIDS.	PAPIERS EMPLOYÉS LE PLUS ORDINAIREMENT dans le commerce. (Mesures au système décimal.)
	p. l.	p. l.	kilogr.	
Grand monde......................	43 0	31 3	215	Cartes géographiques, dessins (1m19 sur 0m87).
Grand aigle......................	36 6	24 9	131 à 130	Cartes géographiques, grands registres (1m14 sur 0m68).
Grand soleil......................	36 0	24 10	105 à 110	Grands ouvrages (1m sur 0m69).
Au soleil......................	29 6	20 4	82 à 85	
Grande fleur de lis..............	31 0	22 0	72	

dixième de casse ou papier défectueux, même dans une bonne papeterie beaucoup plus dans les mauvaises, mais il reste encore de quoi exciter suffisamment l'émulation des fabricants de papier.

[1] Un sieur Ouvrard avait acheté en 1789 tout le papier qui pouvait être fabriqué à Angoulême pendant trois années.

[2] Loi contenant le tarif des droits qui seront perçus à l'entrée et sortie des papiers étrangers dans le royaume. Donné à Paris le 15 mars 1791.

Louis, par la grâce de Dieu et par la loi constitutionnelle d'État, roi des Français, à tous présent et à venir, salut. L'Assemblée nationale a décrété et nous voulons et ordonnons ce qui suit : L'Assemblée nationale décrète que les droits d'entrée et de sortie sur les marchandises et productions venant de l'étranger et sur celles exportées du royaume à l'étranger seront perçus conformément au tarif annexé au procès-ver-

bal desdits jours, 31 janvier, 1er mars et 2 février 1791; savoir, sur :

Papier blanc, de toutes sortes, le cent pesant, payera.......................... 30 liv.

Papier gris, noir brouillard, bleu de toutes sortes, le cent pesant, payera............ 18

Papier doré, argenté, uni et à fleurs, le cent pesant, payera.................... 36

Papier marbré, le cent pesant, payera... 24

Papier peint en façon de damas, le cent pesant, payera...................... 45

Papier pour tapisserie, le cent pesant, payera............................. 36

Papier de Chine, le cent pesant, payera.. 90

La même loi dit :

Le vieux linge et drille sont prohibés à la sortie.

[3] Le décret du 13 août 1793 rendit véritablement effective la prohibition de sortie du chiffon.

DÉNOMINATIONS.	LARGEUR. p. l.	HAUTEUR. p. l.	POIDS. kilogr.	PAPIERS EMPLOYÉS LE PLUS ORDINAIREMENT dans le commerce. (Mesures au système décimal.)
Grand colombier ou impérial	31 9	21 3	90	Impressions, cartes, dessins, gravures (0m90 sur 0m60).
Grand chapelet	31 6	22 0	66	
Chapelet	29 0	20 3	60	
Grand jésus ou super-royal	26 0	19 6	51 à 53	Dessins, impression, écriture (0m72 sur 0m56).
Petite fleur de lis	24 0	19 0	36 à 38	Jésus ordinaire, impression (0m70 sur 0m55).
Grand lombard	24 6	20 0	34	
Grand royal	22 8	17 10	32 à 33	
Royal	22 0	16 0	30 à 32	
Petit royal	20 0	16 0	22	
Grand raisin { double	22 8	17 0	35 à 38	Impression et dessin (0m64 sur 0m50).
Grand raisin { simple	22 8	17 0	26 à 28	
Lombard	21 4	18 0	24	
Lombard ordinaire ou grand carré	20 6	16 6	21 à 22	
Cavalier	19 6	16 2	17	Impression (0m60 sur 0m45).
Double cloche	21 6	14 6	18	
Grande licorne à la cloche	19 0	12 0	12	Écriture (0m58 sur 0m39)
A la cloche	14 6	10 9	9	
Carré ou grand compte ou carré au raisin double	20 0	15 6	26 à 27	Impression ou écriture (0m56 sur 0m45).
Carré ou grand compte ou carré au raisin simple	20 0	15 6	17 à 18	
Carré très mince	20 0	15 0	13 et moins.	
Au sabre ou sabre au lion	20 0	15 6	17 à 18	
Coquille { fine double	20 0	15 6	14 à 15	Écriture (0m56 sur 0m44).
Coquille { ordinaire	20 0	15 6	12 à 13	
Coquille { mince	20 0	15 6	8 à 10	
Écu moyen compte, compte ou pomponne double	19 0	14 2	21	Écriture (0m53 sur 0m40).
Écu moyen compte, compte ou pomponne simple	19 0	14 2	16 à 17	
Écu très mince	19 0	14 2	11 et moins.	
Au coutelas	19 0	14 2	16 à 17	
Grand messel	19 0	15 0	15	
Second messel	17 6	14 0	12	
A l'étoile, éperon ou longuet	18 6	18 10	14	
Grand cornet { double	17 9	13 6	14	
Grand cornet { simple	17 9	13 6	12	
A la main	20 3	13 6	13	
Couronne ou griffon { double	17 1	13 0	14	Écriture ou impression (0m46 sur 0m36).
Couronne ou griffon { mince	17 1	13 0	12	*Idem* (0m39 sur 0m29).
Couronne ou griffon { très mince	17 1	13 0	7 et moins.	
Champy ou bâtard	16 11	13 2	11 à 12	
Tellière { grand format double	17 4	13 2	14	Tableaux, comptes et dessins (0m45 sur 0m35).
Tellière { simple	17 4	13 2	12	*Idem* (0m45 sur 0m35).
A la tellière	16 0	12 3	14	
Cadran	15 8	12 8	12	
Pantalon	16 0	12 6	11	
Petit raisin, bâton royal ou petit cornet à la grande sorte	16 0	12 0	10	
Trois O-trois ronds ou Gênes	16 0	11 6	9	
Petit nom de Jésus	15 1	11 0	8	
Armes d'Amsterdam	15 6	12 1	12 à 13	Florette, exportation (0m44 sur 0m34).
Cartier { grand format	16 0	12 6	13	
Cartier { petit format	15 1	11 6	11 à 12	
Pot ou cartier ordinaire	14 6	11 6	10	Ou écolier pour écriture (0m40 sur 0m31).

DÉNOMINATIONS.	LARGEUR.	HAUTEUR.	POIDS.	PAPIERS EMPLOYÉS LE PLUS ORDINAIREMENT dans le commerce. (Mesures au système décimal.)
	p. l.	p. l.	kilogr.	
Pigeonne ou romaine.....................	15 2	10 4	10	
Espagnol...........................	14 6	11 6	8 à 9	
Le lis............................	14 1	11 6	8 à 9	
Petit à la main ou main fleurie...........	13 8	10 8	8	
Petit jésus........................	13 3	9 6	6 à 7	

Nota. En 1741, le 18 septembre, le Conseil d'État, par un arrêt, avait fixé les grandeurs et les poids des différentes sortes de papiers ; il y était dit que le poids fixé pour les rames était le même pour les qualités de même sorte sans fin, moyen, bulle ou gros bon à la livre de seize onces, poids de marc. Nous remarquons que le papier grand monde n'est pas mentionné, mais par contre nous y trouvons d'autres formats tels que le grand et le petit atlas.

Les guerres de l'Empire fermèrent nécessairement nos débouchés à l'étranger ; toutefois l'industrie papetière ne demeura pas inactive : les cylindres commencèrent à faire leur apparition [1] dans nos fabriques ; Annonay et Angoulême abordèrent avec succès la spécialité des vélins dont la Hollande semblait jusque-là avoir accaparé le monopole.

En 1806 eut lieu, aux Invalides, une seconde exposition et nous voyons figurer parmi les récompensés les noms des Montgolfier, Canson, Johannot, Malmenayde, Laroche, Lacroix, Morel, etc.

Pendant les treize années qui suivirent cette grande manifestation de l'activité industrielle française, d'importants progrès furent réalisés ; le satinage au carton, le blanchiment des chiffons d'après le procédé de Berthollet, l'application pratique de la machine Robert [2], datent de cette période ; et lorsque le gouvernement de la Restauration ouvrit les portes du Louvre aux exposants de 1819, Berthe et Grevenich de Sorel, la papeterie du Marais, Blanchet et Kléber de Rives, Odent de Courtalain purent envoyer à Paris les spécimens de leur nouvelle fabrication de papier continu.

L'industrie papetière était florissante à cette époque, et les bénéfices réalisés engageaient les fabricants à se lancer hardiment dans la voie des innovations. La consommation du papier en France et à l'étranger s'était sensiblement accrue, et les prix de vente étaient élevés [3]. L'importance des besoins devait nécessairement entraîner à une hausse le cours des chiffons : elle ne tarda pas, en effet, à se produire et amena les fabricants à introduire les matières minérales dans la composition de leurs pâtes.

Dans l'espace de quatre ans, 97 nouvelles machines furent installées dans les fa-

[1] Il convient toutefois de remarquer que dès 1778 M. Pierre Montgolfier les avait déjà introduits à Annonay.

[2] Cet appareil reçut ultérieurement les différents perfectionnements que lui appliquèrent John Dikenson, Canson, Crampton, l'inventeur des cylindres sécheurs.

La machine ronde de Leistenschneider, celle de Brocard composée d'une succession de formes circulaires, l'outillage mécanique à table plane de Roger pour la fabrication du papier de sûreté, méritent également d'être signalés.

[3] La coquille vélin d'Angoulême n° 1 de 7 kilogrammes se vendait de 28 à 30 francs la rame.

briques; cette évolution rapide n'apporta aucune modification sensible à la spécialisation adoptée primitivement par les papetiers.

Dans le Dauphiné se fabriquaient les sortes à registres et à dessin, les filigranés en pâte, les impressions pour ouvrages de luxe, les papiers à lettre fins; Angoulême était réputé pour ses sortes écolières et ses coquilles; l'Auvergne avait adopté la spécialité des sortes à registres ordinaires, des papiers joseph, des articles pour cartes à jouer; les vergés, les impressions, les sortes pour taille-douce se fabriquaient dans les Vosges; le Limousin se spécialisait dans les impressions ordinaires; les fabriques des environs de Paris se consacraient plus particulièrement à la fabrication du journal et de l'affiche; la Normandie et la Franche-Comté enfin se partageaient la spécialité des sortes de pliage.

L'Exposition de 1823 permit d'apprécier les progrès rapides de la papeterie; toutefois le problème posé dès 1813 par la Société d'encouragement de Paris restait encore à résoudre : nous voulons parler de la recherche d'un nouveau procédé de collage. Le rapport de l'Exposition de 1827 contient la relation des tentatives faites par les fabricants, en vue d'obtenir la solution de cette importante question qui ne devait être résolue définitivement que vers 1834.

Après huit années d'une prospérité sans précédents, la papeterie française commençait à ressentir les prodromes d'une crise prochaine : la matière première augmentait de prix [1] et les débouchés extérieurs tendaient à diminuer d'importance, par suite de l'établissement de papeteries mécaniques à l'étranger, par suite aussi de la défectuosité de nos papiers d'exportation, défectuosité causée par l'excès de charge auquel quelques-uns de nos fabricants s'étaient laissé entraîner. La Révolution de 1830 éclata sur ces entrefaites et détermina la ruine d'un certain nombre d'établissements. Il fallut quelques années à la papeterie pour se remettre de cette secousse; mais lorsque s'ouvrit l'Exposition de 1834 le malaise était déjà oublié, et cette industrie était entrée dans une nouvelle période de prospérité et de progrès : le chiffon blanc ne valait plus que 40 francs les 100 kilogrammes et le papier s'écoulait à de bons prix. (Les coquilles, vélin et vergé superfin, se vendaient 41 francs la rame; l'article au-dessous, 18 francs; la toute pâte, terme consacré à l'époque, 12 francs.)

« La France ne craint plus la rivalité des autres peuples pour la fabrication des divers genres de papiers et de cartons, » écrivait l'honorable rapporteur de l'Exposition de 1834, qui, pour appuyer son dire, dressait le tableau suivant de nos exportations en 1833 et mettait en regard les chiffres se rapportant aux années 1823 et 1827 :

Cartons lustrés pour presser les draps	18,922ᶜ
Cartons en feuilles	6,352
Carton moulé, dit *papier mâché*	215,376
Cartons coupés et assemblés	54,184

[1] Le chiffon blanc valait 72 francs les 100 kilogrammes.

Papier d'enveloppe.................................   178,544ᶠ
Papier blanc ou rayé pour musique   2,903,387
Papier colorié en rames............................   58,541
Papiers peints en rouleaux...........................   1,885,387
Papier de soie................................   3,240

 Total pour 1833..........................   5,323,621ᶠ
 Total pour 1827..........................   4,256,400
 Total pour 1823..........................   3,665,343

Il est certain que le produit s'était singulièrement perfectionné : Grenard avait mis à la disposition des fabricants le procédé de collage découvert par Obry, directeur de Prouzel; Donkin avait installé les sécheurs en fonte dans la papeterie du Marais alors dirigée par Delatouche; Lacroix enfin avait apporté certains progrès dans le glaçage des papiers.

A côté des noms bien connus dans la papeterie que nous avons déjà cités, comme figurant aux précédentes expositions, vinrent se placer ceux de Firmin-Didot, Boulard, Latune, etc.

Cinq ans plus tard, c'est à Dumas que fut confié le soin du rapport sur l'Exposition du Louvre, et nous voyons figurer parmi les 30 fabricants de papier qui y prirent part, les Bécoulet, Breton, Laroche-Joubert, Vaissier. Le blanchiment du chiffon par le chlore, le collage de la pâte au moyen d'un savon résino-alumineux et de la fécule, furent les points sur lesquels s'appliqua plus particulièrement l'attention du savant chimiste, qui, avec toute l'autorité attachée à son nom, indiqua les avantages et les inconvénients des procédés, et ne manqua pas de critiquer l'abus de la charge qu'il avait constaté dans les produits de quelques fabricants.

L'accroissement prodigieux du nombre des machines amena assez rapidement une disproportion entre la production du papier et les besoins de la consommation : le chiffon haussa et atteignit le cours de 56 francs (chiffon blanc); tout au contraire le papier baissa et la moyenne du prix devint alors inférieure de 15 p. 100 environ au cours de 1834. Le stock des marchandises en magasin étant considérable, il fallut bien en arriver à restreindre la fabrication.

Toutefois ce malaise, auquel les rapporteurs de l'Exposition de 1844 ne manquèrent pas de faire allusion, n'empêcha point un certain nombre de perfectionnements de se produire : c'est à cette époque, en effet, que remonte la fabrication des pelures par les Laroche frères, des vergés et des bâtonnés à la machine par Laroche-Joubert et Dumergue; c'est à ce moment également qu'apparut la coupeuse mécanique de Bergue, que Canson appliqua à sa machine les pompes aspirantes, que les sabliers et les épurateurs vinrent prendre dans l'outillage la place qui leur appartenait, que les ramasse-pâte destinés à recueillir une partie des déchets de fabrication furent installés, et qu'afin de débarrasser les pâtes blanchies du chlore qu'elles pouvaient contenir, on établit les cylindres laveurs.

La papeterie à l'étranger ne restait pas inactive : l'Angleterre appliquait un procédé de collage à la gélatine [1]; des essais étaient tentés pour l'emploi des succédanés et de toutes parts se montaient de nouvelles machines.

L'exportation de nos papiers était allée sans cesse en croissant : en 1834, elle atteignait un chiffre évalué à 11 millions de francs; en 1840, 19 millions de francs; en 1841, 21,200,000 francs; en 1842, 19,300,000 francs; quantités qui représentaient environ le tiers de la production française [2]. C'était donc l'insuffisance de la consommation intérieure qui donnait lieu au malaise que nous avons signalé.

Les papiers continuant à se vendre difficilement, alors que les chiffons se maintenaient à des cours élevés, les fabricants tentèrent de s'entendre pour mettre un terme à cette situation.

Déjà, le 25 avril 1843, une première réunion des intéressés avait eu lieu à Paris, rue Taranne; un projet de syndicat pour la vente du papier et l'achat du chiffon avait été mis en avant, mais n'avait pas abouti [3]; les fabricants finirent par se mettre d'accord et, au moyen d'une réduction générale du travail de nuit [4], parvinrent à maintenir les prix de vente du papier et à faire baisser le cours des chiffons. Il n'était que temps d'ailleurs de prendre cette mesure, car la Révolution de 1848 allait amener à sa suite un ralentissement considérable dans les affaires.

En 1849 eut lieu une nouvelle exposition qui donna à l'honorable rapporteur de la classe de la papeterie, Ambroise Didot, l'occasion de signaler l'amélioration générale du blanchiment, la substitution pour cette opération du chlore liquide au chlore gazeux, le soin apporté dans le lavage des pâtes, l'usage des antichlores, etc.

Les parchemins et les sortes pour photographie furent les nouveautés de l'époque, et le rapporteur ne manqua pas d'en faire mention [5].

Notre intention était de nous borner à citer, dans ce sommaire historique, les expositions françaises qui marquaient comme autant d'étapes dans le chemin parcouru par l'industrie de la papeterie; mais l'intérêt tout spécial qu'a présenté l'Exposition universelle de Londres en 1851 nous a engagé à enfreindre en sa faveur les règles que nous nous étions tracées. Ce fut encore à Ambroise Didot qu'échut le soin du rapport sur la papeterie : son compte rendu, travail technique de la plus haute valeur, est rédigé avec la correction de style particulière au libraire érudit auquel les portes de l'Institut devaient être ouvertes vingt ans plus tard. Ce travail, à raison de son importance, ne

[1] Le 6 avril 1842, Lacroix avait déjà pris un brevet pour un système de collage à la gélatine; ce procédé jugé trop coûteux avait été abandonné par son inventeur.

[2] La production annuelle du papier atteignait en France à cette époque un chiffre approximatif de 63 millions de francs.

[3] L'association des fabricants rencontra autour d'elle une très grande faveur, et Pagnerre, étendant à toutes les industries de la librairie, de l'imprimerie et de la papeterie l'idée d'un centre de réunions corporatives, prit l'initiative de la création du *cercle de la librairie* (1846).

[4] L'entente ne dura malheureusement que trois ans.

[5] Nous avons puisé une grande partie de ces renseignements historiques dans l'*Histoire de la papeterie d'Angoulême*, par Lacroix.

saurait échapper à l'analyse et ce n'est pas sans un sentiment d'inquiétude, bien justifié par la haute compétence du rapporteur de l'Exposition de Londres, que nous remplissons à notre tour l'honorable tâche qui nous a été confiée par nos collègues du jury de la classe 10.

Ambroise Didot donne la statistique de la production du papier, que nous avons reproduite sous forme de tableau dans le précédent chapitre, et, comme complément d'information, indique les cours de la matière première dans les différents pays.

PRIX DES 100 KILOGRAMMES DE CHIFFONS BLANCS EN 1851.

PAYS.	PRIX.		PAYS.	PRIX.
	fr. c.			fr. c.
Amérique	70 00	Italie	Royaume lombardo-vénitien.	36 00
Angleterre	63 00		États romains	39 00
France [1]	50 00		Sardaigne	44 00
Zollverein	48 00	Espagne		43 00
Autriche [2]	30 00	Russie		40 00
Suisse	45 00	Pologne [5]		18 00
Belgique	48 00	Danemark		48 00
Hollande [3]	50 00	Suède		44 00
Italie (Deux-Siciles) [4]	31 50			

[1] En France, en 1840 et années suivantes, le prix était de 60 à 62 francs; en 1848 et 1849, il varia de 38 à 40 francs.
[2] Les plus grands dépôts en Autriche sont à Pesth et à Agram.
[3] Par un décret d'avril 1854, en Hollande, l'exportation du chiffon a été prohibée.
[4] Dans les Deux-Siciles, jusqu'en 1850, il ne coûtait que 24 francs.
[5] La qualité est inférieure.

C'est à cette époque que parut le lessiveur rotatif de Planche, et que Gratiot exposa les premiers échantillons de papiers blancs fabriqués avec la paille de froment, le bois râpé, le palmier nain.

L'importance de la production du papier attira à cette époque (1853) l'attention du Gouvernement, entraîné par les nécessités budgétaires à chercher une nouvelle matière susceptible d'être frappée d'impôt : le projet n'aboutit pas. Deux ans après, le préfet de la Seine proposait à son tour, mais sans succès, l'imposition d'un droit d'octroi sur cette substance.

A l'Exposition du Palais de l'industrie (1855) parurent pour la première fois parmi les récompensés : Outhenin-Chalandre, Obry, Zuber et Rieder, etc. Ainsi que le signala Canson, rapporteur de la classe de la papeterie, les fabricants étaient arrivés à tirer un meilleur parti de leurs machines et à leur faire produire de 1,200 à 1,300 kilogrammes par jour; l'emploi des succédanés était l'objet de nombreuses tentatives plus ou moins heureuses; l'outillage industriel complétait ses perfectionnements. Malheureusement l'excès de production amena une hausse sur les chiffons; la vente du produit, devenue difficile, entraîna la baisse du papier, dont les cours furent inférieurs d'environ 10 p. 100 à ceux qu'ils avaient atteints dix ans auparavant.

Avant d'arriver à l'année 1860, qui, par suite des traités de commerce avec l'Angleterre et la Belgique, devait entraîner de profonds changements dans le commerce français, il nous paraît nécessaire d'indiquer à grands traits quelle était alors la situation de notre industrie. Les chiffons blancs valaient 60 francs les 100 kilogrammes; les blancs communs, 45 francs; les bulles, 40 francs; les couleurs, 25 francs. Le droit de sortie sur ces matières était de 21 francs pour 100 kilogrammes [1]. Les papiers d'écriture étaient généralement classés en quatre numéros de pâte : le numéro 1 se vendait 160 francs; le numéro 2, 140 francs; le numéro 3, 130 francs; le numéro 4, 120 francs. Les sortes d'impression ordinaires variaient de 110 à 130 francs; le papier journal valait de 90 à 100 francs; le goudron, de 55 à 65 francs; le papier paille, de 35 à 40 francs.

Les chiffres suivants, que nous empruntons à l'article d'Amédée Gratiot publié dans le *Dictionnaire universel du commerce et de la navigation*, nous donnent d'autre part un aperçu du mouvement de nos exportations de papier à l'étranger :

ANNÉES.	PAPIERS EXPORTÉS		PAYS OÙ CES PAPIERS ONT ÉTÉ EXPORTÉS.	SOMME.
	POIDS.	VALEUR.		
	kilogrammes.	francs.		kilogrammes.
			1° PAPIER BLANC ET PAPIER RAYÉ POUR MUSIQUE.	
			Brésil..........................	625,286
			Indes anglaises..................	530,955
			Angleterre......................	382,220
1850	3,864,083	6,182,833	Espagne........................	283,134
1855	4,631,802	6,947,838	États-Unis......................	177,696
1859	4,687,366	6,796,681	Cuba et Porto-Rico..............	135,125
			Suisse..........................	128,630
			Pérou..........................	126,286
			Différents pays.................	le reste.
			2° PAPIER D'ENVELOPPE À PÂTE DE COULEUR.	
1850	847,257	889,620	Algérie.........................	484,248
1855	1,131,876	1,131,876	Turquie........................	269,378
1859	1,531,485	1,378,337	Angleterre......................	89,704
			Différents pays.................	le reste.

[1] Les chiffons exempts de taxe à leur sortie d'Angleterre étaient frappés d'un droit de 16 fr. 34 à leur sortie de Portugal, de 20 fr. 80 d'Autriche, de 21 fr. 20 de Hollande, de 22 fr. 50 de Prusse.

ANNÉES.	PAPIERS EXPORTÉS.		PAYS OÙ CES PAPIERS ONT ÉTÉ EXPORTÉS.	SOMME.
	POIDS.	VALEUR.		
	kilogrammes.	francs.		kilogrammes.
		3° PAPIER COLORÉ EN RAMES OU EN MAINS POUR RELIURE.		
			Association allemande..........................	"
			Belgique..........................	"
1850	72,100	136,990	Angleterre..........................	"
1855	66,823	133,646	Portugal..........................	"
1859	32,630	73,427	Espagne..........................	"
			Deux-Siciles..........................	"
			Différents pays..........................	"
		4° PAPIER DE SOIE (CHINE, JOSEPH ET AUTRES).		
1850	707	8,131	Angleterre..........................	"
1855	22,364	223,640	Espagne..........................	"
1859	8,938	53,628	États-Unis..........................	"
			Différents pays..........................	"

Malgré la campagne énergiquement conduite par nos fabricants en 1860, à l'occasion des projets de conventions commerciales avec l'Angleterre et la Belgique, ces traités n'en furent pas moins conclus et la papeterie française dut transformer complètement ses procédés économiques pour arriver à vaincre les nouvelles difficultés contre lesquelles elle avait désormais à lutter, et qui se résumaient dans la sortie de nos chiffons, la diminution de nos exportations et l'envahissement de nos marchés par les produits étrangers.

Le traité avec la Belgique fut conclu le 1ᵉʳ mai 1861 : le droit de sortie sur les chiffons était supprimé, et les tarifs comportaient une taxe à l'entrée soit en France, soit en Belgique, de 12 francs sur les chiffons et drilles de toutes sortes et sur la pâte à papier, et de 4 francs sur les vieux cordages goudronnés ou non; quant aux papiers, leur droit d'entrée, fixé à 10 francs par 100 kilogrammes, devait être abaissé à 8 francs pour la France seulement, à dater de 1864.

La même année, le 29 mai, les dispositions des conventions arrêtées avec la Belgique servirent de base à l'établissement d'un nouveau traité conclu entre la Grande-Bretagne et la France, avec cette particularité que les papiers français de toutes sortes seraient exempts de droits à leur entrée en Angleterre.

L'industrie papetière arriva cependant à vaincre les nouveaux obstacles qu'elle rencontrait et s'habitua au régime économique auquel elle était désormais assujettie. Aussi fit-elle fort bonne figure à l'Exposition qui s'ouvrit au Champ de Mars en 1867. Roulhac, le rapporteur de la classe, signala la variété des produits exposés et rendit justice aux efforts des fabricants, qui, tout en développant leur production, étaient arrivés à réaliser d'importants progrès dans le lessivage des chiffons, l'épuration des pâtes, le collage et l'apprêt. Il mentionna le soin apporté à la fabrication des sortes moyennes, les heureux résultats du collage à la gélatine introduit par Outhenin-Chalandre dans ses usines; 52 fabricants de papier figuraient à cette exposition [1].

L'emploi des succédanés ne fut pas l'un des moindres attraits de l'exposition de la papeterie. Payen, chargé du compte rendu de l'exposition des matières premières, signala les différents moyens mécaniques employés pour leur traitement, tels que celui de Wœlter, et indiqua les procédés chimiques qui, à de légères modifications près, pouvaient s'appliquer en même temps au bois, à la paille et au sparte, et se résumaient dans l'extraction de la cellulose débarrassée de toutes substances étrangères.

Les événements de 1870 et 1871 ralentirent nécessairement la fabrication du papier, mais, lorsque l'accalmie reparut au dehors et au dedans, la papeterie fut entraînée à une grande activité productive, par suite des besoins importants et nouveaux qu'enfantèrent l'instruction obligatoire et la liberté de la presse, instituées par le gouvernement de la République. Cette impulsion aurait été fructueuse pour nos industriels et les aurait entraînés, nous n'en doutons pas, à tenir les premiers rangs parmi les novateurs de procédés et d'outillages, sans l'impôt qui vint paralyser dans une certaine mesure leurs efforts.

Pour en arriver à l'application d'un projet discuté et condamné en 1853, pour se résigner à frapper d'un impôt l'élément matériel servant à la traduction de la pensée, il fallait que nos législateurs fussent réduits à des nécessités budgétaires bien impérieuses. Il ne nous appartient pas de discuter ici la résolution à laquelle ils s'arrêtèrent ni de rechercher à quel autre genre de contributions ils auraient pu emprunter les ressources qui leur étaient nécessaires; nous nous bornerons à signaler l'anomalie qui consistait à imposer le livre alors qu'on s'appliquait à répandre l'instruction dans toutes les classes de la société, et à frapper d'une taxe le journal au moment même où la presse allait jouir d'un droit de liberté qu'elle avait jusque-là inutilement sollicité.

L'impôt sur le papier fut établi par l'article 7 de la loi du 4 septembre 1871.

Le droit sur les papiers et cartons de toutes sortes était un droit de fabrication constaté par des exercices et perçu à l'enlèvement des fabriques ou réglé par voie d'abonnements annuels de gré à gré entre la régie et les fabricants.

Les papiers étaient rangés en trois catégories :

1re catégorie, 15 francs les 100 kilogrammes : papiers à cigarette, papiers soie, papiers pelure, papiers parcheminés blancs et similaires, papiers à lettre;

2e catégorie, 10 francs les 100 kilogrammes : papiers à écrire, à imprimer, à dessiner, à musique, papiers blancs de tenture, papiers coloriés et marbrés pour reliure;

[1] D'après le recensement de 1867, la production du papier en France atteignait un chiffre de 130 millions de kilogrammes.

3ᵉ catégorie, 5 francs les 100 kilogrammes : cartons, papiers-cartons, papiers d'emballage, de tenture à pâte de couleur, papiers buvards et similaires.

Indépendamment de la taxe de 10 francs les 100 kilogrammes afférente aux papiers de 2ᵉ catégorie, établie à la charge des fabricants, les papiers employés à l'impression des journaux et des publications périodiques assujetties au cautionnement étaient frappés d'une taxe de 20 francs les 100 kilogrammes, destinée à remplacer le droit de timbre qui avait été supprimé par l'article 7 de la loi du 6 juillet 1871.

Cette classification primitive fut modifiée par l'article 18 de la loi du 21 juin 1873, qui retira les papiers à lettre de la 1ʳᵉ catégorie, assujettie au droit de 15 francs, pour en faire l'objet d'une classe particulière taxée à 11 francs.

Les nouveaux tarifs furent alors établis comme suit :

Les 100 kilogrammes.

1ʳᵉ catégorie.......................................	15 francs.
2ᵉ catégorie.......................................	11
3ᵉ catégorie	10
4ᵉ catégorie	5

Le droit supplémentaire de 20 francs les 100 kilogrammes pour les journaux fut maintenu.

L'article 2 de la loi du 30 décembre 1873 ajouta aux tarifs en vigueur une surtaxe de 4 p. 100 de la quotité de ces tarifs, qui furent ainsi fixés aux chiffres suivants :

Les 100 kilogrammes.

Papiers {	de 1ʳᵉ catégorie.................................	15ᶠ 60ᶜ
	de 2ᵉ catégorie.................................	11 44
	de 3ᵉ catégorie.................................	10 40
	de 4ᵉ catégorie.................................	5 20
Taxe supplémentaire des journaux............................		20 80

Ces tarifs subsistèrent jusqu'au moment de la suppression de l'impôt. Toutefois l'article 5 de la loi du 29 juillet 1881 sur la presse ayant abrogé les dispositions de l'article 2 de la loi du 6 juillet 1871, en vertu desquelles la formalité du cautionnement avait été établie pour les journaux et écrits périodiques, la taxe de 20 fr. 80 se trouva de fait abolie du jour de la promulgation de ladite loi.

L'effet de cette contribution fut déplorable pour l'industrie papetière; l'application des droits par catégorie donna, dans nombre de cas, matière à des interprétations contradictoires d'où naquirent des difficultés entre l'administration et les contribuables et des inégalités de traitement entre les divers fabricants. Malgré les doléances des intéressés, portées à la tribune du Parlement par d'éloquents défenseurs, l'impôt sur le papier ne fut cependant supprimé qu'au bout de quinze années d'exercice [1].

---

[1] La loi de finance du 8 août 1885 établit en effet son abrogation à dater du 1ᵉʳ décembre 1886.

Les tableaux suivants indiquent le chiffre de recettes résultant de cette contribution [1]:

| ANNÉES. | PRODUIT DES DROITS de fabrication, exercices, et abonnements. | DÉCHARGES | | | PRODUIT NET du droit de fabrication. | PAPIERS EMPLOYÉS à l'impression des journaux (produit de la surtaxe). | MONTANT NET de l'impôt sur le papier. |
		POUR CAUSE d'exportation.	sur LES PAPIERS livrés à l'impression du *Journal officiel.*	POUR CAUSE de chômages, pertes, etc.	TOTAL des déductions.			
	francs.	francs.	francs.	francs.	francs.	francs.	francs.	francs.
1871	265,247	//	//	//	95,633	169,614	84,720	254,334
1872	8,875,958	//	//	//	277,559	8,598,399	1,982,391	10,580,790
1873	9,072,378	//	//	//	496,491	8,565,887	2,216,229	10,782,116
1874	9,384,723	//	//	//	789,169	8,595,554	2,309,085	10,904,639
1875	10,823,769	//	//	//	840,940	9,982,829	2,362,843	12,345,672
1876	11,853,006	1,325,476	53,426	203,744	1,582,647	10,270,359	2,738,613	13,008,972
1877	12,382,277	1,163,092	43,227	84,008	1,290,327	11,091,950	3,230,821	14,322,771
1878	12,795,990	1,147,337	60,129	61,687	1,269,153	11,526,837	3,128,952	14,855,789
1879	13,055,788	1,198,091	60,908	58,085	1,317,084	11,738,704	3,522,198	15,260,902
1880	13,801,105	1,201,717	58,486	38,277	1,298,480	12,502,625	3,917,430	16,420,055
1881	13,202,431	1,103,460	35,912	62,795	1,202,167	12,000,264	2,848,028	14,848,292
1882	15,573,906	1,155,992	15,759	33,324	1,205,075	14,368,831	//	14,368,831
1883	16,400,426	1,317,052	56,893	22,334	1,396,279	15,004,147	//	15,004,147
1884	16,117,085	1,020,669	91,957	28,664	1,441,290	14,675,795	//	14,675,795
1885	15,260,984	1,352,654	57,364	//	1,110,018	14,150,966	//	14,150,966

| ANNÉES. | NOMBRE | | | | | | QUANTITÉS MISES en circulation en vertu d'acquits-à-caution. |
	de FABRICANTS.	D'ENTREPOSI-TAIRES.	D'IMPRIMEURS.	de PROCÈS-VERBAUX.	D'ACQUITS-À-CAUTION.	de LAISSEZ-PASSER.	
1872	//	//	//	54	//	//	//
1873	642	//	579	123	13,556	110,700	18,141,257
1874	613	12	621	316	16,808	99,500	21,997,411
1875	615	12	596	250	14,601	103,900	25,146,637
1876	614	15	588	280	12,255	113,800	18,003,114
1877	613	17	655	250	11,145	115,400	16,014,298
1878	615	12	623	201	11,929	125,000	17,615,609
1879	633	250	667	207	15,447	141,100	24,018,188
1880	646	181	678	154	27,365	170,200	43,783,463
1881	601	255	//	136	54,883	171,100	96,458,187
1882	540	196	//	173	72,740	187,200	141,096,139
1883	538	213	//	258	66,862	195,200	96,949,033
1884	529	195	//	265	62,405	193,100	123,285,668
1885	527	188	//	236	62,546	279,700	118,231,008

[1] Extrait du *Bulletin de statistique* publié par le Ministère des finances.

L'Exposition de 1878 fournit à l'honorable rapporteur du jury de la classe 10, M. Haro, l'occasion de faire une étude des plus approfondies sur la constitution histologique du papier. L'emploi des succédanés s'était singulièrement généralisé dans les papeteries depuis 1867 et il paraissait opportun d'établir scientifiquement les qualités et les défauts de ces diverses substances une fois transformées en papier. M. Haro se chargea de ce soin et détermina, avec une conscience scrupuleuse, le rôle particulier à chacune de ces matières au point de vue de la résistance, de l'élasticité, etc.

L'Exposition de 1889 a permis d'apprécier les efforts considérables accomplis par les fabricants français pour lutter contre les obstacles qui semblent s'être accumulés autour d'eux. Ceux-ci ont poussé jusqu'à la perfection la fabrication des filigranés, des vélins et des vergés; ceux-là sont arrivés à force de sacrifices à produire des sortes dont le prix, à qualités égales, rivalise avec celui des concurrents étrangers les plus favorablement placés; tels fabricants pour combattre l'envahissement des marchés français par les papiers vergés anglais qui sont en faveur en ce moment, comme emploi pour la correspondance, ont installé à grands frais dans leurs usines le collage à la gélatine; tels autres sont allés chercher sur place les matières textiles que les Japonais emploient pour fabriquer leurs papiers.

Les progrès de nos industriels se sont manifestés également dans le soin particulier qu'ils ont apporté à présenter leurs marchandises et à en approprier la forme aux besoins de la consommation. Les presses rotatives à imprimer, les appareils à régler, les machines à coucher ont nécessité l'emploi du papier continu : immédiatement nos fabricants se sont mis en mesure de substituer les bobines aux rames empaquetées. Poussés par le mouvement économique qui semble rapprocher de plus en plus intimement le producteur et le consommateur, ils ont établi dans leurs usines des ateliers affectés à la réglure, à la confection des cahiers d'écolier, à la fabrication des registres, des enveloppes, des cartes, à la bordure des papiers deuil, etc.

Ne voyons-nous pas, d'autre part, les fabricants de papiers à la cuve créer sans cesse de nouveaux filigranes, présenter des cartes d'un seul jet pour menus, adresses, etc. [1] ?

A côté d'eux les fabricants de papiers à cigarette ne se sont pas laissé distancer, et le papier sorti de leurs machines subit à son tour les diverses transformations qui le convertissent en cahiers et en ramettes.

En considérant de près les articles exposés par les fabricants de carton, on est également surpris des efforts qu'il leur a fallu accomplir pour vaincre des difficultés qu'ils paraissent s'être plu à rechercher, comme solidité, comme aspect, comme coloration, comme épaisseur. Dans cette industrie, c'est le fabricant qui a devancé le consommateur au point de vue des innovations et des appropriations, en lui permettant de

---

[1] On est parvenu à faire mécaniquement des papiers en feuilles, avec bords irréguliers imitant les sortes fabriquées à la forme. Une production relativement considérable jointe à une grande réduction de frais de main-d'œuvre permet de vendre ces papiers à très bas prix, mais leur défectuosité n'en permet l'emploi que pour des usages où la bonne qualité du produit n'est pas indispensable.

substituer, et avec avantage le plus souvent, le carton au bois, au métal, au verre, dans la confection d'objets usuels [1]. Malgré tous ces efforts, il faut bien reconnaître que l'industrie de la papeterie souffre tout particulièrement en France. Sans entrer dans des développements à ce sujet, nous indiquerons comme conditions défavorables les transports élevés, la nécessité de se procurer à l'étranger le bois en pâte ou en nature, et l'application de traités de commerce qui lui ont fermé des débouchés, et l'ont protégée sur son propre terrain d'une manière insuffisante.

Afin de donner un aperçu de l'importance de la fabrication et de la consommation du papier et du carton en France, nous donnons ci-dessous sous forme de tableaux :

1° Les chiffres approximatifs de la production de ces matières;

2° Les quantités importées et exportées.

I

Suivant les documents statistiques puisés au Ministère du commerce, la fabrication du papier aurait atteint les chiffres suivants pour la période 1875-1887 [2] :

ANNÉES.	NOMBRE D'ÉTABLISSE-MENTS.	NOMBRE D'OUVRIERS et ouvrières.	FORCE HYDRAULIQUE et vapeur.	PRODUCTION.	VALEUR APPROXIMATIVE.
				kilogrammes.	francs.
1875....................	500	26,178	21,368	146,947,300	104,000,000
1876....................	512	28,636	20,375	141,392,000	103,000,000
1877....................	535	28,359	21,913	150,677,700	108,000,000
1878....................	538	32,653	25,697	153,447,000	111,000,000
1879....................	528	32,235	24,605	155,067,500	113,000,000
1880....................	523	33,677	24,862	160,929,500	114,000,000
1881....................	527	35,925	25,215	178,417,600	120,000,000
1882....................	516	32,371	26,800	178,634,700	120,000,000
1883....................	498	31,789	27,528	181,240,700	120,000,000
1884....................	473	31,627	27,992	173,088,600	116,000,000
1885....................	507	30,470	28,702	171,144,000	118,000,000
1886....................	488	29,970	25,949	180,497,500	114,000,000

Les documents qui nous ont été obligeamment communiqués par le service des douanes nous ont permis d'établir, d'autre part, les tableaux suivants relatifs à l'importation et à l'exportation des produits de la papeterie en France pendant les dix dernières années [3].

[1] Le carton est descendu de 31 fr. les 100 kilogr. (1878) à 18 fr. les 100 kilogr. (1889).

[2] Nous devons ces renseignements à l'obligeance de M. Loua, chef des services de statistique au Ministère du commerce.

[3] Un travail analogue a été publié par M. Failliot dans le *Bulletin de la Chambre syndicale des marchands de papiers en gros.*

II

TABLEAUX DE L'IMPORTATION ET DE L'EXPORTATION

DE 1879 À 1888

D'APRÈS LES DOCUMENTS OFFICIELS COMMUNIQUÉS PAR LE SERVICE DES DOUANES
AU MINISTÈRE DES FINANCES.

———

Tous les chiffres portés dans ces tableaux représentent des kilogrammes.

IMPORTATIONS.

ANNÉES.	OBJETS IMPORTÉS.	BELGIQUE.	ITALIE.	AUTRICHE.	ESPAGNE.	SUISSE.	ANGLETERRE.	PAYS-BAS.	ALLEMAGNE.	JAPON.	TOTAUX PARTIELS.	TOTAUX GÉNÉRAUX.
1879	Carton — en feuilles	3,065					128,237		437,737		569,142	
	Carton — moulé								42,434		42,434	
	Carton — en boîtes								158		158	625,885
	Carton — albums								14,151		14,151	
	Papier — à lettre	15,994	2,182				114,253		10,092		142,521	
	Papier — à cigarette	32,757	1,386		785		73,768	78,070	79,034	5,207	270,951	6,139,563
	Papier — à écrire et imprimer	2,258,421	42,889	17,310		590,657	865,859		1,303,518		4,078,654	5,065,572
	Papier — bulle	150,791	7,097			156,431	119,190		239,937		673,446	
	Papier — de tenture	20,419					294,718		132,969		448,106	448,106
1880	Carton — en feuilles	57,047	8,064				206,217		473,856		745,784	
	Carton — moulé								63,571		63,571	
	Carton — en boîtes								195		195	
	Carton — albums								18,804		18,804	828,354
	Papier — à lettre	67,503	3,750				211,555		10,473		293,281	
	Papier — à cigarette	51,319	76		595		87,030		104,628	7,485	251,073	8,521,063
	Papier — à écrire et imprimer	2,310,779	56,775	44,933		923,207	801,602	91,009	1,595,762		5,823,967	7,119,523
	Papier — bulle	119,288	3,134			340,300	115,105		173,375		751,202	
	Papier — de tenture	91,920					308,136		173,180		573,186	573,186
1881	Carton — en feuilles	75,315	1,885				220,605		742,277		1,040,082	
	Carton — moulé								18,662		18,662	
	Carton — en boîtes								1,922		1,922	1,088,325
	Carton — albums								27,659		27,659	
	Papier — à lettre	311,880	3,176				254,825		97,059		666,890	
	Papier — à cigarette	70,682	116		1,765		71,287		63,867	14,436	222,094	10,581,642
	Papier — à écrire et imprimer	2,567,568	11,131	20,991		1,222,089	1,445,485	126,007	1,913,475		7,312,746	8,931,600
	Papier — bulle	171,981	6,454			256,207	103,276		191,952		729,870	
	Papier — de tenture	53,941					342,999		164,777		561,717	561,717
1882	Carton — en feuilles	149,419	13,316				294,587		1,106,379		1,568,701	
	Carton — moulé						2,267		7,243		9,510	
	Carton — en boîtes	69,297					79,727		347,900		496,924	2,109,528
	Carton — albums								39,393		39,393	
	Papier — à lettre	15,099	1,890				243,303		47,084		307,356	
	Papier — à cigarette	94,798	8,521		964		72,169		106,336	28,787	310,875	14,532,818
	Papier — à écrire et imprimer	3,786,311	77,275	123,048		1,317,107	2,344,112	152,941	2,295,727		10,026,521	11,504,391
	Papier — bulle	253,531	761			336,892	139,734		128,721		859,639	
	Papier — de tenture	46,488					246,283		226,128		918,899	918,899
1883	Carton — en feuilles	114,456	2,966				285,760		1,345,978		1,749,160	
	Carton — moulé						16,901				16,901	
	Carton — en boîtes	210,376					203,534		760,768		1,174,678	2,980,739
	Carton — albums								40,000		40,000	
	Papier — à lettre	24,982	139				119,080		30,981		175,182	
	Papier — à cigarette	100,066	1,670		891		91,320		74,171	30,099	298,217	13,734,751
	Papier — à écrire et imprimer	2,821,025	87,519	283,788		898,997	2,392,034	62,525	2,578,061		9,123,942	10,836,345
	Papier — bulle	205,111	33,022			222,834	125,325		153,212		739,004	
	Papier — de tenture	105,053					155,094		157,522		417,667	417,667

ANNÉES.	OBJETS IMPORTÉS.		BELGIQUE.	ITALIE.	AUTRICHE.	ESPAGNE.	SUISSE.	ANGLETERRE.	PAYS-BAS.	ALLEMAGNE.	JAPON.	TOTAUX PARTIELS.	TOTAUX GÉNÉRAUX.
1884	Carton	en feuilles	230,287	1,918				690,542		1,561,934		2,284,681	
		moulé						18,016				18,016	
		en boîtes	202,683					246,550		755,342		1,204,475	3,547,286
		albums								40,014		40,014	
	Papier	à lettre	30,408	8				236,981		38,239		305,626	
		à cigarette	139,330	4,583		230		209,245		177,245	15,086	445,725	14,484,145
		à écrire et imprimer	3,136,727	43,746	423,574		819,043	2,329,150	101,572	1,534,350		8,988,162	10,552,588
		bulle	251,768	37,102			155,257	86,232		282,791		813,085	
		de tenture	67,426					175,754		181,091		384,271	384,271
1885	Carton	en feuilles	131,612	12,303				659,048		1,839,393		2,642,351	
		moulé						2,542				2,542	3,748,589
		en boîtes	161,819					199,982		709,506		1,071,407	
		albums								32,289		32,289	
	Papier	à lettre	35,546	292				110,533		52,285		198,636	
		à cigarette	154,917	320		78		55,642		221,772	22,184	454,848	14,239,780
		à écrire et imprimer	2,964,142	32,768	491,686		784,032	2,553,577	111,019	1,756,348		8,542,172	10,080,707
		bulle	203,728	34,876			147,890	63,688		335,369		785,051	
		de tenture	127,756					128,307		155,361		410,484	410,484
1886	Carton	en feuilles	128,210	9,614				610,686		1,414,318		2,162,778	
		moulé						2,553				2,553	
		en boîtes	166,977					212,615		663,162		1,042,754	3,244,182
		albums								36,047		36,047	
	Papier	à lettre	96,525	83	107,879			222,893		79,861		507,171	
		à cigarette	170,196	148		322		59,084		96,571	19,775	366,091	11,981,809
		à écrire et imprimer	2,806,414	60,407			449,311	2,096,052	107,867	1,770,765		6,790,616	8,855,149
		bulle	287,893	37,137			118,703	57,674		209,864		711,271	
		de tenture	148,981					115,610		128,937		382,528	382,528
1887	Carton	en feuilles	146,729	2,592	193,743		46,829	343,212		925,859		1,658,934	
		moulé								2,938		2,938	
		en boîtes	163,643	17,660	33,809		41,778	207,678		465,432		929,995	2,650,772
		albums	2,054	1,070	1,697			12,070		51,278		68,875	
	Papier	à lettre	43,469	8				52,927		42,307		188,911	
		à cigarette	292,290	248		352	1	64,798		16,252	28,225	397,261	11,894,157
		à écrire et imprimer	2,512,601	78,946	356,681		331,515	2,406,528	120,624	1,927,508		7,740,354	8,087,907
		bulle	214,298	46,014			171,530	75,476		204,063		711,381	
		de tenture	102,625				23,379	96,540		32,934		245,478	245,478
1888	Carton	en feuilles	182,421	2,436	92,027		28,560	335,576		568,685		1,209,655	
		moulé								12,390		12,390	
		en boîtes	156,837	6,185	21,400		49,860	163,119		346,658		743,559	2,080,761
		albums	9,185		1,598		1,144	8,593		59,637		65,157	
	Papier	à lettre	18,025	1,402				39,078		31,303		89,808	
		à cigarette	223,889			178		52,789		6,268	8,865	291,989	10,439,249
		à écrire et imprimer	2,377,179	29,771	270,737		169,439	2,301,332	63,218	2,110,456		7,333,133	8,159,857
		bulle	152,600	616		222	55,396	104,584		131,510		644,977	
		de tenture	129,809	85			24,868	60,855		34,114		248,681	248,681

EXPORTATIONS.

ANNÉES	GROUPE	OBJETS EXPORTÉS	BELGIQUE	ITALIE	AUTRICHE	ESPAGNE	SUISSE	ANGLETERRE	ALLEMAGNE	BRÉSIL	RÉPUBLIQUE ARGENTINE	TOTAUX PARTIELS	TOTAUX GÉNÉRAUX	
1879	Carton	en feuilles	96,399	17,030	»	[illegible]	153,267	71,557	39,526	»	19,552	523,866		
		moulé	»	»	»	»	»	5,103	»	»	»	5,103	919,303	
		en boîtes	105,447	»	»	[illegible]	24,680	113,624	32,397	27,602	51,314	381,247		
		albums	1,455	443	»	[illegible]	»	4,165	9,533	247	»	9,287		
	Papier	à lettre	87,960	34,026	»	[illegible]	44,793	118,187	84,206	15,926	86,006	394,409		9,748,005
		à cigarette	59,895	»	»	[illegible]	»	167,104	57,909	26,877	»	696,363	7,656,752	
		à écrire et imprimer	366,496	184,772	»	[illegible]	23,588	671,234	295,532	686,466	205,634	3,009,138		
		bulle	380,942	106,399	»	[illegible]	480,592	1,729,481	363,857	112,829	141,079	3,558,844		
		de tenture	247,215	86,988	»	[illegible]	170,894	246,606	247,212	»	53,293	1,166,750	1,166,750	
1880	Carton	en feuilles	88,535	34,781	»	[illegible]	68,737	60,679	34,653	»	17,655	349,739		
		moulé	»	»	»	»	»	16,782	»	»	»	16,782	1,019,016	
		en boîtes	292,988	»	»	[illegible]	29,491	97,722	104,200	30,602	61,856	646,128		
		albums	2,804	1,504	»	[illegible]	»	522	312	530	307	6,367		
	Papier	à lettre	53,622	21,269	»	[illegible]	39,738	186,675	88,828	40,340	41,073	396,907		12,157,214
		à cigarette	65,908	»	»	[illegible]	»	198,965	90,072	42,685	»	1,176,432	9,913,825	
		à écrire et imprimer	703,180	148,953	»	[illegible]	208,594	764,985	312,340	736,369	207,030	3,473,468		
		bulle	259,634	116,622	»	[illegible]	966,644	2,546,524	272,945	101,164	172,084	4,866,959		
		de tenture	419,606	76,899	»	[illegible]	156,155	268,768	163,767	»	26,319	1,224,372	1,224,372	
1881	Carton	en feuilles	98,126	65,062	»	[illegible]	49,254	72,465	23,870	»	20,591	469,378		
		moulé	»	»	»	»	»	35,890	»	»	»	38,890	1,026,735	
		en boîtes	159,942	»	»	[illegible]	11,339	26,658	29,048	4,980	30,750	310,807		
		albums	28,859	224	»	[illegible]	»	87,991	18,240	80,692	31,715	212,080		
	Papier	à lettre	80,071	20,863	»	[illegible]	40,635	183,784	89,703	47,871	46,849	468,985		10,851,373
		à cigarette	40,455	»	»	[illegible]	»	198,886	59,507	45,908	»	1,366,868	8,782,187	
		à écrire et imprimer	367,291	108,688	»	[illegible]	294,485	761,657	231,977	653,534	193,314	3,091,534		
		bulle	237,192	111,587	»	[illegible]	425,213	2,187,586	245,030	138,828	275,312	3,855,300		
		de tenture	250,154	127,302	»	[illegible]	131,578	192,664	154,801	»	48,523	1,042,451	1,042,451	
1882	Carton	en feuilles	133,604	29,611	»	[illegible]	38,918	73,116	27,038	»	14,406	421,797		
		moulé	»	»	»	»	»	26,103	»	»	»	26,103	882,018	
		en boîtes	31,142	»	»	[illegible]	13,180	21,714	27,471	13,860	80,008	213,267		
		albums	26,727	16,408	»	[illegible]	»	95,476	7,813	18,216	36,911	218,851		
	Papier	à lettre	39,772	28,280	»	[illegible]	32,643	128,307	25,154	39,039	45,187	371,632		9,604,018
		à cigarette	30,272	»	»	[illegible]	»	197,376	68,059	34,786	»	1,137,726	7,715,835	
		à écrire et imprimer	247,490	89,871	»	[illegible]	312,532	683,823	352,480	588,607	202,408	2,830,219		
		bulle	153,283	70,234	»	[illegible]	305,280	1,882,584	157,250	196,725	376,632	3,376,259		
		de tenture	275,299	131,401	»	[illegible]	99,790	172,770	121,615	»	43,252	1,006,165	1,006,165	
1883	Carton	en feuilles	111,140	13,560	»	[illegible]	52,263	81,732	36,207	»	16,223	416,083		
		moulé	»	»	»	»	»	15,532	»	»	»	15,532	873,800	
		en boîtes	41,066	»	»	[illegible]	16,891	17,950	26,008	11,563	98,239	231,768		
		albums	42,901	28,454	»	[illegible]	»	37,130	7,587	53,488	29,447	210,467		
	Papier	à lettre	24,389	19,788	»	[illegible]	90,398	142,162	29,448	30,153	54,075	365,812		9,467,105
		à cigarette	27,831	»	»	[illegible]	»	180,710	87,731	40,278	»	1,156,629	7,563,066	
		à écrire et imprimer	345,837	95,098	»	[illegible]	307,522	784,207	260,534	500,607	266,620	2,856,105		
		bulle	133,839	102,436	»	[illegible]	413,386	1,706,917	148,727	113,919	282,577	3,184,462		
		de tenture	230,007	157,254	»	[illegible]	92,031	231,822	106,029	»	49,774	1,030,237	1,030,237	

ANNÉES.	OBJETS EXPORTÉS.	BELGIQUE.	ITALIE.	AUTRICHE.	ESPAGNE.	SUISSE.	ANGLETERRE.	ALLEMAGNE.	BRÉSIL.	RÉPUBLIQUE ARGENTINE.	TOTAUX PARTIELS.	TOTAUX GÉNÉRAUX.
1884	Carton — en feuilles	61,958	4,581	»	90,631	42,628	58,572	28,352	»	23,210	309,884	
	Carton — moulé	»	»	»	1	»	15,355	»	»	»	15,355	
	Carton — en boîtes	41,683	»	»	23,591	10,260	42,849	34,370	23,779	29,995	206,534	
	Carton — albums	49,838	31,491	»	7,851	»	18,003	15,374	43,371	17,256	182,692	714,465
	Papier — à lettre	16,781	19,080	»	24,225	21,081	101,643	18,587	55,366	29,723	286,436	
	Papier — à cigarette	33,157	»	»	490,928	»	161,927	87,727	89,924	»	813,703	8,748,351
	Papier — à écrire et imprimer	355,215	82,969	»	266,131	403,993	673,348	217,095	658,077	102,885	2,849,320	6,900,019
	Papier — bulle	144,514	186,110	»	305,001	303,866	1,414,436	180,451	168,999	247,180	2,950,560	
	Papier — de tenture	267,798	175,954	»	152,391	87,725	289,282	126,181	»	34,541	1,133,867	1,133,857
1885	Carton — en feuilles	24,310	56,350	»	108,939	87,292	71,962	39,452	»	18,331	356,555	
	Carton — moulé	»	»	»	»	»	19,533	»	»	»	19,533	
	Carton — en boîtes	32,967	»	»	32,851	2,827	32,567	28,229	14,120	18,233	168,763	
	Carton — albums	78,515	34,583	»	10,821	»	47,715	15,768	8,636	17,328	213,382	758,233
	Papier — à lettre	13,537	38,182	»	36,591	16,319	126,412	24,112	[illegible]	12,053	297,844	
	Papier — à cigarette	31,441	»	»	305,801	»	196,771	62,496	41,849	»	637,862	7,910,251
	Papier — à écrire et imprimer	364,747	121,679	»	338,644	337,696	1,098,219	132,491	150,938	260,839	2,644,493	6,215,270
	Papier — bulle	146,658	127,359	»	380,344	358,259	238,896	96,600	14,668	46,371	2,635,071	
	Papier — de tenture	244,289	154,465	»	101,507	66,640	100,575	48,146	»	13,470	936,748	936,748
1886	Carton — en feuilles	76,298	1,828	»	63,371	17,132	[illegible]	[illegible]	[illegible]	[illegible]	300,896	
	Carton — moulé	»	»	»	»	»	[illegible]	[illegible]	[illegible]	[illegible]	31,442	
	Carton — en boîtes	25,420	»	»	38,352	11,677	[illegible]	[illegible]	[illegible]	[illegible]	177,582	
	Carton — albums	36,562	34,268	»	10,886	»	[illegible]	[illegible]	[illegible]	[illegible]	139,250	669,100
	Papier — à lettre	6,318	22,067	»	38,386	17,612	[illegible]	[illegible]	[illegible]	[illegible]	300,559	
	Papier — à cigarette	58,082	»	»	270,781	»	[illegible]	[illegible]	[illegible]	[illegible]	731,494	8,294,512
	Papier — à écrire et imprimer	380,420	95,848	»	479,596	452,533	[illegible]	[illegible]	[illegible]	[illegible]	2,895,882	6,814,494
	Papier — bulle	163,386	163,974	»	739,146	404,217	[illegible]	[illegible]	[illegible]	[illegible]	2,886,559	
	Papier — de tenture	165,087	631,602	»	108,765	58,275	[illegible]	[illegible]	[illegible]	[illegible]	810,918	810,918
1887	Carton — en feuilles	269,583	160,093	»	90,805	19,960	[illegible]	[illegible]	[illegible]	[illegible]	[illegible]	
	Carton — moulé	»	7,631	»	7,879	»	[illegible]	[illegible]	[illegible]	[illegible]	[illegible]	
	Carton — en boîtes	36,131	12,755	»	43,764	12,068	[illegible]	[illegible]	[illegible]	[illegible]	[illegible]	
	Carton — albums	26,994	16,195	»	9,261	6,685	[illegible]	[illegible]	[illegible]	[illegible]	[illegible]	965,709
	Papier — à lettre	29,625	6,007	»	11,010	2,162	[illegible]	[illegible]	[illegible]	[illegible]	[illegible]	
	Papier — à cigarette	62,170	»	55,250	129,804	23,773	[illegible]	[illegible]	[illegible]	[illegible]	[illegible]	8,642,488
	Papier — à écrire et imprimer	408,654	171,630	»	520,070	747,441	[illegible]	[illegible]	[illegible]	[illegible]	[illegible]	6,348,883
	Papier — bulle	220,131	65,237	»	402,247	169,387	[illegible]	[illegible]	[illegible]	[illegible]	[illegible]	
	Papier — de tenture	216,985	239,404	»	169,836	82,261	[illegible]	[illegible]	[illegible]	[illegible]	[illegible]	1,327,896
1888	Carton — en feuilles	186,993	19,947	»	178,756	17,608	[illegible]	[illegible]	[illegible]	[illegible]	[illegible]	
	Carton — moulé	»	»	»	12,462	»	[illegible]	[illegible]	[illegible]	[illegible]	[illegible]	
	Carton — en boîtes	46,976	15,035	»	61,867	»	[illegible]	[illegible]	[illegible]	[illegible]	[illegible]	
	Carton — albums	20,692	»	»	8,938	14,952	[illegible]	[illegible]	[illegible]	[illegible]	[illegible]	1,227,847
	Papier — à lettre	3,869	»	»	14,962	7,082	[illegible]	[illegible]	[illegible]	[illegible]	[illegible]	
	Papier — à cigarette	39,217	20,116	148,305	76,875	20,088	[illegible]	[illegible]	[illegible]	[illegible]	[illegible]	9,230,561
	Papier — à écrire et imprimer	266,370	128,694	»	465,123	635,284	[illegible]	[illegible]	[illegible]	[illegible]	[illegible]	6,881,031
	Papier — bulle	514,606	123,608	»	612,246	148,038	[illegible]	[illegible]	[illegible]	[illegible]	[illegible]	
	Papier — de tenture	259,154	87,274	»	129,473	82,680	[illegible]	[illegible]	[illegible]	[illegible]	[illegible]	1,121,683

(In the TOTAUX GÉNÉRAUX column, the per-year grand totals are 8,748,351 (1884), 7,910,251 (1885), 8,294,512 (1886), 8,642,488 (1887) and 9,230,561 (1888), bracketing the Carton, Papier and "de tenture" sub-totals shown on the adjoining rows.)

TABLEAU RÉCAPITULATIF ET COMPARATIF DE L'IMPORTATION
ET DE L'EXPORTATION
PENDANT DIX ANNÉES, DE 1879 À 1888.

ANNÉES.	IMPORTATION.	EXPORTATION.	DIFFÉRENCE EN FAVEUR	
			de L'IMPORTATION.	de L'EXPORTATION.
1879..........................	6,139,563	9,743,005	"	3,603,442
1880..........................	8,521,063	12,157,214	"	3,636,151
1881..........................	10,581,642	10,851,373	"	269,731
1882..........................	14,532,818	9,604,018	4,928,800	"
1883..........................	13,734,751	9,467,105	4,267,646	"
1884..........................	14,484,145	8,748,351	5,735,794	"
1885..........................	14,239,780	7,910,251	6,329,529	"
1886..........................	11,981,809	8,294,512	3,687,297	"
1887..........................	11,894,157	8,642,488	3,251,669	"
1888..........................	10,439,249	9,230,561	1,208,688	"
TOTAUX....................	116,548,977	94,648,878	21,900,099	"

Pour permettre de se rendre compte exactement des modifications survenues dans les cours des papiers depuis quarante-cinq ans, nous donnons un tableau comparatif des prix de fournitures appliqués à cinq des sortes employées à l'Imprimerie nationale, tableau que nous devons à l'obligeance de M. Héon, chef des travaux typographiques, et de M. Codron, chef du service intérieur, à l'Imprimerie nationale.

COMPARAISON DES PRIX DE PAPIERS PENDANT UNE PÉRIODE DE QUARANTE ANS.

ANNÉES.	PRIX DES 100 KILOGRAMMES.				
	JÉSUS pâte fine.	JÉSUS pâte ordinaire.	RAISIN pâte fine.	RAISIN pâte ordinaire.	CARRÉ pâte ordinaire.
	fr. c.	fr. c.	fr. c.	fr. c.	fr. c.
1846......................	100 00	97 00	138 86	93 33	"
1852......................	99 73	94 00	145 20	92 50	96 00
1858......................	99 73	109 00	123 23	110 00	99 75
1864......................	147 50	95 53	139 60	95 00	92 82
1870......................	148 72	101 86	143 60	101 25	93 50
1876 [1]..................	154 35	102 46	149 20	103 37	101 22
1882 [1]..................	149 50	93 86	139 30	93 90	95 35
1886 [2]..................	118 50	68 40	118 10	78 88	68 00

[1] Pendant la période de temps comprise entre les années 1873 et 1885, les papiers ont été soumis à un impôt de 10 fr. 40 par 100 kilogrammes. Pour permettre une comparaison, la valeur de cet impôt a été déduite des prix portés dans les colonnes 1876 et 1882.

[2] Dernière adjudication.

COURS DES MATIÈRES PREMIÈRES
SERVANT À LA FABRICATION DU PAPIER,

D'après le Moniteur de la papeterie française. — Octobre 1889.

COURS DES CHIFFONS [1].

Rayon de Paris.

Blancs, mêlés toile et coton	38ᶠ
Blancs sales	22
Bulles gris pure toile	25
Couleurs mêlées de bleu	15
Toiles n° 3	26
Indiennes mêlées, claires et foncées	10
Phormium rouge trié	10
Bleus mêlés toile et coton	19

Chiffons coupés très bien soignés :

Bulles gris	30
Toile n° 3	30
Toile bleue coupée	28
Coton bleu coupé	24
Indiennes { claires	19
{ foncées	13

(Cours de la maison Maisonneuve, à Creil.)

Rayon de Lyon.

Blancs mêlés tout venant de campagne (70 p. 100 toile)	» à 40ᶠ
Bulles { gris pure toile	25 à 26
{ bleus toile	25 à 28
{ mêlés	18 à 20
Blanc sale	15 à 20
Indiennes couleurs mêlées de bleu	12 à 15
Cordes { blanches	25 à 30
{ goudronnées	15 à 20

Région de l'Est.

Blancs de campagne	34 à 36ᶠ
Bulles { gris	20 à »
{ bleus	19 à 21
Cotonnettes { pâles	16 à 17
{ purgées de droguet et noirs	12 à 13
Droguets et noirs	5 à 7

[1] Prix par 100 kilogrammes.

Région du Midi.

Blancs de campagne		36 à ″ᶠ
Bulles fil	couleur	20 à ″
	blanc	28 à ″
Indiennes	tout venant	10 à ″
	claires	20 à 22
Cordes blanches		35 à 36

Région de l'Ouest.

Blancs 1ᵉʳ choix		46 à 48ᶠ
Blancs 2ᵉ choix		33 à 35
Bulles		20 à 22
Bleus, toile et coton		18 à 20
Couleurs		10 à 12
Cordes	blanches	24 à 26
	goudronnées	15 à 18
Emballage phormium		8 à 10

Région du Sud-Ouest.

Chiffons blancs	de Gascogne	34ᶠ 50 à 35ᶠ
	de Saintonge	37 00 à 39
	du Poitou	36 00 à 37
Gros-bons pur fil		22 00 à 24
Cotons bleus		19 00 à 21
Cotons de couleurs exempts de noirs		13 00 à 15
Cordes	et ficelles blanches	27 00 à 30
	goudronnées	″ ″
Phormium		9 00 à 10
Cotons noirs		6 00 à 7

FÉCULES.

Paris, 30 septembre 1889.

Pour les fécules on cote :

Fécule 1ʳᵉ, grains, Paris, 29 fr.; Oise, 28 fr.; Vosges, 30 fr. Le tout par 100 kilogrammes, aux conditions d'usage et dans les gares respectives de la féculerie.

Pour les étrangères, les prix s'entendent c. f. et ass. Paris, droits en plus.

La fécule verte vaut de 15 à 16 francs les 100 kilogrammes à domicile.

COLOPHANES [1].

Prix de la nouvelle récolte :

On cote :

Colophanes	supérieures	12 à 14ᶠ
	ordinaires	10 à 12
Demi-colophanes		″ ″
Brais *clairs*		9 à 10

[1] Prix par 100 kilogrammes.

PRODUITS CHIMIQUES.

Paris.

Acide sulfurique { à 66°.....................................	9ᶠ 00 à	10ᶠ 00
à 53°.....................................	6 00 à	7 00
à 5o°.....................................	6 oo à	″
Acide chlorhydrique.......................	6 oo à	7 00
Alun......................................	13 00 à	13 5o
Alun pur (sans fer).......................	24 oo à	26 oo
Sulfate d'alumine sans charge.............	10 00 à	11 00
Chlorure de chaux, 105 à 110°.............	24 00 à	26 oo
Chromate de potasse.......................	120 00 à	125 oo
Cristaux de soude en sacs.................	10 oo à	11 00
Sel de soude... { 80/85, caustique........	22 oo à	23 00
90/92, carbonaté........	16 oo à	17 00
Sulfate de cuivre.........................	62 oo à	″
Sulfate de fer (pur fer)..................	5 oo à	7 00
Hyposulfite de soude (antichlore).........	25 oo à	″
Acétate de plomb..........................	80 oo à	85 oo
Manganèse (suivant le degré)..............	14 oo à	18 oo
Soude caustique, 70°......................	24 oo à	26 oo
Prussiate de potasse......................	180 oo à	185 oo
Colophane.... { (à Bordeaux)..............	14 oo à	17 oo
(à Paris).................	16 5o à	19 oo
Bleu d'outremer...........................	140 oo à	250 oo
Ocre jaune.... { J. C.....................	5 5o à	″
J. C. L..................	9 oo à	″
Ocre rouge.... { R. C.....................	7 5o à	″
R. C. I..................	14 oo à	″
Kaolin (suivant qualité)..................	4 5o à	8 oo
Sulfate de chaux, 1ᵉʳ choix...............	5 5o à	″
Sulfate de baryte 1ʳᵉ (blanc fixe)........	22 oo à	24 oo

FABRICANTS DE PAPIER ET DE CARTON.

HORS CONCOURS.

MM. Abadie et Cⁱᵉ, fabricants de papier à cigarette,
110, 112, 114, avenue de Malakoff, à Paris.

(Hors concours, M. Abadie, membre du jury des récompenses de la classe 17.)

La fabrication du papier à cigarette a été introduite en France en 1824 par M. Michel Abadie, grand-père du directeur actuel de la société, M. Egbert Abadie.

Dès le principe, les papiers furent collés; ce n'est qu'en 1830 que M. Michel Abadie supprima la colle dans la fabrication de ces articles.

Deux usiues, établies au Theil et à Marles (Orne), et situées à 5 kilomètres de distance l'une de l'autre, sont reliées par un chemin de fer système Decauville.

Elles utilisent deux machines fabriquant à 1 m. 50 de largeur et produisant chacune par jour 700 kilogrammes de papier à cigarette; la maison fabrique exclusivement cette sorte de papier.

Une machine à vapeur de 20 chevaux actionne l'outillage qui comprend un certain nombre de machines spéciales, telles que celles qui fouctionnaient du reste dans l'exposition de la classe 58.

C'est dans les ateliers de l'avenue de Malakoff que sont confectionnés les cahiers de papier à cigarette, papier de riz, papier maïs, etc., dont la vente se fait dans le monde entier.

Cent cinquante personnes, hommes et femmes, sont occupés dans cet établissement. C'est à M. Egbert Abadie, le directeur actuel de la société, que revient le mérite d'être le véritable créateur des bobines spéciales continues sans fin, qui ont permis l'emploi des machines à fabriquer les cigarettes [1].

<hr>

MM. Bardou et Pauilhac, *fabricants de papier à cigarette,*
à la Moulasse, près Saint-Girons (Ariège).

(Hors concours, M. Pauilhac, membre du jury des récompenses de la classe 10.)

Il y a plus de cinquante ans que la maison a été fondée par Jean Bardou, inventeur du JOB à cigarettes, décédé en 1851.

Son invention consistait dans la substitution d'un papier fin non collé, sans produits chimiques appréciables, aux papiers demi-collés de fabrication espagnole, et dans l'adoption d'une enveloppe en forme de portefeuille, fermée à l'aide d'un lien rose.

Jean Bardou prit un brevet sous le régime de la loi de 1844. Il se contenta de désigner son papier par les initiales J. B. séparées par un losange de dimensions égales à celles des lettres J. ◇. B. Ce cahier, qui n'avait pas encore de dénomination spéciale, fut bientôt baptisé par les Parisiens et appelé par eux papier JOB. Il était dès lors connu. Jean Bardou s'en assura la propriété en prenant un second brevet pour le mot JOB et déposa cette marque ainsi que sa signature.

Depuis cette époque il a figuré aux principales expositions et il y a obtenu successivement 110 récompenses, dont 18 médailles d'or, 16 diplômes d'honneur et 17 *hors concours.*

Dans le principe et avant que l'on fût arrivé à verger à la machine, les papiers étaient faits à la forme. Mais ce dernier procédé de fabrication ne permettant pas d'atteindre le degré de perfection que présentait le nouveau système, celui-ci fut adopté. Plus tard et lorsque l'importance de la consommation devint plus considérable, MM. Bardou et Pauilhac décidèrent de faire construire à la Moulasse, près de Saint-Girons (Ariège), une usine modèle ayant une façade principale de 130 mètres de longueur sur une élévation de trois étages, qui fut spécialement installée et organisée pour la fabrication des papiers à cigarette en général, et du papier JOB en particulier.

Cette usine est assise sur le Salat; elle possède une machine perfectionnée permettant d'obtenir une largeur de feuille de 1 m. 48 rogné et produisant chaque jour, en moyenne, 800 kilogrammes de papier présentant au mètre carré un poids de 12 à 13 grammes. Elle peut faire plus mince, mais il est reconnu que, sous un poids inférieur, le papier n'a pas la tenue nécessaire pour résister, sans se rompre, aux aspérités du tabac, qu'il charbonne et brûle mal.

<hr>

[1] Les différents perfectionnements apportés par M. E. Abadie dans l'industrie des papiers à cigarette, qui occupe aujourd'hui dans le commerce français une place si considérable, lui ont valu la haute distinction de chevalier de la Légion d'honneur, indépendamment des nombreuses récompenses obtenues dans les diverses expositions où ses produits ont figuré.

Cette quantité quotidienne de 800 kilogrammes représente dans la contrée la production normale de deux machines faisant les papiers à cigarette. Cette machine fonctionne jour et nuit avec deux équipes, une pour chaque faction.

L'usine possède en outre une grande pile laveuse, vingt cylindres et trois lessiveurs munis de leurs appareils de sûreté.

Indépendamment du Salat, elle est alimentée par deux sources jaillissantes, qui sont captées à 2 kilomètres en amont, et dont les eaux sont amenées, à l'aide d'une conduite spéciale et de siphons, jusqu'au troisième étage des bâtiments principaux. Elles y montent, sans le secours d'appareils hydrauliques ou de pompes, par la seule force de la différence des niveaux et à l'aide d'un tuyau de 0 m. 25 de diamètre.

150 ouvriers sont employés à la Moulasse, et sa construction aussi bien que son travail journalier ont procuré et procurent le bien-être aux habitants des trois petites communes environnantes.

Tous ces ouvriers sont, par les soins et aux frais de la maison, assurés contre les accidents. Des soins gratuits leur sont donnés en cas de maladie, et il leur est alloué une demi-journée de salaire.

La Moulasse est éclairée au gaz. Elle a une usine spéciale pour le produire, usine installée d'après le système Maring et Mertz. Son outillage est l'objet des soins les plus méticuleux, et son entretien, justement renommé, provoque l'admiration des nombreux touristes qui visitent les Pyrénées.

En regard de la façade principale se trouve une grande construction en forme de fer à cheval, dont le développement est de 210 mètres. Elle comprend : l'entrepôt des matières premières, la forge et l'ajustage, les dortoirs, les écuries et remises, les logements de la direction et un grand jardin en terrasse qui domine le centre de ces bâtiments.

Les matières premières nécessaires à la fabrication sont amenées au troisième étage de l'usine à l'aide de monte-charges. Elles y sont manipulées, puis, sans autre main-d'œuvre et par un mécanisme spécial, elles descendent et se transforment successivement pour arriver, à l'aide de tuyaux en cuivre jusqu'au rez-de-chaussée, sur la table de fabrication.

L'usine possède une chaussée en maçonnerie, dont l'épaisseur est de 7 mètres à la base avec pertuis. Sa force est de 280 chevaux pendant trois mois de l'année, et pendant neuf mois de 600 chevaux au moins. Elle est en outre actionnée par une prise d'eau avec huit vannes.

Une autre chute, celle du Jarrial, dépend de la Moulasse. Elle est actuellement inutilisée par suite des dégâts qu'elle a éprouvés lors d'une inondation, mais il est probable que sa force sera prochainement reprise.

Les papiers en rames destinés à la marque JOB sont, après leur fabrication, dirigés sur Perpignan ; là, ils sont mis en cahiers et en boîtes, pour être expédiés enfin à Toulouse, seul centre de l'exploitation. La maison a une succursale à Paris.

Les ateliers de Perpignan, en raison de la simplicité de la fabrication du livret JOB et de celle de la mise en boîtes, n'occupent que 260 ouvriers. Nous ajouterons cependant que ces ateliers sont pourvus de presses typographiques et lithographiques Marinoni, de coupeuses, cisailles, emporte-pièce et autres machines utiles à cette industrie ; ce qui permet à la maison de se suffire à elle-même. Ils sont régis, au point de vue de l'administration et de l'assurance, comme l'usine de la Moulasse avec caisse de secours.

Le produit de la consommation annuelle dépasse actuellement 4 millions de francs. Cette consommation, depuis l'origine du JOB, n'a fait que s'accroître tous les ans, et les livres accusent pour ces dernières années des augmentations annuelles et successives de 300,000 à 400,000 francs [1].

(1) Une médaille d'argent a été accordée à M. François LAVAIL, une médaille de bronze à M. GÉRAUD, une médaille de bronze à Mme MARTIN, comme collaborateurs de la maison Bardou et Pauilhac.

MM. Blanchet *frères et* Kléber, *fabricants de papier,* à Rives (Isère).

(Hors concours, M. Émile Kléber, membre du jury des récompenses de la classe 10.)

La manufacture de papier de MM. Blanchet frères et Kléber a été fondée à Rives (Isère), en 1788.

En 1878, cette usine possédait trois machines et une cuve : elle faisait 1,800,000 francs d'affaires. En 1889, elle exploite cinq machines continues et une machine spéciale pour faire les papiers à la forme; elle occupe 650 ouvriers et ouvrières et fait 4 millions d'affaires dont plus de la moitié à l'exportation. Depuis la dernière exposition, elle a créé de nombreux articles nouveaux, cherchant à vaincre toutes les difficultés qui lui étaient soumises. Tout en perfectionnant le papier photographique qu'elle fabrique depuis trente-cinq ans environ, elle a dû se plier aux exigences des nombreux procédés que la photographie a fait naître depuis quelques années, et qui demandent chacun des qualités spéciales. Elle s'est occupée tout particulièrement des papiers de sûreté pour titres, chèques, etc., et a fait dans cette voie plusieurs inventions ou applications nouvelles. Elle a réussi à procurer au marché français un certain nombre de papiers spéciaux qu'on ne pouvait autrefois trouver qu'à l'étranger. En un mot, elle a cherché à lutter contre la crise dont souffre notre industrie, plutôt par l'amélioration que par la baisse des prix.

120 ouvriers sont intéressés sur la production : parmi les femmes un grand nombre sont à la tâche.

Une caisse de secours, moyennant une retenue mensuelle de 1 franc pour les hommes et de 0 fr. 50 pour les femmes, leur assure : 1° une indemnité en cas de maladie; 2° les frais de médecin et de pharmacien; 3° après trente ans de service et 60 ans d'âge, une retraite de 250 francs pour les hommes et de 125 francs pour les femmes. La maison ajoute, à titre gracieux, la somme nécessaire pour compléter aux hommes une pension de 750 francs et une de 375 francs aux femmes.

Parmi les produits exposés par cette maison, nous signalerons plus particulièrement les rouleaux pour reproductions industrielles, les papiers à dessin, les sortes à registres, les réglés et filigranés, les vélins et vergés blancs et azurés à la cuve et à la machine, les papiers bristols, les chines teintés sans colle, les sortes pour platinotypie, les vergés Dauphin, les rouleaux gros grain et glacés pour photographie. Cette importante maison exposait en outre toute une série de filigranés en pâte exécutés d'une façon absolument remarquable, tels que les titres de la Société Chaix, du Trésor public, de la Dette publique, etc.

MM. Blanchet frères et Kléber ont déjà obtenu les récompenses suivantes :

Médaille d'argent, Paris 1834; médailles d'or, Paris 1839, 1844, 1849; 1re médaille, Londres 1851, New-York 1853; médaille de 1re classe, Paris 1855 et ✳, Londres 1862; hors concours et ✳, Paris 1867, Lyon 1872; grand diplôme d'honneur et ✳ François-Joseph, Vienne 1873; 1re médaille, Philadelphie 1876; grand prix, Paris 1878; diplômes d'honneur, Melbourne, Sydney, Amsterdam 1883, Anvers 1885; médaille d'or, Barcelone 1888; hors concours, Paris 1889 [1].

M. Gaudineau-Tonnellier, *fabricant de papier,* à la Flèche (Sarthe).

(Hors concours, M. Choquet, rapporteur du jury des récompenses de la classe 10.)

M. Tonnellier, fils d'un fabricant de papier, a fondé cette maison en 1843.

L'exploitation, actuellement dirigée par M. Gaudineau-Tonnellier, son gendre, sous la dénomination

---

[1] M. Émile Kléber, membre du jury des récompenses, a obtenu la croix de la Légion d'honneur. M. Gallais, directeur du dépôt à Paris de la maison Blanchet frères et Kléber, faisait partie du comité d'installation de la classe 10.

de Maison Tonnellier, avec la collaboration de MM. Léon Gaudineau et Choquet, ses associés en participation, comprend quatre usines : Varennes, Cherré, la Courbe, la Flèche. Ces divers établissements, reliés entre eux par des fils téléphoniques, sont actionnés par six turbines, une roue hydraulique, système Sagebien, et quatre machines à vapeur. Leur outillage comporte 3 machines à papier, 40 cylindres, 3 calandres, meules, lessiveuses, mélangeuses, etc., et permet d'atteindre une production de 1,500,000 à 2 millions de kilogrammes par an.

Ces fabriques ont été, depuis quelques années, l'objet d'importantes transformations ayant pour but principal le perfectionnement des papiers livrés aux consommateurs.

Favorisée par sa situation pour l'approvisionnement de ses matières premières dont les chiffons constituent l'élément presque exclusif, la maison Tonnellier fabrique les papiers mi-fins et fins pour l'impression, l'écriture, la correspondance, la chromo, le registre, etc., les vergés français et genre anglais Tonley-Mill, les azurés, les sortes pour bristol, pour cartes blanches et de couleur, les parcheminés, etc. Sa marque T C jouit auprès de la clientèle d'une vieille et solide réputation qu'elle s'efforce de justifier.

Depuis quelques années, l'usine de la Flèche, affectée à la transformation du papier, a pris un grand développement; cette manufacture, éclairée à la lumière électrique, comprend des ateliers spéciaux pour la réglure, la fabrication des cahiers d'écolier, la confection des enveloppes, la bordure des papiers, etc.

Les fabriques de Varennes et de la Courbe possèdent chacune leur maison d'école et leur salle d'asile. Un service médical fonctionne régulièrement dans ces établissements au profit des 300 ouvriers et ouvrières qui y sont employés et logés.

Les médicaments sont distribués gratuitement au personnel.

Une caisse particulière reçoit les épargnes, en sert les intérêts, en double le capital lorsqu'il atteint un certain chiffre et développe incessamment chez l'ouvrier les idées d'ordre et de travail.

La maison Tonnellier a reçu les récompenses suivantes aux diverses expositions où ses produits ont figuré :

Médaille d'argent, le Mans 1857; médaille d'or, Rouen 1859; grande médaille d'argent, Nantes 1861; médaille d'argent, Angers 1864; médaille d'or, Saint-Lô 1866; médaille d'argent, Paris 1867; médaille d'argent, Blois 1873; médaille d'argent, Paris 1878.

Cet exposant possède un dépôt à Paris, rue de Seine, 13.

MM. Johannot et Cie, *fabricants de papier,* à Annonay (Ardèche).

(Hors concours, M. Johannot, membre du jury des récompenses de la classe 10.)

La création des deux usines exploitées par la maison Johannot et Cie remonte à une époque fort reculée, en 1634. A cette date, deux frères, Mathieu et Barthélemy Johannot, originaires d'Ambert, transportèrent leur industrie à Annonay, en construisant dans un faubourg de la ville une papeterie qu'ils installèrent modestement et selon les connaissances rudimentaires de l'époque. La pâte était broyée au moyen de marteaux-pilons et le papier se fabriquait en feuilles et avec des formes maniées par les ouvriers. La réputation de la maison s'étant développée, un descendant de la famille, du nom de Mathieu Johannot, acheta une chute d'eau voisine et construisit, en 1780, une nouvelle usine à Marmaty. A partir de cette époque, la maison s'attacha à améliorer sans cesse ses produits. Les éditeurs d'ouvrages de luxe de Paris recherchaient ses papiers; on peut citer, entre autres, les relations suivies qui s'établirent entre la maison de Didot l'aîné et MM. Johannot.

Lorsque vers 1830 de nouveaux procédés de fabrication furent trouvés, et que l'on introduisit en

France les premières machines à fabriquer le papier sans fin, MM. Johannot s'empressèrent d'adopter ce mode de fabrication. Ils n'hésitèrent pas à améliorer par tous les moyens possibles leur outillage en choisissant, tant en France qu'à l'étranger, les machines nouvelles qui leur paraissaient devoir atteindre le but qu'ils recherchaient.

La préoccupation principale de cette maison a toujours été de produire des papiers de qualité irréprochable et d'une durée illimitée. Dans ce but, elle se procure exclusivement comme matières premières des chiffons de premier choix et pour certaines sortes de papiers emploie, comme moyens de collage, le procédé à la colle animale tel qu'il se faisait autrefois, procédé qui lui offre une garantie absolue pour la conservation du papier.

La maison Johannot exposait les produits très variés de sa fabrication, parmi lesquels nous citerons :

Les papiers à registres de deux sortes différentes, spécialité de la maison (A et B);

Le papier végétal naturel à calquer, fabriqué en matière vierge et d'une durée indéfinie;

Les papiers à dessin pour le trait, le lavis et l'aquarelle avec double collage animal, vélins à grains en creux ou relief;

Les papiers doubles parcheminés blancs ou teintés pour titres, actions, avec armoiries, inscriptions et filigranes en pâte;

Les papiers pour impressions de luxe en tous genres;

Les papiers pour diverses impressions héliographiques.

Tous les façonnages variés que peuvent subir les papiers en général, tels que réglure, bordage deuil, les cahiers d'écolier, la confection des papiers pour lettres, enveloppes, cartes, les boîtes de luxe, etc.

Le personnel des deux usines se compose environ de 300 ouvriers des deux sexes, qui sont logés pour la plupart dans les usines et jouissent, en cas de maladie, de la gratuité des soins médicaux.

M. Henri Johannot, propriétaire de ces établissements, et M. Étienne de Mongolfier ont la direction générale des deux usines. Les produits de la fabrication s'écoulent en province, à l'étranger et en majeure partie à Paris, où la direction du dépôt est confiée à M. Chédeville.

La maison Johannot et Cie a obtenu, depuis une époque reculée, les nombreuses récompenses suivantes que nous indiquons par ordre chronologique :

1er prix des arts (en or), à l'Académie de Besançon 1760 ; une série de médailles d'or aux Expositions de Paris en 1784, l'an x, en 1806, 1819, 1834, 1849, de 1re classe en 1855; *price medal*, Londres 1862; médaille d'or collective, Paris 1878; diplôme d'honneur, Bordeaux 1882; hors concours, membre du jury, Paris 1889 [1].

M. B. SIRVEN, fabricant d'articles de bureau, rue de la Colombette, 76,
à Toulouse (Haute-Garonne).

(Hors concours, M. SIRVEN [2], membre du jury des récompenses de la classe 10.)

La maison B. SIRVEN, à Toulouse, comprend cinq établissements :

1° *Usine de la rue de la Colombette, 76.* — Une manufacture d'articles de papeterie pour bureau et écolier et une imprimerie. L'outillage se compose de 14 presses mécaniques typographiques, de 6 lithographiques et de nombreuses presses à bras; de 4 presses hydrauliques, 2 laminoirs, 10 ma-

---

[1] Il a été accordé une médaille d'argent à M. Beyle et une à M. Lachaud, comme collaborateurs de la maison Johannot et Cie.

[2] M. Sirven, ancien maire de Toulouse, est chevalier de la Légion d'honneur.

chines à rogner, 6 à plier; de machines à régler, à coudre au fil de lin et au fil de fer; d'estampeuses, doreuses, gaufreuses, découpeuses, etc.

Ce matériel est actionné par deux machines à vapeur d'une force totale de 60 chevaux.

Le personnel de cet établissement comprend 315 individus des deux sexes. Ses ateliers sont répartis dans 15 vastes salles d'une superficie totale de 5,000 mètres; leur éclairage, chauffage et ventilation sont très bien distribués.

2° *Fabrique de papier, île du Moulin-du-Château.* — Une fabrique de papier dont le matériel, qui vient d'être complètement renouvelé, se compose de deux machines à papier pour une production de 1 million à 1,500,000 kilogrammes en papier à journal et en sortes d'impression. La plus grande partie de ce papier est employée par l'imprimerie et la fabrication de registres de la maison.

La force motrice de cette usine est de 160 chevaux hydrauliques; son personnel comprend 90 ouvriers.

3° *Fabrique de registres, rue Riquet, 39 et 41.* — Une fabrique de registres avec un outillage des plus variés et un personnel de 110 individus pouvant livrer journellement 1,500 kilogrammes de registres de toutes sortes.

4° *Fabrique de toiles cirées, quartier de la Providence.* — Une fabrique de toiles cirées de toutes natures, et principalement de toile mate, dite *toile américaine.*

Ses produits sont exclusivement employés par la manufacture d'articles de bureau, pour les buvards, sous-mains et articles d'écolier.

5° *Usine d'Espagne.* — Une fabrique d'articles de bureau et de calendriers à Barcelone (Espagne), établie en 1881. Elle emploie un personnel nombreux d'ouvriers français et espagnols et expédie ses produits dans toutes les villes de la Péninsule et dans les colonies espagnoles et portugaises. C'est la première installation de cette industrie qui ait été faite en Espagne.

Les établissements Sirven, dont l'origine fut une modeste fabrique créée en 1834 par M. Bernard Sirven, père des directeurs actuels, Joseph et François Sirven, se sont surtout développés grâce aux inventions heureuses de MM. Sirven.

La fabrication des articles de bureau, sous-mains, cartables, des calendriers éphémères des toiles mates, etc., a pris rapidement une extension considérable. Ce dernier article a donné lieu, à l'expiration des brevets Sirven, à une fabrication spéciale très importante qui s'est fixée définitivement en Angleterre. La maison Sirven a fait de nombreuses créations de tous ces articles; d'autres les ont imités, et aujourd'hui des milliers d'ouvriers, tant en France qu'à l'étranger, vivent de cette industrie.

Cette maison exporte ses produits dans tous les pays, mais principalement en Belgique, Alsace-Lorraine, Suisse, Afrique, Orient et Amérique du Sud. Son chiffre d'affaires atteint annuellement 2 millions et demi de francs; il tend tous les jours à s'augmenter.

Elle a obtenu, à l'Exposition universelle de Paris, en 1878, une médaille d'or, et pareille distinction à l'Exposition universelle d'Anvers, en 1885.

Une société de secours mutuels fonctionne dans l'établissement, où est aussi organisée une école de filles.

La vitrine de la maison Sirven comprenait une collection complète de tous ses produits; on y remarquait notamment des articles de toile cirée (sous-mains, serviettes, musettes et cartables d'écolier); des objets de maroquinerie (portefeuilles, buvards, serviettes d'avocat); une collection de 100 modèles d'agendas divers; 300 modèles d'éphémères, comprenant : 30 éditions de l'année 1890 en toutes tailles et dans toutes langues; calendriers typographiques, calendriers lithographiques en chromo, et comprenant près de 200 modèles différents, etc.

Société anonyme des papeteries du Marais et de Sainte-Marie,
rue du Pont-de-Lodi, 3, à Paris.

(Hors concours, M. Dumont [1], directeur de la Société, membre du jury des récompenses de la classe 10.)

La Société anonyme des papeteries du Marais et de Sainte-Marie a reçu les plus hautes récompenses aux nombreuses Expositions auxquelles elle a participé. Elle s'est formée, en 1828, pour exploiter trois usines dont la plus ancienne, le Marais, existait au commencement du xviie siècle et dont la dernière, Sainte-Marie, avait été fondée en 1820. Ces usines comportaient 15 cuves à la main.

Depuis 1828, les moyens de production de la Société ont été successivement développés, et elle comprend aujourd'hui 13 usines avec :

4 machines à papier dont 1 à doubler;

1 machine double à carton;

16 cuves à la main pour le papier.

250 chevaux de force hydraulique et 300 chevaux-vapeur donnent le mouvement à ce matériel, dont la production journalière est d'environ 10,000 kilogrammes de papiers et cartons de toutes sortes.

700 ouvriers, dont la plus grande partie à la tâche, trouvent dans les différents ateliers un travail régulier et rémunérateur.

Afin d'obtenir plus de soin et de perfection dans le travail, une usine a été spécialement consacrée à la fabrication de chacun des produits différents de la Société.

L'usine de la *Chair-aux-Gens* produit des papiers d'impression ordinaires et des papiers de couleur simples et doublés pour couvertures de livres ou titres d'actions. Elle fabrique les obligations trentenaires, la rente amortissable 3 o/o, les cartes postales, les cartes télégrammes françaises, roumaines, etc.

L'usine du *Marais* a vu supprimer sa machine à papier en 1885, et, après trois cents ans de fabrication, n'est plus qu'un atelier de réparation et de construction pour l'entretien du matériel de toutes les usines. C'est le siège de la direction.

L'usine de *Crèvecœur* est réservée à la fabrication des billets de banque filigranés. C'est un établissement dont les moyens de fabrication sont spéciaux et dont toute l'organisation a été combinée en vue de présenter la sécurité la plus grande aux banques dont les billets y sont fabriqués.

Une maison est affectée au logement des commissaires qui surveillent l'exécution des coupures de la Banque nationale d'Italie, de la Banque nationale de Belgique, de la Banque nationale de Roumanie, de la Banque nationale de Serbie, du Banco de Portugal, de la Banque de l'Indo-Chine, du Gouvernement roumain, des banques coloniales, des grands établissements de crédit français et étrangers. Cette usine produit environ 50,000 billets par jour.

C'est dans les usines du Marais que se sont toujours fabriqués les billets de la Banque de France jusqu'en 1880, époque à laquelle cet établissement a monté pour son compte une usine avec la machine spéciale dont le dessin figure dans la classe 10.

Depuis la Révolution de 1789, depuis les assignats, ce sont les usines du Marais qui ont eu la spécialité de la fabrication des papiers fiduciaires en France, et les perfectionnements apportés successivement à l'apparence, à la régularité du filigrane en ont fait la garantie la plus efficace contre la fraude et ont fait adopter son système par la plupart des banques d'État étrangères. Par les procédés spéciaux de la Société du Marais, on peut en effet obtenir des filigranes du modèle le plus parfait et les reproduire indéfiniment avec l'exactitude la plus rigoureuse, la plus mathématique, au même endroit dans chaque feuille de papier.

[1] M. Dumont est officier de la Légion d'honneur.

Il en résulte que sans repérer le papier pour les différentes impressions qui constituent le billet de banque, et en margeant simplement avec les feuilles, l'impression coïncide parfaitement avec le filigrane suivant des données déterminées, procédé qui donne une sécurité parfaite, à ce point que dans les pays où le système du Marais a été adopté on peut dire que pas une émission de billets de banque aux n'a réussi.

Les papiers d'actions ou de mandats filigranés, les papiers vergés ou vélins de cuve pour exemplaires de luxe se fabriquent également à Crèvecœur.

Le *Moulin du Pont* produit les cartons pour reliure, pour métier à la Jacquart, pour étiquettes, pour boîtes, ainsi que les papiers d'emballage, papier brun tabac et papiers doublés communs.

Les papiers lithographiques, chromolithographiques et de taille-douce, ainsi que les papiers surfins sont réservés aux machines de *Sainte-Marie*, qui fabriquent également les papiers sous filigrane pour actions et chèques. C'est Sainte-Marie qui a produit les papiers de tous les livres de grand luxe, de toutes les belles gravures ayant figuré aux grandes expositions.

C'est ainsi que la vitrine de la Société du Marais contenait les ouvrages préparés pour l'Exposition de 1889 par l'Imprimerie nationale, MM. Hachette et Cie, A. Mame et fils, Plon, Nourrit et Cie, Valadon et Cie, Conquet, etc.

L'usine de *Pontmoulin* produit les papiers d'impression fins, collés et sans colle, blancs ou teintés pour livres ou pour journaux illustrés.

Les autres usines ne sont que des annexes des précédentes, dont elles préparent une partie des pâtes, ou sont affectées à des services spéciaux.

Tous les produits des usines sont expédiés jour par jour à Paris dans les magasins de la Société, où la clientèle trouve toujours un assortiment de plus de cinq cent cinquante différentes sortes de papiers et cartons.

En même temps que la Société développait et perfectionnait ses moyens de production, elle a poursuivi l'amélioration de la condition morale et physique des ouvriers employés de père en fils dans ses usines.

La création de crèches, d'asiles, d'une école, d'une chapelle, d'une bibliothèque populaire, de sociétés coopératives, la fondation d'un ouvroir dirigé par les sœurs de Saint-Vincent-de-Paul, témoignent des préoccupations constantes de la direction sur ce point si important [1].

<hr>

M. Eugène VACQUEREL, *fabricant de papier et carton*, rue Réaumur, 41, à Paris.

(Hors concours, M. VACQUEREL, président du jury des récompenses de la classe 10.)

Depuis 1878, la maison VACQUEREL a fait des progrès considérables en transformant totalement sa fabrication par l'installation, à Aubervilliers (Seine), d'une nouvelle usine très importante destinée à fabriquer les cartons pâte mécanique, cuir, bois et de couleur, les papiers d'emballage et les bulletins, avec les derniers perfectionnements apportés dans cette industrie.

Cette manufacture, toute au rez-de-chaussée, et le matériel entièrement neufs, ont été construits de façon à éviter les fausses manœuvres pendant le cours de la fabrication. En effet, la matière première, entrant par l'extrémité de l'usine où sont situés le magasin et l'atelier de triage, passe successivement, transportée automatiquement, sans manutention, par les différentes transformations qu'elle a à subir, pour sortir à l'autre extrémité entièrement terminée.

[1] Il a été accordé une médaille d'argent à M. Nicolas Feigel, comme collaborateur de la Société anonyme des papeteries du Marais et de Sainte-Marie.

Cette disposition permet de fabriquer sur une machine de 1 m. 90 de large, pourvue d'une sécherie très importante d'un nouveau système, environ 11,000 à 12,000 kilogrammes par 24 heures,
quelle que soit la force du papier ou du carton, force qui varie de 90 grammes à 1,200 grammes
le mètre carré.

A la suite de la machine à papier se trouve un atelier très complet pour le collage et le blanchiment du carton par des procédés nouveaux, de collage mécanique et de séchage automatique par la
ventilation.

L'usine couvre une surface de 7,000 à 8,000 mètres et prend une force de 200 chevaux environ.

La maison Vacquerel a obtenu les récompenses suivantes : mention honorable en 1802 ; médailles
de bronze en 1823, 1827, 1834, 1839, 1867 ; médailles de bronze de Londres 1851, 1862 ;
médailles d'argent 1844, 1849, 1855 ; hors concours, membre du jury en 1878 [1] ; président du
jury en 1889.

M. *Paul* VARIN, *fabricant de papier*, à Jeand'heurs.

(Hors concours, M. VARIN, membre du jury des récompenses de la classe 10.)

La papeterie de Jeand'heurs a été fondée en 1823 par M. Pierre-Gabriel VARIN BERNIER.

Depuis 1871, elle est exploitée par M. Varin fils, qui a renouvelé complètement son matériel et a
apporté dans son établissement tous les perfectionnements nouveaux.

En 1880, il a acquis une chute d'eau à Saudrupt et y a construit une annexe importante pour y
faire tout le déballage des chiffons.

Le nombre des ouvriers s'est accru dans les dernières années ; il atteint aujourd'hui le chiffre de
400 personnes.

Les salaires n'ont pas été abaissés, et depuis deux ans la production a doublé. Elle est de 6,000 kilogrammes par jour en papiers fins et mi-fins.

Les directeurs et les employés sont intéressés dans les bénéfices, et les ouvriers touchent une prime
sur la production.

La fabrication de cette maison comprend les papiers d'écriture, depuis les papiers à lettre à
170 francs jusqu'aux écoliers à 60 francs ;

Les sortes d'impression pour taille-douce, lithographie (blancs et azurés) et labeurs fins et ordinaires, les papiers registres de toutes sortes ;

Les papiers teintés pour bristol et cartes photographiques, dont un papier noir particulièrement
remarquable par sa résistance ;

Des coquilles de couleur, fines et demi-fines ;

Des papiers de couleur pour dossiers de notaire et couvertures de livres ;

Des papiers d'affiches.

Les spécialités de l'usine sont les papiers à dessin, blancs et de couleur, les bulles à piquer les
dessins de broderie, les papiers buvards et ceux à filtrer tous les liquides, les papiers à coucher, les
vergés anglais et les simili-Japon blancs et azurés.

Une partie des papiers à lettre est façonnée et réglée à l'usine, qui comprend également des ateliers
pour la fabrication des enveloppes et la bordure des papiers de deuil.

Une quantité notable des papiers ordinaires est façonnée en cahiers d'écolier de toutes sortes,
pour lesquels M. Varin a édité une collection de couvertures imprimées en cinq couleurs et représentant des hommes célèbres et des épisodes militaires.

------

[1] M. Vacquerel a été nommé chevalier de la Légion d'honneur à la suite de l'Exposition de 1878.

L'outillage se compose : de 4 turbines d'une force totale de 150 chevaux; 6 machines à vapeur produisant dans leur ensemble 270 chevaux; 5 lessiveurs rotatifs; 25 piles; 3 mélangeuses; 1 laveuse; 4 meules à refondre les cassés; 3 machines à papier; 4 calandres à 10 et 8 rouleaux; 1 satineuse sur machine.

Les usines de M. Varin sont raccordées avec la ligne du chemin de fer à Jeand'heurs, et à Saudrupt, et une voie ferrée établie dans l'intérieur de l'usine favorise le débarquement et l'embarquement des marchandises.

L'excellent aménagement de ces établissements a valu à M. P. Varin, en 1886, une médaille de la Société de protection du travail des enfants dans les manufactures. La maison a en outre obtenu des médailles d'argent aux Expositions de Paris de 1867 et de 1878 et un diplôme d'honneur à l'Exposition de Bar-le-Duc en 1880 [1].

GRANDS PRIX.

MM. LAROCHE-JOUBERT et Cie (papeterie coopérative d'Angoulême).

Le nom de LAROCHE-JOUBERT a réuni deux des plus anciennes familles de fabricants de papiers de l'Angoumois. Ces fabricants, aussi anciens que les souvenirs des industriels papetiers de la Charente, ont exploité la plupart des usines ou moulins à papiers établis sur la rivière *la Bohème* et situés sur les communes de Moulhiers, Lacouronne et Nersac.

MM. Laroche-Joubert se sont fixés définitivement dans les importantes usines de Nersac, de Lescalier et Larochandry qui sont devenues leurs propriétés. Les cuves qui servaient dans ces usines à la fabrication du papier à bras firent place, dès son apparition, à la machine à fabriquer le papier mécaniquement.

C'est à cette époque qu'entra dans la Société Laroche-Joubert, Dumergue et Cie, M. Jean-Edmond Laroche-Joubert qui vint à Angoulême fonder la papeterie coopérative. M. Jean-Edmond Laroche-Joubert dut être émancipé pour pouvoir devenir l'associé de son père, qui reconnaissait l'intelligence et l'activité de l'homme qui a fait l'importante maison qui nous occupe.

Dès 1842, MM. Laroche-Joubert et Cie avaient obtenu des citations affirmant leur valeur industrielle; ils ont remporté depuis les plus hautes récompenses dans toutes les expositions françaises et étrangères où figuraient leurs produits.

MM. Laroche-Joubert sont les premiers qui à la fabrication proprement dite aient joint toutes les industries se rapportant à la transformation des papiers et qui aient entrepris tous les façonnages capables de répondre aux besoins usuels de la clientèle. Cette maison exporte depuis longtemps ses articles à l'étranger et sa fabrication a acquis dans le monde entier une réputation fort justifiée.

Parmi les papiers spéciaux fabriqués par MM. Laroche-Joubert et Cie, nous citerons les vélins, les vergés genre anglais, les bâtonnés en coquille de 5 à 6 kilogrammes très recherchés à l'étranger; les pelures collées en feuilles ou en rouleaux pour lithographie; les papiers de couleur dont la belle qualité se prête merveilleusement à la confection de tous les papiers à lettre (de luxe), des cartes pour menus, correspondance, invitations, etc.; les sortes azurées en vélin, vergé et bâtonné vergé; les papiers à registres (surfin à registres), les parcheminés, très estimés pour leur excellente fabrication et dont l'un des meilleurs spécimens est sans contredit le papier dit *fil écru* fabriqué en pur chanvre.

[1] M. Varin a obtenu la croix de chevalier de la Légion d'honneur (1889).

Les apprêts, les façonnages, les empaquetages, les cartonnages de toutes ces fabrications supérieures sont de très bon goût, et les articles variés de cette importante fabrication sont admirablement présentés.

Les réglures de toutes sortes, bleues, rouges, grises, les carreaux à l'encre ou en pâte sont irréprochables.

C'est au grand-père du propriétaire actuel de cette importante maison que la papeterie doit la découverte du rouleau vergé ou bâtonné et de tous les rouleaux capables d'imprimer dans la pâte les filigranes si divers qui enrichissent nos fabrications actuelles, et offrent aux papiers la sécurité que recherchent les banques et les administrations pour les titres, actions, etc. Le résultat de cette invention a été de réduire de beaucoup le prix des papiers filigranés.

M. Edmond Laroche-Joubert fut en 1843 reconnu le gérant de cette Société, qui devint la papeterie coopérative d'Angoulême.

Dès son entrée aux affaires, il institua dans ses ateliers la participation de l'ouvrier aux bénéfices du patron et en obtint les meilleurs résultats.

Les usines dépendant de cette exploitation fabriquent tous les genres de papiers et une variété considérable d'enveloppes de lettre; les sortes pour gravure et impressions de luxe; les papiers à dessin en feuilles et en rouleaux, les papiers à calquer, les pelures sans colle et collées, les articles pour cigarettes, les buvards, les papiers d'écolier, les papiers à registres et les registres eux-mêmes.

Tous les genres d'empaquetage sont également fabriqués chez MM. Laroche-Joubert, les cartons ivoire, bristol, porcelaine pour cartes de visite également.

Les papiers deuil sont fabriqués en grande quantité par cette maison, et la vente importante de ces articles est due aux soins des ouvrières habiles qui manipulent les feuilles et les enveloppes à border, et sans doute aussi à la perfection atteinte dans la bordure des papiers obtenue mécaniquement.

MM. Laroche-Joubert et Cⁱᵉ sont à peu près les seuls fabricants qui possèdent les machines à border; l'inventeur fait partie du personnel de la papeterie coopérative.

Cet appareil est des plus ingénieux et permet de fournir des papiers dont les bordures sont rigoureusement de la largeur désirée et dont les bords sont absolument parallèles et superposables pour une même bordure.

A la tête des papeteries de la Société coopérative d'Angoulême se trouve actuellement M. Edgard Laroche-Joubert, président du comité d'admission et du comité d'installation de la classe 10, qui ne s'est pas contenté d'apporter dans les établissements qu'il dirige tous les perfectionnements nouveaux que comporte son industrie, mais s'est encore efforcé de développer les institutions philanthropiques créées par son père en faveur du personnel des usines de la maison, personnel qui compte aujourd'hui plus de quarante ouvriers ou ouvrières occupés dans ces papeteries depuis plus de trente-cinq ans [1].

MM. OUTHENIN-CHALANDRE fils et Cⁱᵉ, fabricants de papier,
rue Notre-Dame-des-Victoires, 16, à Paris.

La maison OUTHENIN-CHALANDRE fils et Cⁱᵉ a été fondée en 1834 par M. J. Outhenin-Chalandre.

Cette date marque le début du «fabricant de papier». Jusque-là et depuis plusieurs siècles, la famille Outhenin-Chalandre exploitait l'industrie de l'imprimerie à Besançon, et ce fut la difficulté de

---

[1] Il a été accordé une médaille d'argent à M. Lacour, une médaille d'argent à M. Sabourdin, une médaille de bronze à M. Cheminade, une médaille de bronze à M. Godinaud, comme collaborateurs de la maison Laroche-Joubert.

se procurer à un certain moment les papiers nécessaires à alimenter les presses à imprimer qui donna naissance à la fondation de l'usine de Geneuille.

Depuis cette époque, l'imprimerie de Besançon, conservée dans la famille et faisant encore des travaux justement appréciés, a dû céder le pas devant le papier dont la fabrication n'a pas cessé de suivre dans la maison une marche ascendante.

M. J. Outhenin-Chalandre mourut en 1875, laissant la maison à ses fils qu'il avait associés depuis longtemps; en 1885, la troisième génération fut associée à son tour dans la personne de MM. Gaston et Joseph Outhenin-Chalandre.

Voici par ordre de date le tableau des établissements successivement créés par MM. Outhenin-Chalandre fils et Cⁱᵉ.

L'usine de Geneuille a été fondée en 1835, celles de Chevroz en 1846, de Savoyeux en 1855, de Deluz en 1875, de Seveux en 1877.

Ces divers établissements, tous situés en Franche-Comté, comportent 7 grandes machines à papier : 3 à Geneuille, 3 à Deluz, 1 à Savoyeux.

Chaque usine est spécialisée comme genre de fabrication :

Geneuille fait les écoliers et les impressions;

Deluz et Savoyeux, toute l'échelle des beaux papiers vergés et vélins;

A Seveux est concentrée sur de très vastes proportions la production des pâtes d'alfa, de paille et de bois chimique, avec la fabrication de la soude et la régénération des produits chimiques. Le surplus de la fabrication de cette usine est vendu à quelques confrères.

Nous ajouterons que l'usine de Geneuille a été transformée de fond en comble en 1885 et mise à la hauteur des besoins actuels. Sur l'usine ancienne, une usine nouvelle s'est dressée. Enfin la vente se fait entièrement par l'intermédiaire de la maison de Paris, qui a centralisé les affaires en trois grands départements : exportation, province, Paris.

Le personnel employé par la maison Outhenin-Chalandre et Cⁱᵉ s'élève à 1,100 ouvriers.

Chaque usine possède ses maisons ouvrières, ses écoles, ses crèches pour les jeunes enfants, etc.

Un médecin est attaché à chaque établissement et une pharmacie est à sa disposition; les logements et les soins médicaux sont offerts gratuitement au personnel.

La production journalière de ces usines s'élève à près de 20,000 kilogrammes.

Comme genre de fabrication, cette maison embrasse toute l'échelle des papiers fins, soit qu'ils appartiennent aux sortes d'écriture et aux sortes d'impression; elle ne fabrique pas les papiers d'impression et les papiers d'écriture communs, c'est-à-dire le journal, le bulle, l'emballage, etc., préférant ne pas gâter la main de son personnel habitué à ne produire que des papiers d'une facture soignée.

Voici le sommaire des principaux papiers fabriqués :

1° Papiers parcheminés, colle animale et colle végétale pour titres, actions, chèques avec filigrane clair et filigrane ombré dans la pâte; papier de sûreté réagissant aux acides et aux bases;

2° Vélins et vergés anglais en six pâtes filigranés O. C. F., avec dessins variés suivant la qualité;

3° Coquilles vélins, colle végétale en dix pâtes;

4° Pâtes à registres; écoliers;

5° Bobines pour méthodes d'écriture, pour papiers couchés, pour cartes à jouer;

6° Carte transparente ivoire en trois pâtes;

7° Impressions. Spécialité de papiers d'alfa pour journaux et livres illustrés.

La plupart de ces papiers étaient exposés, et nous citerons comme particulièrement remarquables :

Les papiers anglais vergés et vélins collés à la gélatine, et les vergés anglais colle végétale;

Les impressions sur papier d'alfa, glacées à l'usine.

Ces papiers ont été amenés à des prix abordables en rentrant dans la grande consommation, et la maison Outhenin-Chalandre fils et Cie est restée presque seule dans ces genres à résister à la concurrence étrangère qu'elle a en grande partie éliminée.

Enfin les spécialités chères, telles que les parcheminés ombrés, tant à la forme qu'à la machine; les papiers fiduciaires sensibles créés en 1886; les papiers à lettre de luxe, enfin toutes les spécialités en papiers gélatinés qui demandent de la résistance tant à la traction qu'au temps.

La maison Outhenin-Chalandre fils et Cie a obtenu les récompenses suivantes [1] :

Médailles d'argent aux Expositions universelles de Paris, 1855 et 1867; diplôme d'honneur, 1860, Besançon; croix de la Légion d'honneur, 1865, M. J. Outhenin-Chalandre; médaille d'or, 1878, Paris. Exposition universelle; Melbourne, 1889, 1re classe de mérite.

Papeterie de Vidalon (ancienne manufacture Canson et Montgolfier), à Vidalon-les-Annonay (Ardèche).

La manufacture de papiers de Vidalon, qui existait déjà au xvie siècle, n'a jamais cessé d'appartenir aux descendants de ses premiers fondateurs. Ce sont eux qui possèdent la presque totalité des actions de la société anonyme qu'ils ont cru devoir constituer en 1880.

Une population ouvrière toujours croissante s'est étroitement attachée à ses patrons, et depuis trois siècles s'est perpétuée à Vidalon à tel point qu'on peut citer un certain nombre de familles ouvrières qui de père en fils travaillent dans ces usines depuis cent soixante-dix ans environ.

Le nombre des ouvriers et ouvrières employés dans ces usines est de 800; mais ils forment plusieurs classes, basées d'après l'ancienneté et la nature des services rendus.

Certains travaux, notamment ceux du triage du chiffon et du papier, sont confiés de préférence aux mères de famille, auxquelles une grande latitude est accordée pour qu'elles aient amplement le temps de vaquer aux soins du ménage.

La rémunération du travail des hommes est déterminée à l'aide d'une journée moyenne leur permettant de vivre et d'élever leur famille. Elle est augmentée de primes mensuelles calculées d'après le prix d'estimation du papier multiplié par le poids obtenu de chacune des machines pendant un mois.

Mais ce prix d'estimation est abaissé en cas de mauvaise fabrication, et la prime réduite de la sorte dans une proportion égale au degré d'infériorité reconnu. Elle s'étend aux ouvriers et contremaîtres.

A ces avantages viennent encore se joindre, pour les ouvriers de la Société des papeteries de Vidalon, les *primes d'ancienneté*, dont le but est de favoriser la permanence des engagements. Aussi sont-elles accordées aux femmes et aux enfants aussi bien qu'aux hommes, sans que les années consacrées au service militaire en interrompent le cours. Variables suivant l'importance du travail fait par l'ouvrier, ces primes d'ancienneté augmentent après chaque année complète passée par lui au service de l'établissement, dans une proportion suffisante pour l'attacher de plus en plus, et atteignent leur maximum après la dixième année. A partir de cette époque, elles demeurent fixes et sont régulièrement payées en espèces le 31 décembre.

Les établissements de Vidalon étant situés à la campagne, les logements et ateliers y sont spacieux et les précautions les plus minutieuses ont été prises pour prévenir les accidents.

Ils sont mis en mouvement par 800 chevaux-vapeur combinés avec une force hydraulique à peu près égale; ils comprennent 75 piles de cylindres de différents modèles, 6 machines à papier continu

---

[1] M. Outhenin-Chalandre père a obtenu la croix de la Légion d'honneur à la suite de l'Exposition de 1889.

et 1 machine ronde, 12 laminoirs, 6 calandres, puis toute une série de machines-outils destinées à régler le papier, à fabriquer les enveloppes, à coller les cartons, à découper les rondelles pour la télégraphie, la rubanerie, la cartoucherie, etc., à imperméabiliser les papiers, à les coller sur tissus à l'aide d'une colle insoluble.

Tous ces produits, dont quelques-uns constituent des spécialités de la Société de Vidalon, sont fabriqués soit avec collage végétal, soit avec collage animal, soit même avec ces deux procédés combinés, et comprennent : les papiers à dessin, blancs, et mi-teintés qui forment une variété de 106 nuances, les papiers à calquer, à grains ou satinés, les coquilles surfines, superfines, parcheminées et extra-parcheminées, blanches et de couleur, les papiers-monnaie, vélins, vergés et filigranés en pâte pour titres et mandats et pour papiers à lettre façonnés de tous genres, les papiers à la machine ronde, les pelures et demi-pelures, buvards, cartons en pâte ou collés, les registres de diverses qualités, le papier-linge, le papier photo-industriel en rouleaux et en feuilles, les parchemins artificiels, le papier-bande pour télégraphe, cartoucherie, pliage de rubans, les enveloppes, etc., les écoliers, les encartages et encartonnages, les bulles divers, le *styroléum* ou papier imperméable à l'eau, le *vegetable parchment*, imperméable aux corps gras, les papiers spéciaux collés et entoilés en rouleaux et en feuilles pour impression, dessin, photographie, plans, cartes géographiques, titres d'actions, etc.

Un arrêt du Conseil royal, en date du 15 avril 1784, accordait à l'établissement de Vidalon le titre de *Manufacture royale* et le *grand prix* institué par ordonnance du 28 décembre 1777. La maison obtint ensuite successivement des médailles d'or en l'an XI, 1806, 1819, 1834, 1839, 1844, 1849, 1877, fut hors concours en 1855, remporta une *prize medal* en 1862 à Londres; un diplôme d'honneur à Paris, 1872, pour organisations ouvrières; deux grands diplômes d'honneur à Vienne (Autriche), 1873, et à Amsterdam, 1883.

En 1878, à l'Exposition universelle de Paris, les établissements de Vidalon s'étaient groupés avec toutes les autres usines de papier de la région d'Annonay, pour organiser une exposition collective qui dans son ensemble avait obtenu une médaille d'or.

Une société de secours mutuels comprenant tous les employés, ouvriers et ouvrières a été organisée et intervient pour les soins à donner aux malades et pour la distribution des médicaments.

Une assurance contre les accidents est contractée aux frais de l'établissement en faveur de tout le personnel.

La Société se charge, à titre gracieux, du placement des épargnes de ses employés, en rentes, livrets de caisse d'épargne, actions et obligations des grandes compagnies françaises.

Des logements avec cave et jardin sont accordés gratuitement à chaque famille ouvrière.

Une compagnie de pompiers composée de 50 hommes, tous ouvriers d'État ou anciens militaires, est équipée aux frais de l'établissement.

Une école de garçons dans la commune d'Annonay et une autre dans celle de Davezieux sont subventionnées par la Société. Dans l'intérieur de l'usine il existe également une école de jeunes filles, une école maternelle et un cours d'adultes.

Le service religieux est assuré au moyen d'une chapelle-aumônerie à la charge de la Société, et le travail est complètement suspendu dans les ateliers, les dimanches et fêtes.

Un magasin d'approvisionnement, comprenant épicerie, boulangerie, pension alimentaire, café-asile, a été organisé, et les bénéfices qui en résultent sont attribués à la caisse de secours mutuels.

L'établissement n'a pas négligé les moyens économiques de récréation pour son personnel : il a été créé une bibliothèque et une société instrumentale et chorale.

Les papeteries de Vidalon possèdent une maison de vente à Paris, rue de Palestro.

MÉDAILLES D'OR.

LA BANQUE DE FRANCE.

La Banque de France exposait des papiers filigranés fabriqués soit à la cuve, par les anciens procédés manuels, soit mécaniquement au moyen d'une machine d'un système nouveau inventé par M. Dupont, ingénieur, directeur adjoint de la fabrique des billets.

Cette exposition était complétée par un tableau représentant l'une des deux machines qui fonctionnent actuellement.

Il y a dix ans, tous les papiers filigranés employés étaient commandés à l'industrie privée et fabriqués à la cuve. C'est en 1878 que la Banque a commencé la fabrication mécanique par le procédé Dupont, qu'elle a adopté aujourd'hui définitivement.

La Banque fabrique elle-même depuis 1884 tout son papier filigrané dans l'usine de Bierry (Seine-et-Marne), à 6 kilomètres de la Ferté-sous-Jouarre.

Elle confectionne les coupures de 100 francs et de 50 francs, c'est-à-dire plus des quatre cinquièmes de son papier, sur les 2 machines système Dupont, qui peuvent produire autant que 24 cuves et fournissent du papier analogue.

La fabrication à la main a été conservée pour les billets de 500 francs et de 1,000 francs, dont la consommation est faible et pour laquelle 3 cuves sont plus que suffisantes.

Le papier fabriqué mécaniquement ne le cède en rien au papier fabriqué à la main, résultat qu'aucune machine n'avait atteint jusqu'à présent, et, 1 machine à papier produisant autant que 12 cuves fabriquant la même nature de papier, le coût de la main-d'œuvre est 12 fois moindre.

La moyenne de fabrication annuelle depuis 1884 est d'environ :

Fabrication mécanique : coupures de 50 francs et de 100 francs........	10,000,000 billets.
Fabrication à la main : coupures de 500 francs et de 1,000 francs.......	1,800,000
Total.......................	11,800,000

La Banque occupe à cette fabrication 46 ouvriers et 73 ouvrières.

En exposant dans la classe 10 des spécimens de papier à billets, la Banque de France avait surtout pour but de mettre en lumière les perfectionnements apportés à une industrie spéciale, dont les progrès ont une grande importance au point de vue des intérêts généraux du pays, et de rendre en même temps un témoignage public de satisfaction à son collaborateur, M. Albert Dupont [1], l'habile ingénieur auteur de la nouvelle machine, qui permet de produire vite, bien et économiquement le papier fiduciaire.

Le jury a décerné une médaille d'or à la Banque de France et à son collaborateur, M. Dupont.

MM. Bertholet frères, fabricants de papier, à Wesseling, près Voiron (Isère),
rue Perrault, 4, à Paris.

La Papeterie de Wesseling, fondée en 1850, comprend 1 machine de 1 m. 65 (papier rogné) et

---

[1] M. Dupont a été promu chevalier de la Légion d'honneur.

comme accessoires 12 piles, calandres lisses, coupeuses, des systèmes les plus perfectionnés, moteurs hydrauliques et à vapeur.

La production quotidienne est de 1,500 kilogrammes environ.

Le personnel employé est de 80 à 90 ouvriers, tous logés dans l'usine; chaque ouvrier possède un jardin; en cas de maladie, il a les soins du médecin et les médicaments gratuits.

Cette maison a obtenu une médaille d'argent à l'Exposition universelle de Paris, en 1878, la première à laquelle elle ait pris part.

MM. Bertholet frères exposaient des spécimens de leur fabrication : leurs pâtes à registre, pâte B à 145 francs les 100 kilogrammes, pâte C à 130 francs; leurs coquilles, B à 150 francs les 100 kilogrammes, C à 135 francs; leur papier à dessin B à 145 francs; leur papier parcheminé à 200 francs.

MM. P. Bichelberger, Champon et Cie, fabricants de papier, à Clairefontaine (Vosges).

L'Usine de Clairefontaine comporte le matériel suivant :

12 générateurs à vapeur; 9 turbines pour 440 chevaux; 2 machines Corliss, 500 chevaux; 6 machines diverses, 190 chevaux; 15 piles de 200 kilogrammes à 1 rouleau; 2 piles de 200 kilogrammes à 2 rouleaux; 3 piles de 300 kilogrammes à 3 rouleaux, soit l'équivalent de 22 piles de 200 kilogrammes qui fournissent la pâte à 5 machines produisant journellement 15,000 kilogrammes.

La production est aujourd'hui 2 fois et demie ce qu'elle était en 1878.

Ce résultat a été obtenu par le montage de 12 piles et de 7 moulotons, le perfectionnement des machines existantes et enfin l'installation de deux nouvelles machines, l'une de 1 m. 20 spécialement destinée à la fabrication des papiers pour enveloppes de lettre, et l'autre de 1 m. 80 pour la production des mi-fins à grande vitesse; cette dernière fournit chaque jour de 5,000 à 6,000 kilogrammes de papier.

7 calandres continues, dont 3 de 2 mètres de large, permettent de donner aux 15,000 kilogrammes de papier tout le glaçage désirable; elles remplacent 10 laminoirs et 1 calandre en feuilles avec lesquels on ne pouvait satiner que 5,000 kilogrammes.

Il a été installé à Clairefontaine depuis 1878 : 1° une fabrique d'enveloppes de lettre, dans laquelle toutes les transformations du papier en enveloppes se font mécaniquement, 31 machines automatiques produisant 22,000 enveloppes chacune, et un certain nombre de plioirs fonctionnant pour les besoins spéciaux, donnent un total de 800,000 enveloppes par jour, soit environ 240 millions par année; 2° de vastes ateliers de façonnage comprenant 8 machines à régler, système Brissard, à doubles cylindres, machines à rogner des trois et des quatre côtés, machines à coudre les cahiers et les piqûres, à endosser, cisailles, etc., en un mot tout le matériel nécessaire au façonnage et à la reliure; 3° enfin une imprimerie typographique et lithographique, pour l'établissement des chapiteaux, dessus de boîtes, couvertures de cahiers et impression d'enveloppes, comprenant 6 presses typographiques, 12 petites presses typographiques spéciales pour les enveloppes, 2 presses lithographiques; tout le matériel nécessaire au clichage et un atelier de reproduction photolithographique et phototypographique permettant d'établir tous les modèles spéciaux demandés par les clients.

Une fabrique de pâte à la soude, qui comprenait 4 lessiveurs d'une capacité totale de 48 mètres cubes, a été complètement supprimée pour être remplacée par une usine au bisulfite de chaux. Cette usine comprend aujourd'hui 4 chaudières à lessiver, d'un système spécial, qui donne une pâte plus souple, plus douce et plus blanche que celle obtenue par les autres procédés. Cette fabrication est en plein développement et la production est actuellement de 1,200,000 kilogrammes.

Le personnel des établissements de Clairefontaine se compose de 35 employés et contremaîtres et de plus de 600 ouvriers.

Une caisse de secours assure aux malades les soins du médecin, les remèdes et la moitié de leur salaire pendant toute la durée de la maladie.

Cette même caisse permet de donner aux vieux ouvriers incapables une retraite proportionnée à leur temps de service.

Parmi les nombreux produits exposés par cette maison, nous signalerons les papiers pour impression et écriture, les papiers pour timbres-poste, pour journaux illustrés, les vélins, les vergés, les pelures, les parcheminés, les papiers imitation Japon, les sortes pour registres, les azurés, les papiers de couleur, et, parmi les nombreux articles de transformation, toute une série d'enveloppes administratives bulles, de couleur et blanches, les enveloppes et papiers façonnés *East mill*, *Estival mill*, les enveloppes et papiers de deuil, ainsi que les corrigés, cahiers d'écolier, etc.

Nous avons remarqué également dans cette vitrine nombre d'ouvrages imprimés sur les papiers de cette maison, tels que : *Le séjour en Italie* de Paul Baudry, le *Dictionnaire encyclopédique* de Lamy, les *Merveilles de la science* de Figuier, etc.[1]

MM. DARBLAY père et fils, *fabricants de papier*, à Essonne, Moulin-Galant, Écharcon, Bellegarde.

Les établissements de MM. DARBLAY père et fils [2] se composent de quatre papeteries séparées : Essonne, Moulin-Galant, Écharcon, Bellegarde (Ain), dont la production totale est de 85,000 à 90,000 kilogrammes par jour, plus 4 annexes, dont 3 situées dans la vallée d'Essonne, consacrées au défilage du chiffon et à la fabrication de la pâte mécanique, et la quatrième en Tyrol, construite récemment en vue de la fabrication de la cellulose de sapin au bisulfite.

Sauf les pâtes mécaniques, la maison produit elle-même toutes les pâtes nécessaires à sa fabrication : chiffon, alfa, paille et cellulose de sapin. Le nombre total des machines à papier est de 18 (non compris celle de l'Exposition), savoir :

	de 1ᵐ 35	3
Machines	de 1 50	5
pouvant fabriquer	de 1 60	2
le papier rogné	de 1 88	2
	de 2 05	4
	de 2 25	2

Sur ce nombre, 7 sont affectées à la fabrication du papier journal, tant pour la France que pour l'étranger, 1 aux papiers de tenture, 1 aux couleurs et divers, 3 aux papiers à écrire blancs et bulles, les 6 autres aux papiers d'impression collés ou sans colle de 0 fr. 48 à 0 fr. 90 le kilogramme.

Ces 9 dernières machines sont accompagnées du nombre de calandres nécessaires pour satiner au besoin toute leur fabrication, et du matériel suffisant pour régler tout le papier à écrire.

MM. Darblay père et fils s'appliquent principalement à la production des sortes courantes, mais un certain nombre de beaux échantillons exposés dans leur vitrine indiquaient que cette spécialisation n'est pas exclusive.

[1] M. Bichelberger a été promu chevalier de la Légion d'honneur.
[2] M. Darblay père est chevalier de la Légion d'honneur.

M. Léonide Lacroix, fabricant de papier à cigarette, à Mazères (Haute-Garonne).

La partie principale des usines de M. Léonide Lacroix est située à Mazères, sur le Salat (Haute-Garonne), où les papiers sont fabriqués; six machines y fonctionnent; elles ont produit en 1888 :

Papier à cigarette	980,000 kilogr.
Pelures sans colle	180,000
Affiches	540,000

soit 2 millions de kilogrammes de papier.

Beaucoup de bobines et de papiers en rames et en cahiers sont livrés pour l'exportation.

Les cahiers sont faits à Angoulême. Il en a été fourni environ 36 millions l'an dernier à la consommation.

Les usines de Mazères et d'Angoulême emploient 600 ouvriers; des réfectoires, des garderies d'enfants ont été établis; des caisses de secours y fonctionnent régulièrement, fondées et entretenues par M. L. Lacroix.

Les ateliers de Mazères sont entièrement éclairés à l'électricité.

La maison a obtenu comme récompenses principales, indépendamment de médailles dans des expositions départementales moins importantes :

Bayonne, 1864, médaille de bronze; Paris, 1878 (Exposition universelle), médaille d'argent; Bruxelles, 1880, diplôme d'honneur; Amsterdam, 1883, médaille d'or; Nice, 1884, diplôme d'honneur; Angoulême, 1885, diplôme d'honneur; New-Orléans, 1885 (Exposition du centenaire du coton), médaille d'or; Anvers, 1885, médaille d'or; Toulouse, 1886, diplôme d'honneur; Paris, 1886, médaille d'or; Bruxelles, 1888 (Exposition et grand concours), diplôme d'honneur et prix d'honneur.

M. Lafuma, fabricant de papier, à Paviot, près Voiron (Isère).

Dès le XVIᵉ siècle, au village de Paviot, on trouvait des pilons à papier.

Depuis cette époque, ces usines ont passé par différentes mains, mais elles n'ont pas cessé de faire les mêmes produits.

En 1845, elles sont devenues la propriété de la famille Lafuma. La fabrication fondamentale de la maison est celle des papiers blancs de chiffons, pour registres et écoliers.

Préoccupée de suivre les progrès de son industrie, cette maison produit aussi depuis quelque temps des papiers fins collés et sans colle pour impression de luxe, chromo et dessin.

Son outillage a été complètement renouvelé il y a quatre ans.

Les usines de Paviot produisent journellement 2,000 kilogrammes de papier de première qualité.

Leur dépôt est à Paris, chez MM. Lair, Maillet et Cⁱᵉ.

Pour la première fois, la maison Lafuma avait exposé en 1878 et obtenu une médaille d'argent.

M. Latune, fabricant de papier, à Crest (Drôme).

Cette maison a été fondée en 1820. Elle possède une machine à papier de 1 m. 70, 18 cylindres atteint un chiffre d'affaires de 800,000 francs et occupe environ 200 employés.

Nous citerons parmi les produits exposés dans sa vitrine :

Ses papiers à registres, à dessin, ses bristols, ses coquilles, ses écoliers supérieurs, bulles fins, buvards, papiers réglés, etc.

Les papiers Latune jouissent auprès des consommateurs d'une réputation de qualité très justifiée. Cet établissement a obtenu précédemment les récompenses suivantes :

Paris, 1823, médaille de bronze; Paris, 1834, médaille d'argent; Paris, 1839, médaille d'argent; Valence, 1839, médaille d'argent; Paris, 1844, médaille d'argent; Paris, 1849, médaille d'or; Paris, 1853, médaille de 1re classe; Londres, 1862, *prize medal;* Paris, 1864, Légion d'honneur; Paris, 1867, médaille d'argent; Lyon, 1872, médaille d'or; Paris, 1878, médaille d'argent.

M. LEGRAND, *fabricant de papier,* rue Pastourelle, 8, à Paris.

La maison LEGRAND, bien connue pour sa manufacture d'enveloppes, avait exposé des échantillons de ses nombreux produits, papiers façonnés *Delta mill, Ling's mill, Diplomatic paper,* etc., papeteries, enveloppes de toutes sortes, pochettes. Indépendamment de son important établissement consacré à la fabrication des articles qui précèdent, établissement situé rue du Delta, à Paris, M. Legrand possède les usines de Veuze (Charente) et de Montfourat (Gironde), affectées à la confection des papiers fins et mi-fins.

Une collection complète des échantillons de ces sortes, en rames et en bobines, figurait dans la vitrine de cet exposant.

La bonne fabrication de ces produits et leur prix avantageux les ont fait accueillir favorablement par la clientèle.

L'usine de Montfourat, en particulier, a subi depuis quelques années de nombreuses transformations, et l'introduction de la préparation des pâtes de bois, chimiques et mécaniques, a permis à M. Legrand d'atteindre une production à la fois importante et économique.

Cette maison, fondée par le père du propriétaire actuel, a vu ses efforts encouragés par de hautes récompenses aux diverses expositions où ses produits ont figuré, et le jury de la classe 10 lui a décerné une *médaille d'or.*

MM. LOURDELET-MARICOT et Cie, *fabricants de carton,* à Aubervilliers (Seine).

L'usine de MM. LOURDELET-MARICOT et Cie se compose de deux machines plates continues, avec sécheries complètes (25 sécheurs) : la première, d'une largeur de 1 m. 40, et la deuxième, de 1 m. 60, fabriquent les diverses sortes exposées, depuis la force de 260 grammes jusqu'à celle de 1,300 grammes le mètre carré. Ces deux machines marchent de 300 à 310 jours par an et produisent ensemble environ 630 kilogrammes à l'heure. La perfection de leur marche est telle, que, battage et séchage compris, elles consomment 400 grammes de charbon par kilogramme de carton fabriqué.

La fabrication de cette maison se compose de : carton pâte, carte de Paris, bulletin, carton bois, carton goudron, carton bulle, en bobines et en feuilles de toutes dimensions, à toutes les épaisseurs, collées de papiers de toutes les couleurs.

Tous ces produits, en dehors desquels nous signalerons également divers objets de carton tels que briques et engrenages, étaient exposés dans la vitrine de MM. Lourdelet-Maricot et Cie, vitrine admirablement disposée.

Les prix de vente de ces articles sont les suivants :

Les 100 kilogr.

Carton pâte grise..	18 à 20ᶠ
Carton pâte 2 côtés blancs ordinaire........................ depuis	27
Carton pâte 2 côtés couleur................................. depuis	30
Carton bleuté ou carte de Paris............................	30 à 32
Carton de Paris blanc fin 2 côtés.......................... depuis	43
Carton bulletin...	26 à 28
Carton bois..	34 à 35
Carton goudron...	24 à 25
Carton bulle collé...	37 à 40

Cette maison, l'une des plus anciennes de France, s'est acquis par sa bonne fabrication une réputation et une notoriété qui lui ont valu, aux Expositions universelles de 1855 et de 1878, 2 médailles d'argent, les plus hautes récompenses accordées jusqu'à ce jour à l'industrie du carton.

MM. Masure et Perrigot, *fabricants de papier*, à Arches et Archettes (Vosges).

Les Papeteries d'Arches et d'Archettes existaient au xvᵉ siècle, comme en fait foi un parchemin conservé au nombre des titres de propriété des usines et daté du 23 juillet 1498. Une série de documents plus récents permet d'établir que l'usine d'Arches a été exploitée notamment à partir de l'année 1784 par la Société littéraire et typographique fondée par Caron de Beaumarchais, pour fabriquer les papiers destinés à l'impression de l'édition de Kehl, des œuvres de Voltaire et de Rousseau; puis par la Société Desgranges et Cⁱᵉ dont un des membres, M. Couad [1], aïeul maternel de M. Morel, mourut en 1833 et légua à ce dernier l'ensemble des usines d'Arches et d'Archettes.

Ces établissements ayant acquis un grand développement, M. Morel s'adjoignit successivement comme associés son beau-fils, M. Bercioux, son neveu, M. Masure.

La Société Morel, Bercioux et Masure fut dissoute le 31 juillet 1888, à la suite du décès des deux premiers associés.

Devenu seul propriétaire, M. Masure forma, le 1ᵉʳ août 1888, avec son gendre, M. Perrigot, ingénieur des arts et manufactures et licencié en droit, une nouvelle société qui, sous la raison sociale *Masure et Perrigot*, continue à fabriquer exclusivement toutes les sortes de papiers à la forme.

Les usines d'Arches et d'Archettes occupent 250 ouvriers des deux sexes; la production moyenne est de 350,000 kilogrammes environ, par an, de papiers qui se vendent de 125 à 400 francs les 100 kilogrammes.

La plus grande partie de ces papiers s'écoule en France, soit par la consommation privée, soit par les administrations de l'État. L'exportation s'applique aux papiers administratifs des États étrangers et aux papiers à dessin.

Les papeteries d'Arches et d'Archettes fabriquent couramment tous les types sans exception de papiers à la forme, vélins et vergés, sans colle et collés de tous les formats et poids, depuis la carte de visite et le billet de banque jusqu'au grand monde, qui mesure 1 m. 12 sur 0 m. 92 et qui pèse 95 kilogrammes la rame.

---

[1] La cession à la société dont faisait partie M. Couad ayant été ratifiée par Caron de Beaumarchais le 4 février 1789, l'année 1889 a donc été un centenaire de famille pour les propriétaires actuels de ces papeteries.

Tous ces papiers se trouvaient exposés dans une vitrine, dans plusieurs cadres, cartons et albums, et dans deux panneaux transparents.

La vitrine renfermait plus de deux cents spécimens très variés de l'assortiment courant. On y voyait :

1° Des papiers pour l'écriture, l'impression typographique, l'impression en taille-douce, vingt-deux nuances de raisin Ingres pour le dessin, des volumes et des estampes tirés sur quelques-uns de ces papiers ;

2° Des papiers unis et filigranés pour mandats ;

3° Des types de cartes pour menus, correspondance, visite, avis de naissance, avec les enveloppes assorties ;

4° Des papiers dits *moyen âge*, blancs et chamois, pour correspondance et lettres de mariage, avec les enveloppes correspondantes.

C'est la maison Morel, Bercioux et Masure qui la première, en 1878, a exposé ces élégants papiers à lettre vergés, avec marges frangées, portant un monogramme filigrané dans la pâte, dont la vogue devint bientôt si grande que, sous la dénomination de *papier moyen âge*, de nombreuses imitations n'ont pas tardé à surgir en France et à l'étranger.

On remarquait dans la vitrine de ces exposants une magnifique série de papiers vélins et vergés sans colle ou demi-collés, en aigle de 140 kilogrammes, et formats et forces inférieurs spécialement perfectionnés pour l'impression en taille-douce et à l'eau-forte, ainsi qu'une collection très complète de papiers à dessin dits *Ingres,* dont la marque MBM est répandue en France et à l'étranger.

Dans les albums exposés se trouvaient réunis de nombreux spécimens de papiers filigranés en clair, en sombre et clair, de différents types pour mandats, chèques, actions et titres divers, ainsi qu'une série de papiers moyen âge, pour correspondance, lettres de mariage avec monogrammes filigranés dans la pâte.

A gauche de la vitrine, dans deux panneaux garnis de glaces, étaient visibles par transparence des papiers pour billets de banque, papiers fiduciaires, lettres de change, filigranés par deux procédés distincts.

Les uns, vélins, avaient été obtenus par l'emboutissage ou le gaufrage des toiles métalliques entre deux matrices gravées, procédé usité spécialement pour la fabrication des billets de banque, l'une des spécialités de la maison Masure et Perrigot.

Les autres étaient vergés et présentaient cette particularité caractéristique que la vergeure qui existait dans les parties unies de la feuille se continuait et restait visible dans les parties sombres comme dans les parties claires du filigrane, lettres, figures ou ornements.

C'était la première fois que des échantillons semblables figuraient dans une exposition universelle. MM. Masure et Perrigot se sont assuré la propriété de ce procédé breveté qui présente sur l'ancien des avantages considérables.

Les papiers filigranés par cette méthode sont d'une imitation difficile, sinon impossible. La confection des formes nécessaires à leur production est le plus grand obstacle à la contrefaçon ; cette confection emprunte en effet à la mécanique et aux arts chimiques des moyens spéciaux et des machines de précision qui exigent une installation encombrante.

Douées d'une puissance d'égouttage qui peut être réglée à volonté, d'une solidité qui leur assure une durée presque illimitée sans entretien, les formes construites par ces procédés se prêtent au besoin, sans compromettre la finesse des filigranes, à la fabrication rapide et économique de papiers d'une grande ténacité, ce qui permet, d'une part, de donner la garantie d'un filigrane inimitable à des papiers de fatigue dont l'usage courant ne comporte pas un prix très élevé ; et d'autre part, de fabriquer des billets de banque beaucoup plus durables et plus difficiles à imiter que ceux généralement en usage.

De 1825 à 1885, les Papeteries d'Arches et d'Archettes ont obtenu les récompenses suivantes :

1823, Paris, médaille d'argent (de 1823 à 1878, les Papeteries n'ont pris part à aucune exposition); 1878, Paris, médaille d'or [1]; 1880, Clermont-Ferrand, rappel de médaille d'or; 1881, Épinal, collectivité, hors concours (M. Masure, membre du jury des récompenses); 1882, Lille; rappel de médaille d'or; 1883, Amsterdam, médaille d'or; 1885, Anvers, hors concours (M. Masure, membre du jury des récompenses).

MM. Henry DE MAUDUIT et Cie, fabricants de papier, à Kerisole, près Quimperlé (Finistère).

La PAPETERIE DE KERISOLE, près Quimperlé (Finistère), a été fondée en 1852 par M. Joseph de Mauduit; elle est exploitée aujourd'hui par ses enfants, sous la raison sociale Henry de Mauduit et Cie.

Elle dispose, avec l'annexe du Combout, d'une force motrice de 575 chevaux, mettant en mouvement 2 machines à papier, 24 cylindres, 4 machines à filigraner et 3 bobineuses.

Le nombre des ouvriers ou ouvrières s'élève à 225; plusieurs d'entre eux y travaillent depuis la fondation, soit trente-sept ans.

La production journalière est de 1,000 kilogrammes de papier à cigarette extra-mince, pesant 10 et 11 grammes le mètre carré.

Les cinq sixièmes de la fabrication sont vendus à l'étranger, soit en rames, soit en bobines de o m. 20 à 1 m. 35 de largeur.

La vitrine de M. de Mauduit contenait les nombreux spécimens de sa belle fabrication en bobines et en rames, papier à cigarette, papier de maïs, et dans le châssis qui la surmontait on pouvait juger par transparence de la perfection de ses filigranes (papier armoricain).

L'usine de Kerisole a obtenu les récompenses suivantes :

Expositions universelles de Paris, 1855, médaille de bronze; 1867, médaille d'argent; 1878, rappel de médaille d'argent; Exposition universelle de Barcelone, 1888, médaille d'or.

MM. Ch. DE MONTGOLFIER et Cie, fabricants de papier, à la Haye-Descartes (Indre-et-Loire).

La PAPETERIE DE LA HAYE-DESCARTES, située sur les bords de la Creuse, existe depuis 1858. Elle possède 5 machines à papier, pouvant faire 2 m. 10 de large, et 2 puissantes calandres françaises.

Ces machines sont alimentées par 48 cylindres. L'usine est actionnée par 4 turbines produisant 800 chevaux de force hydraulique, et 5 machines à vapeur représentant ensemble 100 chevaux-vapeur.

8 grosses chaudières et 10 lessiveuses servent à sécher le papier et à lessiver les chiffons, la paille, l'alfa, le tremble et le sapin.

La puissance de production est actuellement de 4 millions de kilogrammes de papier par an, et peut encore s'augmenter facilement. Depuis la dernière Exposition de 1878, cette usine a monté une cinquième machine à papier, une fabrique complète de pâte de bois au bisulfite, produisant annuellement 800,000 kilogrammes, et une manufacture de pâte de bois mécanique comprenant 5 défibreuses (système A. de Montgolfier).

[1] M. Morel, chevalier de la Légion d'honneur.

Enfin, depuis quelques mois, l'installation la plus intéressante est celle d'une usine électrique pour la production du chlore par la décomposition du sel marin. Cette heureuse invention fonctionne depuis novembre 1888 à la papeterie de la Haye-Descartes, et permet de blanchir par jour 6,000 kilogrammes de pâtes de toutes sortes, chiffons, bois, alfa, etc. C'est la première usine d'Europe qui aura appliqué ce procédé d'une façon industrielle [1]. Toute cette papeterie est éclairée à l'électricité.

L'usine de la Haye-Descartes fabrique des papiers blancs pour cahiers d'écolier et pour registres; des papiers sans colle et demi-colle pour impression de livres de luxe et de classiques; des papiers parcheminés, blancs et de couleur; des papiers bulles pour enveloppes et imprimés; des papiers de couleur fine pour lettres et factures; des papiers de couleur ordinaires pour dessin, grands livres; des bobines blanches et de couleur pour la tenture et le couchage; des bobines pour journal ordinaire et grands journaux illustrés, permettant de tirer les gravures de 2 m. 10 de hauteur, ce que peu de machines peuvent faire encore.

Pour contribuer au bien-être de ses 500 ouvriers, la papeterie de la Haye-Descartes a construit 110 maisons ouvrières de 2,000 francs chacune, pour y loger gratuitement son personnel. Cette cité possède en outre un lavoir, des buanderies, des salles de bains, école de filles, école de garçons et salle d'asile pour 250 enfants.

M. Vincent DE MONTGOLFIER, *fabricant de papier*, à Tour-Clermont, par Charavines (Isère).

La PAPETERIE DE TOUR-CLERMONT, commune de Charavines (Isère), est située à 2 kilomètres du lac de Paladru, sur la rivière de la Fure.

Cette usine fut fondée en 1849 par M. Vincent de Montgolfier père, et est exploitée aujourd'hui sous la même raison sociale par ses deux fils.

Elle se compose d'une machine produisant annuellement 350,000 kilogrammes de papiers à lettre et à registre, composés de chiffons, sans aucune addition de succédanés.

Le personnel industriel se compose de 80 ouvriers.

L'usine ne fait pas le détail; ses produits se vendent sur les places de Lyon, Paris, Marseille, et s'écoulent également dans l'Amérique du Sud et au Mexique.

La spécialité de la maison est la fabrication des coquilles blanches et azurées, vélins et filigranés pour lithographie et taille-douce, papiers pour registres et administrations, papiers buvards, etc.

A l'Exposition de Paris en 1878, le jury a accordé à cette maison une médaille d'argent.

PAPETERIE DE LA RISLE (Eure).

La PAPETERIE DE LA RISLE a été fondée vers 1845 par M. Charles Ball. Elle est située sur la rive droite de la rivière de Risle [2].

---

[1] Depuis un an, cette usine fournit à M. du Chardonnet la cellulose de sapin, traitée tout spécialement pour être ensuite transformée en soie artificielle qui a l'aspect, la consistance et la résistance de la soie naturelle, tout en coûtant moins cher. C'est une révolution à brève échéance dans l'industrie de la soie.

[2] La force hydraulique est évaluée à 400 chevaux-vapeur.

De minime importance au début, elle prit rapidement une grande extension, et M. Ball parvint à créer des spécialités de papiers qui assurèrent à l'usine la réputation dont elle n'a cessé de jouir depuis, pour ses sortes d'emballage et de pliage de luxe.

Elle a pris part depuis sa fondation à toutes les Expositions universelles qui ont eu lieu à Paris, et a obtenu les récompenses suivantes :

En 1855, une médaille de bronze; en 1867, une médaille de bronze; en 1878, une grande médaille d'argent; enfin, à Rouen en 1884, une médaille d'or.

Depuis 1869, la Compagnie des établissements de la Risle a constamment apporté des améliorations et des perfectionnements dans son matériel, afin de maintenir l'ancienne réputation de la maison.

Des moteurs à vapeur ont été installés afin de suppléer à la perte de force hydraulique occasionnée par les basses eaux et les marées.

Une ancienne machine à vapeur a été remplacée par un nouvel appareil muni des perfectionnements les plus récents; trois calandres ont été installées, une quatrième est en construction; de petits chemins de fer et des monte-charges ont été construits afin de mettre les divers ateliers en communication, et de supprimer ainsi le transport des matières à dos d'homme, ainsi qu'il se pratiquait autrefois; en un mot, la Compagnie n'a reculé devant aucun sacrifice pour répondre aux exigences de la clientèle et augmenter sa production, malgré la diversité des sortes actuellement employées dans l'emballage soigné.

Parmi les divers papiers que fabrique cet établissement, nous signalerons les *bleus*, les *bleutés*, les *bulles anglais*, les *papiers pour calandre*, n°ˢ 1 et 2, ces deux sortes ayant, par suite de leur composition différente, des propriétés spéciales, suivant les marchandises à calandrer; les *bulles* cuir, tenture, servant à fabriquer les imitations de cuir repoussé, et enfin les *goudrons*.

La Compagnie occupe pour la papeterie seulement 140 ouvriers.

Dans un autre ordre d'idées, la Société a apporté des améliorations nombreuses en vue du bien-être de ses ouvriers.

Une caisse de secours mutuels a été créée et reçoit toutes les amendes encourues par les ouvriers; ces derniers, moyennant une cotisation mensuelle de 1 franc, ont droit aux soins du médecin, aux médicaments.

La Compagnie, disposant de quarante logements d'ouvriers et d'employés, a affecté exclusivement ces logements à son personnel, en y plaçant ceux dont la conduite, les capacités et l'ancienneté des services donnaient droit à une certaine préférence.

MM. C. Procop et Cⁱᵉ, *fabricants de papier*, à l'Abbaye, le Marchais, les Beauvais et Pisseloube (Charente).

La Société C. Procop et Cⁱᵉ, dont le siège est à l'Abbaye, près la Couronne (Charente), exploite les usines de l'ancienne société Ch. Becoulet et Cⁱᵉ. Elle est propriétaire de l'usine de l'Abbaye, avec les Beauvais pour annexe; de l'usine du Marchais, près Saint-Séverin (Charente), avec l'usine de Pisseloube pour annexe.

Deux machines à papier, deux maisons de vente, l'une à Paris, rue Richelieu, 45; l'autre à l'Abbaye, avec atelier de façonnage.

Les ouvriers (hommes, femmes et enfants) employés à la fabrication, à l'apprêt et au façonnage, sont au nombre de 450.

MM. C. Procop et Cⁱᵉ exposaient des papiers fins pour impression, des papiers à registres, des papiers surfins, vélins, vergés, filigranés, réglés; des imitations de papiers anglais de trois qualités avec les marques : *Abbaye mill, Lion paper, Oriental paper;* des papiers de couleur, des papiers à lettre façonnés; des enveloppes de tous formats et de toutes qualités; des papiers et enveloppes bordés deuil, des cartes de visite et enfin tous les articles papiers qui sont de vente chez les libraires, papetiers et imprimeurs.

Ils exposaient, en outre, un très grand et joli choix de *parchemin végétal* blanc et coloré en feuilles et en bobines [1].

Ce parchemin est employé pour *l'osmose;* pour le bouchage hermétique des conserves; pour l'enve-

[1] Ce papier est aussi transparent, aussi flexible et aussi fort que le vélin, dont il diffère peu par son état hygroscopique; de plus, il a cet avantage que sa fabrication dans n'importe quel format est facile et rapide, et qu'il résiste parfaitement à la chaleur, tandis que la préparation du vrai parchemin est lente et coûteuse, qu'il est très difficile de tirer des peaux plusieurs feuilles de dimensions identiques, et qu'il se resserre et se crispe à la chaleur. On l'obtient par l'action de l'acide sulfurique atténué sur le papier de coton sans colle. Réduit à 10 ou 12 degrés R., l'acide opère la transformation des fibres du coton; on l'élève ensuite à 57 ou 59 degrés. Plus faible, le papier absorbe l'eau en excès et perd la transparence et la force qui caractérise le bon parchemin. La durée de l'opération varie entre quatre et quinze minutes, selon l'épaisseur et la nature du papier employé. Les fibres, transformées en une masse gluante, s'incorporent et se durcissent de nouveau au contact de l'eau.

Des expériences ont démontré que la transformation du papier en parchemin lui donne une force de résistance douze fois plus grande, bien qu'il perde pendant l'opération de 23 à 30 p. 100 de sa densité, et que, à poids égal, ce papier soit plus fort que le vrai parchemin.

Cette fabrication exige un local approprié, clair, peu élevé. Si les appareils de dessiccation sont placés près des cuves, il faut chauffer la pièce au moyen de tuyaux, afin d'empêcher la condensation de la vapeur d'eau, dont les gouttes gâteraient le papier.

La bassine, qui contient l'acide à diluer, est doublée de plomb; elle est reliée par un tuyau à celle où se trouve le papier.

Après l'opération, il faut éliminer les moindres traces d'acide, lesquelles rendraient le papier mou et peu résistant.

Le séchage s'opère lentement, sur un cylindre de grandes dimensions.

Si l'on veut un parchemin tendre et pur, il faut choisir avec soin la matière première.

Le papier osmose, dont on se sert dans les raffineries, est formé de deux feuilles que le bain rend adhérentes. Les pores de chacune étant oblitérés par la superposition, la mélasse ne peut les traverser.

Le papier-parchemin qui sert aux dessinateurs et en particulier aux architectes est de première force. Outre les façons ordinaires, il est en dernier lieu légèrement huilé et séché de nouveau.

Ce papier reçoit bien les couleurs à base d'aniline, ce qui le rend propre à la fabrication des fleurs, des couvertures, etc. Plongé dans une préparation antiseptique, il sert au transport de la volaille, du poisson, et au pansement des plaies. Si on l'enduit de glycérine avant de le faire sécher, il devient moelleux et souple.

Parlons maintenant de l'emploi de ce papier pour les tirages en deux couleurs.

A cause de sa raideur, on est obligé de le tremper légèrement; comme en cet état, il est extrêmement sensible à l'action de l'air, l'établissement du réglage est difficile.

Les encres doivent être de bonne qualité et très siccatives.

Le cylindre de la machine et le tympan de la presse seront recouverts d'une étoffe plus ou moins épaisse, selon que les formes seront plus ou moins pleines.

Pour tirer les titres, obligations, etc., on se servira d'une flanelle de couleur foncée très moelleuse; si les formes sont grandes, on remplacera la flanelle par un feutre blanc un peu plus épais.

Le trempage se fera avec soin, le papier-parchemin étant placé entre deux feuilles de papier collé.

Si l'on n'a pas à sa disposition de machine à deux couleurs, on se servira de deux machines en blanc, avec la pointure.

Quand les deux tirages ne peuvent se faire simultanément, faute de machines, pour obtenir un bon loppage des beurres et fromages, des chocolats, biscuits, savons, et de toutes les matières grasses; pour couvertures de brochures, pour étiquettes; sacs à échantillons; cartouches de dynamite, etc.

MM. Procop et Cie sont presque les seuls qui fabriquent en France du parchemin végétal, ce qui permet à beaucoup de consommateurs français de ne pas être tributaires, pour cet article, des fabricants étrangers.

M. Vaissier, *fabricant de papier*, à Marnay (Indre-et-Loire).

La maison J. Vaissier possède quatre usines à papier, situées à Marnay, à Vendôme et Fréteval (Loir-et-Cher), et à Saint-Mars-la-Brière (Sarthe).

L'usine de Marnay en a été le berceau; fondée en 1840 par M. Patin, elle était exploitée, en 1848, par M. Anselme Lentaigne, quand M. Jules Vaissier y entra comme contremaître; il devint associé en 1854.

Cette même année fut acquise la papeterie de Vendôme.

En 1863, au décès de M. Lentaigne, les deux papeteries passèrent sous la direction unique de M. J. Vaissier qui, dans le but d'agrandir ses opérations, acheta et réorganisa la papeterie d'Arcier, près Besançon, appartenant à sa famille. Un incendie détruisit cette usine le 1er janvier 1865.

En 1867, M. Vaissier se rendit acquéreur de la maison de papiers en gros de M. Napoléon Lentaigne, 45, rue Saint-André-des-Arts, à Paris, et en fit le dépôt des produits de ses usines.

En 1875, il ajouta à ses manufactures la papeterie à la cuve de Saint-Mars-la-Brière, et, en 1876, pour compléter ses agrandissements successifs, il y joignit l'importante usine de Courcelles-Fréteval.

Ces diverses papeteries fabriquent 3,600,000 kilogrammes par an de papiers de toute nature et disposent d'une force motrice de 250 chevaux par moteur hydraulique et de 180 chevaux-vapeur, servant à actionner 3 machines à papier de 2 mètres, 1 m. 60 et 1 m. 50; 2 cuves, 32 cylindres broyeurs, 8 lessiveurs rotatifs et 6 calandres.

Le personnel de ces usines comprend plus de 300 ouvriers.

Les principales sortes fabriquées et soumises à l'examen du jury étaient les suivantes :

1° Parcheminés blancs et couleurs, du prix de 90 à 100 francs les 100 kilogrammes;

2° Papier pour administrations telles que chemins de fer, banques, Imprimerie nationale, de 65 à 75 francs les 100 kilogrammes;

3° Pâtes d'impression collées et sans colle ordinaires, n° 4, à 65 francs les 100 kilogrammes; n°s 5, 6, de 55 à 65 francs les 100 kilogrammes; n°s 7, 8, de 48 à 53 francs les 100 kilogrammes;

4° Bulles fins d'administration pour écriture et pour registres, de 50 à 55 francs les 100 kilogrammes; bulles ordinaires, de 45 à 50 francs les 100 kilogrammes; buvards roses genre anglais, de 90 à 100 francs les 100 kilogrammes;

5° Pâtes journal en rames et en bobines, en vélin et vergé comprenant trois sortes : n° 1, de 50 à 52 francs les 100 kilogrammes; n° 2, à 48 francs les 100 kilogrammes; n° 3, de 40 à 44 francs les 100 kilogrammes;

6° Papier à la forme, *Ingres* à dessin en douze nuances, papier sans colle à filtrer, sortes pour produits pharmaceutiques et chimiques.

réglage, on est obligé de tirer à sec, en ayant soin d'effacer les rides et les plis qui se produisent inévitablement quand la forme contient beaucoup de blancs, ou des cadres, lesquels ont de plus l'inconvénient d'occasionner des bavures, étant plus chargés d'encre que dans les tirages sur papier humide. (*Extrait de L'Arte della Stampa emprunté au Gutemberg-Journal.*)

Les récompenses obtenues par M. Vaissier ont été les suivantes : une mention honorable à l'Exposition universelle de 1867; une médaille d'honneur en 1868, pour le traitement des pâtes de phormium et de sparte; une médaille d'argent à l'Exposition universelle de 1878, et une médaille d'or à l'Exposition de Tours en 1881 [1].

MM. ZUBER, RIEDER et Cie, *fabricants de papier*, à Torpes (Doubs).

MM. ZUBER, RIEDER et Cie, qui exploitent depuis cinquante ans la papeterie de l'Ile Napoléon, près Rixheim (Alsace), ont créé l'usine de Torpes après l'annexion, pour favoriser l'établissement de nombreuses familles alsaciennes décidées à vivre sur le sol français, en même temps que pour conserver leurs relations avec la France.

L'usine utilise une chute d'eau sur le Doubs (220 chevaux dans les basses eaux et 500 à 1,000 dans les eaux moyennes). Construite en deux ans, elle a été terminée en février 1883.

Le projet de cette usine a été conçu en vue de l'établissement de deux machines à papier, dont une seule devait être montée immédiatement, et d'une fabrique de pâte de paille, capable de produire 1,000 tonnes de pâte sèche par jour.

Le matériel de la papeterie, projeté pour une production de 1,000 à 1,100 tonnes de papiers fins et mi-fins d'écriture et d'impression du prix moyen de 110 francs les 100 kilogrammes, sans emploi de force vapeur, si ce n'est pour la conduite de la machine à papier, comprend :

1° 3 turbines de 450 chevaux de puissance, 3 chaudières à vapeur à bouilleurs munies d'un réchauffeur Green; un atelier de triage avec vastes magasins de chiffons pour une consommation journalière de 3,000 à 4,000 kilogrammes, machines à couper américaines et loup-blutoir;

2° Un atelier de lessivage du chiffon;

3° Un atelier de défilage et de raffinage renfermant 2 piles défileuses de 200 kilogrammes, 4 piles raffineuses de 150 kilogrammes, et 2 piles affleureuses-colleuses;

4° Un atelier de blanchiment au chlorure de chaux par déplacement, suivant le procédé qui fait l'objet d'un brevet pris par MM. Zuber, Rieder et Cie.

5° Une machine à papier, construite par M. Allimand, de Rives, fournissant 2 m. 05 de papier rogné.

La salle à papier du rez-de-chaussée occupe une surface de 1,600 mètres carrés et renferme 2 calandres continues de 10 rouleaux, une lisse pour le satinage entre plaques, des machines à couper, à régler, tours à bande, etc.

Ce matériel réalise divers innovations et perfectionnements qu'il convient de signaler :

La disposition des caisses de triage du chiffon est nouvelle et facilite le travail des ouvrières, tout en assurant la propreté et en permettant le contrôle.

Le blanchiment par déplacement ménage la fibre du chiffon et permet d'opérer à coup sûr avec une dépense minima de chlore;

La disposition des raffineurs, qui déversent la pâte produite dans des cuviers intermédiaires alimentant eux-mêmes les piles affleureuses-colleuses, permet de triturer séparément les différentes matières premières entrant dans la composition du papier et de les réunir ensuite dans les colleuses dans les proportions voulues pour obtenir la qualité recherchée.

Les raffineuses sont munies d'un système spécial de ressorts à l'aide desquels le cylindre peut être allégé suivant les matières premières traitées.

La machine à papier, la plus large qui fût sortie, à l'époque, des ateliers d'un constructeur français, se distingue par sa construction soignée et réalise de nombreux perfectionnements de détail.

[1] M. Vaissier faisait partie du comité d'admission à l'Exposition universelle de 1889.

Elle est munie entre autres d'un appareil permettant le réglage pendant la marche.

La disposition à levier et contrepoids de ses presses, qui a pour but de les charger ou de les décharger à volonté, est fort bien entendue.

La sécherie se compose d'une série de tambours dont chacun a sa commande indépendante, et est pourvue de sécheurs de feutres.

La commande de tous les organes de la machine, à vitesse variable, est effectuée par des poulies extensibles américaines.

Enfin la machine à vapeur, qui actionne la machine à papier, a été disposée de façon à faire varier la vitesse de cette dernière, en agissant directement sur le régulateur.

Plusieurs applications de ce système, qui a été adopté depuis par divers constructeurs, figuraient à l'Exposition.

L'excellent satinage des papiers de l'usine de Torpes est obtenu par un seul passage à la calandre continue précédé d'un humectage par procédé spécial.

Cet établissement emploie toutes les matières premières pouvant entrer dans la composition des papiers fins ou mi-fins, savoir :

1° Les chiffons blancs, bulles ou de couleur qui sont transformés en mi-pâtes blanchies à l'usine même;

2° Les pâtes blanches de paille ou de tremble produites dans l'usine spéciale annexée à la papeterie;

3° Les celluloses à la soude et celles au bisulfite tant écrues que blanchies;

4° Enfin les pâtes mécaniques de tremble ou de sapin, les dernières toutefois dans une mesure très restreinte.

L'organisation générale de l'usine, et en particulier celle du raffinage, permet l'emploi judicieux de ces différentes matières premières, de telle sorte que l'on a pu fabriquer, avec une égale facilité, des produits de qualité et de valeur très diverses.

La papeterie de Torpes, qui ne travaille pas le dimanche, est arrivée à dépasser comme production 1,400,000 kilogrammes dans l'année.

L'usine, en y comprenant la fabrique de pâte de paille, occupe un personnel de 10 employés et de 234 ouvriers, dont 153 hommes, 76 femmes et 5 enfants.

Outre les habitations du directeur et des employés, elle possède une cité renfermant 37 logements d'ouvriers, complètement indépendants les uns des autres.

La Société a fondé une caisse de secours pour les malades et une caisse de retraite alimentée par une dotation annuelle fournie par la Société et égale à 1 p. 100 des salaires industriels payés dans le courant d'une année, salaires qui s'élèvent à 200,000 francs environ.

Cette somme a été reconnue suffisante pour permettre d'allouer aux ouvriers âgés ou infirmes une pension de retraite égale au tiers de leur salaire.

Nous signalerons dans la vitrine de ces exposants : une bobine de papier pour enveloppes opaques, des bandes pour le service de la télégraphie, des sortes vélin, blanches et de couleur, des papiers à registre et à écrire, du papier simili-japon, une collection de cahiers d'écriture, des sortes réglées et parcheminées [1].

---

[1] M. Lamy, collaborateur de cette maison, a obtenu une médaille d'argent.

MÉDAILLES D'ARGENT.

Mme *veuve* AUSSEDAT, *fabricante de papier,* à Cran, près Annecy
(Haute-Savoie).

Cette maison fabrique des papiers en tous genres et spécialement les articles dits *peaux d'âne* et *japon.* Dans les vitrines de cette exposante étaient étalés les échantillons de ses différentes sortes, et des albums correspondants en rendaient l'examen facile. Diverses vues de l'usine permettaient de juger de l'importance de cet établissement; enfin des projections micro-photographiques comparées à divers grossissements, des échantillons des matières premières à divers états et des spécimens d'impression résumaient les études spéciales nécessitées par la création du papier japon.

Cet établissement fondé en 1738 fut acquis en 1800 par la famille Aussedat.

Le papier y était fabriqué à la main jusqu'en 1842, époque à laquelle fut posée une première machine à papier continu; une deuxième y fut installée en 1845.

Jusqu'en 1860, époque de l'annexion de la Savoie à la France, les produits de cette usine s'écoulaient exclusivement en Piémont, et leur réputation était telle que pendant quatre ans encore, et en dépit des droits de douane qui les frappaient à l'entrée, ils restèrent recherchés dans ce pays.

Enfin en 1864, Cran, qui depuis quatre années transformait et complétait son matériel et dont la fabrication avait acquis la plus grande perfection, établit hardiment son débouché principal à Paris, et le marché, appréciant cette nouvelle production, lui accorda la faveur qu'il a su conserver jusqu'à ce jour.

Les matières végétales vierges, et les chiffons triés à la main dans de vastes ateliers, sont nettoyés mécaniquement, coupés, décortiqués ou meulés par des machines nouvelles; des lessiveuses de formes variées sont utilisées suivant la nature des matières à traiter. Les cylindres pour la trituration sont nombreux et offrent des dispositions qui leur sont particulières.

Une nouvelle machine à papier réunissant tous les perfectionnements a été construite récemment pour la fabrication des articles spéciaux.

L'apprêt des papiers s'achève par des coupeuses des meilleurs systèmes, des laminoirs et calandres perfectionnés et de grande puissance. Une annexe est réservée à la fabrication de la pâte de bois mi-chimique servant à la préparation des papiers de tenture de teintes naturelles.

La papeterie de Cran emploie toutes les matières premières et fabrique à peu près toutes les sortes de papiers.

Sa production dépasse 800 tonnes par an et comprend les variétés suivantes :

Parchemin pour titres, chromo, taille-douce, papier pour registres, lettres, papier collé et sans colle, pour impressions administratives et livres, dessin, tenture, pliage fin, bulle, végétal à calquer, buvard riche, alfa pour musique et labeur, etc.

Au nombre des créations de la maison Aussedat figurent les papiers dits :

Chinés, à longues fibres de couleur, pour couvertures de livres;

Peau d'âne pour papier à lettre de luxe, diplômes, imitation de manuscrits anciens, menus, peinture, miniature, filature, tickets, bouchage, étiquettes, etc.; c'est la meilleure imitation du parchemin; le succès de cette sorte grandit toujours; elle n'a cessé d'être le produit le plus parfait et le plus difficile à imiter;

Enfin le japon pour brevets, diplômes, papier et enveloppes riches, imprimés de luxe, éditions d'amateur, chèques, actions, titres infalsifiables, etc.

Le japon de Cran possède cet encollage spécial si longtemps recherché, auquel il doit son brillant métallique et son velouté. Il peut être froissé à outrance, tordu, câblé même plusieurs fois et prend alors la souplesse de l'étoffe, mais aucune cassure n'apparaît et sa solidité est à peine compromise.

Il a le même soyeux, la même souplesse, la même résistance, et son prix atteint à peine la moitié de celui du Japon. On reconnaîtra sans peine qu'il y a là une découverte importante pour notre industrie et un affranchissement pour notre commerce, dus à des efforts persévérants qui méritaient à juste titre d'être cités.

Cran occupe 50 hommes et 48 femmes. Il est depuis cinq ans éclairé à la lumière électrique, relié téléphoniquement avec Annecy, et possède tous les appareils hygiéniques destinés à la préservation de la santé des ouvriers.

Depuis l'annexion de la Savoie à la France, Cran a exposé : à Annecy en 1865, et a obtenu une médaille d'argent; à Albertville en 1869, une médaille d'argent; à Lyon en 1872, une médaille d'argent; à Paris en 1878, une mention honorable.

MM. Joseph BARDOU et fils, fabricants de papier à cigarette, à Perpignan (Pyrénées-Orientales).

MM. Joseph BARDOU et fils exposaient leurs papiers à cigarette de toutes sortes, en rames de tous formats, en cahiers pour tous pays, en bobines ou rouleaux sans fin pour la confection mécanique des cigarettes, en paquets de 10,000 feuilles, avec ou sans impression, pour la fabrication des cigarettes à la main, en papiers à bords gommés, à bout doré ou argenté, et en papiers parfumés.

Les grandes marques de la maison sont :

Le *Vrai goudron de Norvège;*

Le *Joseph Bardou et fils, extra;*

Le *Nil.*

Cette maison, fondée en 1849, possède des usines au petit Montbron, près Angoulême, à Malaucène (Vaucluse), avenue de la Gare, à Perpignan. Elle occupe environ 500 femmes et 300 hommes, et utilise une force motrice de 320 chevaux. L'établissement principal est éclairé à la lumière électrique, système Edison, et comporte: téléphone, ascenseurs, sonneries électriques, laminoirs, coupeuses à plateau tournant, bronzeuses, machines lithographiques et typographiques, gaufreuses, cisailles circulaires, poinçonneuses, machines-outils, machines à meuler, machines à percussion, etc.

Les ateliers occupent 4,000 mètres carrés.

La production de toutes les usines atteint une valeur annuelle de 4 millions de francs.

La maison Joseph Bardou et fils a créé les papiers parfumés, les couvertures en chromolithographie, les cartonnages, les papiers imprimés, blasons, les papiers à bouts dorés ou argentés.

Elle fournit la Régie française, la manufacture impériale de Strasbourg, la manufacture royale d'Italie, les Régies de l'empire ottoman, de la Roumanie, des tabacs de Tunisie, de l'Espagne et du Portugal, la Compagnie Laferme de Saint-Pétersbourg, la régie de Serbie, la Compagnie générale des tabacs des Philippines et les plus importantes manufactures de cigarettes des États-Unis, du Canada, du Mexique, de Cuba et du Brésil.

Cette maison a déjà obtenu les récompenses suivantes :

60 médailles d'or, vermeil, argent et bronze; 16 diplômes d'honneur.

Membres du jury, hors concours aux expositions suivantes :

Exposition régionale de Perpignan (1862); Exposition industrielle de Paris (1885); Exposition industrielle de Nevers (1887); Exposition générale de Boulogne-sur-Mer (1887); Exposition maritime internationale du Havre (1887); Exposition internationale de Toulouse (1887); Exposition de Châteauroux (1888); Exposition industrielle de Cette (1888); Exposition française de Tunis (1888); Exposition industrielle de Troyes (1888); Exposition industrielle de Rouen (1888); Exposition universelle de Melbourne (1888); Exposition universelle de Bruxelles (1888); Exposition universelle de Barcelone.

Mme veuve R. BOLLORÉ, *fabricante de papier*, à Odet, par Quimper (Finistère).

La PAPETERIE D'ODET a été fondée en 1882, par MM. N. Lemarié et G. Bolloré. Les produits de l'usine n'ont figuré qu'aux expositions suivantes :

1839, où ils ont obtenu une mention honorable;

1844 et 1878, où ils obtinrent une médaille de bronze.

La maison occupe actuellement 150 ouvriers et quelques-uns y sont depuis fort longtemps. Trois, en particulier, ont obtenu pour ce fait des récompenses : le premier une médaille de bronze (55 ans de service), les deux autres des médailles d'argent (52 et 42 ans de service).

L'usine fabrique la cigarette, la coquille sans colle, les mousselines, les bulles purs chiffons, couleur naturelle.

MM. DAMBRICOURT frères, *fabricants de papier*, à Wizernes (Pas-de-Calais).

MM. Alexandre, Auguste et Gery DAMBRICOURT, en société sous la raison sociale « Dambricourt frères » ont acheté d'abord la papeterie de Wizernes en 1832. Cette papeterie contenait quatre cuves et une petite machine à papier. En 1835, une seconde machine à papier fut ajoutée.

L'usine a été transformée en 1850; à la même époque, une fabrique située à 10 kilomètres de Wizernes, avec une petite machine fabriquant 1 m. 30 de papier, y fut jointe.

En 1856, MM. Dambricourt firent l'achat de l'usine Hudelirt où cinq cuves existaient; le travail de ces cuves pour les papiers de luxe et les papiers à registre a été maintenu.

En 1870, ils construisirent l'usine du Chocquet avec deux machines à papier. La fabrication de la pâte de paille blanchie fut installée à partir de 1862, et cette manufacture prépare encore actuellement 15,000 kilogrammes de paille par jour.

Les machines à papier ont les dimensions suivantes : 2 mètres, 1 m. 65, 1 m. 55, 1 m. 55, 1 m. 30.

Les papiers fabriqués pèsent de 25 à 250 grammes le mètre carré. Le poids moyen est compris entre 45 et 50 grammes.

La production est d'environ 6,000 tonnes par an. La force hydraulique varie de 400 à 200 chevaux pendant les basses eaux.

Cet établissement possède 16 défileurs, 45 raffineuses et 22 chaudières à vapeur.

La fabrication à la machine comprend le papier pour écriture, impression, les sortes de couleur, les bulles, brouillards blancs et quelques papiers d'emballage.

La production des papiers à la forme comprend le papier à dessin depuis le plus grand jusqu'au plus petit format, les papiers vergés et vélins bleus spéciaux, filigranés pour dessin, registres, impression de luxe.

MM. Émile DESLOYE et Cie, fabricants de papier à la cuve, à Plancher-Bas (Haute-Saône).

Cette fabrique fut créée en 1822 par M. Honoré Desloye et ne comportait primitivement que deux cuves; elle en compte cinq aujourd'hui et est exploitée par MM. Émile DESLOYE et Ed. TRIBÉ, fils et gendre de M. Honoré Desloye qui furent ses collaborateurs.

Elle emploie 80 ouvriers et ouvrières, et fabrique des papiers blancs d'impression, des papiers filigranés, des papiers à écrire dits *moyen âge*, blancs et de couleur, des mandats et des papiers Ingres à dessin, qui sont appréciés non seulement en France, mais aussi à l'étranger.

Elle fournit depuis 1829 des papiers blancs, fins et moyens à l'Imprimerie nationale.

Elle a son dépôt à Paris, chez MM. Lair, Maillet et Cie.

M. B. DUMAS, fabricant de papier, à Creysse, par Mouleydier (Dordogne).

La famille DUMAS est propriétaire de père en fils de l'usine de Creysse qui a un siècle d'existence.

M. B. Dumas, le propriétaire actuel, exposait de forts beaux échantillons de sa fabrication :

Ses papiers à cigarette exportés au Vénézuela, aux colonies espagnoles, à la Havane; ses papiers dits *moyen âge* pour billets de mariage, correspondance, etc.; ses sortes à la forme séchées à l'air, collées à la gélatine pour enveloppes découpées suivant modèle; ses papiers pour la fabrication des cartes étrangères, allemandes et danoises; ses papiers à filtrer parmi lesquels nous avons remarqué un papier destiné à remplacer le papier gris et qui a sur ce dernier l'avantage d'être totalement exempt de chlore et d'acide.

M. B. Dumas a introduit une innovation dans la fabrication des papiers à filtrer, innovation qui consiste à consolider le centre par des nervures que possède le moule. Ces nervures, qui constituent la marque de fabrique, en creux sur le moule, se chargent plus fortement de matière filtrante, c'est-à-dire de pâte, et accusent cette différence par les rayons noirs qui apparaissent sur la feuille.

L'usine de Creysse emploie 40 personnes.

Elle a obtenu une médaille de bronze à l'Exposition universelle de Paris 1878, et une médaille d'argent à l'Exposition de Bordeaux.

MM. F. GUÉRIMAND et Cie, fabricants de papier, à Voiron (Isère).

La maison F. GUÉRIMAND et Cie possède quatre usines à papier : Voiron, les Gorges, les Sarrasins et la Tivolière, toutes situées sur le cours d'eau de la Morge.

Chaque usine possède une machine à papier, système Aïlimard, avec tous ses accessoires.

La force hydraulique totale est de 300 chevaux.

MM. Guérimand et Cie font un chiffre d'affaires de 1,500,000 francs environ et occupent 300 ouvriers, logés à proximité de leur travail, dans des cités ouvrières.

6.

Nous avons remarqué, dans la vitrine de cette maison, des spécimens de pâtes fines pour registre, des papiers pour écolier; des pâtes mi-fines bulles, jaunes et rosées; des papiers buvards, des papiers à lettre blancs et azurés, des parcheminés, des papiers pour impression, pour le dessin, etc.

Les PAPETERIES DE VOIRON ET DES GORGES ont obtenu une médaille à l'Exposition universelle de Paris, 1878; une médaille d'argent, deux médailles de bronze et une mention honorable à l'Exposition de Melbourne, 1881.

M. Lucien LACROIX, *fabricant de papier à cigarette*, à Cothiers, près Angoulême (Charente).

M. Lucien LACROIX, ingénieur civil des arts et manufactures, appartient aux plus anciennes familles de fabricants de papier de l'Angoumois, par M. A. Lacroix, son père.

Il acheta en 1880 l'usine de Cothiers, fondée en 1550, mais arrêtée depuis cinq ans, et employa son activité et ses connaissances à refaire l'outillage de cette fabrique pour la mettre à la hauteur des progrès de l'industrie moderne.

La spécialité de la maison a été, dès le début, la fabrication des papiers sans colle minces, et en particulier des papiers à cigarette.

Depuis neuf ans, M. Lucien Lacroix n'a pas cessé de perfectionner ses articles, et en même temps d'augmenter sa production pour satisfaire aux demandes de sa clientèle de plus en plus importante. C'est dans ce but qu'il se décida à adjoindre, il y a quelques mois, à son usine principale de Cothiers l'annexe de Chantoivau, située à une petite distance de la première.

Il fabrique depuis plusieurs années le papier à cigarette *Extra supérieur*, et depuis un an au moins produit couramment cette sorte, dans le poids extraordinairement réduit de 11 grammes, qui correspond à celui de 1 kilogr. 335 les 500 feuilles de coquille.

Depuis deux ans bientôt, M. L. Lacroix a créé un papier chimique multicopiste chamois, qui permet d'obtenir, en opérant avec les précautions nécessaires, soit dix copies successives du même manuscrit, soit une copie d'une lettre écrite huit ou dix mois auparavant et déjà copiée.

Citons parmi les autres sortes de cette maison: les papiers à cigarette de toutes espèces, de toutes forces, de toutes nuances, les pelures sans colle pour copies de lettres et pour l'impression, etc.; l'usine de Cothiers produit depuis quelque temps déjà les bobines sans fin de toutes longueurs et de toutes largeurs, employées par les manufactures de tabac françaises et étrangères à la confection des cigarettes mécaniques.

MM. Oscar LACROIX et Cie, *fabricants de papier*, à Lamothe (Charente).

La papeterie de MM. Oscar LACROIX et Cie, située sur la Charente, possède 4 turbines d'une force totale de 200 chevaux-vapeur, 3 chaudières, 2 machines à vapeur, 1 machine à papier de 1 m. 60 de largeur, 3 coupeuses à papier, 1 bobineuse, 1 calandre, 4 lisses, 14 cylindres, 2 paires de meules, 2 lessiveuses sphériques, une machine à papier de 1 m. 50 et 8 piles; occupe 150 ouvriers et ouvrières et atteint une production annuelle de 600,000 à 700,000 kilogrammes.

Nous citerons parmi les papiers exposés par cette maison, ses vergés, ses chromos, ses pâtes à registre, ses cartes, ses vélins et son papier à cigarette, sans chlore, pour lequel elle a obtenu une médaille d'or à Angoulême.

M. Metenett, fabricant de papier, à Raon-l'Étape-Laneuville (Vosges).

M. Metenett est entré dans l'industrie du papier en 1850. Après dix-huit mois d'apprentissage chez son oncle, M. Bichelberger; envoyé par ce dernier à sa papeterie d'Étival pour y tenir la comptabilité, il commença à prendre goût à la fabrication et s'y adonna presque entièrement. Il participa sous la direction de M. Bichelberger à la construction de l'usine de Clairefontaine; entra ensuite chez M. Vorster, puis au Souche, en 1865, et s'efforça d'apporter, dans ces différents établissements, des perfectionnements nombreux. Après l'essai infructueux de la construction d'une très importante papeterie pour le compte d'une compagnie américaine, à Bellegarde (Ain), M. Metenett revint dans les Vosges, pour y fonder la papeterie de Raon-l'Étape-Laneuville, qu'il dirige aujourd'hui avec cette expérience consommée qui en fait un des praticiens les plus en renom.

La papeterie de Raon-l'Étape, actionnée par une force hydraulique de 360 chevaux, fabrique elle-même la pâte de bois mécanique nécessaire à sa production. Elle est construite tout entière en rez-de-chaussée et contient un matériel remarquablement perfectionné.

Les piles sont en ciment et contiennent 250 kilogrammes de chiffons par défileuse, 300 à 350 kilogrammes de papier par raffineuse. Elles marchent toutes d'une façon automatique; pour chaque fabrication, il est donné un bulletin de service, indiquant le poids avec lequel on doit défiler ou raffiner, et le nombre d'heures que doit durer l'opération. La pilée se descend dans ces conditions, sans que les ouvriers, qui sont de simples manœuvres, aient besoin de spatuler ou d'essayer la pâte.

M. Metenett a employé, dès la mise en train de l'usine, la cellulose au bisulfite, et a été l'un des premiers en France à se servir de cette matière pour remplacer le chiffon.

Sa première machine a été construite pour imiter autant que possible le séchage du papier par l'air chaud; elle se compose d'une longue toile de 13 m. 50, de deux presses coucheuses et d'une presse montante, de 9 sécheurs de 0 m. 90 de diamètre, dont 3 sans feutre, et un sécheur de 2 mètres de diamètre; chaque sécheur a sa transmission de mouvement, de façon à pouvoir régler le tirage, et chaque feutre sécheur a son sécheur de feutre; c'est ce qui explique la fabrication de papiers relativement bons, avec des compositions à bas prix.

La seconde machine à papier, qui est alimentée par des raffineurs de 450 à 500 kilogrammes, a été construite spécialement pour fabriquer les papiers satinés d'un côté, qui étaient livrés, il y a un an encore, exclusivement par les Anglais et les Allemands.

La production journalière de cette usine atteint, sur la première machine (de 1 m. 65 de largeur), un maximum de 3,500 kilogrammes, et sur la seconde machine (1 m. 30 de largeur), une moyenne de 1,500 kilogrammes.

M. Metenett exposait une riche collection de papiers de couleur pour pliage et pour impression, des sortes bulles et blanches pour écriture et encartage; des bobines de papier blanc pour journaux, de papier bulle à enchemisage satiné d'un seul côté, etc.

Le Moniteur de la papeterie française (directeur-gérant, M. A. Person du Bief),
rue du Pont-de-Lodi, 6, à Paris.

Ce journal, publié sous la direction du Comité central de l'*Union des fabricants de papier de France* (président, M. J. Codet, ancien député), paraît le 1ᵉʳ et le 15 de chaque mois. Chaque numéro contient 20 pages d'impression. Des planches et des suppléments y sont joints selon les besoins des travaux insérés.

Ce journal spécial traite, avec tous les développements qu'ils comportent, les sujets qui intéressent directement la papeterie française : impôts, traités de commerce, adjudications publiques, importations et exportations, procédés de fabrication, transports par chemins de fer et canaux, cours des chiffons, succédanés, produits chimiques, résines, fécules, métaux, charbons, jurisprudence industrielle et commerciale, expositions, découvertes nouvelles, indication des prises de brevets, revue des journaux étrangers, etc.

L'exposition complète de cette publication, depuis sa fondation en 1864, a attiré à juste titre l'attention du jury des récompenses, qui a accordé au *Moniteur de la papeterie française* une médaille d'argent [1].

MM. DE MONTGOLFIER *père et fils, fabricants de papier*, à Montbard (Côte-d'Or).

L'établissement de MM. DE MONTGOLFIER père et fils fait un chiffre de 1,200,000 francs d'affaires environ et occupe 360 ouvriers. Il comporte trois machines à papier, dont deux pour les pliages et l'autre de 2 m. 20 pour les sortes d'impression.

Nous citerons parmi les produits exposés par cette maison : les bulles cuir pour tenture, les gris laineux pour calandre, les blancs gobelins pour tenture, les bulles, goudrons et papiers bleus pour papier de verre et émeri, les papiers pour tubes de filatures, les sans colle pour pliage, les goudrons corde, bulles anglais, bulles bleutés, papiers bis, etc.

La maison de Montgolfier père et fils a obtenu un diplôme d'honneur à l'Exposition d'Épinal, et un grand nombre de récompenses aux Expositions de Paris et de province.

MM. OBRY et Cie, *fabricants de papier*, à Prouzel, près Amiens (Somme).

Cette maison, fondée en 1820 par M. GRENARD, possède dans son usine de Prouzel deux machines fabriquant spécialement le papier de couleur, le papier à dessin blanc, bulle rosé, bulle bleuté, bulle fauve, bleuté et gris à grain ; le papier noir pour paquetage de baptistes et de linons, le papier violet préservatif de la rouille pour aiguilles, le papier bulle à piquer.

Elle produit journellement 4,000 kilogrammes, et occupe 180 ouvriers et ouvrières.

MM. Obry et Cie possèdent un dépôt à Paris, rue Saint-André-des-Arts, 60, chez MM. Lair, Maillet et Cie.

Les PAPETERIES DE PROUZEL ont obtenu les récompenses suivantes :

Médaille de bronze, Exposition nationale de 1839 ; médaille d'argent, Expositions nationales de 1844 et de 1849 ; mention honorable à l'Exposition universelle de Londres de 1851 ; médaille d'argent (1re classe), Exposition universelle de 1855 ; diplôme de mérite, Exposition universelle de Vienne, 1873 ; médaille d'argent, Exposition universelle de 1878 ; médaille d'or (grand module), Exposition de Beauvais, 1879.

---

[1] M. de Montgolfier, fabricant de papier et député, a succédé, comme président de l'Union des fabricants de papier de France, à M. Codet.

Papeterie de Renage, près Rives (Isère).

L'usine de Renage, fondée en 1835 par M. J.-D. Court, possédait une machine et ses accessoires pour une fabrication journalière de 500 kilogrammes environ; mais elle était complètement arrêtée et dans le plus grand délabrement, quand la Société actuelle en prit possession en décembre 1876.

Cette nouvelle Société entreprit de grands travaux hydrauliques pour profiter d'une force non utilisée; elle transforma les bâtiments et renouvela le matériel.

L'établissement actuel possède une force hydraulique moyenne de 120 chevaux, à laquelle il faut ajouter une machine de 30 chevaux-vapeur, mettant en jeu deux machines sans fin, une cuve et tous les accessoires.

Le personnel est de 300 ouvriers et ouvrières.

La production annuelle est d'environ 700,000 kilogrammes.

Nous signalerons parmi les produits exposés par cette maison :

Les papiers photographiques; les parcheminés pour titres, impressions de luxe, etc.; les papiers à lettre, blancs, azurés, teintés, vélins, vergés et filigranés; les papiers pour registre, pour dessin, pour plan et lavis, en feuilles et en rouleaux, bristols transparents et autres; les cartons et papiers pour chromolithographie; les papiers à la main avec filigranes; les cartons buvards, etc.; les papiers bordés deuil, les sortes pour carte et enveloppes de lettre, les papiers réglés de toutes sortes, etc.

M. *Alexandre Paul*, *fabricant de papier*, à Gemens,
près Vienne (Isère).

La Manufacture de papier de Gemens a été fondée en 1835 par M. E. Bonnefoux, beau-père de M. Alexandre Paul. Ce dernier fut pendant huit ans, de 1858 à 1866, employé intéressé dans le dépôt. Il occupa les mêmes fonctions dans l'usine pendant sept ans, de 1866 à 1873. A cette époque et avec un associé, il devint le chef de la maison. En 1878, il reprit complètement, et pour son propre compte, toutes les affaires. M. A. Paul s'occupe donc de cette entreprise depuis trente et un ans.

Le lieu de fabrication, les ateliers et le siège d'exploitation sont à Gemens (Isère).

L'usine occupe 100 à 120 ouvriers et comporte comme matériel : 4 turbines, 1 machine à vapeur Farcot, produisant en totalité une force de 150 chevaux; 1 blutoir; 2 lessiveuses; 2 laveurs de chiffons construits dans l'usine d'après un modèle particulier; 2 grandes piles blanchisseuses; 26 caisses d'égouttage; 1 pile laveuse de pâte; 1 meuleton; 6 raffineurs; 3 défileurs; 1 machine à papier; 1 calandre; 2 laminoirs; 1 coupeuse; 3 massiquots; 1 régleuse Brissard; 1 coupeuse de carte, etc.

La manufacture de Gemens fabriquait en 1878 des papiers mi-fins, des rouleaux de tenture et des impressions courantes. C'est depuis cette époque que l'exposant a monté l'outillage pour la fabrication des belles sortes.

L'usine produit annuellement 400,000 à 500,000 kilogrammes et fait un chiffre d'affaires de 500,000 à 600,000 francs.

Les produits sont vendus en France, en Égypte, en Angleterre, en Suisse, en Belgique, etc.

On remarquait dans la vitrine de cet exposant de beaux échantillons de bristols ivoires et de papiers à écrire et à imprimer, des papiers à calquer, des coquilles de couleur; les vergés et les sortes parcheminées de cette maison méritent également d'être signalés.

M. Alexandre Paul, ancien juge au tribunal de commerce de Lyon, a obtenu aux expositions précédentes les récompenses suivantes :

Paris, 1878, médaille de bronze; Tours, 1881, médaille d'argent; Paris, 1882, médaille de bronze; Bordeaux, 1882, médaille d'argent; Nice, 1884, médaille de bronze; Anvers, 1885, médaille d'argent; Liverpool, 1886, médaille d'or; Hanoï, 1887, médaille de bronze; le Havre, 1887, membre du jury; Barcelone, 1888, médaille d'or.

MM. Peyron frères, fabricants de papier, à Vizille (Isère).

La fabrique de papier de MM. Peyron frères est une des plus anciennes du Dauphiné; elle existait au xve siècle.

Le nom des propriétaires des papeteries de Vizille a été l'une des sources de leur réputation. Le dernier connétable de France Lesdiguières occupe le plus haut rang parmi eux. Ces établissements passèrent aux mains de la famille Marquein, sous la Révolution, et devinrent enfin la propriété de MM. Peyron frères en 1849.

Dès leur arrivée, ceux-ci s'efforcèrent de fabriquer un produit de bonne qualité courante, offrant au consommateur certains avantages de prix.

Comme toutes les anciennes fabriques du Dauphiné, qui n'ont vécu et ne se sont développées qu'en raison de la qualité des eaux, les papetiers de Vizille ont pu faire, lorsqu'ils l'ont tenté, du papier de qualité supérieure. Mais l'objet principal de leurs préoccupations a été de rechercher un résultat plus utile en se donnant un rôle plus modeste. La concurrence étrangère, en effet, atteint rarement, et en tous cas ne dépasse jamais, les plus beaux papiers des fabriques françaises; mais les conditions de main-d'œuvre qui leur sont assurées et le plus souvent le bon marché de leurs matières premières ont mis les étrangers en état de faire une fabrication courante qui défie les prix de nos fabriques.

MM. Peyron frères ont poursuivi cette concurrence sur le terrain qui lui était favorable et sont arrivés à la combattre avec avantage.

L'usine de Vizille emploie deux machines et deux défibreurs et fabrique d'une manière constante 7,000 kilogrammes par jour.

MM. Peyron frères exposaient la collection complète de leurs sortes : leurs papiers blancs pour impression et leurs sortes de couleur étaient particulièrement remarquables. Un certain nombre d'ouvrages, édités par les premières maisons de librairie de Paris et de la province, ont permis de reconnaître les qualités précieuses que les produits de cette maison offrent au point de vue de l'impression.

Les papeteries de Vizille ont obtenu : une médaille d'argent à l'Exposition de Lyon (1872); une mention honorable et une médaille de bronze à l'Exposition universelle de Paris (1878); et en 1888 une médaille d'argent à l'exposition de Toulouse.

MM. Vignerie et Codet, fabricants de papier (actuellement Vignerie, Codet et Cie), à Saint-Junien (Haute-Vienne).

L'usine du moulin Pelgros, appartenant à MM. Vignerie et Codet, est située sur la rive droite de la Vienne à 1,500 mètres de la gare de Saint-Junien, et a été construite en 1865-1866 pour la fabrication des papiers paille, d'emballage.

Plus tard, elle s'appliqua à trouver d'autres nuances pouvant à l'occasion remplacer avantageusement le papier jaune, et elle trouva les papiers *bruns et gris*, employés aujourd'hui dans toute la France.

A la suite de nouvelles recherches, et par le fait du mélange, dans de certaines proportions, de la pâte de bois à la pâte de paille, elle arriva à produire des papiers de couleur d'une certaine finesse qu'on pouvait remarquer du reste dans la vitrine de MM. Vignerie et Codet.

L'usine du moulin Pelgros possède comme force motrice une chute d'eau donnant une moyenne de 500 chevaux.

Avec deux machines à papier, elle produit annuellement 3 millions de kilogrammes; sa fabrication journalière peut s'élever, en papiers forts, à 10,000 kilogrammes.

L'établissement possède en outre 32 mares servant à la macération de la paille, 40 meules, 11 cylindres et 3 hache-paille, le tout actionné par 6 turbines donnant ensemble une force moyenne de 205 chevaux.

Les bâtiments de l'usine, installés de façon à offrir la plus grande sécurité au personnel, contiennent un hangar pouvant renfermer 150 wagons de paille.

Cette manufacture occupe un personnel de 101 ouvriers et ouvrières se décomposant comme suit : 69 ouvriers ou employés, 20 ouvrières et 12 enfants.

La maison avait obtenu précédemment : une médaille d'argent à Limoges, en 1858; une mention honorable à Paris, en 1867; une médaille d'argent à Paris, en 1878 [1].

MÉDAILLES DE BRONZE.

M. Aristide Bergès, fabricant de papier, à Lancey (Isère).

La Papeterie de Lancey, située à 15 kilomètres de Grenoble, sur le chemin de fer de Chambéry, comprend :

3 machines plates faisant ensemble 8,000 kilogrammes journaliers de papiers de couleur et mi-fins calandrés;

1 machine plate à carton et à emballage pour l'usine;

2 machines rondes à carton;

5 défibreuses à pâte mécanique, susceptibles de produire 2 millions et demi à 3 millions de kilogrammes de pâte sèche par année;

1 installation de cellulose capable de donner, par jour, 3,000 kilogrammes de pâte chimique.

La fabrication annuelle de l'usine est :

En papiers blancs et de couleur..................	2,500,000 à	3,000,000 kilogrammes.
En carton et emballage......................	500,000	600,000
En pâte de bois mécanique....................	2,500,000	3,000,000
En pâte de bois au bisulfite..................	900,000	1,000,000
Total...	6,400,000	7,600,000

Pour actionner toutes ces machines, l'usine dispose d'une force de 1,500 à 2,000 chevaux provenant du ruisseau de Lancey, capté à 500 mètres de hauteur.

[1] M. Jean Codet, ancien député, président de l'Union des fabricants de papier de France, faisait partie du Comité d'admission de la classe 10.

Cette chute fonctionne depuis 1883 dans les conditions les plus satisfaisantes et est la plus élevée connue dans le monde.

Le rendement en est aussi bon que dans les chutes basses ou moyennes, et l'économie d'entretien est importante, par suite de la suppression des transmissions intermédiaires, les turbines étant placées près des outils et les commandant le plus souvent directement, comme cela arrive pour les défibreurs qui prennent chacun 250 à 300 chevaux de force. En outre, cette force est régulière toute l'année, grâce au barrage d'un lac, et ne comporte aucun chômage, la journée de travail étant rigoureusement possible à 365 jours par année.

Ces conditions contribuent beaucoup à l'établissement du prix de revient économique des différents produits de cette maison.

Construite en 1869, avec une chute de 200 mètres, l'usine n'a fait que de la pâte de bois jusqu'en 1882, époque à laquelle cette chute a été portée jusqu'à 500 mètres et la fabrication du papier entreprise.

La papeterie de Lancey se suffit à elle-même comme matières premières :

1° Elle fabrique sa pâte chimique;

2° Elle produit sa pâte mécanique;

3° Elle utilise les déchets de ces deux fabrications sous la forme de carton bois pour la vente, et d'emballages pour ses besoins;

4° Elle prépare une installation de blanchiment électrique de façon qu'en dehors du bois les seuls produits qu'elle achète se réduisent au charbon pour le séchage, à la résine et à l'alumine pour le collage, au kaolin et aux couleurs.

Enfin, son matériel neuf et récent, en majeure partie, comporte des piles mélangeuses de 1,000 kilogrammes de contenance de papier sec, qui se prêtent à la facile et régulière fabrication des papiers de couleur.

L'usine de Lancey exposait : ses bulles à 38 francs les 100 kilogrammes, ses blancs à 40 francs, ses couleurs à 43 francs, ses parcheminés à 65 et 75 francs, ses cartons bois à 23 francs, ses cartons bristols à 60 francs.

M. L. BONNARD, *fabricant de carton*, rue Portefoin, 12, à Paris.

Cette maison fut fondée par Mme veuve Ratelle, qui installa la première machine à carton, en 1846, rue Saint-Maur, à Paris, et, à la suite d'un incendie, la transporta, en 1863, à Argenteuil.

La maison BONNARD est la première où la fabrication du carton se soit faite entièrement à la machine : d'où la mention « Invention du carton mécanique », que portent tous ses imprimés.

Tout y est fait mécaniquement.

M. Bonnard occupe 60 ouvriers hommes et femmes, et l'usine d'Argenteuil produit 5,000 kilogrammes de carton par jour.

Nous avons remarqué dans la vitrine de cet exposant des feuilles de carton pâte, et de carte, de tous formats, de toutes épaisseurs et de toutes nuances; ces produits étaient bien fabriqués.

M. Charles CHEVRANT, *papeteries électro-hydrauliques du Moutier et des Forges* (Isère).

Cet établissement comprend, comme matériel :

1 machine à papier fabriquant 1 m. 55 de largeur; 13 piles de cylindre raffineuses et défileuses;

3 blanchisseurs; 1 calandre de 1 m. 55 de table; 1 coupeuse Verny de 1 m. 55 de table; 1 batteuse à chiffons; 2 dynamos (génératrice et réceptrice actionnant toute l'usine).

La force motrice est exclusivement fournie par une transmission électrique dont le point de départ est à l'usine de la Force, village des Eaux-de-Revel, à une distance de 5 kilomètres du hameau du Moutier.

Les machines sont des dynamos, système Hillairet, ayant pour données principales : génératrice (vitesse 240 tours), puissance développée sur l'arbre : 300 chevaux; réceptrice (vitesse 300 tours), puissance disponible sur l'arbre : 200 chevaux; longueur de la ligne : 5 kilomètres.

La force motrice de l'usine des Forges est exclusivement hydraulique.

Le transport de force par l'électricité de l'usine du Moutier est le seul de cette importance.

Les papeteries du Moutier et des Forges produisent 3,000 kilogrammes par jour, occupent 150 ouvriers, ouvrières et employés, et font un chiffre d'affaires de 1 million.

Nous citerons, parmi les papiers exposés les sortes suivantes :

Pâtes électro : coquilles blanches et de couleur, registre, parchemin et parcheminés blancs et de couleur, simili-japon teintés blancs et de couleur, papier à dessin pour lavis (genre Canson);

Pâtes anciennes : buvards supérieurs blancs, teintés et de couleur; buvards ordinaires, teintes naturelles; papiers de fantaisie et de tenture; papiers de couleur et blancs pour collage, etc.

M. P. Chouanard, *fabricant de carton*, à Étouy et Wariville (Oise).

M. Chouanard exposait des échantillons de carton paille, carton pâte fine, bleu, rouge et blanc (mécanique), carton à la forme, carton simili-cuir. Il a ajouté à cette fabrication la confection des bouteilles en carton d'un seul jet, destinées à remplacer les bouteilles en grès.

L'usine qu'il dirige a été fondée, en 1845, par M. Cartier, qui fut le propagateur et le vulgarisateur du carton paille, inusité alors pour la reliure et le cartonnage. Ce ne fut qu'après 1862 que M. Chouanard père, ayant succédé à M. Cartier, commença à transformer l'outillage et fit de la fabrication mécanique. M. P. Chouanard reprit, il y a huit ans, la suite des affaires, et depuis lors, fit tous ses efforts pour tenir sa maison à la hauteur des besoins modernes. Il peut, aujourd'hui, dans ses deux usines d'Étouy et de Wariville, produire 8,000 kilogrammes de carton par jour. Il possède quatre machines à vapeur, d'une force effective de 250 chevaux, et a installé un vaste étendoir à air chaud renouvelé, de telle sorte que sa fabrication est absolument régulière toute l'année. Son usine est reliée à la ligne du Nord par une voie étroite de 1,500 mètres, avec traction par câble.

M. Chouanard a constitué et alimente, depuis quatre ans, une caisse de secours pour ses ouvriers, Il avait déjà en caisse, au 1er janvier 1889, une somme de 8,000 francs et il espère, dans la suite, pouvoir réserver une petite retraite à ses vieux serviteurs.

Le carton paille comprend la plus grande partie de la fabrication de cet exposant.

La reliure a reconnu que cet article possède des qualités incontestables de résistance, de légèreté et de solidité.

M. Chouanard a cru, malgré les perfectionnements mécaniques de la fabrication actuelle, ne pas devoir complètement abandonner les procédés anciens, c'est-à-dire *le carton à la forme*. Pour certains travaux ce produit est préféré. Sa densité diffère bien un peu de celle du carton mécanique, mais sa ténacité plus grande et son homogénéité plus parfaite lui donnent, pour nombre d'industries, celle du bouton, par exemple, pour le découpage, etc., des avantages sur l'article fabriqué mécaniquement.

MM. Costes et Ledieu, *fabricants de papier*, usine de Lavigne, près Ambert (Puy-de-Dôme).

La Papeterie de Lavigne, située sur le ruisseau de Grandrif, est mise en mouvement par deux turbines. Un cylindre défileur, deux raffineurs et deux meules alimentent une machine à papier de 1 m. 20, produisant annuellement environ 36,000 kilogrammes de papier journal, affiche, emballage, buvard, sortes blanches et colorées pour couvertures de carton. A 100 mètres de l'établissement principal se trouve une usine annexe qui comporte une défibreuse pour la fabrication de la pâte de bois. L'établissement de MM. Costes et Ledieu a été modifié et augmenté dans des proportions importantes depuis quelques années, et c'est ainsi qu'il est arrivé à doubler sa production. Cette maison a obtenu une médaille de bronze à l'Exposition de 1878.

MM. Forestier-Brouillet et Cie, *fabricants de papier*, à Angoulême (Charente).

Cet établissement, qui fabrique environ 45,000 kilogrammes par mois, fait un chiffre d'affaires de 600,000 francs et occupe un personnel de 120 ouvriers, appartenait précédemment à la maison bien connue de MM. Lacroix et Cie, qui avaient obtenu les récompenses suivantes :

Médailles d'or 1839, 1844, 1849; croix de la Légion d'honneur, Exposition nationale de 1844; médaille, Exposition universelle Londres 1851; médaille de 1re classe, Exposition universelle 1855; médaille d'honneur, Londres 1862; 1re médaille, Exposition internationale de Vienne 1873; médaille d'or, Exposition internationale 1867.

MM. Forestier-Brouillet et Cie exposaient, pour la première fois, les produits de leur fabrication : vélins blancs, n°s 1, 2, 3; vélins azurés, n°s 1 et 2; vergés blancs, n°s 1 et 2; vergés azurés, n° 1; demi-parcheminés, n° 1; vergés anglais, etc.

M. A. Fresnaye, *fabricant de papier*, à Marenla (Pas-de-Calais).

La Papeterie de Marenla a été créée en 1850 par M. Adrien Fresnaye, ancien élève de l'École centrale.

Cette usine dispose d'une chute de 1 m. 70, donnant un volume d'eau de 10,000 litres par seconde et une force brute de 220 chevaux; elle comprend 2 machines à papier, dont 1 plate ordinaire destinée à la fabrication des papiers de tenture et 1 ronde produisant exclusivement les sortes minces, depuis 18 jusqu'à 40 grammes le mètre carré, 6 cylindres, 9 jeux de meules verticales, etc.

Nous citerons parmi les produits exposés par M. Fresnaye :

Ses papiers de tenture fabriqués avec du vieux papier mélangé de phormium, bis, cachou, havane, vert d'eau;

Ses papiers fabriqués avec les succédanés, seuls ou mélangés avec du chiffon; bis, composé de phormium et paille; phormium, composé de phormium et pâte de bois mécanique; carde, au bisulfite pur et à la pâte de bois lessivée à la soude pure.

M. L. Gaillard, *fabricant de papier*, aux Castilloux et à Labrugère (Dordogne).

Les papiers exposés par M. Ludovic Gaillard ont été fabriqués dans ses usines des Castilloux et de Labrugère, situées sur la rivière de l'Isle, près de Thiviers (Dordogne).

Ces deux usines, de construction récente, ont été édifiées par l'exposant sur les ruines d'anciens moulins à papier.

M. Gaillard possède un bail du moulin des Castilloux, qui porte la date du 21 mars 1632; il est le descendant d'une des plus anciennes familles de fabricants de papier de France; son grand-père, au siècle dernier, était à la tête d'un de ces anciens moulins à papier et y occupait ses seize enfants qui, tous, ont continué leur carrière dans cette industrie. Son père, qui s'était beaucoup occupé de fabrication, avait apporté de sérieux perfectionnements dans les appareils employés de son temps à la fabrication du papier; il était parvenu à construire des piles dans lesquelles la pâte tournait seule, par le jeu et la forme des maillets. Plus tard, il étudia et construisit des machines dites *presses-coucheuses mécaniques*, remplaçant le coucheur et la presse, comptant les feuilles, avertissant ainsi le fabricant quand une *force* était complète. Ces machines ne furent employées que par quelques fabricants, et devaient bientôt être remplacées par les nouvelles machines fabriquant le papier continu. Enfin c'est lui qui monta le premier cylindre ayant fonctionné dans le département de la Charente.

M. L. Gaillard, ingénieur-constructeur, n'a pas voulu abandonner la profession de ses pères : en 1858 il reconstruisit la papeterie des Castilloux, et en 1878 celle de Labrugère, située à 1 kilomètre de la précédente.

L'usine des Castilloux est montée pour fabriquer les papiers d'emballage et de couleur, les papiers buvards et les papiers à journaux; elle comprend 19 bâtiments, présentant ensemble une surface couverte de 2,332 mètres où sont installées 2 roues hydrauliques, 3 turbines et 1 machine à vapeur actionnant les meules, les cylindres, 2 machines à papier et leurs accessoires.

L'usine de Labrugère, spécialement montée pour la fabrication des papiers-cartiers (étresses et tarots) et des papiers marbrés, comprend 10 bâtiments occupant une surface couverte de 1,295 mètres carrés, dans lesquels sont installés : 2 turbines, les cylindres, 1 paire de meules, 1 machine à fabriquer le papier et une série de machines à imprimer les tarots, à lisser les papiers, etc. On installe actuellement dans cette dernière usine les appareils nécessaires à la confection des papiers couchés, appareils qui fonctionneront très prochainement.

Les usines sont conduites par deux directeurs associés entre eux et avec le propriétaire; les ouvriers sont également intéressés dans la fabrication.

Enfin tout le personnel, directeurs, contremaîtres, ouvriers et ouvrières, est logé dans des bâtiments dépendant des usines.

Les papiers exposés par M. L. Gaillard étaient des papiers ordinaires fabriqués très économiquement par suite du mode d'installation des usines et de leur fonctionnement.

Ils sont vendus (mai 1889), savoir :

		Les 100 kilogr.
Papier de paille mince { ordinaire		18 francs.
coloré		25
Papiers de couleur		60
Papier buvard		80
Tarots		90
Papiers à dessin		115

Il y a lieu d'ajouter à ce qui précède que la vallée de l'Isle, à l'endroit où sont situées les usines des Castilloux et de Labrugère, est très resserrée et fortement encaissée; jusqu'en 1872 on ne pouvait y arriver que par de mauvais chemins, impraticables aux voitures.

En 1872, M. Gaillard fit construire, à ses frais, un pont en fer de 22 mètres d'ouverture, sur la rivière, aux Castilloux, fit ouvrir également une route de 2,700 mètres de longueur pour sortir de la vallée, et, en 1876, fit construire une seconde route pour relier les deux usines.

Ces routes, en donnant un débouché aux usines, ont rendu de grands services aux populations environnantes, notamment à un village jusque-là privé de tous moyens de communication.

MM. Hétier *père et fils, fabricants de carton*, à Mesnay, Arbois, les Planches et le Vernois (Jura).

Les cartons de qualité supérieure, connus dans le commerce sous le nom de *cuir américain*, étaient jusqu'en 1884 importés en France par des producteurs américains ou anglais.

MM. Hétier père et fils, propriétaires des usines de Mesnay, Arbois, les Planches et le Vernois (Jura), ont étudié la fabrication de ces articles et les ont réussis à l'entière satisfaction des fabricants de chaussures.

L'établissement de MM. Hétier père et fils a été créé en 1845 par le grand-père, continué par le père; les fils, qui l'exploitent actuellement, cherchent chaque jour à développer leur fabrication.

Ce développement progressif de leurs affaires les a décidés à installer un nouveau matériel qui les met actuellement en mesure de fabriquer 5,000 kilogrammes de carton par jour.

Les perfectionnements qu'ils ont apportés dans la fabrication du carton-cuir consistent :

1° Dans la construction de machines enrouleuses spéciales;

2° Dans le mélange combiné de matières solides qui donnent à ces cartons une très grande résistance.

MM. Hétier père et fils exposaient dans leur vitrine toute une collection d'articles pour chaussures, confectionnés avec leur carton-cuir; talons, contreforts, galbés, parés, festonnés, etc.

Leurs marques : *étoile, ancre, deux-clefs, indéchirable* et *reno-cuir*, sont particulièrement appréciées pour la fabrication des chaussures à bon marché.

M. Milot *jeune, fabricant de carton*, rue Petit, 71, à Paris.

M. Milot a acquis cette fabrique en 1867. Elle avait été créée en 1854 par M. Lemoussu.

A l'époque de la prise de possession, cette usine fabriquait 1,300 kilogrammes de carton par jour au moyen d'une machine de 1 m. 20. Transformée et élargie en 1869, cette machine donna à partir de cette époque une production journalière de 3,000 kilogrammes environ. En 1871, une nouvelle machine permit à M. Milot de porter sa production journalière à 8,000 kilogrammes environ. L'établissement comporte non seulement la fabrication du carton, mais celle de la carte en feuille, par les procédés mécaniques les plus récents. Pour faciliter son travail, M. Milot inventa en 1878 une machine à coller, sécher et couper le carton en bobines, et prit un brevet.

Dans le but d'utiliser les déchets de sa fabrication, il eut l'idée d'en faire des briques destinées à la construction, présentant entre autres avantages la grande légèreté [1] et l'interception du son. Son brevet fut pris en 1882 et ses articles reçurent d'autres applications; c'est ainsi qu'on les employa comme isolateurs, pour éviter la déperdition de chaleur des chaudières et des tubes de conduite de vapeur, qu'on les plaça au-dessous des bâtis des machines qui travaillent avec des chocs violents, afin d'éviter ainsi, par suite de leur élasticité, la trépidation des planchers. Cette maison a obtenu une mention honorable en 1878.

[1] A volume égal, le poids de ces briques est cinq fois moindre que celui des briques de terre.

MM. Ozouf *et* Leprince, *fabricants de carton*, rue Lourmel, 83, à Paris.

Cette maison fut fondée en 1832 (deux ouvriers y travaillent depuis cette époque). Ses débuts furent fort modestes : la fabrication se faisait à la main, et la trituration s'effectuait par l'intermédiaire de la force motrice produite par un manège à chevaux.

Son chiffre d'affaires, qui était de 33,434 fr. 90 en 1841, augmenta successivement et atteignait en 1873 la somme de 489,163 francs.

L'année 1873 fut celle où les cours furent le plus élevés; ils ont constamment diminué depuis cette époque.

MM. Ozouf et Leprince succédèrent aux fondateurs de la maison, MM. Ozouf frères, en 1878.

En 1887, MM. Ozouf et Leprince installèrent dans leur usine des appareils dus à leur invention; ils construisirent les deux machines à carton qu'ils possèdent actuellement, en y apportant toutes les modifications jugées opportunes.

L'une de ces machines n'a pas de sécheur et atteint un chiffre de production relativement peu important, mais elle permet d'obtenir, par une pression très forte et le séchage à l'air, un carton d'excellente qualité et d'un poids pouvant aller jusqu'à 2 kilogr. 500 le mètre carré, sans aucun doublage. L'autre machine, avec sécheurs et calandres-sécheuses, donne une production très importante, un carton très bien fabriqué et entièrement satiné.

Pendant l'année 1887, le chiffre d'affaires s'éleva rapidement, comme celui de la fabrication qui monta à 2,122,160 kilogrammes; il augmenta encore en 1888 et atteignit 2,560,026 kilogrammes.

L'année 1889 promet un excédent de 125,000 à 150,000 kilogrammes sur 1888.

M. Leprince, pensant que la pâte à carton est susceptible de prendre les formes les plus variées à l'imitation du plâtre, de la fonte et des autres matières, sans qu'il soit nécessaire de recourir à l'emboutissage ou à l'estampage, qui d'ailleurs ne permettent d'obtenir que des reliefs peu prononcés, imagina cette année de mouler la pâte à carton, et de confectionner par son procédé un certain nombre d'objets, tels que vases, bouteilles, etc.

Papeteries des vallées de Valeyre et de la Forie,
près Ambert (Puy-de-Dôme).

Les Papeteries des vallées de Valeyre et de la Forie sont des premières qui aient existé en France.

On y fabrique spécialement les papiers à la cuve, composés de chiffons, sans aucun mélange de kaolin, pâte de bois, ou autres matières étrangères. Ces articles, remarquables par leur solidité, ont des emplois spéciaux pour lesquels ils ne peuvent être remplacés par les papiers similaires fabriqués mécaniquement.

Les fabricants de cette contrée s'étaient formés en syndicat afin de participer à l'Exposition universelle de 1889.

Ce syndicat représentait les expositions de MM. Bonnefoy-Joubert, à la Forie: 2 cuves, papier vergé et vélin en pâte fine, moyenne et bulle, en tous formats; papiers à filtrer, carrés et ronds; papiers ronds, collés et sans colle, destinés aux apprêts de la soierie de Lyon et des rubans de Saint-Étienne; papier joseph;

Joubert-Fretière, à Valeyre : 1 cuve, papier joseph en pâte fine, moyenne et bulle; papier à filtrer, carré et rond;

Joubert-Poret, à Ribeyre : 1 cuve, papier joseph en pâte fine, moyenne et bulle; papier à filtrer, carré et rond;

Fretière-Dandrieux, à Ribeyre : 1 cuve, papier joseph en pâte fine, moyenne ou bulle; papier à filtrer;

Begon-Faure, au petit Vimal : 1 cuve, papier joseph fin, moyen, en bulle; papier à filtrer, carré;

Chantelauze, à Richard : 1 cuve, papier joseph fin, moyen, bulle; papier à filtrer, carré et rond;

Lebon-Prat, à Longechaud : 2 cuves, papier vélin et vergé en trois pâtes et tous formats; papier serpente toute pâte; papier joseph fin, moyen et bulle; papier à filtrer, carré et rond; papier rond collé pour apprêts de soieries et de rubans;

Sauvade-Pacros, au moulin de Valeyre: 1 cuve, 1 machine à papier séchant à l'air, papier laineux pour apprêts de soieries, papier ardoisé, papier joseph, papier à filtrer carré ou rond, papier de pliage en toutes sortes et de toutes dimensions;

Joubert (Joseph), à la Forie : 1 cuve, 1 machine séchant à l'air, papier bleu et gris pour l'étendage et l'emballage des pâtes alimentaires, papier de pliage bleu et gris en toutes dimensions, papier joseph, papier à filtrer.

MM. R. de Laborderie et Cⁱᵉ, *Société de la manufacture de papier du Val d'Enraud, près Limoges (Haute-Vienne).*

La Papeterie du Val d'Enraud a été fondée en 1855. Elle a commencé par fabriquer les papiers fins, blancs et de couleur, et a obtenu, depuis sa fondation jusqu'en 1876, quatre médailles, or, argent et bronze. En 1877-1878, elle a été transformée pour la fabrication du papier de paille et des divers papiers d'emballage et de pliage qu'on peut obtenir par le mélange de la paille avec les autres textiles.

C'est en 1879 qu'elle a passé aux mains de la Société actuelle, qui, dès le début, s'est attachée à l'amélioration et à l'accroissement du matériel. De 1,600 à 1,800 kilogrammes en papiers minces et de 2,800 kilogrammes environ en papiers forts, la capacité de production journalière a été portée à 3,000 kilogrammes en papiers minces et 5,000 kilogrammes en papiers forts; la fabrication moyenne actuelle s'élève donc à 4,000 kilogrammes par jour.

L'usine du Val d'Enraud, située à 6 kilomètres de Limoges, sur la Vienne, à laquelle elle emprunte sa force motrice, qui est de 200 chevaux en été et dépasse de beaucoup ce chiffre en hiver, comprend 5 turbines, dont 3 pour les meules et cylindres et 2 pour les machines; 14 paires de meules à broyer la paille ou les cassés, 4 piles de cylindres ordinaires et une grande pile, mélangeuse-raffineuse, le tout alimentant 2 machines à papier, dont l'une fabrique les papiers forts et l'autre plus spécialement les minces.

Elle emploie 70 ouvriers et ouvrières environ et fait un chiffre d'affaires de 225,000 à 250,000 francs.

La Société de la manufacture de papier du Val d'Enraud exposait une série d'échantillons comprenant environ 70 sortes de nuances et qualités différentes, soit en forts, soit en minces. Tous ces papiers provenaient exclusivement de la fabrication courante.

A une ou deux exceptions près, tous les articles exposés contenaient de la paille, mais dans des proportions variant de 15 à 95 p. 100. Les matières mélangées à la paille dans ces papiers ont pour objet de donner à la pâte l'homogénéité et la souplesse qui lui manquent, afin d'obtenir des papiers plus unis, plus résistants et mieux apprêtés.

Un compartiment de la vitrine était spécialement réservé aux papiers de paquetage des tabacs, pour lesquels la papeterie du Val d'Enraud a été adjudicataire pendant cinq ans.

MM. Prat-Dumas et Cie, fabricants de papier à filtrer, à Couze-Saint-Front (Dordogne).

Le papier à filtrer pour pharmaciens, chimistes, distillateurs, fabricants d'huile, etc., constituait primitivement une spécialité de la Suède.

En 1840, M. Prat-Dumas trouva le moyen de fabriquer un papier-filtre, qui avait sur les articles suédois l'avantage du bon marché et qui assurait, en outre, la parfaite limpidité du liquide à filtrer. La première qualité était due à l'économie des procédés employés; la seconde, à la pureté de l'eau de la Couze, dissolvant très énergiquement toutes les matières solubles du papier et ne lui abandonnant aucun corps susceptible d'altérer la composition du liquide à filtrer.

M. Prat-Dumas, pour éviter toute perte aux consommateurs, donna à ses filtres la forme arrondie et les fabriqua dans tous les formats depuis o m. 07 jusqu'à 1 mètre.

Ses fils et son gendre sont les chefs actuels de la maison.

L'usine de Couze-Saint-Front et ses annexes occupent une superficie d'un hectare et expédient leurs produits dans toutes les contrées du globe.

Elles fabriquent environ 250,000 kilogrammes par an, utilisent une force de 60 chevaux produite par 6 moteurs hydrauliques, et emploient 70 ouvriers.

Cette maison a obtenu des mentions honorables aux Expositions universelles de Paris, 1867 et 1878, ainsi qu'à l'Exposition d'Amsterdam en 1883, et une médaille d'argent donnée par l'Académie nationale en 1884.

MM. Rigaud frères et Boutant, fabricants de papier, à Grandmont et Notre-Dame-du-Pont, par Saint-Junien (Haute-Vienne).

L'industrie de ces usines consiste dans la fabrication du papier composé exclusivement de paille de seigle.

MM. Rigaud frères et Boutant possèdent deux usines : l'usine *de Grandmont*, construite en 1873, et l'usine *de Notre-Dame-du-Pont*, créée en 1062; ces établissements, situés sur la Vienne, sont mus par la force hydraulique.

Le comptoir général de ces fabriques a son siège à Saint-Junien.

L'outillage de l'usine de Grandmont se compose de 5 turbines, système Fontaine, construites et installées par MM. Brault et Béthouart de Chartres. Deux de ces turbines ont une force de 60 chevaux-vapeur, deux autres de 15 chevaux, et la cinquième de 40 chevaux.

Les deux premières mettent en mouvement quarante broyeurs simples, servant à défibrer et à écraser la paille préalablement coupée et macérée. Cette matière, après avoir subi l'opération du broyage, est introduite dans huit piles de cylindres, mues par la turbine de 40 chevaux, qui achèvent le raffinement.

La pâte, en sortant du cylindre, est immédiatement déversée dans la cuve d'alimentation de deux machines à papier, forme ronde, actionnées par les deux turbines de 15 chevaux.

Ces deux machines ont une largeur de 1 m. 80 et sont commandées par cônes et courroies; la batterie sécheuse de chacune d'elles comprend huit sécheurs, alimentés par deux chaudières à vapeur de 50 à 60 chevaux. A la suite de chaque machine est installée une coupeuse système Verny.

L'usine de Grandmont, corps principal, recouvre par ses constructions un emplacement de 2,250 mètres carrés de surface.

L'usine de Notre-Dame-du-Pont a pour moteurs des roues hydrauliques fournies et installées par MM. Brault, Teisset et Gillet de Chartres.

Classe 10.   7

Une roue de 35 chevaux met en mouvement huit broyeurs; une autre roue de 25 chevaux conduit 4 cylindres, et enfin la machine à papier est mue par une roue de 10 à 12 chevaux.

Cette machine de forme ronde possède une largeur de 1 m. 70, est pourvue d'une batterie de 7 sécheurs et présente à sa suite une coupeuse système Verny.

Comme l'usine de Grandmont, cette manufacture possède deux chaudières à vapeur.

Les fabriques de MM. Rigaud frères et Boutant produisent annuellement environ 3 millions de kilogrammes de papier; la plus grande partie de ces produits est livrée à la consommation intérieure.

Ces papeteries sont pourvues de cités, où des ouvriers (160 personnes environ) sont logés gratuitement. Un jardin est accordé à chaque ménage et le personnel est assuré contre les accidents.

A l'Exposition de Paris de 1878, le jury des récompenses avait accordé à cette maison une mention honorable.

Société du Prieur, *usine du Prieur*, près Brive (Corrèze).

L'Usine du Prieur, spécialisée dans la fabrication des papiers de paille, est située à 2 kilomètres de Brive, sur la rivière de la Corrèze qui lui fournit une force hydraulique d'environ 180 chevaux.

La production annuelle de cette maison est de 1,200,000 kilogrammes, en papiers légers de 38 à 55 grammes le mètre carré.

Elle emploie 52 ouvriers et 40 à 45 ouvrières.

Son matériel se compose de : 3 machines à papier, 8 turbines, 46 meules, 7 cylindres, 2 lessiveurs rotatifs.

Ses prix de vente sont de 19 à 20 francs, pour les papiers forts, et 22 à 24 francs, pour les sortes minces.

Les papiers de paille fabriqués par la Société du Prieur jouissent à juste titre d'une excellente réputation auprès des consommateurs.

M. Thebès, *fabricant de carton*, à Sainte-Marguerite, par Saint-Dié (Vosges).

L'usine de M. Thebès comprend comme outillage :

Moteurs, turbine alimentée par le cours d'eau, la Meurthe, force 150 chevaux; machine à vapeur, force 80 chevaux.

Défibreurs, système Bell perfectionné par M. Thebès.

Raffineurs, système Strobel.

Machines rondes à carton, 3 d'une largeur utile de 1 m. 25.

Appareils à sécher en feuilles, 4.

Largeur des cylindres 2 mètres, diamètre 1 m. 50, système Strobel.

Presses hydrauliques fortes (2 jeux de meuletons), 2, de 1 m. 40 de diamètre.

Mélangeuses contenant 300 kilogrammes de pâte.

Calandres, satineuses, lisses, etc.

Sa production moyenne journalière est de 3,000 kilogrammes.

Cette usine fournit un carton de bois de bonne qualité, avec le sapin des Vosges (épicea).

Pour fabriquer un bon carton bois, il est nécessaire d'obtenir une pâte très longue de fibres tout en conservant une belle finesse; c'est ce double résultat que M. Thebès est parvenu à atteindre.

La transformation de la pâte de bois en feuilles de carton est une opération secondaire et influant fort peu sur la qualité. Dans cet établissement, cette transformation se fait au fur et à mesure de la fabrication de la pâte, sauf pour les cartons de couleur.

Les produits de cette usine ont un emploi très varié, depuis le cartonnage commun, jusqu'au plus luxueux, depuis l'impression ordinaire jusqu'à l'impression en six et huit couleurs; ils se comportent convenablement au repérage et conviennent bien pour la couche; la sorte T P est spécialement fabriquée pour ce dernier usage.

M. Henri Voisin, fabricant de carton, grande rue des Feuillants, 4, à Lyon.

M. Henri Voisin, successeur de M. Claude Voisin son père, possède ses usines à Jallieu, par Bourgoin (Isère).

Sa vitrine contenait les nombreux produits de sa fabrication, cartons de tous genres et de tous formats, articles spéciaux pour métiers Jacquart, cartes lustrées pour satinage et apprêt, carton cuir pour la chaussure, cartons pour meubles et objets laqués.

Cette maison possède un dépôt à Paris, rue du Caire, 27.

MENTION HONORABLE.

MM. Huet frères, fabricants de carton mécanique, à Kerglas et au Trieux (Côtes-du-Nord).

Cette maison, affectée spécialement à la fabrication des cartons de bois, a été créée en 1886.

MM. Huet frères emploient toutes les sortes de pâtes de bois, mais principalement celles qui proviennent de la Suède et de la Norvège.

Ils fabriquent leur carton sur une machine plate de 1 m. 70 de largeur en carton rogné. A la suite de la machine se trouvent une coupeuse et un appareil enrouleur à quatre broches, ce qui permet indifféremment de couper le carton en tous formats ou de le recevoir en bobines.

La production varie, suivant force et format, de 200 à 300 kilogrammes à l'heure, et les usines marchent en moyenne quinze heures par jour.

MM. Huet frères ont obtenu pour leur carton de bois une médaille de bronze à l'Exposition industrielle de Rennes en 1887, et la même récompense à l'Exposition d'Alençon en 1888.

CHAPITRE III.

PAPIER ET CARTON TRANSFORMÉS.

En France, l'exposition des transformateurs du papier et du carton était absolument remarquable ; les fabricants d'enveloppes sont parvenus à établir à très bas prix, et à écouler sur place, l'article de fantaisie dont l'Autriche semblait jusque-là avoir accaparé le monopole sur nos marchés. La plupart des fabricants de papier français, ainsi que nous l'avons indiqué plus haut, sont devenus transformateurs ; cahiers d'écriture, papier façonné, bordé, etc., sont des objets qu'ils confectionnent journellement dans leurs ateliers ; encore est-il qu'ils se sont généralement bornés à la fabrication des sortes courantes, abandonnant aux spécialistes le terrain fécond des nouveautés.

Le registre de commande s'est particulièrement signalé par les perfectionnements de la couture, par le soin apporté à la réglure et par une richesse de couverture telle, qu'elle se rapproche parfois de la reliure artistique. La substitution du fil métallique au fil de chanvre, à quelques exceptions près, ne semble pas jouir en France de la faveur qui lui a été accordée à l'étranger, et les inconvénients qu'on lui reproche ne sont pas absolument dénués de fondement. La basane et le maroquin, tout en restant par excellence les matières traditionnelles employées à couvrir les beaux registres, ont trouvé cependant dans la toile une redoutable rivale ; les garnitures semblent avoir un peu abandonné le caractère purement artistique qu'on y remarquait en 1878, pour rentrer dans le domaine d'une appropriation fort entendue, et nous signalerons en passant quelques innovations dans la tranche dont le genre peigne constitue toutefois la forme la plus usitée.

Le registre courant a gagné sous le rapport de la qualité de confection et a baissé de prix : deux conditions qui en permettent encore l'exportation à l'étranger. Nous disons « encore », car il est à remarquer que de nombreux ateliers de registres se sont créés depuis dix ans dans les pays où nous exportons ; certes, si nous en jugeons par les types exposés, l'infériorité de ces articles sur les nôtres est manifeste, mais, le progrès aidant, il y aura bientôt dans ces contrées de sérieux concurrents à redouter [1].

[1] Nous reproduisons, à titre de document historique, la rédaction d'un contrat d'apprentissage d'un ouvrier papetier. Cette pièce, qui date de 1792, nous a été communiquée par le petit-fils de l'un des contractants.

« En l'an 1 de la République, soit le 14 mai 1792,

Dans l'industrie française de la carte encollée, le fait principal à remarquer, en dehors des particularités que nous avons déjà signalées en parlant de cette fabrication en général, est la substitution de l'article dit *ivoire transparent* à l'ancienne carte porcelaine.

Cette industrie, très fortement compromise, il y a quelques années, par l'arrivée de produits allemands, a dû transformer son outillage et ses procédés, pour reprendre le terrain perdu, terrain qu'elle ne fait encore qu'assurer.

Ainsi que nous l'avons déjà indiqué, la fabrication des cartes à jouer est restée la spécialité de quelques maisons admirablement installées, et dont les relations sont si étendues, si anciennes et si solides, qu'il serait difficile d'y porter atteinte.

Nous avons retracé rapidement les progrès accomplis dans la fabrication des cartonnages; cette industrie est intimement liée au mouvement commercial de l'alimentation, de la bijouterie, de la nouveauté, de la mercerie, de l'épicerie, de la confiserie, de la pharmacie, etc., de toutes les branches en un mot se rapportant à la confection des objets que ces boîtes sont destinées à contenir.

Les articles de cartonnage supportent difficilement l'élévation de prix dérivant des frais des transports, s'ils ne sont porteurs de leur contenu; ils représentent donc une industrie locale, par excellence, et occupent dans les grandes villes, et en particulier à Paris, un grand nombre d'ouvriers et d'ouvrières à façon. Cette fabrication, par sa nature, ne saurait vivre sans protection; elle n'a, en effet, ni la possibilité de se déplacer, ni la faculté de se développer volontairement, son rôle consistant dans la simple appropriation.

La branche du cartonnage de fantaisie a été fort bien représentée à l'Exposition universelle; certains coffrets possédaient le caractère et la valeur de véritables objets

nous soussignés, sieurs Louis Philibert Ract et Edme Sichet Lamy, marchands papetiers, à Paris, rue Saint-Nicaise, section des Tuileries, d'une part; et X..., citoyen de Versailles, y demeurant, rue François, paroisse Saint-Louis, sommes convenus, engagés, obligés à tenir et exécuter les clauses insérées ci-après et relatives à l'apprentissage du commerce de la papeterie que le sieur X... a l'intention de procurer à son fils, savoir :

«De la part des sieurs Ract et Lamy, ils s'engagent de nourrir, loger, chauffer et blanchir pendant l'espace de trois années à compter du 1ᵉʳ janvier dernier le sieur X... fils et de lui apprendre l'état et commerce de papeterie, promettant de donner tous leurs soins nécessaires pour y parvenir et pour prix et somme de quatre cents livres. La dite somme sera payée aux dits sieurs Ract et Lamy, savoir : deux cents livres comptant qu'ils reconnaissent avoir reçue et dont quittance d'autant à l'égard des deux cents livres restantes, le sieur X... père s'oblige de les payer dans les trois premiers mois de l'année prochaine au sieur Lamy seul.

«Dans le cas où le sieur X... fils abandonnerait furtivement ou autrement la maison des sieurs Ract et Lamy avant l'époque ci-dessus désignée, dans l'intention de ne plus continuer son apprentissage ou sous prétexte que ce soit, le sieur X... père ne serait pas moins obligé de payer les deux cents livres restantes.

«Si par événement quelconque, le sieur X... fils quittait la maison des sieurs Ract et Lamy pour les raisons énoncées ci-dessus avant l'expiration des trois années, ledit sieur X... père serait tenu de payer au sieur Lamy en forme d'indemnité la somme de deux cents livres.

«Le sieur X... père fournira à son fils tout ce qui est nécessaire à son entretien.

«Ledit sieur X... père, après lecture par lui faite des clauses insérées au présent brevet d'apprentissage, s'oblige d'en remplir les clauses de payement, indemnité et entretien de son fils. Le présent fait en double et de bonne foi entre les deux parties, le 14 mai 1792.»

artistiques; sans cesse à la recherche de créations, les cartonniers parisiens, au point de vue du goût, sont assurément sans rivaux.

La confection des parchemins, des papiers dentelle, des caisses en papier pour les desserts, des abat-jour, des sacs en papier, des cartons dentelés à l'usage des emballeurs, des cartons moulés employés par les fabricants de chaussures, des cahiers de papier et tubes de cigarette, etc., rentre assurément dans la catégorie des transformations du papier et des cartons; mais nous négligeons, à dessein, de nous arrêter à ces articles, dans la crainte de nous laisser entraîner à des détails de développement qui trouveront plus avantageusement leur place dans les notices des exposants.

TRANSFORMATEURS DU PAPIER ET DU CARTON.

HORS CONCOURS.

MM. Ch. Fortin et Cie, rue des Petits-Champs, 59,
et rue Croix-des-Petits-Champs, 16, à Paris.

(Hors concours. M. Fortin, secrétaire du jury des récompenses de la classe 10.)

Fondée en 1802 par M. Ch. Fortin, cette maison est dirigée actuellement par le petit-fils du fondateur, M. Charles Fortin, et le gendre de ce dernier, M. Canel [1].

Elle fournit non seulement divers services aux Ministères de la marine, de la guerre, des travaux publics, de l'instruction publique, du commerce, des finances et de l'intérieur, mais encore à un

[1] Nous devons à l'obligeance de M. Fortin les curieux renseignements suivants, que nous croyons devoir reproduire afin de rappeler la situation de la papeterie de détail, au commencement de ce siècle.

Par facture imprimée sur papier vergé, et libellée comme suit :

A LA COURONNE.

Rue Helvétius (ci-devant Sainte-Anne),
entre celle Neuve-des-Petits-Champs et Chabannais, n° 665.

FORTIN,
MARCHAND PAPETIER.

le grand-père du propriétaire actuel de cette maison débitait en 1816 au prince de Rohan des marchandises livrées ci-après :

1 paquet de plumes 4 liens jaunes......	1f 50
1 main couronne double.............	0 60
1 canif à coulisse première qualité......	1 50
1 bouteille d'encre double............	0 60
1 règle de 12 pouces bois noir.........	0 50
1 crayon fin n° 3..................	0 35

6 plumes de cuivre fort...............	3f 60
1 grande boîte de poudre lilas argentée..	1 25
30 cahiers grand poulet vélin dorés......	6 00
1 pelote fil rouge fin................	0 45
1 rame écu superfin fabrication Hollande.	15 00
4 cahiers coquille fine double vélin, in-4°, réglé, recettes et dépenses..........	3 00
1 kilog. cire plate rouge.............	13 00
1 bouteille sandaraque...............	0 50
1 registre de 2^m écu fin double réglé D × C basane................	7 00

Dans l'établissement de son inventaire, l'an XI de la République, Fortin accusait un chiffre de vente de 6,486 francs; l'année suivante, les affaires s'élevaient à 13,192 francs. Le loyer de son magasin figurait dans ses dépenses pour 1,200 francs; le même local est coté actuellement 4,000 francs; sa patente était de 48 fr. 85.

Une facture de 42 francs fut payée pour l'achat d'une presse à rogner, avec son porte-presse et son fût à deux couteaux; une autre facture de 150 francs grand nombre de compagnies de chemins de fer français et étrangers et d'administrations publiques ou privées.

Indépendamment de la papeterie, des fournitures de bureau, des articles de dessin et de peinture, des impressions lithographiques, typographiques et de la gravure, la maison Fortin et Cie s'occupe spécialement de la fabrication des registres.

C'est une des rares maisons françaises possédant une machine à coudre métalliquement les registres.

Ce système présente de grands avantages de solidité, et surtout d'économie sur la main-d'œuvre, puisqu'un seul de ces outils produit l'ouvrage de dix ouvrières.

Le prix élevé des machines et la nécessité d'un moteur pour les actionner s'opposent à ce que l'emploi de cette couture se généralise.

La maison emploie un personnel de 150 à 175 personnes : commis, comptables, représentants, voyageurs pour la France et l'étranger, ouvriers et ouvrières papetiers, imprimeurs lithographes ou typographes.

Les ateliers comportent de nombreuses machines marchant à la main, ainsi que des machines mues par un moteur de 6 chevaux-vapeur.

La maison Ch. Fortin et Cie avait exposé au pavillon du Ministère de la guerre tous les articles de dessin qu'elle vend plus spécialement aux écoles militaires.

Au Ministère de l'agriculture, dans le pavillon des Forêts, elle montrait des spécimens de maquettes pour la peinture, et d'instruments en poirier et en noyer pour le dessin.

Sa principale exposition se trouvait naturellement dans la classe 10, où, à côté des premiers livres de vente et de dépenses établis par la maison Ch. Fortin en 1802 et qui constituaient une sorte d'exposition rétrospective, on pouvait admirer un grand registre de dix mains grand aigle, s'ouvrant à l'anglaise.

La couture de ce registre faite à double chaînette et l'encollage des dos à la colle de Cologne, exécutés avec le plus grand soin, assuraient sa solidité et sa souplesse exceptionnelles.

pour l'acquisition d'une grande presse à scellements en fer avec ais, et de 9 francs pour le payement d'un cousoir.

Fortin solda à son imprimeur la somme de 1 franc pour le tirage de 72 factures, format tellière, et de 2 francs pour l'impression de 200 adresses en taille-douce.

Les registres de cette époque étaient exécutés exactement comme des travaux de reliure ordinaire, et la plupart étaient recouverts de parchemin. Ce ne fut que beaucoup plus tard, vers 1830, que cet article spécial, tel que nous le connaissons actuellement, fut créé par les papetiers.

Pour compléter ces renseignements, nous indiquerons l'évaluation du prix de revient de quelques objets de papeterie figurant sur l'inventaire de cette maison en 1834 :

Une rame couronne bleue du Marais est colée. . . . . 5^f 00

Une rame petit joseph de Rouen. 3 50

Une rame jésus de Hollande. 120 00

Une rame jésus Montgolfier Annonay. . . 55 00

Une rame jésus d'Angoulême. . . . . 65^f 00

Une rame carré fin d'Auvergne R. M. . . . 42 00

Une rame grand raisin Blacons fin double. 34 00

Une rame grand raisin Rives. 36 00

Une rame grand raisin fin double Johannot. 34 00

Une rame grand aigle Rives. 225 00

Une rame coquille superfine Laroche jeune. 16 00

Grand raisin roux de Saint-Omer D. F. . 13 00

Romaine, Annonay doré. 8 00

Grand poulet doré et à vignettes. 11 00

Petit poulet Hollande Wenderlay doré. . 5 00

Les crayons vendus à cette époque par les papetiers provenaient d'Angleterre, d'Allemagne et de Suisse, et coûtaient 1 fr. 50 à 2 francs la douzaine ; les plumes métalliques, qui venaient de faire leur apparition, coûtaient de 10 francs à 15 francs le cent ; les règles simplement noircies valaient 4 francs la douzaine, celles de poirier étaient estimées à raison de 1 fr. 75 la douzaine, et les bâtonnets des élèves à raison de 1 fr. 80.

La couverture de ce registre en maroquin du Cap, écrasé, poli, bleu hussard, présentait de réelles difficultés, eu égard à la grandeur de son format.

Ce livre, qui portait comme titre : *Banque de Paris et des Pays-Bas*, avec les armes des Pays-Bas et de la Ville de Paris, avait des garnitures en cuivre argenté et doré, style Louis XV, avec gravure à l'eau-forte. La tranche était orientale, dorée, marbrée, d'un joli dessin, la dorure soignée et de bon goût.

Ce registre était encadré par deux autres volumes, format raisin, de dix mains, en maroquin rouge et grenat avec garniture en platine mat.

La vitrine comprenait encore un grand nombre d'autres registres de toute nature, des carnets, des répertoires, des agendas, des copies de lettres, etc., exécutés avec une conscience scrupuleuse, et était complétée par des spécimens de tous les articles de bureau et de dessin, couleurs, etc., à la marque de la maison.

En 1878, M. Ch. Fortin a été proposé au suffrage, par ses confrères, comme expert adjoint au jury, et mis *hors concours*. En 1889, il a rempli les fonctions de secrétaire des comités d'admission et d'installation, de trésorier et enfin de secrétaire du jury international des récompenses [1].

M. E. MANGIN, *fabricant de cartonnages de luxe*, rue Saint-Martin, 241, à Paris.

(Hors concours. M. MANGIN, expert du jury des récompenses de la classe 10.)

Cette maison a été fondée en 1848 par M. A. Billard, à qui, après avoir été son associé, M. E. MANGIN a succédé en 1869. Son chiffre d'affaires atteint 130,000 francs environ, et son personnel est d'une vingtaine d'ouvriers et ouvrières.

Nous citerons parmi les objets exposés par M. Mangin :

Un coffret Louis XVI en crêpe de Chine, décoré en bronze doré et argenté, ciselé et rehaussé d'un groupe «*Hommage à Virgile*», d'une très grande valeur;

Un coffret ogival gothique vieil argent, reproduction d'un modèle du Musée de Cluny;

Un char pompadour en satin blanc avec peinture;

Une statue de Jeanne d'Arc en cuivre repoussé, etc.

La maison E. Mangin a obtenu les récompenses suivantes : 1867, une mention honorable; 1878, une médaille de bronze.

MÉDAILLES D'OR.

M. A. BIGOT, *fabricant de coffrets de fantaisie pour confiseurs*, rue Saint-Martin, 84, à Paris.

Cette maison atteint un chiffre d'affaires de 260,000 francs environ, et occupe une dizaine de personnes, ouvriers et ouvrières.

Parmi les objets exposés par M. Bigot, nous citerons particulièrement :

Une colonne de salon avec tête en terre cuite «Cupido»; de grandes boîtes pour mariage avec

---

[1] M. Crépin a obtenu une médaille d'argent, M. Soïka une médaille de bronze, comme collaborateurs de la maison Fortin.

peinture aquarelle sur satin; des enveloppes, genre moyen âge, en tissus divers et en satin de fantaisie; des sacs en satin avec peinture, sujets de genres divers; des coffrets de formes différentes recouverts de satin brodé et peint.

Cette maison a déjà obtenu les récompenses suivantes : Exposition universelle, 1867, médaille d'argent; Exposition universelle, 1878, médaille d'argent.

M. BLANCAN, fabricant d'enveloppes, rue du Faubourg Saint-Denis, 154 et 156, à Paris.

Cette maison fut fondée par M. Dimier, qui mourut en 1870. A cette époque, M. BLANCAN y entra comme associé; la raison sociale de la maison fut : *Veuve Dimier et Blancan*. L'établissement, exclusivement affecté à la fabrication des enveloppes et du façonnage de papier, faisait alors un chiffre d'affaires de 200,000 francs environ. Six ans plus tard, en 1876, époque où l'association touchait à son terme, ce chiffre s'élevait à 400,000 francs. Depuis cette époque, M. Blancan, resté seul propriétaire de cette maison, modifia complètement son industrie et la développa considérablement.

L'usine comporte actuellement, en dehors des machines à découper les enveloppes, à les plier et à les coller, des machines typographiques et lithographiques et des ateliers de cartonnage.

La fabrication des enveloppes s'élève, en moyenne, à 4 millions par semaine, et comprend à la fois les enveloppes et papiers de poste en tous genres, et les enveloppes administratives.

En dehors de la fourniture directe aux grandes administrations, de la vente aux papetiers et imprimeurs de province et de Paris, la maison Blancan s'est appliquée, depuis quelques années, à la fabrication des articles de fantaisie pour les grands magasins et est parvenue à substituer ses produits aux objets similaires importés d'Allemagne et d'Autriche, s'efforçant de créer sans cesse des nouveautés et de les présenter de manière à forcer l'attention des acheteurs.

Le chiffre d'affaires de la maison Blancan s'élève actuellement à 1,500,000 francs. Le personnel, réparti dans les deux immeubles qu'elle occupe, est d'environ 300 personnes, hommes, femmes et enfants. Tous sont assurés contre les accidents du travail, sans retenue sur leur salaire. De plus, 10 p. 100 des bénéfices nets sont accordés aux différents chefs de service [1].

M. DARRAS-HEUMANN, fabricant de registres, rue d'Aboukir, 17, à Paris.

Cette maison a été fondée en 1824; M. HEUMANN en prit la suite en 1837 et M. DARRAS lui succéda en 1858.

Elle a obtenu : en 1862, à Londres, une mention honorable; une médaille de bronze, Paris, 1867; une médaille d'argent, Paris, 1878.

En 1879, M. Darras a pris le brevet d'une reliure mobile pour livres d'échantillons, et qui consiste dans l'application d'un clou spécial, dont la tige, une fois introduite, se sépare en deux parties qui viennent se rabattre contre les feuilles assemblées du papier ou du carton.

Il a également perfectionné la couture des gros livres d'échantillons, en utilisant pour cet emploi le fil de fer étamé. Cette couture est plus rapide et moins coûteuse que celle en fil de chanvre et offre l'avantage d'une solidité à toute épreuve. Un outillage spécial permet de la pratiquer.

Les résultats obtenus par ce système ont amené M. Darras à tenter l'expérience d'un procédé

---

[1] M. Blancan faisait partie du comité d'admission et du comité d'installation de la classe 10.

analogue pour la couture des registres, et, depuis cinq années, la double couture fil et métal est employée pour la confection de ces articles, ainsi que l'attestent les objets exposés.

C'est là une innovation très heureuse de M. Darras, qui, par la disposition particulière donnée à la couture de son fil métallique, et par la conservation simultanée de la couture en fil de chanvre, est ainsi parvenu à écarter les défauts auxquels est exposé chacun de ces systèmes pratiqué isolément, et à donner ainsi à ses registres deux qualités également recherchées, mais difficiles parfois à réunir : la solidité d'assemblage et la souplesse d'ouverture.

Un ouvrier de M. Darras, M. Paul Conus, a créé pour ce genre de couture à double fil un outillage spécial qui a été progressivement perfectionné.

Signalons parmi les objets exposés dans la vitrine de M. Darras :

1 grand-livre colombier (8 mains), tranche peigne, basane fauve, garniture cuivre ;

1 grand-livre couvert en maroquin vert, de mêmes format, papier et tranche que le précédent, et garni de cuivre nickelé ;

1 grand-livre soleil (8 mains), tranche peigne, maroquin grenat, garniture cuivre nickelé.

Nous appellerons en passant l'attention sur les garnitures, en ancres et en anneaux, pour lesquelles M. Darras a pris un brevet ; elles évitent, d'une manière parfaite, à la peau du registre les contacts susceptibles de la détériorer, et ont, sur les clous et autres garnitures généralement employées, l'avantage de la légèreté et du bon marché.

A côté de ses registres, M. Darras exposait un certain nombre d'articles de fournitures de bureau, ainsi que des impressions de commerce en tous genres.

Environ 40 ouvriers, travaillant dans les ateliers de la maison, ou au dehors, sont employés par cet exposant [1].

M. E. Gauche, papeterie, imprimerie, fabrique de registres, rue de Provence, 7, à Paris.

Cette maison, fondée en 1823 par M. Houard, cédée ensuite à M. Bouts, est devenue la propriété de M. Ed. Gauche, qui l'a considérablement développée.

Son matériel se compose de : 1 machine à vapeur de la force de 10 chevaux ; 3 machines lithographiques (2 colombier, 1 raisin) ; 1 machine typographique ; 4 presses à bras (colombier) ; 1 machine à perforer ; 1 machine à réduction ; 4 presses à percussion ; 3 cisailles de 1 m. 20 ; 3 massicots grand format, à la vapeur ; 8 presses à rogner ; 3 machines à régler pouvant faire les plus grands formats ; 1 machine à coudre les registres.

La maison possède, en outre :

Tout le matériel de gravure sur pierre ;

Des ateliers de reliure, de gravure, de façonnage, de couture, de réglure, d'encadrement et de collage de plans.

Le personnel, composé de 70 ouvriers et ouvrières environ, est placé sous la direction de 3 contremaîtres.

Cette maison a obtenu les récompenses suivantes : Paris 1867, une médaille de bronze ; Paris, 1878, une médaille d'argent ; Académie nationale, 1878, une médaille d'argent.

Si nous en jugeons d'après les articles exposés, nous devons constater avec satisfaction que la maison Gauche n'a rien perdu des qualités de fabrication qui lui ont attiré, à juste titre, la réputation dont elle jouit depuis fort longtemps.

---

[1] M. Paul Conus a obtenu une médaille de bronze comme collaborateur de la maison Darras.

Ses registres étaient de bonne facture; ses grands-livres, dont quelques-uns figuraient déjà à l'Exposition de 1878, semblaient, par les dimensions et par l'épaisseur, s'écarter des types ordinaires, afin d'indiquer les difficultés recherchées et très heureusement vaincues.

A côté de ses livres de comptabilité, comptes courants, copies de lettres, carnets, etc., M. Gauche avait exposé de beaux spécimens de ses impressions et de ses reliures courantes.

Mme veuve Hippolyte GÉRAULT et fils, imprimerie lithographique, fabrique de registres,
rue Montmorency, 10, à Paris.

La maison GÉRAULT, fondée en 1831, a été brevetée pour son invention concernant les registres à dos métalliques, et a obtenu les médailles suivantes aux Expositions de : Paris 1834, 1839, 1844, 1849; Toulouse, 1850; Londres, 1851, 1re médaille; Paris, 1855; Londres, 1862; Paris, 1867, 1re médaille; Paris, 1878, médaille d'or.

A la suite de la mort de son chef, en 1877, cette maison a été continuée sous la raison sociale : *Veuve Hippolyte Gérault et fils.* Depuis cette époque, M. Hippolyte Gérault fils, qui était depuis plusieurs années le collaborateur de son père, a été seul chargé de l'exploitation.

Sous cette nouvelle direction, les relations de la maison se sont considérablement développées; une imprimerie, des ateliers de réglure ont été installés et sont en pleine activité; des machines nouvelles à rogner les registres, à fabriquer les faux dos ont été inventées par M. Gérault : les dessins de ces machines, brevetées en France et à l'étranger, figuraient dans la vitrine de la maison.

Les objets exposés par M. Gérault étaient particulièrement remarquables. La confection des dix grands-livres qui figuraient dans sa vitrine ne laissait rien à désirer, ni sous le rapport de la solidité, ni sous celui de la bonne ouverture, malgré l'épaisseur de quelques-uns d'entre eux. Ces registres étaient, pour la plupart, recouverts en basane verte ou fauve; leur garniture en cuivre se signalait par la sobriété et le bon goût de l'ornementation. A côté de ces objets figuraient les spécimens des différents travaux exécutés dans cette maison : copies de lettres, journaux, livres de caisse, impressions en gravure et en lithographie sur papier et sur soie.

MM. B. P. GRIMAUD et CHARTIER, fabricants de cartes à jouer,
rue de Lancry, 54, à Paris.

La maison GRIMAUD et CHARTIER a été fondée en 1851 par M. Grimaud, actuellement encore l'un de ses chefs. Créée dans les conditions les plus modestes, elle a su bien vite prendre le renom que la qualité des matières premières et les soins de fabrication ont attaché à ses produits.

M. Grimaud a toujours cherché à améliorer les conditions de travail de cette industrie, dans laquelle on s'en tenait avant lui à la tradition pure et simple. Il a notamment attaché son nom à deux perfectionnements importants : il a donné l'opacité à la carte, que l'on faisait autrefois transparente, et il a arrondi et doré les coins (brevet de 1859); ce dernier procédé est maintenant appliqué dans une foule d'industries diverses, fabrication des carnets, reliure, etc.

M. Grimaud s'est adjoint M. Chartier comme associé en 1866.

En 1872, 2 machines Dutartre à quatre couleurs étaient installées, et les affaires allaient se développant; MM. Grimaud et Chartier étaient entrés dans la voie de la chromolithographie, où ils ont été sinon des initiateurs, au moins des ouvriers de la première heure.

Mais les machines plates ne suffisaient qu'à demi aux nécessités de la fabrication. Le tirage des figures ordinaires comporte cinq couleurs, et il fallait une machine rotative qui prît la feuille blanche, la rendît avec quatre couleurs et le trait; cette machine, très ingénieuse et très délicate, fonctionne dans leurs ateliers depuis 1881.

La question du collage a été aussi spécialement étudiée; ce collage était une opération très difficile pour les cartes françaises, dont la feuille de devant est du papier à la cuve collé à la gélatine. Ils ont été les premiers de leur industrie à installer le collage mécanique.

Nous citerons encore un dernier et important perfectionnement, objet d'un brevet pris en 1887. Jusqu'à ces dernières années, la mise en jeux des cartes tirées s'opérait à la main; de là des erreurs, des mécomptes continuels, à la suite de fautes d'attention des ouvrières chargées du travail : on sait quels inconvénients peuvent provenir d'un jeu faux dans une partie où les enjeux sont considérables. MM. Grimaud et Chartier ont cherché la solution mécanique du problème, et une machine exécutée en collaboration avec eux, par M. Gauchet, ingénieur, forme les jeux, s'arrête automatiquement quand elle fait des fautes, donne au fabricant et au joueur la sécurité dont ils manquaient.

Les cartes fabriquées sont intachables et inattaquables à l'humidité.

Toutes les matières premières employées à la fabrication sont d'origine française.

MM. Grimaud et Chartier n'exportent pas moins de 1 million de jeux en Autriche, Égypte, Roumanie et Grèce, où ils sont les fournisseurs du gouvernement, à Tunis, Smyrne, Beyrouth, Constantinople, et de 500,000 au Brésil. Cette maison écoule également une grande partie de sa fabrication en Amérique.

La production pour l'exportation en 1869-1870 était de 80,000 jeux. Pendant l'année 1888-1889, sur une fabrication totale de la valeur de 5,500,000 jeux de piquet, la maison en a livré 3,400,000 à l'exportation [1].

MM. Grimaud et Chartier ont acquis l'année dernière la fabrique de cartes à jouer de M. J.-B. Camoin, à Marseille.

Le personnel dans les différents établissements est de 300 ouvriers et ouvrières : de 220 à 230 à Paris, de 60 à 70 à Marseille.

Le chiffre d'affaires est de 2,750,000 francs.

Entre autres récompenses, la maison a obtenu une médaille d'argent à l'Exposition universelle de 1878.

La vitrine de ces exposants, coquettement installée, comprenait toute la collection des cartes à jouer françaises et étrangères.

M. P. Hauducœur, *fabricant de registres*, rue des Archives, 13, et rue des Haudriettes, 2, à Paris.

La maison Hauducœur, ancienne maison Fortin, fut fondée en 1833. Elle a toujours figuré aux expositions universelles et a obtenu une médaille de bronze en 1867 et une médaille d'argent en 1878. Elle occupe un personnel de 80 ouvriers environ.

Le chiffre des affaires de cette maison s'élève annuellement à 900,000 francs environ; la moitié de cette somme s'applique à l'exportation.

La vitrine de M. Hauducœur [2] contenait la collection complète des articles variés qu'il confectionne : grands-livres et journaux, basane fauve, avec ou sans garniture; copies de lettres couverture toile,

[1] La maison a donné à l'État pour l'année 1888-1889, tant pour l'impôt prélevé sur chaque jeu que pour le papier acheté, la somme de 1,200,000 francs. Les prix des jeux de cartes françaises par six jeux, y compris 3 fr. 75 d'impôt, varient : pour les piquets, de 4 fr. 60 à 7 fr. 45; pour les whist, de 5 fr. 75 à 8 fr. 70; pour les cartes étrangères qui sont exemptées d'impôt, de 0 fr. 10 le jeu à 1 fr. 50.

[2] M. Hauducœur faisait partie du comité d'installation de la classe 10.

dos basane verte; carnets, etc. Tous ces objets, d'emploi courant, en France et à l'étranger, étaient d'excellente facture. Réglure, endossure, couvrure, etc., indiquaient un soin particulièrement consciencieux. Quelques grands-livres en maroquin et en basane verte, avec garniture cuivre, objets fort bien traités du reste, rappelaient que M. Hauducœur, tout en se spécialisant plus particulièrement dans la branche commerciale de la fabrication des registres, n'avait pas abandonné cependant les travaux de commande et les exécutait d'une manière irréprochable.

M. H. LARD, papeterie administrative et papeterie musicale, rue Feydeau, 25,
à Paris.

La maison exploitée actuellement par M. LARD-ESNAULT existe depuis 1795.

Encouragé dans ses efforts par une médaille d'argent qui lui fut accordée en 1878, M. Lard est parvenu à atteindre aujourd'hui le dernier degré de perfection pour la réglure si complexe de ses nombreux articles.

La spécialité à laquelle cette maison semble s'être plus particulièrement consacrée (articles pour musique) a donné naissance à une foule de créations ingénieuses dont la vitrine de cet exposant offrait de curieux spécimens.

Parmi les objets exposés, nous citerons :

1 registre de 10 mains jésus (papier de Latune) : réglure encadrée en tête en deux tons d'encre, à la machine; reliure maroquin anglais avec couture et endossure raisonnées, pour que l'ouverture complète et la fermeture ne laissent pas de traces sur la tranche; garniture cuivre oxydé, découpée à jour, style ogival; foliotage en bistre et doitage même nuance par procédé spécial, caractère moyen âge;

1 registre de 5 mains couronne in-8°, reproduisant exactement, en petit, l'article précédent, afin de démontrer la possibilité de facture en tous formats; dans ce dernier, vu le manque de poids, le montage des cartons était combiné de façon à former légèrement ressort, afin qu'après une ouverture complète le volume se trouvât fermé, sans fermoir;

2 registres de 7 mains jésus (papier de Johannot) : reliure basane, garniture cuivre nickelé, pièces incrustées; l'un des deux était lithographié, l'autre était réglé grand-livre à 1, 2 et 3 comptes en ton vert américain avec doitage et foliotage semblables;

1 registre pour inventaires de 3 mains écu : réglure encadrée tout autour, imitant un jonc en relief; reliure maroquin du Cap écrasé avec mosaïque, tranches orientales;

Tableaux en réglure à la machine, imitant, par l'emploi de différents tons d'encre tirés en même temps, un cadre en relief destiné à démontrer la difficulté vaincue;

1 reliure mobile à lames indépendantes (système H. Lard) pour toutes applications; celle-ci était garnie de feuilles de carte, sur lesquelles étaient réparties des cases avec échantillons saillants de soierie;

2 spécimens de liasses d'échantillons de draperie, à couture invisible;

Nouveaux clous protecteurs pour plats de registres, références, cartonnages, etc., en cuivre fort avec crampons garantissant la stabilité;

Griffes en cuivre pour régler soi-même les portées de musique : les cinq plumes d'une seule pièce, condition importante pour le bon fonctionnement de l'appareil et qui n'avait pas encore été obtenue mécaniquement;

Pinces françaises pour maintenir ou classer notes, papiers, etc. (déjà connues);

(Ces trois derniers articles avaient été fabriqués par cette maison, qui en a la propriété exclusive.)

Papiers de musique de toutes sortes, ordinaires et de luxe;

Cartons de musique et cahiers pour l'armée, découpés mécaniquement à coins ronds;

Porte-musique en différentes peaux, avec barrette intérieure, protégeant la musique, et poignée formant d'elle-même fermeture;

Reliures de musique et de livres s'ouvrant complètement et se refermant de même;

Tableaux indicateurs de danses, pliants, pour placer sur le piano ou tout autre meuble.

MM. MARION *fils et Cie, fabricants de cartes et d'enveloppes,* cité Bergère, 14, à Paris.

Cet établissement, destiné à la transformation des papiers en enveloppes, papiers à lettre, deuil, filigrane, carte bristol, cartonnages, impressions, couchage, dorure, timbrage, papier pour reproduction de dessins, etc., fait un chiffre d'affaires de 2 millions, dont la moitié s'attribue à l'exportation, et occupe 210 personnes, réunies en société de secours mutuels.

MM. MARION fils et Cie exposaient des spécimens de tous les genres indiqués plus haut; ils ont obtenu les récompenses suivantes : Paris, 1855, médaille de bronze; Paris, 1867, médaille d'argent; Paris, 1878, médaille d'or.

La maison Marion peut être considérée comme l'un des premiers établissements de Paris qui ait créé la papeterie de luxe. Ayant passé, dès 1832, un traité avec M. Lacroix, de Paris, qui seul alors préparait les papiers glacés, M. Marion père se fit de ces papiers une spécialité dont la vogue fut immense. Peu de temps après, M. Marion multiplia les timbres appliqués sur le coin de chaque feuille de papier à lettre, ce qui permit aux acheteurs d'imprimer sur leur papier leurs initiales, leurs armes, leurs devises ou toute autre marque distinctive; il créa ensuite ces papiers enjolivés de bouquets de fleurs, de filets d'azur, d'or et d'argent, les papiers gaufrés, moirés et à vignettes, les papiers quadrillés, etc., tous ces charmants articles, en un mot, si recherchés alors par le monde élégant. Les succès obtenus par M. Marion donnèrent l'éveil à ses confrères et il eut une foule d'imitateurs dans la fabrication de ces produits, où excellait son bon goût.

MÉDAILLES D'ARGENT.

M. AUDIBERT, *fabricant de cartonnages,* rue Saint-Martin, 110, à Paris.

M. Charles AUDIBERT a acquis, il y a quelques années, l'établissement de M. Valdampierre [1] et s'est efforcé de lui donner de l'extension.

Son exposition se signalait par la variété et le bon goût de ses cartonnages de fantaisie. Parmi les articles qui figuraient dans la vitrine de M. Audibert se remarquaient, plus particulièrement, de petits sacs pour la confiserie, objets imitant les sacs de voyage, confectionnés en soie et ornés de fleurs peintes, deux boîtes-bouquets en cartonnage, deux coffrets portant un miroir au-dessus duquel un oiseau était placé, quatre boîtes en forme de coquille, des paniers garnis de fleurs, divers articles de fantaisie en satin, brodé, ou orné de peinture, et comme pièce principale un coffre avec broderie sur faille blanche, garni de peluche grenat et monté sur d'élégants pieds dorés portant des marguerites d'argent.

[1] M. Valdampierre faisait partie du comité d'admission de la classe 10.

MM. CAWLEY et HENRY, fabricants transformateurs de papier à cigarette,
rue Béranger, 17, à Paris.

Cette maison de transformation de papier à cigarette, fondée en 1872 sous la raison sociale CAWLEY ET HENRY, a créé la marque *Le Houblon*. En 1873, elle exposa à Vienne le paquet de 500 feuilles sous bande, réalisant ainsi une économie qui lui permit de l'établir au prix jusqu'alors inconnu de 0 fr. 08. La vente de cet article prit une grande extension dans la plupart des États européens, notamment en Autriche-Hongrie, en Allemagne, en Suisse et dans les Principautés danubiennes.

Grâce à ses soins et à la bonne qualité du papier employé, cette maison est arrivée progressivement à atteindre une vente de 150,000 paquets de 500 feuilles par mois pour l'Autriche-Hongrie, seule quantité assurée par un traité avec la principale maison d'importation de Vienne.

Indépendamment du papier à pâte blanche, la maison emploie également les papiers à pâte de couleur, mais présentés sous le nom de *Papier ananas*.

MM. Cawley et Henry ont entrepris depuis peu une nouvelle fabrication : celle des tubes collés pour cigarette, avec bout de carton, fabrication qui s'exerçait jusqu'alors à l'étranger; ils emploient actuellement 1,000 rames par an pour la confection de cet article (ce qui représente 50 millions de tubes).

Les produits de cette maison ont été récompensés d'une médaille d'argent à l'Exposition universelle d'Anvers en 1885.

Mme veuve E. CONOR, D. BAUDART et Cie, fabricants de cartonnages,
rue Barbette, 5, à Paris.

Cette maison, qui fabrique spécialement les cartonnages de pharmacie, fait un chiffre d'affaires de 100,000 francs et occupe, tant dans ses ateliers qu'au dehors, 80 ouvriers. Sa fondation remonte à 1854. Une partie de ses produits s'écoule à l'étranger.

La maison Vve E. Conor, D. Baudart et Cie a obtenu des médailles aux expositions de Paris, 1875, 1878; Tours, 1881; Anvers, 1885.

M. Lucien DESBORDES, papeterie de Beaumont, près Angoulême (Charente).

M. Lucien DESBORDES, ancien voyageur de commerce, créa en 1867, à Paris, une maison pour la vente de la papeterie, comprenant toutes les sortes à écrire et à imprimer, ainsi que les enveloppes de lettre, et fonda en 1876 sa manufacture de Beaumont.

Cet établissement occupe 2,875 mètres sur un terrain de 64,000 mètres carrés, situé commune de Soyaux près Angoulême. Toutes les transformations de la papeterie se font dans cette usine : enveloppes de lettre de tous formats, cartes de visite blanches et deuil, papier à lettre blanc, deuil et couleur, cahiers d'écolier, glaçage et filigranage, réglure de tous modèles, registres, petites piqûres et carnets, cartonnages pour l'établissement, imprimerie spéciale à l'usage de l'exploitation, etc.; 6,000 kilogrammes de papier sont transformés chaque jour.

Le matériel comprend : 1 moteur à vapeur de la force de 30 chevaux, 48 machines à pédales, 22 machines fonctionnant à la vapeur pour le découpage et les apprêts divers, et 5 machines destinées à l'impression.

1 directeur, 1 directeur adjoint, 7 employés aux écritures, 5 contremaîtres commandent au travail de 365 ouvriers et ouvrières.

Les employés sont assurés contre les accidents. Une cité ouvrière et une cantine leur permettent de trouver, à côté de leur travail, le logement et la nourriture à prix réduits. Enfin l'établissement comprend une école et une crèche.

M. Desbordes possède, rue de Rivoli, 134, à Paris, une maison de vente où viennent se concentrer toutes les opérations; la gérance en est confiée à un directeur qui a pour auxiliaires 8 voyageurs, tant en France qu'à l'étranger, 5 représentants sur la place de Paris, ainsi que 28 employés occupés à divers postes.

La production des enveloppes de lettre est de 750,000 par jour et le chiffre total des affaires de cette maison s'élève à près de 3 millions de francs.

La maison Desbordes a été la première à livrer à la consommation les *enveloppes-fermoir* pour cartes de visite et papiers d'affaires.

Elle a obtenu les récompenses suivantes : Exposition universelle de 1878, mention honorable; Exposition d'Angoulême, 1885, médaille de vermeil; Hanoï, 1887, médaille de bronze.

M. FOSSEY, *fabricant de cartonnages*, rue du Faubourg-du-Temple, 92, à Paris.

M. Fossey prenait possession en 1854 d'une maison qui occupait un personnel de 10 ouvriers et ne produisait que du cartonnage très ordinaire, employé pour le coton à coudre. En 1855, son personnel était doublé et commençait à confectionner des cartons supérieurs destinés en grande partie à la bonneterie et à la ganterie. Cette même année, M. Fossey prit un brevet pour des cartons de bureau dits *à gorge mobile*, articles très répandus aujourd'hui, et exploita, à partir de 1862, deux nouveaux brevets pour cartons de bureau, objets qui ne tardèrent pas à prendre place dans la consommation.

La production annuelle de cette maison est de 30,000 à 35,000 cartons de bureau en qualité supérieure, et toute la cuivrerie employée pour ces articles est faite d'après les modèles exclusifs de M. Fossey.

Le matériel de cet établissement est mû par une machine à vapeur, et son outillage comporte les perfectionnements les plus récents.

Le personnel, ouvriers, ouvrières et apprentis, est de 150 environ. Il est assuré contre les accidents, sans qu'aucune retenue lui soit faite.

Parmi les objets variés qui figuraient dans la vitrine de cet exposant, nous avons remarqué toute la série des cartons de bureau, les cartons de sûreté imitant les livres de bibliothèque, les cartons pour notaires et officiers ministériels, les boîtes pour échantillons de glace, articles très ingénieux et d'un usage très pratique; nous ne saurions terminer cette énumération sans mentionner l'adaptation heureuse d'appareils avertisseurs électriques aux cartons destinés à recevoir des valeurs.

La maison Fossey a obtenu les récompenses suivantes : 1 médaille d'or; 2 médailles de vermeil; 3 médailles d'argent; 3 médailles de bronze; 1 mention honorable; Paris, 1878, 1882, 1883, 1886; Blois, 1883; Amsterdam, 1883; Anvers, 1885; le Havre, 1887.

M. Alp. GODCHAUX, *imprimeur-éditeur*, rue de la Douane, 10, à Paris.

La maison Alp. GODCHAUX, ancienne maison Aug. GODCHAUX et Cᵉ, rue de la Douane, 10, fondée en 1855, bien connue par ses cahiers d'écriture avec modèles à l'usage des écoles primaires, a depuis quelques années entrepris la fabrication des corrigés, registres et copies de lettres. Cette nouvelle fabrication a pris une extension telle, qu'elle occupe actuellement une centaine d'ouvriers qui, pour l'année 1888, ont manufacturé 40,000 rames de papier.

Bien que nouvelle venue dans cette industrie, cette maison n'a pas tardé à faire de réels progrès [1], ainsi qu'il était permis d'en juger par les spécimens qu'elle exposait : corrigés, registres, etc., articles absolument classiques dans les écoles.

M. Alp. Godchaux transforme en outre le papier pour papier à lettre, enveloppes, etc.

Cette maison a obtenu les récompenses suivantes : Expositions universelles : Londres, 1862, médaille d'honneur; Paris, 1867, 2 médailles d'argent; Société d'encouragement pour l'industrie nationale, 11 février 1870, médaille d'or; Expositions universelles : Vienne, 1873, médaille du progrès, Philadelphie, 1876, médaille d'honneur; Paris, 1878, médaille d'or; Exposition des arts décoratifs; 1882, hors concours; Exposition universelle d'Amsterdam, 1883, diplôme d'honneur; 14 décembre 1883, croix de chevalier de l'ordre de la Légion d'honneur.

Il existe dans cette maison en faveur des ouvriers, ouvrières et apprentis :

1° Une caisse de participation et de retraite;

2° Une société de secours mutuels.

La caisse de participation et de retraite a été fondée le 1er janvier 1872 au moyen d'une dotation de 10,000 francs.

Cette caisse est alimentée en outre par un versement annuel de 5 p. 100 prélevé sur les bénéfices nets réalisés par l'établissement.

La moitié de cette retenue est distribuée aux participants à la fin de l'année, au prorata de leurs salaires ou appointements; l'autre moitié est mise en réserve pour la constitution de rentes viagères.

Ces pensions sont fixées à 1,000 francs pour le participant qui est âgé de 55 ans et qui possède vingt-cinq ans de service; à 50 francs par année de service pour le participant devenu infirme par suite d'accident arrivé dans la maison.

Toutes ces pensions sont réversibles pour un quart sur la tête de la veuve ou des enfants mineurs.

Depuis la fondation de la caisse jusqu'au 31 décembre 1888, il a été distribué :

Aux participants	81,243f 80
Capital mis en réserve s'élevant à la même date à	114,441 65
TOTAL	195,685 45

L'augmentation sur les salaires a été en moyenne de 21-48 p. 100, distribution et réserves comprises.

MM. Godchaux et Cie avaient fondé également, en 1872, une société de secours mutuels composée de membres actifs et de membres honoraires.

La cotisation des membres actifs est fixée à 0 fr. 75 par semaine pour les hommes, et 0 fr. 35 pour les femmes. Moyennant cette faible somme, les sociétaires malades ont droit aux visites du médecin, aux médicaments et à des secours en argent qui sont de 2 fr. 50 pour les hommes et de 1 fr. 25 pour les femmes. Mais pour que la maladie n'apporte pas la gêne dans les ménages de son personnel, la maison double, à ses frais, les allocations.

---

[1] MM. Godchaux ont été les inventeurs d'un procédé d'impression mécanique exécutée sur papier continu au moyen de cylindres gravés en creux. Ce procédé rapide et économique donne des produits supérieurs à ceux que l'on peut obtenir à l'aide de tout autre mode d'impression, et a permis à MM. Godchaux de créer une industrie très importante, celle de la fabrication des cahiers d'écriture avec modèles gravés.

La société de secours mutuels a créé, en outre, un fonds de retraite placé à la Caisse des dépôts et consignations, et grâce aux ressources qu'elle possède, les sociétaires sont déjà assurés d'une pension viagère de 390 francs par an.

MM. GOMPEL *frères, fabricants d'enveloppes;* rue des Fontaines, 7, à Paris.

Fondateurs en 1870 de l'établissement qu'ils possèdent actuellement, MM. Gompel frères débutèrent par la vente des articles de papeterie, et le développement rapide de leurs affaires les décida à créer en 1878 une fabrique d'enveloppes avec façonnage du papier.

Primitivement installés rue Saint-Sauveur, MM. Gompel se trouvèrent bientôt trop à l'étroit dans ce local et transportèrent leur matériel dans l'emplacement actuel.

Leur établissement produit une moyenne de 500,000 enveloppes par jour, et leur chiffre d'affaires s'élève à 1,500,000 francs. Les articles fabriqués par cette maison s'adressent principalement aux papetiers, aux imprimeurs, aux merciers, aux magasins de nouveautés.

MM. Gompel ont lancé dans leur clientèle un certain nombre d'objets originaux, tels que nécessaires de correspondance, cahiers d'écolier, avec couverture représentant les célébrités contemporaines, les costumes de l'armée française, etc.

MM. LANDRY et DECHAVANNES, *fabricants de carte,* rue Dussoubs, 36,
à Paris.

Cette maison a été fondée en 1841 par M. Claude, continuée en 1855 par M. Meldou, et reprise par M. Ch. L'Hoste, qui en 1873 l'a cédée à M. G. Hild.

Le chiffre d'affaires à cette époque s'élevait à 250,000 francs; la force motrice était de 8 chevaux-vapeur, et l'outillage comprenait 2 laminoirs et 3 découpeuses mécaniques. A l'Exposition de 1878, M. Hild avait élevé son chiffre d'affaires à 650,000 francs et avait doublé le matériel.

En 1880, il prit M. Finet pour associé, et, étant donné le développement des affaires, la maison quitta l'usine de la rue des Vinaigriers et vint s'installer aux n° 68, 70 et 72 de la rue des Boulets, où elle occupe actuellement 150 ouvriers.

La force motrice est de 40 chevaux-vapeur.

L'outillage entièrement mécanique se compose de 3 colleuses; 3 laminoirs; 10 cisailles dites *circulaires,* pour le découpage des cartes de visite; 1 machine à coucher; 1 brosseuse et 1 coupeuse; 1 machine format colombier pour l'impression des cartes photographiques, et différentes presses à imprimer; de 4 découpoirs spéciaux pour la carte photographique, de 2 machines pour l'impression typographique, etc.

En 1879, la maison a commencé la fabrication complète de la carte photographique, article qui lui a ouvert de nouveaux débouchés avec l'Angleterre, la Belgique, la Hollande, l'Espagne, l'Italie, le Portugal, l'Amérique du Nord, l'Amérique du Sud, l'Australie, etc., et par son outillage sans cesse perfectionné, est arrivée à lutter contre la concurrence étrangère.

L'établissement fournit : à l'impression en taille-douce et à la typographie, une moyenne de 40 millions de cartes découpées; à la lithographie, une moyenne de 1,500 à 2,000 rames de carte en feuille, ainsi que des papiers mats et glacés.

La maison Hild est devenue depuis un an la propriété de MM. Landry et Dechavannes, et son chiffre d'affaires atteint environ 900,000 francs. Son exposition comprenait une collection très complète de cartes et d'étuis pour photographie, de menus, de carnets de bal; des cartes, en feuille et découpées, blanches, couchées, colorées en pâte; des cartes de tout genre, vélins, ivoires transparents, bristols, etc.

M. LATRY, *fabricant de carte*, rue du Théâtre, 93, à Paris-Grenelle.

La maison LATRY, en dehors de ses nombreux échantillons de carte, vélin et bristol, de carte et papier porcelaine, qui constituent sa fabrication principale, exposait un article nouveau, le papier au *granit argentin*, qui trouvera, nous n'en doutons pas, de nombreuses et utiles applications, car à l'avantage de son excellente imitation des étoffes de soie il ajoute le mérite, au point de vue de l'hygiène, d'une parfaite innocuité pour les usages auxquels il est destiné, sacs et cartonnages à bonbons.

Ce produit est obtenu par les transformations successives des déchets du *mica*.

Ces transformations consistent : à soumettre lesdits déchets à la température du rouge vif dans des fours spéciaux; à traiter la matière ainsi obtenue par la trituration, le broyage, le lavage et le blanchiment au moyen d'agents chimiques, puis à mélanger cette pâte, fine, onctueuse, impalpable, à des colles végétales, animales ou composées.

Le *mica*, qui se trouve un peu partout dans nos contrées, n'était d'aucun intérêt, au point de vue industriel, quand M. Renard, à la suite d'un voyage en Chine, eut l'idée d'en faire des verres incassables pour l'éclairage au gaz. Cette industrie, ayant pris une certaine importance, mit sur place une grande quantité de déchets que M. Romain songea le premier à utiliser. Il prit un brevet en 1883. C'est en perfectionnant les procédés de M. Romain que MM. Schlumberger et Latry, qui ont pris également des brevets, sont arrivés à la découverte du *granit argentin*.

La Société d'encouragement, sur le rapport déposé le 25 novembre 1887, a accordé à M. Schlumberger une médaille d'argent.

MM. MASSIAS et Cie, *fabricants d'enveloppes*, passage Saulnier, 16, à Paris.

Cette maison, fondée en 1868, eut des débuts modestes : elle occupait seulement une dizaine d'ouvriers.

Dès 1870, elle prit son essor; en 1872, elle était déjà rangée parmi les principales fabriques d'enveloppes de Paris.

Vers cette époque commença la vogue des beaux papiers anglais : ce genre nouveau vint s'ajouter aux nombreuses sortes françaises qu'elle avait précédemment créées.

En 1878, MM. Massias et Cie obtinrent une médaille de bronze.

En 1883, ils transformèrent entièrement leur outillage, qui marche aujourd'hui par la vapeur et comprend les appareils les plus perfectionnés : machines à découper, à gommer, à plier, machines simples et automatiques, etc.

MM. Massias et Cie possèdent dans leurs ateliers une imprimerie typographique qui leur permet de faire leurs impressions sur place, pour leur usage et pour les besoins de leurs clients.

En 1887, ils se sont vus dans la nécessité d'agrandir leurs ateliers et leurs magasins.

L'établissement actuel occupe environ 150 ouvriers et comporte une installation qui permet de répondre à toutes les demandes.

MM. Massias et Cie ont fondé une maison à Genève pour la vente de leurs produits; ils ont à Mexico un représentant qui visite en leur nom le Mexique et les Antilles.

8.

Mme veuve MERCIER, fabricante de parchemins, 1, rue du Sommerard, à Paris.

L'industrie du parchemin remonte au XIVe siècle [1]. Les parcheminiers de cette époque, réunis en corporation, habitaient la rue de la Parcheminerie. La maison Mercier est la seule qui ait subsisté dans cette rue jusqu'en 1885, époque où M. Alfred MERCIER, successeur de son père, transféra sa maison, 1, rue du Sommerard, laissant dans la rue des Cordelières la fabrique, où les peaux de

[1] Le parchemin a été originairement fabriqué en Asie; il servait à l'écriture deux cents ans avant Jésus-Christ et se confectionnait avec des peaux de chèvre ou de mouton. Le plus beau, dit *parchemin vierge*, était fait avec des peaux de veau, d'agneau ou de chevreau; on fabriquait des parchemins plus ordinaires avec des peaux d'âne, de bouc, de loup, etc.

Dans le numéro du 3 mai 1890 du journal *La Bibliographie de la France*, nous avons trouvé les curieux renseignements qui suivent au sujet de la vente des parchemins au XIIIe siècle, renseignements recueillis par l'un de nos éditeurs les plus érudits, M. Paul Delalain.

Au moyen âge, les parcheminiers dépendaient de l'Université de Paris, aux règlements de laquelle ils avaient à se soumettre. Nous avons pensé utile et intéressant de reproduire ici les documents suivants dont nous recevons communication; ils figurent parmi les pièces que renferme le tome II du *Cartulaire de l'Université de Paris*, actuellement sous presse.

Décret de l'Université fixant chez les Mathurins l'endroit où devaient être déposées les bottes de parchemin.

Juin 1291. Paris.

A tous les fidèles serviteurs de Jésus-Christ qui liront les présentes, l'Université, comprenant les maîtres et écoliers étudiant à Paris, salut au nom du fils de la glorieuse Vierge Marie.

Sur notre demande et en vue de notre intérêt commun, les pieux abbé et frères du couvent de Saint-Mathurin, à Paris, de l'ordre de la Sainte-Trinité et des Captifs, nous ont concédé un local dans l'enceinte de leur monastère pour le dépôt et la vente du parchemin, et ce à titre purement gracieux, jusqu'à ce que, à leur convenance comme à la nôtre, nous ayons à nous pourvoir d'un autre local; c'est pourquoi nous faisons connaître à l'Université que nous n'avons à réclamer sur ledit local aucun droit de propriété, d'usage, de possession temporaire ou perpétuelle.

En foi de quoi nous avons délivré aux dits religieux les présentes lettres patentes, munies de notre sceau.

Donné l'an 1291, en juin.

Statut ancien déterminant le mode de vente du parchemin *.

Tout marchand forain, qui a du parchemin à mettre en vente, est tenu, dès son arrivée à Paris, d'apporter ou faire apporter ledit parchemin au lieu accoutumé, c'est-à-dire à Saint-Mathurin. Puis il doit aussitôt aller trouver Monsieur le Recteur de l'Université de Paris, ou le faire prévenir, afin que le recteur charge un des siens de vérifier le compte du parchemin, et, après comptage, de le faire examiner et évaluer par quatre parcheminiers jurés de ladite Université. Le recteur est en même temps tenu d'apposer ou de faire apposer, dans les carrefours du territoire dépendant de l'Université, des avis et affiches invitant les écolâtres (*maîtres et élèves*) ou toute autre personne ayant besoin de parchemin à se rendre aux Mathurins pour en acheter, si bon leur semble. Quand évaluation de sa marchandise a été faite, le susdit marchand est tenu de laisser ou de faire laisser ouvert au public l'endroit où est déposé son parchemin, et d'y attendre, pendant vingt-quatre heures, les écolâtres, les copistes et toutes autres personnes désirant acheter du parchemin. Pendant ces mêmes vingt-quatre heures, aucun des parcheminiers de la ville de Paris ne peut ni ne doit en acheter, et le marchand forain ne peut ni ne doit en vendre, en gros ou au détail, auxdits marchands parisiens, sous peine de l'amende qui est ordinairement prononcée en pareil cas. A l'expiration des vingt-quatre heures, le marchand forain peut librement vendre et mettre en vente son parchemin, et les parcheminiers de Paris peuvent l'acheter si bon leur semble.

Règlement de l'Université applicable aux parcheminiers.

30 octobre 1291, Paris.

A tous ceux qui liront ou entendront les présentes,

* La date de ce statut est inconnue, mais il se rattache d'une façon très intime au document précédent et mentionne un usage antique.

veau en poil et les peaux de mouton, par un travail peu connu et spécial à l'art du parcheminier, se transforment en feuilles souples et résistantes pouvant à la fois recevoir l'impression, l'écriture et la peinture.

La maison Mercier exposait ses beaux vélins de manuscrits, façonnés suivant divers procédés; ses

l'Université de Paris, comprenant maîtres et écoliers, salut en celui qui est le vrai salut de tous.

Il est écrit en droit canon : « Veiller souvent à l'application de la justice est un fruit de la grâce divine. » En effet, c'est par-dessus tout un souverain bien de pratiquer la justice et de réserver à chacun ses droits, qu'il mérite une récompense, ou qu'il soit passible d'une peine ou d'un châtiment. Aussi, comme il s'était élevé, il y a déjà longtemps, un dissentiment entre nous d'une part et les parcheminiers parisiens d'autre part, parce que ceux-ci se rendaient coupables de nombreuses fraudes et de trop fréquentes malices dans l'achat et la vente du parchemin, au préjudice et au détriment de l'Université et du bien public, nous leur avions fait jurer que dans leurs achats et ventes ils ne commettraient plus aucune fraude, mais qu'ils seraient toujours de bonne foi. Et cependant, nous avons de nouveau constaté, après enquête, que ce qu'ils avaient promis par serment ils ne le tenaient point loyalement. Même, entassant fraudes sur fraudes, malices sur malices, ils ont, au péril de leurs âmes, au préjudice et au détriment d'un grand nombre, multiplié leurs fautes, en agissant contrairement à leur propre serment. Or, selon qu'il est écrit, l'humilité serait peu profitable aux humbles, si le mépris ne frappait pas les coupables; et les fautes, de quelque côté qu'elles éclatent, doivent être punies; il est également certain que se refuser à réprimer un délit manifeste, c'est s'en rendre secrètement complice sans scrupule. Aussi, voulant nous opposer, autant qu'il est en notre pouvoir, à de si nombreuses et si graves malversations, nous avons rédigé, en tenant compte des intérêts de l'Université, quelques articles que nous avons fait ouvertement jurer aux parcheminiers, soit en latin, soit en français.

Article premier. Les parcheminiers s'engagent à ne point conspirer au désavantage et au détriment des maîtres et écoliers, ainsi qu'à leur propre préjudice entre eux.

Art. 2. Ils agiront avec bonne foi et loyauté entre eux dans leurs achats.

Art. 3. Ils vendront loyalement et sans fraude le parchemin aux maîtres et écoliers, et ne dissimuleront pas le bon parchemin qui sera en leur possession.

Art. 4. Ils n'iront pas au-devant des marchands en dehors des foires pour leur acheter le parchemin soit par eux-mêmes, soit par d'autres; ils n'achèteront pas le parchemin en peaux pour les années suivantes, à leur convenance, et ils ne feront aucun achat secrètement à la chandelle *.

Art. 5. Ils ne feront aucune convention avec les marchands forains à l'époque des foires ou à toute autre époque, dans le but de s'entendre avec eux sur le tarif du prix à exiger pour le parchemin.

Art. 6. Ils n'achèteront le parchemin qu'au couvent de Saint-Mathurin ou sur le marché public.

Art. 7. Si les parcheminiers achètent à Paris du parchemin en présence d'un maître ou d'un écolier, qui a besoin de parchemin, ledit maître ou écolier aura sa part dans le lot de parchemin au prix même d'achat. Toutefois, il sera tenu de payer au parcheminier acquéreur six deniers par livre pour ses peines et soins. Être présent s'entend de celui qui se trouve là avant le partage du parchemin.

Art. 8. Chacun des parcheminiers présent aura sa part dans l'achat. Le fait de la présence s'interprétera comme à l'article précédent.

Art. 9. Le premier jour de la foire du Landit ou de Saint-Lazare les parcheminiers n'achèteront point de parchemin, avant que les marchands de monseigneur le Roi et de monseigneur l'évêque de Paris, ainsi que les maîtres et écoliers, n'aient fait leur provision, à moins que des marchands forains n'aient fait ledit jour leurs achats avant l'heure fixée.

Art. 10. Les écoliers ne doivent acheter du parchemin que pour eux-mêmes ou leurs compagnons, mais non pour le revendre, sauf le cas où ils seraient obligés de le recéder.

Art. 11. A l'époque des foires, les bedeaux de l'Université seront envoyés auxdites foires et s'informeront avec soin si les écoliers ou les parcheminiers ne commettent aucune fraude dans les achats ou ventes.

Art. 12. Les parcheminiers consentent à ce que, sous n'importe quel recteur, il soit procédé à une en-

* Il semble, d'après ce document, que le marché devait être conclu en plein jour, avant le coucher du soleil et l'allumage des chandelles.

vélins orientaux, pour la restauration des chefs-d'œuvre anciens; vélins pourpres pour manuscrits carlovingiens, vélins pour livres d'heures du moyen âge, vélins imités de Jarry au temps de Louis XIV, vélins moutons pour l'impression en taille-douce, vélins pour tambourins, pour éventails, etc.

Nous citerons particulièrement parmi les objets exposés : un feuillet du *Livre d'heures* de Mme la comtesse de Paris, et une *Imitation de Jésus-Christ*, en caractères microscopiques, chef-d'œuvre de typographie, dont il n'existe que deux exemplaires, tirés sur vélin Mercier.

Cette maison a obtenu une médaille de 2e classe en 1855, et une médaille de bronze aux Expositions de 1867 et 1878.

quête sur l'exécution des présentes dispositions par des délégués de l'Université désignés ou à désigner.

Chaque année, chacun de ces articles sera publié en chaire et dans les écoles, afin que les maîtres et écoliers, qui auraient connaissance de quelque fait s'y rapportant, puissent en donner communication au recteur.

Donné en 1291, le mardi avant la fête de la Toussaint.

Serment des parcheminiers en langue française *.

Vous jurerez que tout le temps de vostre vie, à quelque estat que vous parveniez, vous porterez honneur, respect et obéissance en choses licites et honnestes à l'Université de Paris et au recteur d'icelle.

Item, que vous ne ferez quelconques conspirations et monopoles au préjudice des maistres et des escholiers, ne au grief des autres parcheminiers.

Item, que vous garderez fidélité et légalité aux autres parcheminiers en achetant, en leur laissant leur part de parchemin, pourveu qu'ils soient présens en l'achetant avant qu'il soit departy.

Item, que vous vendrez ce parchemin auxdits maistres et escholiers, légalement, sans fraude, et ne leur celerez point le bon parchemin.

Item, que vous n'irez point au-devant des marchands hors les foires pour acheter le parchemin, ne par vous, ne par autruy, et que vous n'achèterez point le parchemin en peaux à vostre plaisance pour les années à venir; et si n'en achèterez point en secret, ne celemment, ne avec la chandelle.

Item, vous ne ferez quelconque contravention ne paction avec les marchands forains au temps des foires, ne à quelconque autre temps, en ordonnant ou taxant avec eux du prix qui seroit à imposer sur le parchemin.

Item, que vous n'achèterez point de parchemin sinon au lieu de Saint-Mathurin ou en lieu public des foires.

Item, que si vous achetez du parchemin à Paris, en la présence d'aucun des maistres ou escholiers, il en aura sa part pour le prix auquel il aura esté acheté, en vous payant pour vostre peine et industrie 6 deniers pour livre, pourveu qu'il soit là présent devant que le parchemin soit departy.

Item, que le premier jour des foires du Lendit et de Saint-Ladre, vous n'achèterez point de parchemin devant que les marchands du Roy et les maistres et escholiers en ayent acheté.

Item, que incontinent et sans delay que vous sçaurez qu'il viendra ou sera venu ou apporté du parchemin, et que aucun marchand forain d'iceluy en fera ou aura fait apporter; et aussi que vous sçaurez que aucun parcheminier aura recelé ou acheté aucun parchemin sans le faire apporter audit lieu de Saint-Mathurin, ne en donner connaissance audit recteur, et qu'aucun d'iceux aura fait aucune fraude au contraire desdits sermens ou aucun d'iceux, vous le revelerez à celui qui sera pour lors recteur.

Item, que ne serez consentans, ne ferez faire aucune chose qui soit au contraire ou préjudice du droit qu'a ledit recteur de prendre sur chacune bote de parchemin apportée à Paris, 16 deniers parisis, et d'appliquer à son profit, par confiscation, le parchemin qui est recelé; mais vous soumettrez, en tant que besoin est, à iceux droits et à payer l'amende en cas que auriez fait ou consenty estre fait au contraire des droits et juremens dessusdits et que exercerez bien et deuement et loyaumment vostre office.

---

* Ce texte, en langue française, provient d'une copie postérieure à l'époque où il a été rédigé, ce qui peut expliquer les différences qu'on remarque dans la rédaction de la version française et de la version latine, ci-dessus traduite.

M. J. MICHAUX, papetier et fabricant de registres, rue d'Aboukir, 6 et 11,
à Paris.

La maison MICHAUX a été fondée en 1816 par M. Weynen, et est passée successivement entre les mains de M. Dorville, de 1839 à 1855; M. Duchesnes, de 1855 à 1867; MM. Yvonnet et Ramé, de 1867 à 1873; M. Ramé, de 1873 à 1882; M. J. Michaux, 1882.

Cette maison, dont la fabrication est très justement appréciée dans le public, s'est tout particulièrement attachée à la fourniture des articles de bureau pour les officiers ministériels, notaires, avoués, avocats, huissiers, maisons de banque, administrations, agents de change, etc.

M. Michaux a apporté un certain nombre d'améliorations dans la comptabilité de ces diverses professions, par l'introduction de formules nouvelles, très exactement appropriées à leurs besoins.

La vitrine de M. Michaux, admirablement disposée, offrait aux regards toute une collection de sceaux, cachets, griffes, bougeoirs d'adjudications, marteaux de commissaire-priseur, panonceaux, etc.

Mais ce qui attirait plus particulièrement l'attention, c'était la variété et la confection sérieuse des registres exposés, parmi lesquels nous signalerons tout spécialement :

1 grand-livre comptes courants, colombier, 10 mains, tranche peigne, cousu au fil, couvert en maroquin vert avec nervures en saillie, garni de cuivre doré mat, et 5 autres grands-livres jésus 8 mains, tranche peigne, cousus au fil, couverts en basane fauve, garnis de cuivre nickelé.

Des livres d'étude, de caisse, de formalités pour notaires; de nombreux spécimens d'impression en tous genres et tous les articles courants de fournitures de bureau complétaient la vitrine de cet exposant.

La maison Michaux, qui n'a pas cessé de s'agrandir depuis un certain nombre d'années, arrive à une production de 9,500 registres par an, au moyen d'un personnel de 40 employés et commis.

Elle a obtenu les récompenses suivantes aux diverses Expositions : 1834, 1839, 1844, 1849, citations favorables; Exposition universelle de 1855, médaille de bronze; Exposition universelle de 1878, médaille d'argent.

MM. J. MINOT et Cie, imprimeurs et fabricants de cartonnages, rue Béranger, 5,
à Paris.

La maison MINOT et Cie a été fondée en 1839 par M. Guesnu. Elle a été reprise par M. Minot en 1879.

En dehors de son imprimerie chromolithographique, elle comprend la confection des cartonnages, et c'est à ce titre qu'elle a été admise à exposer dans la classe 10.

On remarquait dans la vitrine de M. Minot une collection fort complète de cornets et sacs à bonbons, boîtes de baptême pour la confiserie, avec de charmants sujets en chromo sur papier et sur soie, édités et confectionnés par cette maison; des papiers dorés, argentés, gaufrés, découpés, destinés à l'ornementation des cartonnages.

La maison Minot a déjà obtenu les récompenses suivantes aux diverses Expositions : Londres, 1885, médaille de bronze; Paris, 1855, médaille d'argent; Paris, 1867, médaille de bronze; Amsterdam, 1885, médaille d'argent [1]; Châteauroux, 1888, diplôme d'honneur; Troyes, 1888, diplôme d'honneur et médaille d'or; Bruxelles, 1888, médaille d'or, médaille d'argent, chevalier de l'Ordre de Léopold II; Paris, 1888, exposition cidres et poirés, diplôme d'honneur; Paris, 1888, exposition

---

[1] Officier d'académie en 1885; officier de l'ordre de Vénézuela en 1886.

de sauvetage et d'hygiène, diplôme d'honneur; Alger, 1889, diplôme d'honneur; Reims, 1889, diplôme d'honneur.

M. MONCARRÉ, *fabricant de cartonnages*, rue de Flandre, 55, à Paris.

La maison MONCARRÉ, dont la raison sociale est actuellement : MONCARRÉ frères, PILLANT, COTTRAY et Cⁱᵉ, fait un chiffre d'affaires de 400,000 francs et occupe 140 personnes environ, hommes, femmes et enfants.

Elle fournit le Bon Marché, les grands magasins du Printemps, la Ville de Saint-Denis, etc.

Ses installations occupent plus de 8,000 mètres carrés, dont une partie est prise par les ateliers et l'autre sert de chantier à d'énormes provisions de bois de peuplier.

La maison Moncarré exposait dans la classe 42 ses caisses d'emballage en bois, avec impression, et qui lui ont valu une médaille d'or.

Dans la classe 10, elle présentait ses boîtes en cartonnage-bois, invention de M. Cottray. Ces objets présentent, au point de vue de la solidité, certains avantages sur les boîtes en carton simple, tout en offrant les mêmes conditions de légèreté et d'élégance.

Ce genre de boîtes se prête particulièrement à l'emballage des confections, des articles parisiens tels qu'éventails, ombrelles, bijoux, etc. Elles affectent les formes les plus variées.

Une médaille d'argent a été décernée dans la classe 10 à la maison Moncarré.

Précédemment, à l'Exposition universelle de Paris, 1878, elle avait déjà obtenu pour les mêmes objets une médaille d'argent et une médaille de bronze.

M. ORENGO-VIBERT, *fabricant de cartonnages*, rue de Turenne, 76, à Paris.

M. Alexandre ORENGO-VIBERT a pour spécialités : la fabrication des cartonnages de luxe et celle des boîtes pour confiseurs et parfumeurs. Les objets exposés dans sa vitrine étaient de très bon goût.

Parmi ces articles fort nombreux, nous citerons comme pièces principales : une commode Louis XV imitant le bois de rose, avec peintures artistiques de style; un élégant coffret, satin bleu pâle, orné de peintures, genre Watteau; une guitare; un puits avec personnage champêtre; une boîte satin gris, ornée de fleurs peintes; un panier de poissons; une boîte de baptême avec enluminures, genre moyen âge, etc.

Cette maison, fondée en 1859, fait un chiffre d'affaires de 80,000 francs environ et occupe une douzaine d'ouvriers et ouvrières.

M. PROUST, *fabricant de registres*, rue Charlot, 9, à Paris.

L'exposant présentait dans sa vitrine toute une collection d'agendas et de carnets de poche. Ce dernier article constitue l'une des principales spécialités de cette maison. M. Proust est arrivé, en effet, à produire ces carnets dans des conditions de prix absolument avantageuses.

La maison PROUST fut fondée en 1865 spécialement pour la fabrication des cahiers d'écolier, piqûres, corrigés, registres, carnets. La maison Baux faisant le même genre y fut réunie en 1885.

Le chiffre d'affaires de cet établissement s'élève annuellement à 300,000 francs; son personnel comprend 35 ouvriers et ouvrières, et son outillage, actionné par un moteur à air comprimé, système Popp, de 3 chevaux de force, sé compose de 3 coupe-papiers; 5 presses à percussion; 3 presses à bras, un certain nombre de presses à dorer les tranches; 2 balanciers à dorer et estamper; une machine à imprimer à la pédale, une machine à lisser et chagriner les peaux, un matériel complet de dorure.

Parmi les objets exposés, nous signalerons particulièrement un registre 10 mains jésus, à couverture perpétuelle, dos et plats en bois noir plaqué, serrure garniture et filet nickelés. Cette couverture peut être faite en bois, carton ou métal; elle peut user plusieurs registres et, pouvant être livrée indépendamment de son intérieur, convient pour l'exportation. Toute personne peut réunir la couverture au registre, *sans collage*.

Un copie de lettres composé d'un papier conservant l'humidité, et susceptible d'être utilisé plusieurs mois après le mouillage.

La vitrine de M. Proust comprenait, en outre, les nombreux articles de fantaisie précédemment cités.

Cette maison a déjà obtenu les récompenses suivantes : Paris, 1872, médaille de bronze; Académie nationale, 1873, médaille d'argent; le Havre, 1868, médaille d'argent; Paris, 1878, Exposition universelle, médaille d'argent.

M. Eugène RAVENEL, *fabricant de papier dentelle*, rue du Faubourg-Saint-Martin, 50,
à Paris.

Cette maison a été fondée en 1852 par M. Forell, beau-père du propriétaire actuel. La fabrication du papier dentelle ne se fait guère qu'en France, en Allemagne et un peu en Angleterre.

Elle remonte à peine à une cinquantaine d'années, mais depuis ce temps, le bon goût et le besoin de luxe se répandant de plus en plus, elle a pris une très grande extension.

Les confiseurs et pâtissiers emploient ce produit en grande quantité, pour les boîtes de dragées, gâteaux, fruits glacés de toute espèce; les charcutiers, pour leurs jambons, côtelettes, foies gras, pièces montées, etc.; les bouchers, pour envelopper leurs prés salés; les marchands de fruits et comestibles, pour leurs pommes, poires, oranges, etc.; les cartonniers et parfumeurs, pour orner leurs boîtes, ainsi que les marchands de cigares. Le papier dentelle sert également à l'emballage des beurres pour l'exportation, aux fleuristes, etc.

Ce produit s'exporte dans le monde entier, et principalement dans les deux Amériques, en Angleterre, en Espagne, en Russie, en Autriche, en Italie, en Belgique, en Suisse, en Turquie, en Égypte, etc.

La fabrication du papier dentelle exige un matériel extrêmement coûteux. Chaque dessin est gravé en relief sur une forte plaque d'acier de 0 m. 035 à 0 m. 040 d'épaisseur; ses creux sont d'une profondeur suffisante pour contenir de six à huit feuilles de papier ordinaire superposées; les reliefs font office d'emporte-pièce. Si la matrice est bien faite, on peut y découper n'importe quel papier de la carte, et même des tissus. Le papier a besoin d'une préparation : chaque feuille est frottée sur ses deux faces avec de la poudre de savon, pour qu'une fois découpées, ces feuilles puissent facilement se dédoubler. L'ouvrière applique sur la matrice le papier ainsi préparé, puis, saisissant de chaque main un petit marteau de plomb, frappe sur le papier. Il faut environ trente coups de marteau pour découper 10 centimètres carrés.

Les seuls articles qui se fassent mécaniquement sont les caisses pour fruits et pour cuisine; leur prix de revient assez élevé, lorsqu'ils se confectionnaient à la main, en rendait la consommation très restreinte; mais aujourd'hui que les prix sont réduits de plus de moitié, leur vente est devenue très importante.

Les différents articles exposés par M. Ravenel étaient de bonne fabrication et admirablement disposés; au centre de la vitrine on remarquait une table servie, avec spécimens de mets et de desserts ornementés par les divers modèles d'articles en papier dentelle.

Cette maison a obtenu les récompenses suivantes aux diverses expositions : Paris, 1875, médaille d'argent; Paris, 1878, médaille de bronze; Melun, 1880, médaille d'argent; Académie nationale manufacturière, médaille d'argent; Exposition des arts décoratifs, 1882, médaille de bronze; Académie nationale manufacturière, 1883, rappel de médaille d'argent; Anvers, 1885, médaille d'argent; Hanoï, 1887, médaille de bronze; le Havre, 1887, médaille d'argent; Exposition des cuisiniers français, 1888, médaille d'argent; Académie nationale manufacturière, 1888, médaille d'argent.

MM. SANARD, DERANGEON et Cie, *papetiers-libraires*, rue Saint-Jacques, 174, à Paris.

La maison de papeterie et de fournitures classiques, établie 174, rue Saint-Jacques, et connue sous le nom de *maison Vamblotaque*, a été fondée en 1790, par M. Guillot, sur l'emplacement qu'elle occupe actuellement.

Non seulement la papeterie, mais encore les papiers peints étaient compris dans les articles de cet établissement, à cette époque et jusqu'en l'an XIII.

A M. Guillot succéda M. Durand-Ruel, qui étendit son genre de commerce aux objets pour la peinture d'art, toiles, couleurs, pinceaux, etc.

Possesseur d'une deuxième maison pour la vente des tableaux et objets d'art, M. Durand-Ruel dut céder sa papeterie de la rue Saint-Jacques à son commis M. Vamblotaque. Ce dernier s'attacha à développer le commerce des fournitures classiques et donna un essor considérable aux affaires. Il se créa des relations avec la province et l'étranger, et dut bientôt agrandir ses magasins.

Il s'adjoignit en 1852 ses deux principaux employés, MM. Bazin et Girardot, qui contribuèrent à donner de l'extension à sa maison, le remplacèrent en 1862 et continuèrent à développer les affaires. M. Girardot mourut à la suite des événements de 1871. M. Bazin resté seul parvint à relever les affaires, forcément interrompues pendant la guerre, et à les augmenter sensiblement. Il s'était attaché en qualité d'intéressés ses principaux employés, MM. Sanard et Derangeon, et leur céda son établissement en 1885.

Les nouveaux propriétaires agrandirent leurs magasins et adjoignirent à leur commerce la fabrication d'objets de fantaisie (articles de Paris).

La maison, qui en 1852 possédait 2 commis et 6 ouvriers et apprentis, compte aujourd'hui 70 employés et voyageurs, 100 à 120 ouvriers et apprentis.

Les ateliers comprennent la réglure, la confection des cahiers d'école, la fabrication de registres corrigés, le cartonnage, la brochure, la dorure, l'impression, la maroquinerie.

Le chiffre d'affaires atteint actuellement le chiffre de 2 millions de francs.

Les produits de cette maison ont été l'objet de récompenses à l'Exposition universelle de 1867; à l'Exposition d'économie domestique en 1872; à l'Exposition universelle de 1878; à celle de Bordeaux en 1882.

Tous les articles exposés étaient fabriqués chez MM. Sanard et Derangeon, et exclusivement avec des matières premières françaises.

M. J. STREBEL, *fabricant de cartonnages*, rue Jean-Jacques-Rousseau, 19, à Paris.

C'est en 1869 que M. Joseph STREBEL prit la direction de la fabrique de cartonnages qu'il exploite actuellement, 19, rue Jean-Jacques-Rousseau, dirigée à cette époque par M. Burgal, chez qui il était employé.

Cette maison était de peu d'importance, son chiffre d'affaires ne dépassait pas 22,000 francs.

M. Strebel, qui occupe aujourd'hui 80 à 90 ouvriers et ouvrières, a donné, on le voit, une grande extension à cette industrie, en transformant entièrement son matériel, en créant des machines d'un système tout nouveau, découpant et imprimant en même temps la feuille de carton.

Ces machines, qui sont brevetées, servent :

1° A la fabrication du cartonnage, pour l'empaquetage des produits alimentaires secs, et des sucres cassés mécaniquement, livrés en boîtes de 1/2, 2, 3 et 5 kilogrammes, dont les prix varient de 18 francs à 48 francs le mille ;

2° A la fabrication des boîtes dites *carton-vitesse*, se montant et se démontant à volonté, au moyen d'une disposition ingénieuse de fils se reliant ensemble et redressant d'un seul coup les différentes parties de la boîte.

Ce système a permis de lutter avec avantage, pour l'exportation des cartons d'emballage, par suite du peu de place occupé par ces boîtes, dont le prix le plus inférieur est de 70 francs le mille.

Indépendamment des cartonnages courants, tels que cartons pour confections, robes, soieries, lingeries, fourrures, boîtes pour bureaux et magasins, etc., M. Strebel fabrique un carton (dit *reliure instantanée*) dont le dos est formé par plusieurs ressorts en acier faisant pression sur les bords.

Ce carton est employé pour le classement des lettres, factures, musique, journaux, etc.

On peut se rendre compte de l'importance de la maison Strebel, qui occupe l'une des premières places dans ce genre d'industrie, par son chiffre d'affaires qui s'élève actuellement à 400,000 francs.

M. TOCHON-LEPAGE, *fabricant de carte*, rue des Deux-Boules, 3, à Paris.

M. A. LEPAGE aîné fonda sa maison le 1ᵉʳ janvier 1865 pour la vente des papiers à dessin et à calquer ; il y joignit bientôt celle des bristols de tous formats.

Le chiffre d'affaires de sa maison alla toujours en augmentant.

En 1877, M. Lepage se rendit acquéreur de l'établissement Vernay, propriétaire de la fabrication des panneaux et cartons Müller, pour la peinture à l'huile, et y ajouta la préparation de la toile et du papier pour la peinture à l'huile et le pastel.

En 1878, la marque Bréauté-Tollé, la plus ancienne pour la spécialité, papiers à dessin, devint la propriété de sa maison.

Le chiffre d'affaires, qui était en 1865 de 50,000 francs, alla toujours en augmentant et atteignit en 1887 la somme de 800,000 francs.

A la mort de M. Lepage, au mois d'octobre 1887, M. Tochon, son gendre et son collaborateur depuis plusieurs années, prit sa succession et ajouta à son exploitation la fabrication des cartes pour la photographie. Il fit installer au n° 24 de la rue de Montsouris une usine où se font le collage, le laminage, l'impression et la dorure des cartes photographiques ; cette installation lui permet de donner une plus grande extension à la fabrication des cartes en feuille pour la typographie et la lithographie.

Actuellement, la maison Tochon-Lepage emploie, tant pour la fabrication que pour la vente de ses produits, 75 personnes, et son chiffre d'affaires est de 1 million de francs.

Nous avons remarqué, dans la vitrine de cet exposant, un choix complet de rouleaux à dessin, de papiers durs, demi-durs, veloutés, des papiers préparés pour le pastel, des demi-teintés dit *teintés Julien* pour le dessin, des albums de dessin, des cartes bristol, des cartes couchées, des cartes photographiques, des papiers et blocs toile, de nombreux spécimens de panneaux d'acajou pour la peinture à l'huile.

M. Abel ZELLER, *fabricant de cartonnages*, boulevard Sébastopol, 127, à Paris.

Cette maison, fondée en 1846, occupe une douzaine de personnes et fait un chiffre d'affaires de 100,000 francs environ.

Elle exposait dans sa vitrine les divers articles de cartonnage constituant sa spécialité principale : cartons de bureau, boîtes cuvettes, cartes et trousses d'échantillons, boîtes à fiches, chemises pour dossiers, boîtes à médicaments, etc. Tous ces articles étaient d'excellente facture.

Nous signalerons particulièrement : deux grands livres référence dont un à dos rond, pleine peau maroquin, à greluches et aiguilles, feuillets mobiles, coussins satin rose pâle, destinés à recevoir des collections de boutons de fantaisie;

Un grand-livre, référence, basane verte;

Deux boîtes de place à gorge, angles arrondis, garniture nickelée l'une en maroquin noir, l'autre en moleskine vernie;

Diverses boîtes pour courtiers, dont une en peau grenat, pour échantillons de liqueurs, vins, etc.;

Divers types de cartes dépliantes pour échantillons de tissus;

Deux livres, référence, pour échantillons de draperie, à feuillets imprimés, couverture toile;

Des carnets à plusieurs feuillets et coussins, pour échantillonner l'article de Paris;

Des livres à onglets pour dessins et imagerie, des cartons de bureau, etc.

M. ZELLER faisait partie du comité d'installation de la classe 10, et a obtenu une médaille d'argent.

MÉDAILLES DE BRONZE.

MM. Napoléon ALEXANDRE et Cie, *imprimerie, papeterie, fabrique de registres*, rue Lafayette, 88, et rue Montholon, 6, à Paris.

Cette maison, fondée en 1840, est actuellement dirigée par M. Marx, gendre de Mme Napoléon ALEXANDRE, associé à ses deux beaux-frères, MM. Émile Alexandre et Sylvain Caïn. Cet établissement, affecté à la fabrication des registres, des objets de papeterie et des impressions diverses pour le commerce, fait un chiffre d'affaires qui ne s'élève pas à moins de 800,000 francs par an.

MM. Napoléon Alexandre et Cie occupent aujourd'hui, dans leurs ateliers de la rue Montholon, 70 ouvriers et ouvrières ainsi répartis : papeterie, réglure et façonnage, 30 personnes; imprimerie lithographique, 30 ouvriers desservant 4 machines et 10 presses à bras; imprimerie typographique, travaux de commerce, 5 personnes; gravure sur pierre et sur cuivre, 5 ouvriers.

Nous avons été frappé de la variété et de la bonne exécution des travaux de cette maison qui, depuis trois ans, a pris, d'ailleurs, une grande importance. Grands-livres, journaux, livres de caisse, etc., figurant dans la vitrine de ces exposants permettaient l'examen de tous les genres de couverture en usage, depuis la toile jusqu'au maroquin, en passant par la basane et le parchemin, et la comparaison des divers systèmes de garniture en peau et en métal. L'ornementation et la tranche de ces articles accusaient des efforts heureux dans la voie des innovations.

* * *

MM. Gaston d'Argy et Cie, fabricants transformateurs de papier à cigarette,
rue de Dunkerque, 54, à Paris.

MM. D'Argy et Cie exposaient, dans leurs vitrines, des spécimens de leurs principaux produits, tels que :

Le *papier ambré*, rendu imperméable à l'une de ses extrémités afin d'empêcher son adhérence aux lèvres ;

Le *papier François* et le *papier Jean*, protégés tous deux par une couverture en parchemin végétal ;

Enfin, le *papier Pêcheur*, qui se signale par le bon marché de son prix.

La vente de cette maison s'élève annuellement à 350,000 francs environ.

* * *

MM. Ch. Bony et Cie, fabricants de cartes à jouer, à Lunéville (Meurthe-et-Moselle).

Cette maison exposait toute une collection de jeux français et étrangers. Fondé en 1836, par M. Pierre Bony (grand-père du propriétaire actuel), cet établissement produit annuellement 600,000 jeux de cartes, écoulés en France, et 100,000 jeux pour l'exportation.

La maison Bony occupe 35 ouvriers, possède comme outillage mécanique : 2 calandres à friction ; 2 machines chromolithographiques ; 2 colleurs mécaniques ; 3 cisailles circulaires à couper les cartes à jouer ; 1 machine à imprimer les tarots ; 1 coupeuse mécanique servant à couper les feuilles une fois imprimées ; 1 laminoir ; 1 appareil perfectionné pour le séchage des cartes à jouer et actionné par un ventilateur.

La force motrice est obtenue au moyen d'un moteur à vapeur de 25 chevaux.

La maison a déjà obtenu une médaille de vermeil à l'Exposition industrielle d'Épinal, en 1881.

* * *

M. Georges Borgeaud, fabricant d'articles spéciaux pour bibliothèques et classements,
rue des Saints-Pères, 41 bis, à Paris.

M. Borgeaud entra le 29 décembre 1883 en possession de la maison E. Nicot et R. Bonnange. Cette maison était concessionnaire des *catalogues et répertoires à fiches articulées, système F. Bonnange,* articles avantageusement connus dans les administrations publiques, ministères, bibliothèques, etc. Elle avait obtenu, à l'Exposition de 1878, une mention honorable.

Le premier soin de M. Borgeaud fut de reconstituer la clientèle et de chercher à l'étendre, en adjoignant à sa vente quelques objets spéciaux concernant l'agencement et la fourniture des bureaux.

Il prit avis et conseils de sa clientèle, et fut ainsi amené à créer quelques nouveautés heureuses, telles que : *le chevalet-liseuse*, destiné à faciliter la lecture, les copies ou les traductions ; *les tableaux à fiches mobiles à coulisseaux métalliques*, brevetés ; *le répertoire-adresses* ; *le classe-adresses* ; *le classeur*, pour cartes de visite ; *les collectionneurs*, pour coupures de journaux ; *la reliure de sûreté*, pour classement des cartes, plans, estampes, etc. ; *le relieur instantané* ; *le carnet-bloc perforé* ; *les enveloppes de livres*, en papier japon et toile.

Il installa, d'une façon spéciale, la vente des fiches ordinaires en carte blanche et quadrillée.

Le chiffre d'affaires de cette maison, qui était en 1884 de 30,000 francs environ, s'est élevé en 1888 à 60,000 francs.

M. Borgeaud occupe toute l'année, pour la fabrication de ses articles spéciaux, 4 ou 5 personnes; ses travaux d'ébénisterie se font au dehors.

MM. BRAUNSTEIN frères, fabricants transformateurs de papier à cigarette,
boulevard Exelmans, 65, à Paris.

MM. BRAUNSTEIN frères ont fondé leur maison en 1879, pour s'occuper spécialement de la vente à l'étranger du papier à cigarette. Grâce à de longs et persévérants efforts, ils ont réussi à faire adopter, par la consommation, du papier extra mince, et sont arrivés à substituer, presque complètement, l'usage du papier français à celui du papier autrichien, dans les contrées dont ils ont fait leurs principaux marchés.

Ils fabriquent de 1,400 à 1,500 boîtes de papier à cigarette par jour, et leur chiffre d'affaires annuel se répartit de la façon suivante :

Exportation {	la Roumanie..	800,000 francs.
	l'Autriche-Hongrie.................................	500,000
	la Russie..	200,000
	divers pays..	200,000
	SOIT ENVIRON........................	1,700,000

Leurs ateliers occupent de 90 à 100 personnes, et possèdent un moteur à gaz de la force de 10 chevaux actionnant : 4 machines à rogner le papier, 2 à filigraner, 2 à découper et tracer les cartons d'emballage, plus 2 machines à imprimer, 4 à fabriquer les ressorts de fermeture des cahiers, 1 à affûter automatiquement les lames des découpoirs, etc.

MM. Braunstein frères ont obtenu : en Autriche, une médaille d'argent et une médaille d'or; à Troyes, une médaille d'or; en 1888, à Paris, ils étaient hors concours, comme membres du jury.

M. BUCHET, doreur sur papier, rue Saint-Anastase, 9, à Paris.

Cette maison, fondée en 1860, par M. Thuillot, fut reprise par M. BUCHET, en 1879, et atteignait à cette époque un chiffre d'affaires de 40,000 francs.

M. Buchet s'imposa de grands sacrifices pour lutter contre la concurrence étrangère; il augmenta et perfectionna son matériel par l'installation de presses de tous systèmes, etc.

Quatorze presses fonctionnent actuellement dans ses ateliers pour la dorure en tous genres; des graveurs étant attachés à la maison, la clientèle peut être servie instantanément, et économiquement.

En 1879, 8 ou 10 ouvriers seulement étaient employés dans cette fabrique; aujourd'hui, ils sont au nombre de 28 à 30.

Depuis que M. Buchet a repris la maison, il est arrivé à réaliser, pour l'année 1888, un chiffre annuel de 130,000 francs d'affaires.

MM. CAILLAULT et LEVASSEUR, rue Quincampoix, 10, à Paris.

La maison CAILLAULT et LEVASSEUR est l'une des plus anciennes maisons de Paris, pour la fabrication des papiers dentelles, sacs et cornets pour bonbons, enveloppes à cornes et fantaisies riches, mignonnettes, surprises françaises, etc. Cette maison, fondée en 1820 par M. Porlier et Blésimar, a déjà obtenu les récompenses suivantes :

Médailles de bronze, Amsterdam, 1869; Paris, 1878. Premier prix, Melbourne, 1880. Médaille d'argent, Paris, 1882.

Son chiffre d'affaires est de 200,000 francs; son personnel comprend environ 25 ouvriers et ouvrières.

MM. Caillault et Levasseur, à côté de leurs articles en dentelle de papier, dont l'excellent goût du dessin ne le cédait en rien à la perfection de l'exécution, exposaient dans leur vitrine toute la collection des articles qui viennent d'être énumérés, et parmi lesquels les cartonnages en forme de hottes, de caisses, de chapeaux, de soufflets, etc. sont autant d'innovations qui dénotent l'ingéniosité déployée par ces représentants d'une industrie essentiellement parisienne.

M. CHAPON, fabricant de cartonnages, rue Charlot, 3, à Paris.

La maison CHAPON avait exposé un certain nombre d'échantillons de cartonnages de fantaisie. Ces articles bien présentés étaient fabriqués avec soin,

Nous signalerons particulièrement : un panier de satin rose garni de velours; l'anse de ce panier servait de point d'attache à une balançoire où s'exerçait une gracieuse fillette ;

Un riche coffret en velours blanc ornementé d'une peinture de sujet de chasse; le pourtour de cet objet était en satin bleu plissé, bordé d'une gauze dorée ;

Des corbeilles et des hottes en peluche et en satin.

M. DECHAMPS, papetier-imprimeur et fabricant de registres,
rue du Faubourg Saint-Denis, 78, à Paris.

La papeterie DECHAMPS, dont la fondation remonte à 1825, n'était primitivement qu'un simple magasin de vente. En 1844, M. Gérard, ancien employé des maisons Caroît et Fortin, en prit possession et lui donna peu à peu le développement qu'elle atteignit en 1875, époque à laquelle il la céda à M. Pirmet. Le chiffre d'affaires de la maison était alors de 90,000 francs environ. Cinq ans après, ce chiffre s'élevait à 110,000 francs, et M. Pirmet cédait son établissement à M. Deschamps, fils d'un papetier établi pendant vingt-trois ans rue Saint-Honoré.

Sous la direction de M. Deschamps, la maison prit encore plus d'importance, et son chiffre d'affaires est actuellement de 200,000 francs.

Indépendamment des articles de papeterie de fabrication courante, des copies de lettres et de quelques registres de 8 et 10 mains, format jésus, couverts en basane fauve et d'une bonne fabrication, M. Deschamps avait encore exposé :

1° Un registre de 15 mains colombier, réglé grand-livre, couvert en maroquin vert du Cap, avec fermoir et garniture, style arabesque, repercée et gravée, décor vieil argent, or mat, bruni, et nickel; ce registre, d'une grande valeur, se remarquait surtout par la solidité de sa confection et la couture double destinée à empêcher les cahiers de descendre;

2° Deux *références* pour drapiers, format jésus, couture visible à œillets; ces références se distinguaient par leur qualité toute particulière de résistance.

M. Victor Fouqueray, *papetier fabricant de registres*, rue des Petits-Carreaux, 5, à Paris.

M. Victor Fouqueray se rendit acquéreur en 1879 d'une maison de papeterie, située rue des Petits-Carreaux, 2, appartenant à M. Cardon, qui n'occupait à cette époque qu'un seul ouvrier.

Transférée l'année suivante au n° 5 de la même rue, cette maison s'occupa dès lors plus spécialement de la fabrication des registres, fabrication qui, par suite de l'augmentation du chiffre d'affaires, emploie actuellement 17 personnes.

Tous les articles exposés dans la vitrine de la maison Fouqueray étaient d'usage courant et d'une bonne fabrication.

A côté des copies de lettres et des registres ordinaires, on remarquait surtout un quinze mains colombier dont la réglure particulière permettait d'ouvrir six comptes de front, soit pour le registre entier 4,500 comptes, avec une hauteur de 0 m. 63.

M. F. Georget, *fabricant de cartonnages*, rue Saint-Anastase, 9, à Paris.

M. Georget, depuis deux ans à la tête de cette maison, fait un chiffre d'affaires de 150,000 francs environ, occupe journellement dans ses ateliers de dorure, d'estampage, 25 personnes, et emploie une vingtaine d'ouvriers qui travaillent au dehors. Les matières premières : carton, papier bois, etc., sont converties en boîtes avec dorure, peinture, estampage ou timbrage.

M. Georget exposait de nombreux spécimens de sa fabrication, parmi lesquels nous citerons :

Un coffre style Louis XV, avec son tour en satin bleu et son dessus orné d'une peinture représentant une fête champêtre et comprenant quinze personnages : pieds, entrée de serrure en bronze vieil argent, style rocaille;

Une grande boîte ovale de 0 m. 50 de diamètre, avec dessus en peluche rose, une corbeille de fleurs en peluche et garnie de rubans tressés;

Deux fantaisies représentant une niche à chien avec boîte à bonbons en jonc verni garni de chenille;

Un sabot de polichinelle en carton moulé, avec une tête de chat noir sortant d'un bouillonné de rubans;

Une charrette de lilas en jonc recouverte de satin bleu;

Une chaise à porteur toute en carton, copie exacte de celle de Marie-Antoinette conservée au musée de Versailles, cartonnage orné de satin bleu, de glaces et de peintures;

Une tête de clown fixée sur un chevalet garni de satin;

Une grande variété de boîtes rondes, carrées, ovales, recouvertes de papier gélatiné fantaisie, papier de couleur, papier couché et plissé;

Une collection de boîtes, de timbres secs, depuis 0 m. 66 jusqu'à 0 m. 50 de diamètre, etc.

L'Exposition de 1889 est la première à laquelle cette maison ait pris part.

M. Gabriel Genne, *fabricant de registres*, rue de Rambuteau, 26, à Paris.

Cette maison a été fondée en 1850 par M. Richarme, qui travaillait principalement à façon, pour l'exportation, et a été reprise, le 1ᵉʳ février 1882, par M. Gabriel Gerbe, qui, tout en continuant à travailler dans le même sens, chercha cependant à se créer des relations directes avec les consommateurs, et parvint à doubler ainsi son chiffre d'affaires.

M. Gabriel Gerbe occupe une quarantaine d'ouvriers.

Nous signalerons dans la vitrine de cet exposant, à côté des registres d'emploi courant, plusieurs spécimens, d'un système nouveau et très ingénieux, de reliure mobile.

M. Gondolf, *fabricant de papier dentelle*, rue de Bondy, 76, à Paris.

M. Gondolf exposait des papiers dentelles, enveloppes, cartes de visite, papiers à lettre, ronds pour plats, assiettes et bouquets, caisses plissées en tous genres pour confiseurs, articles pour fleurs et cartonnages de fantaisie.

M. Gondolf créa cette maison en 1870 et prit la suite des affaires de la maison Quoy en 1877. Son chiffre d'affaires s'élève à 176,000 francs et son personnel comprend 50 à 60 ouvriers.

M. Gondolf, afin de lutter contre la concurrence allemande, à l'étranger, a créé une succursale à Londres.

Cette maison avait obtenu une mention honorable à l'Exposition universelle de 1878.

M. J.-B. Gouchon, *fabricant de cartonnages*, rue de la Perle, 9, à Paris.

Cette maison occupe 38 ouvriers et fait un chiffre d'affaires de 80,000 francs environ par an.

Elle exposait des spécimens de sa fabrication : cartonnages pour pharmaciens et chimistes, boîtes à thé, tubes pour couleurs; ses articles fins : boîtes à baptême, en soie et en papier, avec décoration de peinture et incrustation dorée; boîtes à chocolat, en papier fantaisie, ornées de chromos, rondes, ovales, carrées, sacs montés, sacs soie, cornets et poches avec incrustation.

Quelques spécimens de dorure avec impression en couleur (articles brevetés).

Nous signalerons particulièrement ses nouvelles boîtes plissées, dites *modernes* ou de *Gouchon* (déposées) qui sont appelées, par leur forme coquette et gracieuse, à remplacer l'ancienne boîte plissée de forme droite.

M. A. Herment, *papetier-libraire*, rue Visconti, 17, à Paris.

Cette maison, ancienne maison J. Garnier, date de plus de trente ans. M. Herment possède un brevet de librairie en date du 22 septembre 1859, où M. Garnier est indiqué comme remplaçant un sieur Coquibert, décédé.

A son commerce de librairie, M. Garnier ajouta la fabrication des cahiers d'écolier, fabrication pour laquelle il entreprit la publication de couvertures illustrées avec notices expliquant les vignettes; il fut l'un des premiers faisant ce genre de couvertures et lui donna une extension considérable.

En 1874, Mᵐᵉ veuve Garnier vendit son établissement à MM. Papillon et Herment, qui, continuant les traditions, apportèrent tous leurs soins à la continuation de la collection des couvertures, ajoutèrent de nouveaux sujets, de nouvelles séries, et donnèrent une extension plus considérable à la fabrication des petits registres déjà commencée par leur prédécesseur.

En 1885, M. Papillon s'étant retiré, M. Herment est resté seul à la tête de l'établissement.

La maison actuelle occupe environ 60 personnes, sans compter les ouvriers à façon qui travaillent au dehors, tels que régleurs, marbreurs, imprimeurs, etc. Son chiffre d'affaires est d'environ 500,000 francs.

La maison Garnier avait obtenu, à l'Exposition de 1867, une médaille de bronze; en 1878, une médaille de bronze fut accordée à MM. Papillon et Herment, et en 1889, une nouvelle médaille de bronze est venue s'ajouter aux précédentes.

La vitrine de cet exposant contenait des spécimens des articles fabriqués dans ses ateliers : cahiers d'écolier en tout genre, parmi lesquels nous citerons la nouvelle série avec couvertures en chromotypographie représentant *les Enfants célèbres*; corrigés couverts en toile, en moleskine, avec reliure amateur, etc.; registres pour comptabilité de toutes dimensions; pochettes et boîtes de papier à lettre, articles à bon marché dont M. Herment a ajouté, depuis un an, la fabrication à celle des produits de sa maison.

———

M. Émile LABOURÉ, *fabricant de cartonnages*, rue du Temple, 71, à Paris.

Cette maison, fondée en 1846 par M. Josse, a été cédée ensuite à M. Cathay-Bleuze, et passa en 1882 entre les mains de M. Labouré, qui la développa progressivement et qui, étendant ses relations commerciales, arriva à écouler facilement ses produits en France et à l'étranger.

Entre autres objets exposés, tels que boîtes à gants et à bijoux, boîtes plissées pour baptême, sacs à bonbons et cartonnages de fantaisie, nous signalerons plus particulièrement un coffret à glace avec garniture en plumes et deux sujets champêtres, d'excellent goût.

———

MM. E. et A. LAURENT, *fabricants de cartonnages*, rue des Quatre-Fils, 4, à Paris.

Cette maison a été fondée en 1857 par M. Chevalier, qui sut lui donner une telle extension, qu'elle arrivait à un chiffre d'affaires de 200,000 francs en 1872 et atteignait 280,000 francs en 1882.

M. Chevalier s'associa en 1882 M. E. Laurent, qui garda seul la direction de la maison en 1886; ce dernier donna aux affaires une impulsion qui se traduisit par une progression constante et régulière.

Le chiffre d'affaires était :

En 1885..	335,000 francs.
En 1886..	369,000
En 1887..	420,000
En 1888..	430,000

M. E. Laurent s'associa, le 1ᵉʳ janvier 1889, son cousin, M. Alfred Laurent, et la maison continua sa marche, sous la raison sociale E. et A. Laurent. Elle occupe en moyenne 60 ouvriers et ouvrières; et possède 5 voyageurs tant pour la France que pour l'étranger.

La main-d'œuvre s'élève à 130,000 francs; le salaire minimum des femmes est de 3 francs; les premières ouvrières gagnent de 5 francs à 5 fr. 50 par jour.

Les jeunes ouvriers cartonniers gagnent 4 fr. 50; les ouvriers ordinaires, 6 francs; les premiers ouvriers, 7 et 8 francs. La journée n'est jamais inférieure à 10 heures de travail.

Parmi les objets exposés par cette maison, nous citerons : les boîtes de baptême, les sacs à bonbons, les enveloppes, rouleaux et parchemins pour mariage, les brochures, les boîtes fantaisie, vannerie riche, coffrets, surprises originales, etc.

La maison E. et A. Laurent a obtenu les récompenses suivantes :

Médaille de bronze au Palais de l'industrie (1861); médaille de 1ʳᵉ classe à l'Académie manufacturière et commerciale en 1865; mention honorable à l'Exposition universelle de 1867; grande médaille de mérite à Vienne (1873); médaille de bronze décernée par M. le Ministre du commerce pour accompagner la médaille de Vienne; Londres (1874), médaille décernée aux artistes industriels qui furent admis en nombre assez restreint; diplôme d'honneur en 1887 pour l'édition des planches du phylloxera déjà récompensée en 1880.

M. Lussereau-Renard, rue Saint-Denis, 163, à Paris.

M. Lussereau-Renard exposait les divers spécimens de ses papiers gaufrés, estampés, et de ses papiers-dentelles pour la confiserie, l'enveloppage des bouquets, la confection des cache-pots, la fabrication des abat-jour, etc.

MM. Maunoury, Wolff et Cⁱᵉ, fabricants de cartonnages et marchands de papiers en gros, rue Saint-Martin, 110, à Paris.

La maison Maunoury, Wolff et Cⁱᵉ, fondée en 1850, a acquis en 1855 le fonds Redron-Bertrand, créé lui-même en 1808. La réunion de ces deux établissements a amené un grand développement dans la partie industrielle, consistant en : fabrication de sacs, boîtes, poches, cornets avec ou sans impression ou dorure.

La production journalière dépasse actuellement 5,000 kilogrammes et promet de se développer encore, par suite du bas prix et de la bonne fabrication.

La maison est propriétaire d'un terrain de 6,000 mètres, situé, 177, rue du Chevaleret, en grande partie couvert pour les besoins de son industrie. Cette nouvelle installation permet de donner un plus grand essor au façonnage et à la transformation en général des papiers et cartons.

Un matériel important est affecté à cette fabrication : 16 machines à imprimer ou à timbrer : 8,000 clichés au nom des clients servent à imprimer les sacs et tous les produits de paquetage.

Un personnel de 90 ouvriers et ouvrières est occupé à ces divers travaux. En totalité, le personnel de l'établissement, y compris les ouvriers, est de 170 environ.

La maison vient de faire une application nouvelle de la transformation du papier, en fabriquant des brancards de voiture en papier comprimé, dont quelques spécimens étaient exposés dans sa vitrine.

Son chiffre d'affaires est d'environ 5 millions par an.

Récompenses obtenues et diverses fonctions dans les expositions :

M. Wolff père : chevalier de la Légion d'honneur, membre du jury à l'Exposition d'Amsterdam (1883), président du jury des récompenses à l'Exposition d'Anvers (1885), membre du comité d'initiative de l'Exposition de Barcelone (1888), membre du comité d'admission de la classe 58 (matériel et procédés de la papeterie) à l'Exposition universelle de 1889.

A la suite de l'Exposition de Hanoï, en 1887, où la maison a exposé (hors concours), M. Paul Maunoury a été nommé officier de l'ordre impérial du Dragon de l'Annam.

MM. Mazoyer frères, fabricants de papier ciré, rue du Milieu, 1, à Ivry.

La fabrique de papier ciré de MM. Mazoyer frères fut fondée par leur père en 1846. La fabrication s'effectue dans un bâtiment de 55 mètres de longueur, avec premier étage et grenier au-dessus. La production journalière est de 1,000 rouleaux environ dans des hauteurs variant de o m. 80 à 1 m. 5o et en toutes forces. L'enduit de ces papiers ne se brise ni au frottement ni à la chaleur, et est imperméable à l'humidité.

Les bâtiments servant à la fabrication de la colle, les magasins de papier et de vernis occupent une surface totale de 2,000 mètres.

MM. Mazoyer frères fabriquent eux-mêmes tous leurs enduits pour la première couche, ainsi que les vernis destinés à la seconde.

Leur personnel est peu nombreux, tout le travail (sauf le vernissage, qui se fait à la main) se pratiquant mécaniquement.

M. Eug. Mazza, papiers artistiques, boulevard de Sébastopol, 38, à Paris.

La maison Krohn, dont M. Mazza a pris la succession, a été fondée en 1856. Elle a obtenu une mention honorable à l'Exposition de 1878. Elle possède un grand nombre de variétés d'abat-jour.

M. Mazza a transformé sa fabrication en inventant une machine à l'aide de laquelle un jeune homme peut faire en un jour ce qu'un homme produisait en trois semaines par le moyen du balancier, ce qui lui a permis de réduire considérablement ses prix de vente. Cette maison possède un matériel assez important et de nombreux modèles; ses nouvelles matrices sont en acier trempé. Ses produits s'écoulent non seulement en France, mais encore à l'étranger, voire même en Allemagne, dont la concurrence jusque-là était fort redoutable. Cette maison fait tous les genres d'abat-jour, depuis l'abat-jour vert à o fr. 20 et o fr. 3o, jusqu'aux abat-jour riches en dentelle et en soie, variant de 3 francs à 15o francs.

M. Mazza fabrique des écrans pour bougies également, des couvre-globes en soie dits *voiles de lampes;* la maison possède à Montrouge une usine spécialement affectée à la fabrication de ces derniers articles. Sur de grandes et fortes tables, les ouvriers étendent régulièrement une légère couche de poussière de laine blanche ou colorée, et sur cette couche se place la soie sur laquelle vient s'appliquer la matrice mouillée de colle de pâte; le dessin est ainsi obtenu.

La maison Mazza occupe une trentaine de personnes; elle fait tisser sa soie dans le Nord et, suivant la convenance des demandes, la fait imprimer de divers dessins ou même décorer à la main par des artistes spéciaux.

M. Charles Ossent, fabricant de registres, imprimeur,
rue du Faubourg Saint-Antoine, 55, à Paris.

La papeterie Ossent fut fondée par M. Rooss en 184o et cédée par lui à M. Lebrun en 186o. M. Ossent, ancien employé des maisons Mallet (rue J.-J. Rousseau), Bellangé (rue Montmartre), Gauche (rue de Provence) et enfin Gonthier-Dreyfus, y entra comme commis en juillet 1879. Au mois de juillet 1882, M. Lebrun lui céda son établissement.

La maison faisait alors 70,000 francs d'affaires et son chiffre de vente atteint actuellement la somme de 150,000 francs, dont 25,000 francs environ s'appliquent à l'écoulement d'exportation. Cette progression s'explique comme suit :

	De 1882 à 1883...............................	99,000 francs.
	De 1884 à 1885...............................	110,000
Chiffre d'affaires.	De 1886 à 1887...............................	128,000
	De 1887 à 1888...............................	140,000
	Et cette dernière année......................	150,000

L'atelier occupe 50 ouvriers, 1 contremaître, 2 commis, 2 ouvrières, 1 demoiselle de magasin et 1 garçon de courses.

Le chiffre d'exportation s'élève à 25,000 francs et tend à s'accroître.

Le registre à triple couture, inventé par la maison, mérite tout particulièrement d'être signalé.

M. Ossent exposait, entre autres objets, un registre grand-livre, comptes généraux, recouvert en maroquin Lavallière, garniture cuivre argenté; un autre grand-livre, basane grise, garni d'acier, etc. Tous ces registres étaient confectionnés avec un grand soin.

MM. *Léon Richard et fils, fabricants de cartonnages*, boulevard Saint-Martin, 14, et rue de Bondy, 15, à Paris.

Cette maison emploie 20 personnes environ, sans compter une quarantaine d'ouvriers au dehors, et fait un chiffre d'affaires de 150,000 à 200,000 francs.

Son outillage comprend 6 cisailles, 1 mitrailleuse à tracer, 1 machine à gaufrer la soie, 1 scie circulaire pour les fûts en bois et environ 200 emporte-pièce.

Parmi les objets exposés, nous citerons : un violon, imitation terre cuite, et dont on peut jouer comme d'un violon ordinaire; des boîtes en jonc recouvertes de gaze, ne pesant que 45 grammes, etc.

M. D. *Rivage*, boulevard de la Villette, 117, à Paris.

Cette maison, fondée en 1880, occupe 35 personnes, hommes, femmes, enfants, et fait un chiffre annuel d'affaires de 120,000 francs environ, dont moitié avec l'Allemagne, la Belgique, l'Angleterre, la Suisse, l'Autriche, l'Italie, l'Espagne et le Danemark.

Son outillage comprend : 1 calandre, 8 rouleaux, 5 laminoirs, 3 machines à régler Brissard, 2 machines à la plume, 1 machine à filigraner en feuilles avec margeur automatique, 1 machine à filigraner en rouleau continu, 1 machine à filigraner en continu avec coupeuse. (Ces trois dernières machines de l'invention de M. Rivage et brevetées de septembre 1889.)

La vitrine de la maison Rivage contenait : des papiers préparés pour lithographies, autographes et typographes, des filigranes ordinaires et ombrés à la plaque.

M. Rivage a obtenu une mention à l'Exposition d'Anvers, une médaille de bronze à l'Exposition de Liverpool, une médaille d'argent au Havre, une médaille de bronze à Barcelone.

MM. E. *Royer et Cie, papetiers-libraires*, boulevard Saint-Germain, 80, à Paris.

La maison Royer a été fondée en 1866 pour la fabrication des articles de papeterie classique et pour la vente des fournitures pour maisons d'éducation.

Le chiffre d'affaires en 1875 était de 250,000 francs environ, en 1880 il a été de 400,000 francs, en 1885 il s'élevait à 700,000 francs. Depuis cette époque, malgré la baisse énorme du prix des matières premières, la maison a maintenu ce dernier chiffre.

Les articles de papeterie classique sont fabriqués dans les ateliers du boulevard Saint-Germain, 80, où sont également installés les magasins de vente.

Les produits employés pour la fabrication sont exclusivement français et de bonne qualité.

La première édition du catalogue de la maison Royer, en 1882, comprenait 80 pages; la deuxième, en 1883, 128 pages; la troisième, en 1884, 160 pages; la quatrième, en 1885, 176 pages; la cinquième, en 1887, 208 pages; la sixième, en 1889, comprend 250 pages. Cette augmentation continuelle du nombre de pages du catalogue indique l'extension que prennent les affaires de cet établissement.

Parmi les articles exposés par M. Royer et Cie, nous signalerons particulièrement : ses cahiers d'écolier, pour la vente aux maisons d'éducation, remarquables par la qualité du papier et le genre de fabrication; les carnets ardoisés; les appointe-fusains (modèle déposé); les cartons-nécessaires pour le dessin graphique (modèle déposé); les chevalets pour dessiner sur les genoux (modèle déposé); les albums pour le dessin et pour la musique, et les cartons pour le même usage; les cahiers pour cours de comptabilité; les chemises pour dossiers, la série de cartes et billets d'honneur.

M. STRAUSS, *fabricant de registres*, rue du Temple, 71, à Paris.

Cette maison a été fondée en 1844 par M. STRAUSS père, et a toujours suivi une marche ascendante. M. Strauss, qui avait commencé par travailler à façon, ne tarda pas à s'installer à son compte. En 1872, la maison atteignait comme chiffre d'affaires la somme de 300,000 francs; elle dépasse aujourd'hui celui de 500,000 francs, dont les quatre cinquièmes sont attribuables à l'exportation. La marque de cette fabrique est très connue et très appréciée à l'étranger : Havane, États-Unis, Amérique du Sud.

M. Strauss occupe 45 ouvriers et ouvrières dans ses ateliers, et 10 à 12 ouvrières au dehors. De plus son régleur, qui d'après un traité passé ne peut travailler que pour lui, possède 4 machines et occupe 8 ouvriers.

M. Strauss exposait pour la première fois les articles de sa fabrication, parmi lesquels nous citerons une exposition rétrospective de 1789, présentant un caractère d'un grand intérêt et composée d'une série de registres tels qu'on les fabriquait à cette époque [1].

M. TURLIN, *papier de luxe*, boulevard de Strasbourg, 63,
à Paris.

Cette maison déjà ancienne a passé successivement entre les mains de M. E. Leclerc (1875 à 1890), qui remporta une médaille de bronze en 1878, et de M. L. Hacque (1880 à 1883). M. G. TURLIN en prit possession en 1883.

Aux papiers de jour de l'an, papiers à fleurs, cahiers de concours et feuilles de compliments, qui constituaient les spécialités de la maison, M. G. Turlin ajouta la fabrication des papiers de fantaisie

----

[1] M. Strauss a fait don de ces différents registres au Musée commercial de la Chambre syndicale du papier et des industries qui le transforment.

avec timbrage, articles que les commissionnaires pour l'intérieur et pour l'exportation se procuraient en Allemagne et en Autriche.

Le succès fut complet : en deux ans le chiffre d'affaires augmenta de 50 p. 100.

Ce développement se produisit sans augmentation de frais généraux. M. Turlin a également ajouté à sa fabrication courante la confection des menus.

M. Émile VILLARET et Cie, fabricants transformateurs de papier à cigarette, à Clermont (Hérault).

Cette usine, l'une des plus anciennes dans ce genre d'industrie, occupe un personnel de 120 ouvriers et ouvrières, possède un outillage fonctionnant à la vapeur et produit 150,000 cahiers par jour.

La maison est propriétaire d'un grand nombre de marques (150 environ), parmi lesquelles nous citerons *la Victorieuse* et *l'Universel*.

MM. VILLARET et Cie fabriquent pour l'intérieur de la France et pour l'exportation, notamment pour l'Algérie, où leur papier occupe l'un des premiers rangs. Leurs autres débouchés sont principalement l'Espagne, le Portugal, la Tunisie, la Roumanie, l'Angleterre, les colonies anglaises.

Leurs papiers varient de 11 à 18 grammes le mètre carré, selon les habitudes et les goûts des pays où ils sont exportés.

MM. Villaret et Cie ont obtenu des récompenses à de nombreuses expositions, notamment :

Exposition universelle de Paris en 1878; médailles de bronze : Montpellier (1860), Marseille (1861), Nice (1865), Bône (1879), Hanoï (1887); médaille d'argent : Montpellier (1885); médaille d'or : Nîmes (1888); diplôme d'honneur : Cette (1888); grand diplôme d'honneur : Alger (1889).

MENTIONS HONORABLES.

M. E. DELASALLE, fabricant transformateur de papier à cigarette, rue de l'Homme-Armé, 4, à Paris.

La maison DELASALLE, de création récente, emploie pour la fabrication de ses cahiers de papier à cigarette les produits des premières fabriques françaises et apporte un soin scrupuleux à la bonne confection de ses articles, parmi lesquels *le Royal* mérite d'être plus particulièrement signalé.

M. Th. DUCLOS, fabricant de carte pour imagerie et photographie, rue Mabillon, 8, à Paris.

Cette maison a été fondée en mai 1885.

Sa destination était la dorure sur bristol et la fabrication de la carte pour photographie.

En septembre de la même année, M. Duclos innovait le biseau sur gélatine, ivoirine et rizoline.

En 1886, la maison commença à fabriquer elle-même les cartons nécessaires à son travail. En

1886, M. Duclos créa des modèles d'étiquettes avec biseau or. Cette maison exposait de fort beaux spécimens de sa fabrication, cartes biseautées, cartes couchées, etc.

M. EBERHARDT, *fabricant de papier dentelle*, rue Saint-Martin, 314, à Paris.

Cette maison, qui compte vingt-deux ans d'existence, qui occupe un personnel nombreux et fait un chiffre d'affaires relativement important, exposait ses diverses sortes de papier dentelle, à l'usage de la cartonnerie, de la confiserie, et ses articles pour fleuristes et horticulteurs.

Pour lutter contre la concurrence étrangère de plus en plus envahissante, M. Eberhardt a fait de très grands efforts.

Dans l'intention de réduire le plus possible les frais de main-d'œuvre, il a perfectionné son outillage et dès 1868 a installé des machines transformant mécaniquement le papier en papier dentelle. Il possède aujourd'hui un matériel de plus de 125,000 francs, et occupe dans ses ateliers une quarantaine de personnes.

Il avait déjà obtenu à l'Exposition internationale du Havre 1868 une médaille de bronze, et à l'Exposition internationale de Belgique une médaille d'argent.

M. FABRE, rue de la Santé, 2, à Paris (Exposition ouvrière).

M. FABRE exposait un beau registre, format jésus, à 1,000 folios, confectionné en papier similijapon, réglé grand-livre, relié à l'anglaise et couvert de basane pelucheuse, avec riche garniture de fantaisie en cuivre nickelé.

Cet exposant, entrepreneur de la fabrique de registres de la maison Delagrave, a commencé cette industrie, il y a quatre ans, avec la collaboration d'un seul ouvrier, et occupe actuellement une cinquantaine de personnes.

M. R. FONTAINE fils, *fabricant de cartonnages*, rue de Tournon, 13, à Paris.

Cette maison a été fondée en 1813 et a toujours appartenu à la même famille.

Son chiffre d'affaires a augmenté des deux tiers depuis dix ans. M. Fontaine s'est appliqué à livrer à la consommation des articles à la fois solides et élégants.

Dans la vitrine de cet exposant figuraient de nombreux spécimens : de cartonnages pour bureau, de portefeuilles référence, d'étuis, d'articles de fantaisie pour étalage et d'objets à surprise.

M. HIERNAUX, *fabricant de papier ciré*, rue de Javel, 11, à Paris.

L'établissement de M. Hiernaux, fondé en 1879, comprend deux industries : la fabrication du papier ciré et celle du papier-toile.

M. Hiernaux a apporté d'heureuses innovations à la confection du papier ciré; il a remplacé l'ancien procédé, qui exigeait un double enduit de noir de fumée et de vernis, par un mode de préparation plus rapide, moins coûteux, et ne comportant qu'une seule opération.

L'enduit unique se compose, pour le papier ciré proprement dit, de résine et de gomme laque noircies par du noir de fumée additionné de bois de campêche.

Quant au papier ciré dit *verni*, l'enduit appliqué consiste dans une substance stéarique noire, employée à chaud, dont la couche est réglée par un couteau tendeur, et qui se sèche par refroidissement.

Une petite machine, conduite par 2 ouvriers, occupant 6 mètres carrés et dépensant un demi-cheval-vapeur, produit en 12 heures 10,000 mètres de ce papier. Ce papier ciré, dit *verni*, est d'une imperméabilité absolue.

L'enduit des papiers hydrofuges employés par les tapissiers sur les murs humides est composé de brai sec et de créosote mélangés à la *china clay*.

Les papiers créosotés préservateurs sont recouverts d'une couche composée exclusivement de créosote, dont l'odeur chasse les insectes.

M. Hiernaux a simplifié l'opération du séchage, qui chez lui ne se fait plus sur des étendages à la main ou mécaniques, mais se pratique sur des plaques chauffées ou dans des caisses alimentées d'air chaud au moyen d'un ventilateur spécial.

Pour la garniture des emballages d'exportation, des colis postaux et des envois en grande vitesse, le papier ordinaire est généralement trop peu résistant : M. Hiernaux, pour approprier un produit à cet emploi, a importé d'Angleterre la fabrication des papiers doublés de toile et recouverts d'un enduit imperméable.

Sa production mensuelle est de 30,000 mètres environ.

Les papiers-tissus de cette maison s'emploient non seulement pour l'emballage, mais encore pour la fabrication des étiquettes, des sacs d'échantillons, des enveloppes; pour la couverture des dossiers, le collage des plans et dessins, etc.

M. Hiernaux occupe 20 ouvriers.

M. LANDRIN, *papetier, fabricant de registres*, rue Saint-Denis, 221, à Paris.

Fondée au siècle dernier, la PAPETERIE DU CALENDRIER faisait partie d'un groupe de maisons de petits marchands avoisinant la cour des Miracles. Elle fut transférée rue Saint-Denis, en 1830.

Elle passa successivement entre les mains de M. Weynen (1832), de Mlle Orschner et de M. J. Bouillotte (1842). Ce dernier joignit à la fabrication des registres le commerce des enveloppes de lettre, industrie encore nouvelle. Il prit la suite des affaires de M. A. Maquet, créateur de cette industrie, et céda la fabrication des registres. La maison était placée au premier rang; M. Buzenet, pour l'y maintenir, développa la papeterie de luxe, les objets d'art, les bronzes et la maroquinerie fine. M. Landrin lui succéda le 1er novembre 1876, et, pour étendre ses affaires, adjoignit à sa fabrication de registres l'imprimerie commerciale.

Parmi les objets exposés dans la vitrine de cette maison, nous signalerons ses copies de lettres, ses registres, tous cousus au fil de chanvre câblé. Les gros registres étaient rubannés intérieurement et extérieurement, et cousus à double couture. Le registre bleu, tranche marbrée argentée, était le seul de la classe qui offrit cette disposition. L'intérieur était imprimé et réglé, et représentait un journal grand-livre, dont le texte, rédigé par M. Landrin, avait été approuvé par un expert comptable. Sa composition en gravure et son tirage étaient particulièrement soignés.

Mme veuve LEGRAND, fabricante transformatrice de papier à cigarette,
rue de l'Aqueduc, 49, à Paris.

Mme veuve LEGRAND exposait dans sa vitrine un certain nombre de cahiers et ramettes des papiers à cigarette dont elle a la spécialité et parmi lesquels nous citerons : le *papier antinicotine,* l'*Élégant,* le *papier maïs,* le *papier quinquina.*

Cette maison a été créée en 1852 et a obtenu quatre médailles de bronze, d'argent et d'or, aux diverses expositions auxquelles elle a participé.

MM. LÉON et Cie, fabricants transformateurs de papier à cigarette,
rue Monsieur-le-Prince, 51, à Paris.

Cette maison, créée en 1886, s'est développée assez rapidement. Son chiffre d'affaires s'élève actuellement à 80,000 francs par an. MM. Léon et Cie exportent leurs produits principalement en Orient, en Roumanie, en Bulgarie, en Serbie, en Belgique, en Autriche-Hongrie.

Les articles exposés étaient de bonne qualité et le fermoir métallique adapté à leurs cahiers de papier à cigarette est une innovation de la maison.

MM. Léon et Cie occupent 14 ouvriers et 4 ouvrières, et ont obtenu déjà une médaille d'argent à l'Exposition de Barcelone.

MM. Alexandre NERSON et fils, fabricants de cartonnages et de gainerie,
rue des Francs-Bourgeois, 43, à Paris.

Primitivement installée à Strasbourg, la maison NERSON vint se fixer à Paris en 1872 et, afin d'obtenir une économie de main-d'œuvre, résolut d'établir sa manufacture en province. C'est dans ce but que fut installée à Valréas (Vaucluse) une importante usine qui occupe 250 ouvriers et ouvrières, et qui possède une annexe à Richerenches.

A l'usine de Valréas, le travail mécanique est appliqué à toutes les opérations qui en permettent l'utilisation.

La maison Nerson et fils fabrique plus particulièrement les boîtes (de tous formats et de tous modèles) pour les pharmaciens, les bijoutiers et les parfumeurs. Une imprimerie, annexée à l'établissement, permet de livrer ces différents articles avec les étiquettes comprenant les adresses, marques de fabrique ou légendes réclamées par la clientèle.

MM. Alexandre Nerson et fils possèdent également un établissement important à Aubervilliers (Seine).

M. C. PRADON, fabricant transformateur de papier à cigarette,
rue Rochechouart, 9, à Paris.

M. PRADON exposait ses papiers à cigarette à bords gommés, en cahiers et sous bandes, de tous formats, ses papiers à cigarette à bouts ambrés et gommés, en cahiers, sous bandes et en vrac.

Ces différents articles se signalaient par la simplicité de l'enveloppe leur servant de couverture.

L'article *l'Éclipse* est particulièrement apprécié par les fumeurs.

La maison C. Pardon, qui a été fondée en 1874, avait précédemment obtenu les récompenses suivantes : médailles d'argent : à Clermont-Ferrand (1880), à Anvers (1885), au Havre (1887), à Barcelone (1888); deux médailles d'or et une médaille d'argent offertes par l'Académie nationale agricole, manufacturière et commerciale.

M. C. Pradon occupe 10 hommes et 150 femmes. Son usine, à Jumeaux (Puy-de-Dôme), possède cinq machines à rogner le papier.

Son chiffre d'affaires s'élève, tant à Paris qu'à Anvers, à 900,000 francs environ; une grande partie des papiers à cigarette de cette maison s'écoule à l'étranger.

M. B. RUAT, *fabricant transformateur de papier à cigarette,* dépôt, rue des Francs-Bourgeois, 31, à Paris.

La principale spécialité de cette maison, dont la fabrique est située à Alfortville (Seine), est le papier à cigarette *ferrugineux.* Ce papier, avant d'être livré à la consommation, est plongé dans un bain d'eau ferrugineuse; il est ensuite pressé, séché et mis en cahiers. Cet article a un grand débouché dans le Midi.

La maison RUAT exposait en outre les produits suivants, dont elle possède la marque : *le papier de Norvège au goudron; le papier le Gommeux à bords gommés; le ferrugineux au goudron.*

Les récompenses précédemment obtenues par cet exposant consistent en une mention honorable à l'Exposition universelle de 1878 et une médaille de bronze à l'Exposition internationale de Toulouse (1887).

M. Victor SIMON, *fabricant de cartonnages*, rue Chapon, 3, à Paris.

Cette maison, fondée en 1832 par M. Topart, a passé successivement entre les mains de M. Lecomte fils, et de M. Victor SIMON en 1887.

Son chiffre d'affaires est de 150,000 à 200,000 francs.

Le personnel employé est de 30 ouvriers en moyenne.

Le matériel comprend une série de machines et d'outils d'une valeur de 45,000 à 50,000 francs.

Parmi les objets exposés, nous avons particulièrement remarqué une boîte en forme de berceuse avec son baby en carton, divers cartonnages représentant un avocat au prétoire, une bibliothèque, une grosse caisse, un pupitre, etc.

Tous ces articles étaient très soignés et fort bien présentés.

MM. THOMPSON et NORRIS, à Exideuil (Charente).

MM. THOMPSON et NORRIS exposaient différents échantillons du papier plissé dont ils ont la spécialité. Cet article présente de très grands avantages pour l'emballage des objets fragiles, qu'il préserve des chocs et dont il assure l'immobilité.

Cette maison, dont un dépôt est établi à Saint-Denis, chez M. Chombrac et fils, avenue de Paris, 205, possède, en dehors de l'usine d'Exideuil, des fabriques à Londres, à Juliers (Allemagne), à Boston et à Brooklin.

MM. Trussy et Robertson, rue Paul-Lelong, 10, à Paris.

Cette maison, de création récente, exposait son papier à cigarette gommé, marqué AG, bien présenté; MM. Trussy et Robertson livrent à la consommation environ 3,000 boîtes par mois de cet article.

CHAPITRE IV.

Fournitures de bureau. — Notices sur les fabricants d'appareils autocopistes, de biblorhaptes, buvards, cachets, composteurs, coupe-papiers, encre, cire et pains à cacheter, encriers, fers à dorer pour la reliure et le cartonnage, papeteries, pèse-lettres, plumes métalliques, plumiers et poudrières, porte-plumes, presses à copier, tampons, timbres, etc., exposant dans la section française.

FOURNITURES DE BUREAU.

L'industrie des plumes métalliques, qui semblait avoir été monopolisée par l'Angleterre, a été représentée, dans la section française, par deux fabriques importantes en pleine voie de prospérité et de développement.

La fabrication des porte-plumes et des porte-mines a fait également de grands progrès. Toutefois les traités de commerce actuellement en vigueur sont tels, que les pays dont les droits d'entrée excessifs équivalent à une sorte de prohibition sont précisément ceux qui nous font le plus de concurrence, au point de vue des articles à bon marché : nous voulons parler de l'Allemagne, de l'Italie et des États-Unis.

L'industrie de l'encre avait, dans la section française, des représentants fort sérieux ; leurs marques sont universellement appréciées, et le soin tout particulier que les fabricants apportent à la présentation de leurs produits, mise en bouteilles, bouchage et étiquetage, contribue à augmenter la faveur dont jouissent, à si juste titre, ces articles auprès des consommateurs français et étrangers.

Les fabricants d'encriers s'étaient efforcés de créer des types nouveaux et variés, en rapport avec les besoins de leur importante clientèle.

La fabrication des cires est restée à peu près stationnaire, et celle des pains à cacheter, subissant le mouvement rétrograde déjà signalé, s'est engagée dans la voie assez récente de la confection des cachets pour substances pharmaceutiques.

L'industrie des timbres pour bureau a gagné, avons-nous dit, sous le rapport de la variété et de la bonne fabrication ; ajoutons que le système des timbres en caoutchouc est venu répondre à un besoin de consommation plus intense, sans nuire toutefois à la production des timbres métalliques, qui conservent l'affectation qui leur est particulière.

FABRICANTS DE FOURNITURES DE BUREAU.

HORS CONCOURS.

MM. Hurtu et Hautin, rue Saint-Maur, 54, à Paris.

(Hors concours, M. Hurtu, membre du jury des récompenses de la classe 53.)

La fabrication de cette maison comporte deux branches principales : les machines à coudre et la mécanique de précision. Elle exposait dans les classes 53 et 56. Elle fait un chiffre d'affaires de 1,200,000 francs, emploie une force motrice de 50 chevaux dans ses établissements de la rue Saint-Maur, et d'Albert (Somme), et occupe de 250 à 280 ouvriers.

Elle a obtenu les récompenses suivantes : Paris, 1867, mention honorable; Vienne, 1873, médaille de mérite; Philadelphie, 1876, diplôme d'honneur; Paris, 1878, 1 médaille d'or pour machines à coudre, 1 médaille d'argent pour machines-outils; Amsterdam, 1883, diplôme d'honneur; Anvers, 1885, 1 diplôme d'honneur pour machines à coudre, 1 diplôme d'honneur pour machines-outils, 1 médaille d'or pour exportation.

MM. Hurtu et Hautin exposaient, dans la classe 10, deux presses à copier brevetées que nous décrivons ci-après :

1° La presse à copier *l'Éclair*.

Cette presse a, sur toutes les autres presses connues, les avantages suivants :

Elle est basée sur un nouveau système de vis dont les propriétés sont vivement appréciées.

Dans les autres presses à copier, on a toujours appliqué la vis à filet simple, pour cette raison qu'en employant la vis à filet double, l'inclinaison eût été trop prononcée et le plateau fût descendu par le seul effet de son propre poids.

MM. Hurtu et Hautin ont été amenés à construire une vis à un seul filet, mais avec deux inclinaisons inverses; cette vis, tout en conservant les propriétés de la vis ordinaire, a le mérite de la vis à double filet, sans en avoir les inconvénients. La partie du haut de la vis a le pas à droite, tandis que la partie du bas a le pas à gauche. Lorsqu'on opère une révolution au volant ou à la barre de manœuvre, la vis monte ou descend d'un pas, dans l'arcade, en même temps que le plateau monte ou descend d'un pas sur la vis.

Ayant ainsi, comme vitesse, acquis l'avantage de la vis à double filet, on en a détruit les inconvénients : car, en faisant un pas de vis très fin avec une inclinaison très faible, on a l'avantage d'opérer une grande pression, comme avec la vis à simple filet, tout en atténuant l'effet de la réaction du copie de lettres, la vis ne pouvant se détourner.

2° *Presse à copier à forte pression.*

Avec cette presse on a l'avantage d'exercer une forte pression, sans grand effort, au moyen d'un système particulier de vis différentielle qui permet de faire monter ou descendre le plateau, au moyen d'un *volant sans poignée* appelé *volant de manœuvre*. Lorsque, par sa descente, le plateau atteint le copie de lettres, un bouton à ressort enclanche le volant et empêche, par suite, la vis de retourner. C'est alors qu'on agit sur le grand volant à poignée, qui, en tournant, fait monter l'écrou en cuivre proportionnellement au pas du filet de ce dernier, tandis que la vis descend sur l'écrou proportionnellement à son pas.

GRAND PRIX.

MM. Poure, O'Kelly et C°, fabricants de plumes métalliques,
à Boulogne-sur-Mer (Pas-de-Calais).

Fondée en 1846, cette maison occupe un personnel de 900 ouvriers et ouvrières à l'usine de Boulogne et 50 personnes à la maison de vente de Paris.

L'usine couvre une étendue de 2 hectares, en dehors des vastes cours et des hangars où sont conservés les bois; une série de bâtiments à plusieurs étages, construits au fur et à mesure de l'extension des affaires, attestent l'importance de la fabrique.

Trois grandes cheminées émergent des constructions; l'outillage est considérable. La production de la vapeur est assurée au moyen de six générateurs à vapeur de 25 à 40 chevaux chacun, et la force motrice obtenue au moyen d'une machine à vapeur horizontale à volant, du système Corliss, de 250 chevaux nominaux. Cette machine a remplacé sept moteurs à vapeur créés à des époques différentes, et dont trois peuvent encore servir à suppléer le moteur principal, en cas d'arrêt. La machine Corliss, avec laquelle on obtient une régularité presque parfaite, condition très utile pour la fabrication des plumes, fait mouvoir 12 trains de laminoirs opérant sur 200,000 kilogrammes d'acier.

Le matériel des machines-outils comprend : des cisailleuses à main et à la vapeur pour les métaux, 120 presses à percer et à découper, 100 moutons à estamper de diverses grandeurs, 125 presses pour le formage des plumes, 75 presses pour fendre les plumes et 150 tours pour leur aiguisage.

Pour la fabrication des porte-plumes, l'usine possède également un important outillage.

La production s'élève à 1,500,000 francs pour les plumes et près de 500,000 francs pour les autres produits de l'usine. La moitié de cette production est exportée sur tous les marchés du monde.

Les salaires distribués s'élèvent à plus de 700,000 francs.

Une société de prévoyance, fondée en 1867, fonctionne dans l'établissement, depuis cette époque, d'une façon très satisfaisante.

A côté de la collection complète des plumes métalliques fabriquées dans leur maison, MM. Poure, O'Kelly et Cie exposaient toute une série d'articles qu'ils ont ajoutés à leur fabrication, tels que : le classeur-soleil; le cachet-crampon (breveté) rendant les enveloppes inviolables, assurant la fermeture complète et inouvrable des paquets; les porte-plumes nouveautés; les pinces à ressort inoxydables; les porte-crayons de tous les genres; les porte-plumes flèches; les porte-mines automatiques; les porte-plumes auto-expulseurs.

Afin d'initier le public aux phases successives de la fabrication des plumes métalliques, MM. Poure, O'Kelly et Cie avaient placé dans leur vitrine les spécimens de l'acier brut, laminé, coupé, percé.

Les opérations de l'adoucissage, du marquage, de la forme, de la trempe, du recuit, du nettoyage, de l'aiguisage en long et en travers, de la fente, du vernissage et de la galvanisation étaient successivement présentées, à côté des reproductions photographiques des ouvriers et ouvrières chargés de ces diverses manipulations.

Cette maison a remporté les premières récompenses à toutes les expositions françaises et étrangères depuis 1849 : hors concours, à Paris, en 1867; médaille d'or, à Paris, en 1878; diplôme d'honneur, à Anvers, en 1885; hors concours, à Barcelone, en 1888; la croix de la Légion d'honneur en 1863, celle d'officier en 1888; la croix de François-Joseph en 1873.

MÉDAILLES D'OR.

M. L. Antoine fils, fabricant d'encre, rue des Marais, 62, à Paris.

M. L. Antoine fils a pris en 1860 la direction de cette maison fondée en 1840.

Les produits de cet établissement sont répandus dans le monde entier et y sont si favorablement connus qu'ils sont partout des plus recherchés.

Son chiffre d'affaires, qui était en 1840 de 30,000 francs, en 1867 de 320,000 francs, en 1875 de 620,000 francs, en 1878 de 760,000 francs, en 1881 de 930,000 francs, en 1884 de 1 million, a atteint en 1887 le chiffre de 1,100,000 francs.

Cette maison exporte ses produits en Allemagne, Autriche, Australie, Angleterre, Amérique, Espagne, Hollande, aux Indes, en Russie, Danemark, Belgique, Chine, Serbie, Suède, Suisse et Turquie, etc., et écoule en France une quantité importante de ses articles.

M. Antoine fils occupe pour la fabrication de ses encres une centaine de personnes, ouvriers, ouvrières et employés. La maison a des succursales dans les principales places du monde.

Parmi les produits exposés par M. Antoine, nous citerons : son encre de l'état civil, indélébile et incorruptible, résistant aux lavages les plus énergiques; son encre communicative; son *encre moderne;* son encre *blue black* qui, bleue quand on écrit, passe ensuite au plus beau noir; son encre *New red Ink*, d'un très beau rouge écarlate, ne s'altérant point et n'oxydant pas les plumes métalliques.

La maison L. Antoine fils a obtenu les récompenses suivantes aux diverses Expositions : Paris, 1878, médaille d'argent; Melbourne, 1881, premier prix; Amsterdam, 1883, médaille d'or; Anvers, 1885, médaille d'or; Barcelone, 1888, médailles d'or et d'argent; Paris, 1889, médaille d'or.

M. G. Bac, fabricant de porte-plumes, rue Portefoin, 12, à Paris.

La maison a été fondée par M. Bac, père, en 1836, pour la fabrication des porte-plumes. A son industrie primitive, il ajouta, en 1858, celle de l'œillet métallique pour corsets, chaussures, bâches, etc. La production annuelle de la maison est de 200,000 grosses de porte-plumes et de 50,000 grosses d'autres objets, tels que boîtes à plumes, encriers, poudrières, étuis à aiguilles et à allumettes, tubes divers, etc., représentant ensemble une valeur approximative de 700,000 francs.

La maison possède une machine de 30 chevaux faisant mouvoir 120 métiers ou machines de toutes sortes, et le personnel qu'elle emploie est de 400 ouvriers et ouvrières.

M. G. Bac a pris possession de la maison à la mort de son père en 1884.

Cette maison exposait dans sa vitrine des porte-plumes de toutes sortes, en ivoire, métal, or, bois, etc., avec garniture argent, cuivre bronzé, doré, argenté, etc., des porte-crayons et porte-mines de tous genres. Comme articles de nouveauté, nous signalerons les chaînes de montre à l'extrémité desquelles est fixé un encrier.

La maison Bac a obtenu les récompenses suivantes : Paris, 1867, médaille d'argent; Vienne, 1873, médaille de bronze; Paris, 1878, médaille d'or (à cette Exposition, M. Bac père fut en outre nommé chevalier de la Légion d'honneur); Bruxelles, 1880, médaille d'or; Anvers, 1885, médaille d'or; au Tonkin, 1887, médaille d'argent.

MM. Baignol et Farjon, fabricants de plumes métalliques,
à Boulogne-sur-Mer (Pas-de-Calais).

Cet établissement a été créé en 1852, par M. Lebeau aîné, auquel, en 1875, ont succédé ses deux gendres déjà associés à ses travaux depuis 1863. Jusqu'en 1877, il était uniquement consacré à la fabrication des plumes et des porte-plumes. Les propriétaires actuels y ont alors adjoint une manufacture de crayons qui est aujourd'hui en plein développement.

La fabrique emploie environ 300 personnes; les salaires varient de 3 francs à 10 francs par jour pour les hommes, de 1 fr. 50 à 3 francs pour les femmes : presque tous les travaux sont faits à la tâche. Tous les ouvriers et ouvrières sont assurés contre les maladies et accidents résultant du travail. Les patrons supportent la moitié des frais de l'assurance; l'autre moitié est payée par le personnel moyennant un versement par semaine de 0 fr. 10 par chaque ouvrier et de 0 fr. 05 par chaque ouvrière.

MM. Baignol et Farjon confectionnent eux-mêmes toutes les boîtes et tous les cartons des formes les plus variées, nécessaires à l'emballage de leurs articles.

Les chiffres moyens de la production annuelle de leur maison sont les suivants :

Pour les plumes.. 750,000 à 800,000 boîtes.
Pour les porte-plumes.................................... 20,000 grosses.
Pour les crayons... 25,000

On remarquait, dans la vitrine de cette maison, des plumes métalliques, crayons artistiques, étuis de service de campagne, porte-plumes, etc.

Ces exposants avaient déjà obtenu les récompenses suivantes aux diverses Expositions : Paris, 1867, mention honorable; le Havre, 1869, médaille d'argent; Vienne, 1873, un diplôme de mérite; Paris, 1878, deux médailles d'argent; Melbourne, 1880, une médaille d'argent du premier ordre de mérite; Boulogne, 1885, un diplôme d'honneur.

M. Toiray-Maurin, fabricant d'encre, rue des Haudriettes, 4 et 6,
à Paris.

M. Toiray-Maurin, successeur depuis trente ans de la maison Adrien Maurin, dont la fondation remonte à 1790, s'est adonné sans relâche au perfectionnement des encres et autres produits chimiques composant son exploitation. La marque de cette maison, favorablement connue en France, est également très estimée à l'étranger, où elle a été introduite l'une des premières.

Parmi les articles exposés par M. Toiray-Maurin, nous signalerons plus particulièrement, la *bonne encre*, la *syrienne*, la *persane*, *l'encre des anciens*, et une collection de ses cires à cacheter de toutes dimensions et de toutes nuances; ces articles étaient présentés d'excellente façon.

La maison Toiray-Maurin a obtenu les récompenses suivantes aux diverses Expositions : Bordeaux, 1865, médaille d'argent; Lyon, 1872, médaille d'argent; Paris, 1872, médaille d'argent; Marseille 1874, médaille d'or; Paris, 1875, médailles d'argent et d'or; Paris, 1879, grand diplôme d'honneur; Bruxelles, 1880, médaille d'or; Bordeaux, 1882, médaille d'or; Paris, 1885, grand diplôme d'honneur; Liverpool, 1886, médaille d'or; le Havre, 1887, diplôme d'honneur; dix premières récompenses et trois secondes aux Expositions de 1867 à 1885.

MÉDAILLES D'ARGENT.

MM. D_{AGNON} et Cie, fabricants d'encre, rue Amelot, 74, à Paris.

Cette maison, fondée en 1882, fait un chiffre d'affaires d'environ 300,000 francs et occupe 35 à 40 personnes.

Sa fabrication comprend les encres à écrire de toutes sortes, les encres à tampons de toutes couleurs, les cires à cacheter, les gommes liquides, colles à froid, etc.

Parmi les articles exposés, nous signalerons : le *papier mixtionné*, servant à la reproduction, sans presse ni outillage spécial, de l'écriture, du dessin, etc. Ce papier, innovation de la maison, est fabriqué mécaniquement en rouleaux, ce qui permet d'obtenir la reproduction de plans ou dessins d'une très grande surface, résultat que les pâtes en cuvettes, en raison de leurs dimensions nécessairement restreintes, ne peuvent donner ;

L'encre indélébile à marquer le linge, adoptée par le Ministère de la guerre et le Ministère de la marine pour le marquage des effets militaires;

L'encre communicative *Excelsior*, qui, tout en réunissant les qualités des meilleurs types connus, offre l'avantage de ne pas transpercer le papier, fût-il d'un imparfait collage.

Pour prouver cette dernière qualité de leur encre, MM. Dagron et Cie avaient présenté au jury des copies obtenues sur une lettre écrite le 8 août 1888, résultat qui démontre bien que la substance était restée à la surface du papier, mais n'avait pas pénétré.

La maison Dagron avait déjà obtenu les récompenses suivantes : médaille d'argent, Exposition des Arts décoratifs, Paris, 1882 ; médaille de bronze, Amsterdam, 1883 ; médaille d'or, Arts industriels, Paris, 1886 ; médaille de bronze, Hanoï, 1887.

M. D_{UBOURGUET}, fabricant d'encriers, boulevard de Magenta, 33 *bis*,
à Paris.

M. D_{UBOURGUET} a fondé son établissement en 1863. Il augmenta progressivement son matériel et le nombre de ses ouvriers.

Cette maison s'est développée lentement mais sûrement, et atteint aujourd'hui une telle importance, qu'elle occupe un personnel de 200 ouvriers et employés répartis comme suit, dans les divers établissements exploités :

110 personnes à l'usine de Nogent-sur-Marne ;

40 à l'usine de la Bresse (Vosges) ;

50 à la maison de Paris ;

10 autres ouvriers travaillent à façon chez eux.

Cet établissement possède un grand nombre d'articles fort variés s'écoulant en France et à l'étranger.

La fabrication annuelle dépasse le chiffre de 3 millions d'encriers en cuivre, bronze, zinc, etc.

Toutes les manipulations que comporte cette fabrication, telles que fonte du zinc, ébénisterie, vernissage, nickelage, dorure, argenture et bronzage des métaux, s'effectuent dans les ateliers de la maison.

M. Dubourguet a obtenu : 1 médaille de mérite à l'Exposition de Vienne, 1873; 1 médaille de bronze à l'Exposition universelle de Paris, 1878; 1 médaille de 2ᵉ classe à Sydney, 1879; à Melbourne, 1880; 1 médaille d'argent à Amsterdam, 1883; à Anvers, 1885; à Liverpool, 1886.

MM. Forest-Vincent et fils, *fabricants de cire à cacheter,* rue Michel-le-Comte, 19,
à Paris.

La maison J. Herbin, dirigée actuellement par MM. Forest-Vincent et fils, est une des plus anciennes fabriques d'encre à écrire et de cire à cacheter.

Les produits de cette maison ont d'abord été connus et appréciés par les marchands papetiers et les administrations de l'État, puis par le public, lorsque les marques de fabrique se sont vulgarisées et ont pris une grande importance par suite de la loi sur leur dépôt.

Le *Bazar parisien,* ou *Choix des produits de l'industrie parisienne,* de 1824, et l'*Almanach du commerce de Paris,* de 1812, font remonter l'origine de la maison à plus de cent cinquante ans.

La maison J. Herbin a obtenu des médailles de bronze aux Expositions suivantes : Paris, 1823, 1827, 1834, 1839, 1844, 1849; Londres, 1851; Paris, 1862, 1878.

La fabrication se fait entièrement à Paris, dans les ateliers réunis au siège social.

Un personnel de 25 ouvriers et ouvrières est continuellement occupé dans l'établissement, et il est employé au dehors, pour travaux à façon, de 10 à 15 individus, suivant le mouvement des affaires.

Cette maison trouve son principal écoulement à Paris; ses relations sont établies avec la province et l'étranger soit par l'intermédiaire des voyageurs, soit par l'envoi de catalogues. Son chiffre d'affaires s'est élevé dans ces dernières années, pour les seuls articles de sa fabrication, à 450,000 francs se décomposant ainsi :

Paris... 15 p. 100.
Province.. 30
Étranger.. 55

La fabrication de la cire à cacheter occupe la première et la plus importante place, et la maison J. Herbin est universellement connue pour cet article. Puis vient la fabrication des encres à écrire, à copier, noire, administrative, ordinaire, encres de couleur, etc.

La maison Forest-Vincent et fils fabrique en outre les produits suivants qui figuraient dans sa vitrine : cire à modeler, cire à sceller, encre à marquer le linge, encre de Chine liquide, encres d'or et d'argent, encre en poudre et en pastilles, encres invisibles; pâtes gélatines, encre pour reproductions multiples, encres à tampon à l'huile et sans huile, gommes et colles liquides; colle à bouche, sandaraque, pains à cacheter en pâte et couleurs inoffensives; pains gélatine.

M. Ernest Lemoine, *fabricant d'articles gravés,* quai de Jemmapes, 16,
à Paris.

Cette maison fut fondée en 1865 par M. Ernest Lemoine.

Elle fabrique exclusivement pour les graveurs et les papetiers.

Son personnel ouvrier est d'environ 35 personnes : 20 graveurs, 6 timbreurs, 8 ajusteurs-mécaniciens.

Le chiffre des affaires est de 250,000 francs.

Elle a obtenu : 1 mention honorable à l'Exposition de 1867; 1 médaille de bronze à l'Exposition de 1878.

Nous avons été frappé de la gravure parfaite des objets fabriqués dans cette maison. La carte-spécimen représentant les différents travaux exécutés dans ses ateliers : gravure en creux, en relief, taille-douce, timbrage, etc., est un véritable chef-d'œuvre.

M. Lemoine fabrique également les timbres secs dits *coups de poing*, les machines à timbrer, les timbres secs à levier, les différents outils et fournitures pour graveurs, les sceaux officiels, etc.

Mme veuve MOREL, *fabricante d'encre*, rue de Rivoli, 62, à Paris.

L'exposition de cette maison contenait les divers échantillons de l'encre connue de vieille date sous la dénomination d'*encre de la petite vertu*, liquide indélébile et indestructible.

Les cires et les colles fabriquées par Mme Morel complétaient la collection des produits figurant dans sa vitrine.

M. G. PELLETIER *fils*, *fabricant d'articles de bureau*, rue Bailly, 5, à Paris.

Cette maison a été fondée en 1837 par M. J. PELLETIER, auquel M. G. PELLETIER son fils a succédé en 1869.

M. J. Pelletier fabrique tous les systèmes d'encriers en verre, cristal, marbre, bronze, imitation bronze, etc., et à tous les prix, depuis les articles ordinaires (à 4 francs la douzaine) jusqu'aux plus riches (à 400 francs la pièce); il confectionne également les pluniers, les coupe-papiers, les cachets, les cendriers, etc. Son assortiment extrêmement varié ne comportait pas moins de 3,000 modèles.

Cette maison a obtenu les récompenses suivantes aux diverses Expositions : 1845, Académie nationale, médaille d'honneur; 1849, Paris, mention honorable; 1850, Paris, Lycée des arts, médaille d'argent; 1852, Paris, Arts et belles-lettres (deux fois), médaille d'argent; 1867, Paris, mention honorable; 1868, le Havre, mention honorable; 1872, Paris, hors concours (membre du jury); 1878, Paris, médaille de bronze.

SOCIÉTÉ GÉNÉRALE DES ENCRES ET PRODUITS CHIMIQUES DE DIJON, quai des Célestins, 4, à Paris.

La SOCIÉTÉ GÉNÉRALE DES ENCRES ET PRODUITS CHIMIQUES DE DIJON, au capital social de 1,050,000 fr. a une succursale, 4, quai des Célestins, à Paris, et des dépôts à Milan et à Buenos-Ayres.

Le siège de la Société et de la fabrication se trouve à Dijon (Côte-d'Or), 60, rue des Moulins.

Les usines ont été construites en 1882 sur un terrain de 18,000 mètres carrés, terrain traversé par la rivière l'Ouche, qui forme dans l'usine principale une chute de 2 m. 10. Cette chute a été utilisée pour faire tourner 3 turbines, donnant ensemble une force hydraulique de 120 chevaux-vapeur. C'est cette force qui donne le mouvement dans les différentes parties des usines.

En outre, 1 chaudière de 25 chevaux sert au chauffage des bains-marie, cuves, bacs, etc.

Le chiffre d'affaires de M. J. Gardot, prédécesseur de la Société, était, pour l'année 1878, de 300,000 francs.

Le chiffre des affaires de la Société des encres a été, pour l'année 1888, de 620,000 francs. Cette augmentation présente d'année en année une progression qui ne s'est jamais démentie.

Le chiffre des exportations pour 1888 s'est élevé à la somme de 200,000 francs environ.

Parmi les produits exposés par la Société générale des encres et produits chimiques de Dijon, *l'encre populaire*, *l'encre de l'étoile*, la *nouvelle encre*, *l'encre alizarine*, *l'encre dorée*, argentée, *l'encre sympathique*, *l'encre à marquer le linge*, méritent tout particulièrement d'être signalées.

MÉDAILLES DE BRONZE.

M. ADAM, *fondeur typographique*, rue Domat, 20, à Paris.

Cette maison a été fondée par M. Adam père, en 1832.

Sa spécialité consiste dans la fabrication des caractères d'impression en cuivre, fers à dorer pour la reliure, la gaineric et le cartonnage, composteurs (parmi lesquels nous avons remarqué plus particulièrement le composteur universel en bronze et acier (breveté), filets, jeux de chiffres et de lettres, fleurons, palettes et roulettes, caractères français et étrangers, nouvelles séries elzéviriennes, timbres, griffes, cachets, etc.

Cette maison occupe seize ouvriers et a obtenu une mention honorable à l'Exposition universelle de 1878.

M. BARNIER, *fabricant de cachets à lettres en métal*, etc., rue Chapon, 13, à Paris.

M. BARNIER avait présenté dans sa vitrine ses cachets, ses nouveaux caractères mobiles à épaulement uniforme, ses lettres pour marquer le linge, ses composteurs, ses lettres découpées pour foliotage, emballage, ses timbres en caoutchouc, etc.

M. BECKER, *fabricant d'encre*, rue de la Glacière, 164, à Paris.

Cet établissement, fondé en 1862, est monté mécaniquement; M. BECKER fabrique les encres en tous genres, pour reliure, fournitures scolaires, réglure; il est l'innovateur, en France, de ce dernier article.

Cette maison a obtenu les récompenses suivantes : Exposition universelle de 1878, à Paris, médaille de bronze; Exposition universelle de 1889, à Paris, médaille de bronze.

M. Ern. GELLE, *fabricant des buvards parisiens*, rue Michel-le-Comte, 15, à Paris.

Cette maison a été fondée en 1871 par M. Chaligne, inventeur du *Buvard parisien*. M. Ern. GELLE l'a reprise en 1886, au moment où, le brevet étant épuisé, d'autres maisons concurrentes s'étaient montées. Cet article, dont le prix était de 42 francs la grosse en 1886, est descendu aujourd'hui à 18 francs.

M. Gelle occupe, tant en province qu'à Paris, une quarantaine d'ouvriers. Une grande partie de sa fabrication s'écoule à l'étranger. Ce fabricant a inventé plusieurs sortes de buvards à un rouleau, à deux rouleaux, et a pris, en outre, un brevet en février 1888 pour un nouvel article à ressort d'acier : *Buvard Croisillon parisien.*

Cette maison a obtenu à l'Exposition universelle de Paris (1878) une mention honorable; à l'Exposition des arts appliqués à l'industrie (1879), une médaille d'argent, et à l'Exposition du Havre (1887), une médaille d'argent.

Mme veuve GOLFIER-BESSEYRE, *fabricante d'encre à copier*, rue de Sèvres, 113, à Paris.

Mme veuve GOLFIER-BESSEYRE exposait divers échantillons d'encre, parmi lesquels l'encre *cyanomeline*, à copier, mérite particulièrement d'être signalée. Cette encre incorruptible donne, avec ou sans presse, au bout de vingt-quatre heures, des copies d'un beau bleu, et conserve très longtemps sa propriété communicative; des spécimens de copies exécutées avec des encres figurant aux Expositions de 1867 et de 1878 avaient été soumis au jury, qui a reconnu les qualités remarquables de ce produit.

M. GUÉRIN, *fabricant d'encriers*, boulevard Voltaire, 175, à Paris.

M. GUÉRIN exposait divers types des encriers à cornet dont il a la spécialité, et le jury lui a accordé une médaille de bronze.

M. HÉBERT, *fabricant de biblorhaptes*, rue du Faubourg Saint-Denis, 137, à Paris.

M. Émile HÉBERT, successeur de M. T. HÉBERT et Cie, exposait divers spécimens de ses biblorhaptes et classeurs. Cette maison a introduit de nombreux perfectionnements dans la confection de ces objets et, par son système à vis mobiles et à encoches, est arrivée à supprimer l'emploi du tournevis.

Le biblorhapte à levier, fabriqué par cet exposant, mérite tout particulièrement d'être cité.

M. Hébert possède un dépôt à Bruxelles, rue du Casino, 6.

M. JAMELIN, *mécanicien*, rue Saint-Maur, 99, à Paris.

M. JAMELIN exposait les différents produits de sa fabrique spéciale d'articles de bureau en métal :

Règles plates ou biseautées; équerres à 90 ou 45 degrés; T divisés avec la plus grande précision, à l'aide d'une machine perfectionnée, en mesures françaises ou étrangères, à l'usage des architectes et des dessinateurs; coupe-chèques, coupe-actions ou obligations, billets de banque, etc., ondulés ou droits, de toutes forces et dimensions; équerres à souche ou coupon, etc., pour banques, administrations, officiers ministériels; série de règles emboîtées les unes dans les autres, depuis 5 jusqu'à 20 millimètres, étagées par millimètres; bâtonnets pleins en acier, ou creux en laiton, cuivre, bronze, maillechort, etc., pour écoliers, etc.

M. Jamelin emploie environ vingt-cinq ouvriers. Son usine comporte une machine à vapeur de 20 chevaux actionnant tout l'outillage.

Cette maison avait obtenu une mention honorable à l'Exposition universelle de 1878.

M. A. LAPORTE et Mme veuve BRACHET, fabricants de cartonnages,
rue Elzévir, 8, à Paris.

Cette maison, fondée en 1856, emploie une trentaine d'ouvriers, et fait un chiffre d'affaires annuel de 300,000 francs.

Sa vitrine contenait de nombreux spécimens de sa fabrication : sous-mains, serviettes, cartables de fillette à anses brevetées, coulissant dans les œillets et tenant toujours le carton absolument fermé, sacs de cours, gibecières d'écolier, semainiers, garde-notes, plumiers, vide-poches, casiers bois, moleskine, etc.

Nous citerons également les sous-mains décorés fleurs et sujets divers, destinés en grande partie à l'exportation.

M. A. LEFILS, fabricant d'encre, rue du Rendez-Vous, 56, à Paris.

La maison LEFILS, fondée par A. Boissac et qui avait déjà obtenu une mention honorable à l'Exposition universelle de 1878 et une médaille d'argent en 1880, exposait les différents spécimens de sa colle, de ses encres noires et de couleur, communicatives extra-doubles, non communicatives, etc., articles de bonne qualité et bien présentés.

Le flacon breveté de M. Lefils, dit *flacon inversable,* mérite d'être particulièrement signalé.

M. E. PLATEAU, fabricant d'encre, rue des Minimes, 15, à Paris.

M. PLATEAU exposait dans sa vitrine tous les spécimens de sa fabrication, parmi lesquels nous citerons : *l'encre Magenta,* avec laquelle il a pu être successivement obtenu vingt-deux copies très nettes; *l'encre merveilleuse,* pour reproductions sur appareils gélatineux; *l'encre mixte de sûreté,* dont l'original, après avoir été copié, résiste aux réactifs; *l'encre rubis,* pour marquer le linge, dont la nuance rouge résiste aux lessives les plus prolongées.

Mentionnons, pour terminer, *l'enerigène Plateau,* le *papier magique,* permettant de composer l'encre instantanément; l'encre de Chine liquide, et la collection variée des cires et des pains à cacheter.

M. J. RÉCAPPÉ, fabricant d'encre, rue du Faubourg-Poissonnière, 32,
à Paris.

Cette maison, de fondation toute récente, exposait des spécimens de son encre, dite *encre du Coq,* fixe et communicative. L'encre du Coq ne renferme ni couleur d'aniline (ce qui est une garantie de durée de l'écriture), ni sucre, ni mélasse, ni aucune autre matière sujette à fermenter.

Elle possède des qualités particulières qui la font apprécier spécialement dans les pays chauds : grâce à sa composition, elle n'est pas susceptible de se décomposer par le fait de la chaleur : aussi M. RÉCAPPÉ commence-t-il à exporter une assez grande quantité de ce liquide dans l'Amérique du Sud.

La manufacture de cet exposant est située à Saint-Ouen (Seine).

M. G. RESTONF, fabricant de pèse-lettres, rue Oberkampf, 74, à Paris.

Cette maison, dont la spécialité est la fabrication des pèse-lettres et des encriers en bronze, a été fondée par M. Briais en 1855; elle occupe aujourd'hui 17 ouvriers et fait un chiffre d'affaires de 150,000 francs environ.

Les deux tiers de sa fabrication s'écoulent à l'étranger : Angleterre, Allemagne, Russie, Belgique, Espagne, Amérique du Sud.

Cet établissement a déjà obtenu les récompenses suivantes : Exposition universelle de 1878, une mention honorable; Exposition universelle de Barcelone (1888), une mention honorable.

M. SEVIN, fabricant d'encre, rue du Parc-Royal, 6, à Paris.

Cette maison a été fondée en 1841, par M. J. SEVIN père.

Elle a déjà obtenu les récompenses suivantes : mention honorable, Exposition universelle de Paris, 1867; trois médailles aux expositions non officielles de Paris et Lyon; médaille de bronze à l'Exposition universelle de Paris, 1878.

M. Sevin exposait les divers spécimens de sa fabrication : ses encres de bureau, noire, bleu noir, violet noir; ses encres communicatives, noire, violet noir, bleu noir, carmin, bleue, violette, à copier; encres à copier sans presse et sans mouillage pour voyageurs, encres pour polycopie, encre autographique à décalquer; ses encres de couleur extra-fines pour papiers à lettre et travaux de fantaisie à la plume, carmin violet-Magenta, écarlate, bleu-lumière, rose de Chine, vert-printemps, corail, vert-émeraude, violet pourpre, bleu-paon, jaune bouton d'or; ses encres grasses et sans huile à tampon, toutes nuances; ses cachets et encres à marquer le linge; ses encres de Chine liquides; encres d'horticulture pour écrire sur les étiquettes en zinc, résistant à l'eau; ses encres fixes pour la réglure des registres et des papiers, ses encres en blanc, encres en poudre, encre invisible devenant bleue à la chaleur; ses encres dorées, argentées, bronze feu; ses colles de bureau; ses couleurs inaltérables à l'eau pour la plume, le tire-ligne et le pinceau.

Nous citerons tout particulièrement les couleurs-tapisseries de la maison Sevin, ou teintures au pinceau, composées pour la peinture décorative sur étoffes et sur toiles, en imitation de tapisseries anciennes et modernes, employées également pour réparer ou raviver les anciennes tapisseries, et ses boîtes de couleurs-tapisseries contenant flacons de couleurs, verres à mélange, pinceaux plats et ronds, brosse de fond, palette faïence à douze trous, palette porcelaine à compartiments, lave-pinceaux, éponges montées, etc.

Nous mentionnerons, d'autre part, ses esquisses ombrées, exécutées en bistre sur papier à dessin et sur toiles Gobelins. Ce dernier article, absolument nouveau, a été accueilli favorablement par les artistes et amateurs, et prend chaque jour une plus grande importance dans la consommation.

MM. THIEBEL frères, fabricants de porte-plumes, porte-mines, articles de bureau,
rue du Temple, 114, à Paris.

La maison THIEBEL fut fondée en 1850, par M. J.-J. THIEBEL, qui entreprit la fabrication des porte-plumes, porte-mines et cachets de bureau en argent. Possédant une grande expérience de cette industrie, il ne tarda pas à acquérir une certaine renommée.

En 1860, il acheta le fonds de la maison Duval-Denis, qui fabriquait les articles ordinaires en bois et en os, avec monture en zinc, cuivre, melchior, et ajouta cette nouvelle branche à son exploitation, qui comprit alors la fabrication complète des porte-plumes, depuis les modèles les plus ordinaires pour écoles, bazars, etc., jusqu'aux articles de luxe, en passant par les sortes administratives et commerciales.

En 1875, M. Henri Triebel entra dans la maison, après avoir pendant quelques années étudié les principaux débouchés dans la commission, et son frère, M. Paul Triebel, employé jusque-là dans une maison d'importation de matières premières coloniales, ivoire, nacre, écaille, porc-épic, bambou, l'y suivit également en 1877.

MM. Triebel frères succédèrent à leur père en 1886 et créèrent quelques articles nouveaux, tels que coupe-papiers, liseuses, ouvre-lettres, etc.

Ils exposaient dans leur vitrine une collection de 150 modèles de leurs articles. Tous ces objets, tels que porte-plumes de luxe, porte-mines, cachets, etc., se remarquaient par leur excellente fabrication et par le goût qui avait présidé à leur confection. Une partie des produits de cette maison s'écoule à l'étranger.

MM. Triebel frères procèdent dans leurs ateliers non seulement au montage des éléments constituant leurs produits, mais encore à la création de ces éléments eux-mêmes : laminoirs, bancs à étirer les tubes, mandrins et filières, tours à couper, repousser, moletter, polir et fraiser, établis, machines à guillocher et à damasser les tubes, fraises à débiter l'ivoire, découpoirs, emboutissoirs, four à recuire, forges, fourneaux à fondre (pour déchets or et argent), lampes et forge à souder, constituent leur outillage.

Cette maison occupe une trentaine d'ouvriers.

M. E. VICAIRE, *fabricant d'encre*, rue des Archives, 4, à Paris.

La maison VICAIRE exposait les encres de sa fabrication connues sous le nom de *Perine-Guyot*, dénomination qu'elles portent depuis le commencement de la maison en 1572. Ces encres ont conservé leur réputation et, depuis trois siècles, elles ont été employées pour les actes publics.

Ce fut dans les premières années de ce siècle que MM. Borne et Imbert donnèrent à cette maison tout son développement, tant en France qu'à l'étranger, où ses relations ont continué avec l'Amérique, le Brésil, le Canada, l'Indo-Chine, Madagascar et nos colonies.

Aux diverses Expositions de 1855, 1862, 1867 et 1878, des médailles furent attribuées à M. Boudin, successeur de Borne et Imbert. C'est en créant un carmin spécial, adopté depuis pour les travaux d'art dans les ministères et les grandes compagnies, que cette maison a continué sa marche progressive, pour venir prendre place à l'Exposition de 1889, après avoir reçu au concours international de Bruxelles la médaille d'argent.

Parmi les articles qui figuraient dans la vitrine de cet exposant, nous avons principalement remarqué l'encre double, l'encre communicative, l'encre spéciale indélébile et le carmin diaphane.

M. Vincent TRABER, *fabricant d'encre*, rue Pierre-Levée, 4 *bis*, à Paris.

M. Vincent TRABER exposait avec ses cires à cacheter, colles liquides, etc., des échantillons de ses principales espèces d'encres : la *reine des encres*, communicative et non communicative; l'encre noire-noire, etc.

MENTIONS HONORABLES.

M. Bac neveu, fabricant de porte-plumes, rue Saint-Martin, 227, à Paris.

M. Bac a fondé cet établissement il y a quelques années, et le chiffre de ses affaires est allé sans cesse en augmentant. Cet exposant avait placé dans sa vitrine les spécimens des produits variés de sa fabrication, porte-plumes en métal, en os, en bois, en ivoire, œillets pour attaches, etc.

Cette maison figurait pour la première fois à une exposition universelle internationale, et le jury lui a accordé une mention honorable.

M. Albert Bloch, rue de l'Entrepôt, 38, à Paris.

M. Bloch exposait dans sa vitrine divers articles de fournitures de bureau, parmi lesquels nous citerons la *machine à copier excelsior,* l'autogommeur, l'automouilleur à réservoir et le *classeur Shannon,* objet dont il a acheté le brevet, qu'il confectionne à Paris et dont la vente tend sans cesse à augmenter.

M. Boitard, fabricant de biblorhaptes à levier, rue du Faubourg-Saint-Denis, 12,
à Paris.

M. Boitard exposait un livre mécanique dit *biblorapte à levier* dont il a pris le brevet.

Cet instrument, qui peut durer nombre d'années et sert à faire successivement autant de volumes qu'on le désire, permet de classer et de relier soi-même, avec une grande rapidité, tous documents utiles à conserver.

M. E. Bolâtre, cartonnier, rue du Faubourg-Saint-Martin, 213, à Paris
(exposition ouvrière).

M. E. Bolâtre, ouvrier cartonnier, exposait quelques articles dus à son travail personnel. Nous citerons parmi les objets exposés :

Un bureau-papeterie ou boîte-bureau, se composant d'un pupitre avec casiers pour livres, plumier, encrier, poudrière et tiroir;

Un classeur alphabétique à feuillets mobiles, donnant la distance voulue entre chaque lettre, et dont chaque feuillet monté sur charnière était muni d'un gousset.

M. E. Bolâtre avait obtenu précédemment une médaille d'argent à l'Exposition ouvrière internationale de 1886.

M. Delagarde, fabricant de classeurs, rue Vieille-du-Temple, 24, à Paris.

M. Delagarde exposait les classe-feuilles, serre-tissus et classeurs dont il est l'inventeur et qu'il fabrique dans ses ateliers. Ces articles sont très pratiques, le prix en est peu élevé et l'usage tend à s'en répandre de plus en plus.

M. Désiré FRANÇOIS, *fabricant d'encriers,* à Albert (Somme).

L'encrier de M. Désiré FRANÇOIS a été créé par l'exposant dans le but d'obtenir, sous un petit volume, la stabilité parfaite de l'objet. Cet encrier se compose d'une bouteille carrée, logée dans un tube de même forme, et fermée à l'une de ses extrémités; chaque face porte des charnières, servant à l'articulation de quatre plaques munies elles-mêmes de ressorts à boudin à leur partie inférieure, et terminées en haut par un retour d'équerre découpé suivant le col de la bouteille. Un couvercle à charnières ferme l'encrier.

Pour ouvrir cet objet, il suffit d'appuyer sur le bouton placé au centre; les quatre côtés s'abattent dans le plan de la base et le couvercle se relève. Pour le refermer, il suffit d'abaisser le couvercle, et d'adosser ensuite les quatre côtés contre les parois de l'enveloppe métallique.

Cet encrier est construit en acier nickelé; le découpage, l'ajustage et le montage sont effectués chez l'exposant, avec des outils spéciaux.

M. Désiré François occupe une vingtaine d'ouvriers et arrive à une production journalière de 800 à 1,000 encriers.

Cette maison écoule une grande partie de sa production à l'étranger et a obtenu les récompenses suivantes : médaille de bronze, à Bruxelles, 1888, et une médaille de vermeil, à Alger, 1889.

M. Eug. GAUTIER *fils, fabricant de boîtes à tampon,*
rue de la Folie-Méricourt, 4, à Paris.

M. Eug. GAUTIER fils exposait toutes les variétés de tampons et boîtes à tampon, pour bureau, emballage, etc., ainsi que les cachets, les pinceaux et les encres en usage pour ces différents emplois.

Ses *boîtes à double réservoir,* ses *boîtes locomotives,* ses *tampons inépuisables,* ses *mouilleurs universels* méritent tout particulièrement d'être signalés.

La maison Eug. Gautier a été fondée, par M. Gautier père, en 1854, et reprise par son fils en 1887.

Son chiffre d'affaires est de 80,000 francs environ par an.

Elle a obtenu 8 médailles à différentes expositions.

M. GIRAL, à Langogne (Lozère).

M. Louis GIRAL exposait divers spécimens des encriers de poche, à soufflet, dont il est l'inventeur.

Ces encriers sont dépourvus de bouchons et leur fond mobile permet d'aspirer ou de refouler à volonté le liquide contenu.

MM. H. LAPENCHE *et E.* PENIER, *fabricants d'encre,*
rue du Faubourg-Saint-Denis, 208 *bis,* à Paris.

Cette maison, toute récemment fondée, fait un chiffre d'affaires de 35,000 francs, occupe 5 ouvriers et emploie un outillage estimé à une dizaine de mille francs.

Elle exposait des spécimens de tous ses produits, dans des bouteilles à encre, ordinaires, et dans des bouteilles, fantaisie, dites *pyramides*, avec systèmes verseurs et bouchages hermétiques : encres de toutes couleurs, fines et communicatives; encre du *Papillon* (déposée), etc.; gommes et colles liquides; cire et pains à cacheter, etc.

Mme veuve Maurice LEVY, *fabricante d'autocopieurs*,
rue du Quatre-Septembre, 10, à Paris.

L'autocopieur qu'exposait Mme veuve Maurice LEVY a été créé en 1874, breveté et déposé la même année. Obtenir d'un seul trait de crayon deux ou plusieurs épreuves simultanément au moyen de feuilles chimiques, tel est le procédé recherché pour l'emploi de cet appareil.

Les ministères, les agences télégraphiques, les compagnies de chemins de fer appliquent journellement ce système d'un usage répandu en France et à l'étranger.

Dans ses trois séries de carnets : correspondance, duplicata, triplicata, l'autocopieur convient au particulier qui veut garder trace des lettres qu'il envoie, sans s'astreindre au maniement d'une presse à copier et à l'obligation d'encre communicative; au commerçant qui peut produire ainsi sur-le-champ double exemplaire d'un télégramme, d'un ordre, d'une facture; au voyageur de commerce, qui fournit triple expédition de la commission qu'il reçoit : l'une pour son client, la seconde pour sa maison, et la troisième qu'il conserve.

MM. MONGRUEL et BARBEY, *fabricants d'encre*, rue Saint-Paul, 10, à Paris.

MM. MONGRUEL et BARBEY exposaient des échantillons de leurs encres à copier, parmi lesquels nous citerons particulièrement l'*encre concentrée Th. Evrard*, donnant d'excellentes copies, sans mouillage et sans presse.

M. A. MOTTIER, *papetier-libraire*, passage du Saumon, 67 et 69, à Paris.

La maison MOTTIER exposait la collection complète de ses plumes, dites *plumes parisiennes*, ainsi qu'une nouvelle méthode de calligraphie.

M. E. PLET, *fabricant de pinces à ressorts pour le papier, le carton, etc.*,
rue Saint-Maur, 97, à Paris.

M. E. PLET a repris, en 1881, de M. Berthoud, l'industrie déjà ancienne des pinces à ressorts. Il transporta son établissement, trop à l'étroit rue des Trois-Couronnes, au n° 97 de la rue Saint-Maur, et monta une machine à vapeur de 6 chevaux, aujourd'hui insuffisante.

Les pinces sont obtenues par un outillage automatique perfectionné. Les machines à fabriquer les charnières sont brevetées.

Cette maison emploie 3 hommes et 10 femmes. Elle produit annuellement 15,000 à 20,000 grosses de pinces pour linge et dessin, et 100,000 à 150,000 pinces pour cartons. La moitié de ces objets sont exportés en Allemagne, en Orient, Égypte, Espagne, Italie et Amérique du Sud.

M. Plet vient d'ajouter à ses articles un nouveau modèle à étrier breveté.

Il a obtenu huit médailles de bronze : Paris, 1878; 1882 (Union centrale); Bordeaux, 1882; Amsterdam, 1883; Blois, 1883; Anvers, 1885; Liverpool, 1886; Barcelone, 1888.

M. G. RICHARD, *fabricant d'encre*, rue Jeanne-Hornet, 2, à Bagnolet (Seine).

Cet exposant présentait dans ses vitrines les échantillons de ses divers produits, parmi lesquels nous avons principalement remarqué l'encre des *deux mondes*.

MM. ROURNEL et Ce, *fabricants d'encre*, passage Chausson, 3, à Paris.

Dans la vitrine de MM. Rournel et Cie figuraient les divers échantillons de leur fabrication, *encres du Congo*, noire, fine, inaltérable et violette, noire à copier; encres de couleur; encres à marquer le linge; cires, colles, etc.

CHAPITRE V.

Reliure. — Notices sur les relieurs exposant leurs travaux dans la section française.

RELIURE.

La création de l'art de la reliure date de l'époque où l'assemblage par feuillets fut substitué à l'enroulement [1] primitif des manuscrits.

Ce travail n'eut tout d'abord pour objet que la préservation des livres; les feuilles, cousues ou collées, étaient renfermées entre deux plaques de bois, de métal, d'ivoire ou de cuir, réunies par un dos mobile. Cette reliure élémentaire se modifia sous l'influence des habitudes de luxe qu'avait propagées la civilisation romaine; on décora la couverture, on préserva la tranche, de la poussière, par l'apposition d'un fragment d'étoffe ou de peau et on enserra le tout au moyen d'une courroie. Les *ligatores librorum* (relieurs) en arrivèrent à constituer, de toutes pièces, des étuis complets destinés à renfermer les livres.

Depuis l'époque où Cicéron écrivait à Atticus de lui envoyer deux de ses esclaves qui passaient pour être habiles assembleurs de manuscrits, jusqu'au ive siècle où parurent les premiers volumes avec peinture ornementale et garniture de métaux précieux et de pierreries, la reliure avait fait de sensibles progrès et était devenue véritablement un art. On retrouve encore, dans les bibliothèques des musées et des monastères, quelques spécimens de ces travaux, remarquables à plus d'un titre. Il convient de faire observer que déjà s'établissait une sélection très marquée dans la profession et que le genre artistique était exclusivement réservé aux ouvrages religieux.

Le style byzantin caractérise la reliure artistique du moyen âge, et si, par exception, nous retrouvons, dans les musées, des bibles et des missels de cette époque, recouverts en bois, avec une lourde et grossière garniture en métal, c'est qu'il s'agit là de livres qui étaient placés dans les églises et les bibliothèques pour être mis à la disposition du public : l'anneau d'enchaînement, conservé par quelques-uns d'entre eux, indique d'ailleurs cette affectation spéciale.

A la fin du xiiie siècle, Paris ne comptait encore que dix-sept relieurs, placés sous la surveillance de l'Université, et le nombre peu élevé des ouvriers de cette profession

---

[1] L'opération qui consistait à enrouler (*volvere*) le manuscrit explique l'étymologie du mot *volume*.

s'explique par ce fait : que la plupart des écoliers reliaient eux-mêmes leurs cahiers, et que la reliure des livres s'effectuait généralement dans les monastères, principaux centres de la production des ouvrages.

Les garnitures métalliques des volumes, les fermoirs qu'on avait substitués aux courroies primitives, et les clous disposés pour la préservation des plats, rendaient certains livres de cette époque fort peu maniables, à raison de leur poids énorme.

Les Croisés rapportèrent, à leur retour en Europe, avec les spécimens de la reliure orientale, le secret de la préparation des peaux : l'effet de ces acquisitions ne tarda pas à se faire sentir. Sollicités d'ailleurs par la modification profonde survenue dans les mœurs, par une éducation plus délicate, une instruction plus répandue, les artistes surent mettre à profit les procédés empruntés, et les approprier aux besoins de l'époque.

Et si, avant d'aborder l'aperçu rapide de l'état de la reliure pendant la Renaissance. avant de juger de l'influence qu'exerça sur cet art l'usage du papier et du carton de chiffon, nous voulons nous rendre compte du prix affecté à ce genre de travail, nous emprunterons à l'ouvrage de Paul Lacroix [1] les renseignements nous indiquant que « Martin L'Huillier, en 1386, reçut du duc de Bourgogne 16 francs (environ 114 francs de notre monnaie) pour couvrir 8 livres, dont 6 de cuir en grains; que le 19 septembre 1394, le duc d'Orléans paya à Pierre Blondel, orfèvre, 12 livres 15 sols, pour avoir ouvré, outre le scel d'argent du duc, deux fermoirs du livre de Boèce, et le 15 janvier 1398 à Emelot de Rubert, broderesse (brodeuse) de Paris, 50 sols tournois pour avoir taillé et étoffé d'or et de soye deux couvertures de drap de Dampmas vert, l'une pour le bréviaire et l'autre pour les Heures dudit seigneur, et fait quinze seignaux (sinets) et quatre paires de tirans d'or et de soye pour les dits livres ».

Au xviᵉ siècle, l'Italie, très avancée au point de vue de l'art de la reliure, nous enrichit de ses procédés et nous envoya ses spécialistes que nos ouvriers ne tardèrent pas à distancer. Les libraires tenaient alors les relieurs sous leur dépendance absolue, et cette circonstance explique comment il se fait que le nom des artistes de cette époque, artistes auxquels nous devons de véritables chefs-d'œuvre, ne nous soient pas parvenus. Nous avons du moins la consolation de connaître quelques-uns des riches bibliophiles, qui, tels que Grolier, les encouragèrent et les inspirèrent [2].

Le goût des reliures artistiques se répandit de plus en plus dans les classes aristocratiques : Catherine de Médicis et Henri III [3], amateurs de beaux livres, réunirent pour leur propre compte des collections remarquables, et l'on vit les plus illustres des peintres, des graveurs et des orfèvres de l'époque prêter le concours de leur talent à l'ornementation de la couverture des ouvrages précieux.

---

[1] *Les arts au moyen âge et à la Renaissance.*

[2] Nous citerons, parmi les relieurs célèbres du xivᵉ siècle, Guillaume Deschamps (relieur de Charles VI, 1387).

[3] On doit à Fernand Lefebvre (relieur de Henri III, xviᵉ siècle) des œuvres fort remarquables.

La reliure usuelle se signalait alors par sa solidité et la sobriété de sa décoration; toutefois quelques libraires, très en faveur auprès des lettrés, tels que les Gryphe, les de Tourne, les Estienne et les Vascosan, s'élevèrent, sous ce rapport, au-dessus de leurs confrères et adoptèrent divers modèles fort appréciés en veau fauve, en vélin et en maroquin, avec plat et arabesques au fer.

Mais nous sommes déjà loin des manuscrits et de leur couverture appropriée, le règne des incunables a disparu; l'imprimerie commence à vulgariser l'instruction et entraîne à sa suite de nouveaux besoins auxquels la reliure va répondre.

Au moment où commence le xviie siècle [1], la recherche des livres rares est devenue la passion des lettrés, des grands seigneurs et des financiers : les bibliothèques de François de Joyeuse, de Philippe Desportes, de l'abbé de Thiron, de Paul Petau, d'Augustin de Thou, d'Henri de Mesme, s'enrichissent chaque jour de nouveaux volumes, sortis des ateliers des Ruette et des Gascon. La bibliothèque royale de Henri IV tient nécessairement le premier rang parmi ces collections curieuses de l'époque.

Les femmes, dont le rôle social deviendra si important sous le règne de Louis XIV, s'instruisent et réclament les formats in-8° et in-12, plus en rapport avec la délicatesse de leurs mains que les in-folio surchargés de garnitures pesantes. Avec une remarquable souplesse d'assimilation, les relieurs renoncent aux surcharges ornementales inutiles, et bornent leur décoration artistique aux dessins en dorure qu'ils disposent, avec un goût parfait, sur les maroquins et les veaux fauves des couvertures.

Les bibliothèques de Haultin, de Richelieu, de Mazarin, furent trop remarquables, tant par la rareté des livres qui les composaient que par la richesse de leur reliure, pour ne pas être mentionnées dans ce résumé historique.

Le mouvement des arts, sous le règne de Louis XIV, devait nécessairement exercer son influence sur le style de la couverture des ouvrages; la sobriété et la perfection de la décoration constituent les caractères particuliers de la reliure de cette époque, reliure que nos contemporains cherchent à juste titre à imiter.

Sous Louis XV, la modification du style entraîna nos relieurs à changer la disposition de leurs ornements qui, pour être d'une sévérité moins rigoureuse qu'au temps de Louis XIV, n'en conservèrent pas moins, dans la forme générale, une délicatesse pleine de distinction.

Les arrêts du conseil de 1777 portèrent une rude atteinte au commerce de la librairie [2], et frappèrent indirectement l'art de la reliure, qui fut forcé de borner son application à la couverture des livres de petit format, depuis l'in-8° jusqu'à l'in-24.

[1] Parmi les relieurs célèbres, nous citerons au xviie siècle : Louis Dubois (1689), Antoine Boyet (1698); au xviiie siècle, Laferté (1711), du Seuil (1728), Bacot (1730), Bisiaux, Michel Padeloup, Tessier, Derome, etc.

[2] Le permis d'imprimer fut taxé par le Roi à raison de 30 livres pour un volume in-8° tiré à 1,500 exemplaires; 60 livres pour un volume in-8°; 120 livres pour un volume in-4°; 240 livres pour un volume in-folio. Les Didot, les Delalain et les Panckoucke ne furent pas arrêtés par ces difficultés et entreprirent, avec une hardiesse digne d'éloges, la publication des plus importants ouvrages de l'époque.

Nous touchons à la fin du siècle dernier, qui, en dehors des belles éditions parues pendant le règne de Louis XVI, et très justement estimées grâce à la sobriété de leur style, ne présente, au point de vue qui nous occupe, aucune particularité digne de remarque, et nous abordons l'examen des différentes branches de la reliure moderne :

1° La reliure d'art;

2° La reliure d'amateur;

3° La reliure commerciale;

4° La reliure usuelle.

Notre reliure d'art occupe, sans conteste, la première place en Europe. Ce qui le prouve, c'est le prix de plus en plus élevé qu'atteignent depuis cinquante ans, dans les ventes publiques, non seulement les chefs-d'œuvre des relieurs français des trois derniers siècles, mais encore les travaux signés par nos artistes contemporains.

La reliure de luxe, d'amateur et de bibliothèque, ne saurait prétendre au titre d'œuvre d'art, mais possède néanmoins une importance qui tend à s'accroître d'année en année. Ce travail s'effectue beaucoup mieux qu'autrefois et à des prix très abordables. On comprend d'ailleurs que cette branche industrielle ait progressé avec une grande rapidité, car une bibliothèque est devenue, de nos jours, pour tous les privilégiés de la fortune, un meuble de luxe qui ne saurait leur faire défaut, et pour les amis de la littérature et les savants, un élément matériel indispensable à leur labeur.

La reliure commerciale, qui n'existait pour ainsi dire pas en France il y a quarante ans, a pris depuis quelques années un développement considérable. Son chiffre d'affaires et le nombre des ouvriers qu'elle emploie augmentent constamment. Elle exécute aujourd'hui, au moyen de machines actionnées par la vapeur, un grand nombre de travaux avec une rapidité et dans des conditions de bas prix remarquables. Cette branche comporte les reliures des ouvrages de piété, l'encartonnage des livres de classes, des récompenses scolaires, des cadeaux d'étrennes, des albums pour photographies et celui des catalogues, tarifs, modèles et réclames, que distribue la grande industrie à sa clientèle.

La reliure usuelle s'effectue dans des ateliers plus modestes et augmente d'importance au fur et à mesure que s'accroît le nombre des lecteurs, et c'est avec un véritable regret que nous avons constaté dans la section française l'abstention presque complète des nombreux relieurs qui s'appliquent à ce dernier genre de travail.

Il convient de remarquer que la reliure n'est pas seulement une industrie à laquelle nous devons la conservation des trésors de la littérature et des productions de l'esprit humain de tous les siècles passés, mais qu'elle constitue aussi la source dont sont sorties d'autres branches industrielles fort importantes qui se sont spécialisées en grandissant; car ce sont les relieurs qui ont créé la gainerie, la fabrication des portefeuilles, des registres, la maroquinerie, etc.

Frappé des immenses efforts accomplis par deux relieurs d'art, dont l'un se distingue par le goût, par l'esprit inventif de ses compositions ; dont l'autre semble avoir atteint le *summum* de la perfection au point de vue de l'exécution du travail, le jury de la classe 10 a accordé un grand prix à chacun d'eux, et par des récompenses élevées a encouragé les exposants de la reliure industrielle dont il est heureux de signaler les progrès réalisés depuis dix ans [1].

RELIEURS.

HORS CONCOURS.

MM. Engel et fils, relieurs, rue du Cherche-Midi, 91,
à Paris.

(Hors concours, M. Engel père, membre du jury des récompenses de la classe 10.)

L'établissement de MM. Engel et fils, relieurs, a été fondé en 1838 par M. Engel père.

Cette maison, qui occupe un personnel de 450 ouvriers et atteint un chiffre d'affaires de 1,100,000 francs environ, a su, l'une des premières en France, créer la branche industrielle de la reliure et rivaliser heureusement avec l'Angleterre et l'Amérique pour la production rapide et économique des cartonnages d'étrennes, de classes et de prix, sans négliger toutefois la reliure de bibliothèque, d'amateur et de luxe.

MM. Engel et fils possèdent trois ateliers principaux différents, affectés chacun à une spécialité de la reliure : rue du Cherche-Midi s'effectuent les grands travaux pour éditeurs et imprimeurs ; l'établissement de la rue de Vaugirard est consacré à l'exécution des travaux courants pour libraires, détaillants et commissionnaires ; enfin la maison de la rue Dauphine se spécialise dans la reliure de bibliothèque et d'amateur.

Cette maison a déjà obtenu les récompenses suivantes aux diverses Expositions : Paris, 1867, médaille de bronze ; Anvers, 1885, diplôme d'honneur.

M. Engel père a été six fois membre du jury aux diverses Expositions depuis les douze dernières années, dont deux fois aux Expositions universelles de Paris (1878 et 1889). Il a été honoré en 1883 de la croix de chevalier du Nicham Iftikar, et en 1885 de la croix de l'ordre royal du Cambodge.

La maison Engel a résolument abandonné toute compétition sur le terrain de la reliure artistique, si brillamment représentée par quelques-uns de ses confrères. Mais sur le terrain industriel et commercial, sa supériorité n'est pas à contester. Les modèles qu'elle a créés sont imités ou même reproduits partout, aussi bien à l'étranger qu'en France.

La description des diverses reliures qu'elle a exposées nous entraînerait trop loin, vu la multiplicité des articles. Citons cependant : ses tirages en métal et couleur qui ont été très avantageusement appréciés et dont nous avons trouvé des spécimens sur la couverture des ouvrages tels que : *Suze* et

---

[1] Bien que MM. Gruel et Engelmann n'aient point exposé dans notre classe, nous ne saurions négliger de mentionner les admirables reliures en cuir ciselé au burin et modelé à l'ébauchoir qui figuraient dans leur vitrine (classe 9). M. Gruel est l'auteur d'ouvrages importants sur l'historique de l'art de la reliure.

la Perse, les deux œuvres célèbres de M. et Mme Dieulafoy magistralement éditées par la maison Hachette; *les contes de Paul Arène*; *l'Anthologie des poètes français* et les autres publications d'étrennes de la librairie Alphonse Lemerre; les *Environs de Paris*, de la librairie Quentin, etc.

Dans les modèles plus simples où l'emploi de l'or est harmonieusement souligné par de simples filets à froid, nous signalerons la série des volumes in-4° de la librairie Firmin-Didot et Cie : *Le xviie siècle*, *Le xviiie siècle*, *Le Directoire*, de Paul Lacroix, *Les modes et costumes de Marie-Antoinette*, etc.

Nous ne saurions passer sous silence, dans un ordre de travaux plus modestes, ce petit *Guide bleu du Figaro*, si coquet, si recherché, qui s'est relié à 200,000 exemplaires pendant la durée de l'Exposition.

GRANDS PRIX.

M. Francisque Cuzin, relieur d'art, rue Séguier, 5, à Paris.

M. Cuzin a débuté modestement dans sa profession en 1864. Peu à peu il a renoncé à la reliure ordinaire pour s'adonner à la spécialité des reliures d'art, et à force de volonté, d'étude et de pratique persévérante, est arrivé à se créer une renommée incontestée.

M. Cuzin occupe une dizaine d'ouvriers qu'il a formés pour la plupart; il est aidé dans ses travaux par sa femme et sa fille auxquelles il a appris à faire revivre un genre de couture sur nerfs en usage au xve et au xvie siècle, et par son fils qui s'est plus particulièrement attaché à la dorure.

Toutes les reliures exposées par M. Cuzin sont des joyaux admirables. Le corps d'ouvrage en est parfait dans tous ses détails et ne prête matière à aucune critique. Le bon choix des maroquins, le talent avec lequel ils sont travaillés, la dorure correcte, toutes ces qualités, en un mot, nous autorisent à comparer les reliures de M. Cuzin aux œuvres signées par l'inoubliable et regretté maître Trautz qu'il semble avoir pris pour modèle. Il excelle à reproduire d'une manière parfaite les chefs-d'œuvre anciens et ne réussit pas moins dans l'exécution des reliures modernes, qu'il sait orner d'ingénieuses compositions, en or et en mosaïque du meilleur goût, appropriées à la nature et au caractère de l'ouvrage.

Nous citerons parmi les travaux exposés par M. Cuzin :

Un volume, *François Coppée*, 1883, in-4°, en maroquin bleu doublé;

Un Droz, *Monsieur, madame et bébé*, composition nouvelle;

Un volume, *Lettres persanes*, 1885, in-8°, en maroquin bleu;

Un volume, *Les amants fortunez*, 1868, en maroquin bleu foncé, doublé;

Un volume, *La Pucelle*, édition Cazin, 1780; dorure nouvelle de style, fers nouveaux;

Un volume, *Le temple de Gnide*, 1772, composition, style Louis XVI;

Un *Adonis*, 1775, dorure nouvelle, style Louis XV;

Un *Origine des grâces*, 1777, dorure nouvelle, style Louis XVI;

Un *Décaméron*, de Boccace, en maroquin bleu, dorure xviiie siècle;

Un Gérard de Nerval : *Sylvie*, 1886, in-12, en maroquin rouge doublé de maroquin bleu avec guirlandes de roses, genre et fers nouveaux;

Un *French lyrics*, in-8°, en maroquin Lavallière, palmes en or aux angles, au centre une lyre entourée de palmes;

Un volume in-4°, Perrault : *Contes du temps passé*, Curmer, 1843, relié sur brochure, maroquin bleu roi, doublé jaune, dorure à compartiments et petits fers intérieurs;

Un volume in-4°, Beaumarchais : *Le mariage de Figaro*, Paris, Ruault, 1785, exemplaire relié sur brochure; épreuves d'artiste, avant-lettre, maroquin bleu, dos orné, filets à compartiments extérieurs, doublé de rouge, guirlandes de roses, intérieures;

Un volume in-12 : *Petites heures*, Gruel et Engelmann, maroquin Lavallière, dorure à la marguerite extérieure, doublé de vélin blanc, dorure intérieure;

Un volume grand in-8°, Paul de Musset : *Le dernier abbé*, maroquin rouge, dos orné extérieur, doublé bleu, guirlandes de roses, cadre bleu foncé, coins rouges intérieurs.

Un volume in-18, Bernardin de Saint-Pierre : *Paul et Virginie*, Paris, Didot jeune, 1789, maroquin bleu doublé fauve, dentelle xviii° siècle extérieure, compartiments intérieurs.

Un volume in-12, Fénelon : *Aventures de Télémaque*, Paris, Jacques Étienne, 1717, très bel exemplaire, maroquin rouge doublé de vert, filets Dusseuil et dentelle xviii° siècle intérieure.

MM. *Marius* MICHEL *et fils, relieurs d'art,* boulevard Saint-Germain, 179, à Paris.

Cette maison, fondée en 1849, ne fit pendant longtemps que la dorure sur cuir, et tous les relieurs les plus renommés, comme Capé, Duru, etc., lui confiaient leurs travaux. En 1866, M. Marius Michel père s'associa son fils, que des études spéciales de dessin avaient préparé à cette collaboration.

En 1876, ils adjoignirent à leur atelier de dorure un atelier de reliure, et en 1878 exposèrent pour la première fois et obtinrent une médaille d'or.

MM. Marius MICHEL et fils avaient exposé une collection de reliures d'art des plus riches et des plus variées. Presque toutes étaient décorées de belles compositions originales empruntées à la flore décorative et du plus heureux effet. S'ils excellent dans l'art d'orner leurs reliures, de dorures et de mosaïques, ils ne s'attachent pas moins à donner tous leurs soins à la correction et à la solidité du corps d'ouvrage et au bon choix du maroquin qu'ils travaillent avec talent. A ces mérites ils joignent celui de chercheurs, d'innovateurs. On voyait dans leur vitrine des reliures en cuir incisé et ciselé d'après un procédé employé au xv° siècle, oublié, perdu depuis, retrouvé et appliqué par eux à la reliure. Le degré de perfection auquel ils sont arrivés dès le début dans ce procédé a été démontré par la splendide reliure du grand in-folio : *Le Cantique des Cantiques*, qu'ils ont orné à l'aide du burin d'un délicieux feuillage coloré entourant un lys, admirablement dessiné.

Le volume grand in-4° : *Nos oiseaux*, en maroquin Lavallière, à larges biseaux, dont le plat du recto en cuir, incisé et ciselé, était orné d'un élégant feuillage rouge.

Le volume : *Les quatre fils Aymon*, in-4°, reliure du même genre, montrait au milieu d'un cartouche les quatre chevaliers entourés d'une guirlande de feuilles.

Très remarquable était leur plaquette grand in-folio, fragment des *Évangiles* de Bida, édité par la maison Hachette, relié en maroquin avec mosaïque contournée de filets à froid, sans aucune dorure.

Un volume in-folio : *La reliure française*, en maroquin Lavallière foncé, dorure et mosaïque splendides, reproduction d'une des plus belles reliures du temps de Henri II;

Un volume Lamartine : *Graziella*, in-8° jésus, en maroquin bleu avec filets or encadrant une gracieuse branche de boutons et de fleurs d'œillets mosaïqués.

Un volume, Charles Nodier : *Trilby*, en maroquin vert, orné de filets et de roses blanches, or et mosaïque.

Un volume, Gérard de Nerval : *Sylvie*, en maroquin bleu, avec les plats ornés d'une guirlande de roses, or et mosaïque.

MM. Marius Michel et fils sont les auteurs d'un ouvrage sur la reliure ancienne et sur la reliure commerciale, publié en 1880-1881 et devenu classique.

A l'occasion de l'Exposition, ils avaient édité un volume sur l'ornementation des reliures modernes, publication fort appréciée par leurs confrères et par les bibliophiles.

MÉDAILLES D'OR.

M. Ch. MAGNIER et ses fils, relieurs, rue de l'Estrapade, 7, à Paris.

Cette maison a été créée en 1853, dans les conditions les plus modestes, par M. Ch. MAGNIER; elle est devenue peu à peu d'une importance hors ligne dans la reliure commerciale, et s'y est acquis une juste renommée. Son chiffre d'affaires annuel avec Paris, la province et l'étranger s'élève actuellement à 1 million de francs.

La main-d'œuvre occupe un personnel de 345 ouvriers et ouvrières.

La maison possède un atelier de dorure à la main et un atelier de dorure au balancier, avec un matériel très important et des machines-outils perfectionnées.

Une machine à vapeur distribue la force motrice dans l'usine.

L'exposition de MM. Magnier et fils comprenait deux parties distinctes :

1° La reliure industrielle pour toutes les éditions de librairie, ouvrages d'étrennes, de distributions de prix, livres classiques, etc.;

2° La reliure pour particuliers, s'appliquant à tous les genres de reliures.

La grande variété des travaux exposés : reliures de luxe et d'amateur, cartonnages à la Bradel, etc., se signalait par le bon goût et le soin apportés dans l'exécution.

MM. Ch. Magnier et fils avaient conçu l'heureuse idée de faire figurer dans leur vitrine les spécimens des diverses phases de la reliure du livre, depuis sa sortie de l'imprimerie jusqu'à son complet achèvement : pliure, laminage, couture, endossure, passure en carton, rognure, confection des tranches, couverture, dorure à la main, dorure mécanique, etc.

Parmi les nombreux volumes exposés, il convient de signaler :

Un *Rabelais*, in-folio, reliure de luxe en maroquin Lavallière, riche dorure d'une composition genre Grolier très bien tirée à la presse, doublé de chagrin violet avec dorure à la presse d'une élégante composition de filets, style du XVI° siècle; sur la garde volante, en moire violette, était tirée en or la plaque à sujets spécialement gravée pour ce livre.

Un *Évangile* Bida, édition Hachette, grand in-folio, riche reliure en maroquin rouge, les plats ornés d'une dorure à la presse représentant, au centre, le monogramme du Christ avec la couronne d'épines et, aux angles, des palmes élégantes.

Un autre volume in-folio, en reliure pleine, riche dorure à la presse, bandes d'ornements azurés avec mosaïque en cuir.

Une *Bible* Gustave Doré, in-folio, en maroquin bleu, riches plaques en or et mosaïque.

Un Muntz : *La Peinture italienne*, in-folio, en maroquin Lavallière, plaques en or et mosaïque, doré sur tranches.

Un volume : *La Belgique illustrée*, édition Hachette, in-4° vélin, dos en chagrin, plats en percaline avec plaque spéciale en or très bien tirée, doré sur tranches.

Une collection de livres de formats divers, demi-reliure d'amateur en maroquin, veau et chagrin.

Plusieurs volumes in-12, en reliure pleine, dorés sur tranches avec ornementations variées, les unes faites à la main, les autres tirées à la presse.

Enfin de riches cartonnages en percaline avec plaques spéciales, en or et couleur pour éditeurs, tels que le volume *Les Champignons* (in-4°) et le *Salon des Nouvellistes français*, bien réussis.

M. Ch. Magnier et ses fils avaient obtenu une médaille d'argent à l'Exposition universelle de 1878.

MÉDAILLES D'ARGENT.

M. JEENER, *relieur*, rue du Faubourg-Saint-Martin, 76, à Paris.

M. JEENER exposait une riche collection de luxueux albums et une grande variété de livres de piété qui trouvent leurs débouchés principaux en Espagne, au Mexique, au Brésil et dans les républiques de l'Amérique du Sud et du Centre.

L'intérieur des albums est fabriqué avec du bristol français et est bien conditionné. Cet exposant édite lui-même ses livres de piété illustrés, en français, en espagnol et en portugais. C'est dans ses ateliers qu'un nombreux personnel est occupé à découper, sculpter et ciseler les plaques de nacre, d'ivoire et d'écaille, et les garnitures en métal dont il orne ses reliures.

MM. LENÈGRE et Cᵉ, *relieurs*, rue Bonaparte, 35, à Paris.

Cette maison a été fondée à Paris en 1840, par M. LENÈGRE père, qui, travaillant pour les bibliothèques et l'État, fut amené rapidement à entreprendre la reliure industrielle et les reliures dites *d'emboîtages* à la façon anglaise. M. Lenègre fit également à cette époque l'essai des reliures polychromes appelées *reliures mosaïques*, qui obtinrent un véritable succès.

La maison s'était en peu de temps considérablement agrandie, car M. Lenègre avait joint à son industrie toute une fabrication spéciale de maroquinerie, carnets, albums de photographie, buvards, agendas, etc. La transformation mécanique de la reliure commençait à se faire sentir, et M. Lenègre fut l'un des premiers à l'introduire en France.

Depuis 1871, la maison passa sous la direction de M. Lenègre fils, qui la transforma complètement et qui, trop à l'étroit dans le local situé rue Bonaparte, transporta son usine à Montrouge. Ce nouvel établissement situé rue Perrier, 11, représente une surface de plus de 4,000 mètres carrés. Les ateliers sont de plain-pied et d'un seul tenant, sans cloison : ils sont éclairés à l'électricité. Les ouvriers amenés de Paris étant devenus insuffisants, M. Lenègre, secondé en cela par M. Deschamps, son associé, fit un premier essai d'apprentissage appliqué aux enfants du pays. Il réussit et arriva à se former un personnel d'élite qui dépasse le nombre de 350 ouvriers et ouvrières.

Le papier entre en feuilles à l'usine et en sort en volumes; les différentes opérations de la reliure, telles que couture, dorure, tranches en couleur, marbrées ou dorées, s'effectuent toutes dans les ateliers.

La maison Lenègre n'avait pas cru devoir présenter à l'Exposition de 1889 la totalité des spécimens variés de sa production et s'était bornée à apporter les essais les plus nouveaux de sa fabrication courante et journalière.

Dans la vitrine de cet exposant figuraient des albums en tous genres, de toutes dimensions, pour timbres-poste, photographies, chromolithographies, etc.; une très riche collection d'agendas, tels que les agendas buvards (brevetés), dont M. Lenègre est l'innovateur; les agendas de bureau, les carnets, les sous-mains; les carnets d'échantillons pour étoffes, liasses, etc.

Parmi les reliures exposées, nous signalerons :

Un volume in-folio, Victor Guérin : *La Terre Sainte*, belle demi-reliure en chagrin rouge, plats en percaline, dorée sur tranches, et plats avec plaques spéciales bien tirées en or, aluminium et noir.

Un volume in-folio, *Saint François d'Assise*, demi-reliure du même genre, bien réussie.

Un Martha : *L'Art étrusque*, in-4°, très beau cartonnage en percaline crème avec plaques spéciales en or et en couleur, doré sur tranches.

Un fort volume in-4° : *Napoléon Ier et son temps*, bonne reliure pleine en maroquin vert; sur les plats un cadre de cinq filets, des abeilles aux coins, et au milieu un N couronné en or.

Plusieurs volumes en demi-reliure d'amateur, dos et coins en maroquin ébarbé, tête dorée, et quelques reliures de bibliothèque soigneusement faites.

M. Lenègre s'est associé aujourd'hui ses deux plus anciens collaborateurs, MM. Laurent et Deschamps.

Cette maison a obtenu les récompenses suivantes aux Expositions universelles : Paris, 1849, médaille d'argent; 1855, médaille d'argent; Londres, 1862, *prize medal;* Paris, 1867, médaille de bronze; 1878, médaille d'argent; Amsterdam, 1883, médaille d'argent.

M. Lucien MAGNIN, *relieur*, quai de Retz, 18, à Lyon (Rhône).

M. Lucien MAGNIN, établi à Lyon depuis 1875, exécute tous les genres de reliure, depuis les in-12 demi-basane à 1 fr. 25 jusqu'aux reliures artistiques de 2,000 francs.

Pour les reliures ordinaires et les travaux de dorure de la papeterie, pièces de registres, inscriptions diverses, initiales, etc., travaux exécutés exclusivement à la main, cet exposant occupe deux ouvriers.

Il se réserve exclusivement les reliures artistiques, qui sont entièrement son œuvre depuis la préparation du corps d'ouvrage, jusqu'au dernier coup de fer et de polissage.

Parmi les volumes exposés par M. Lucien Magnin, on remarquait :

La reliure moderne d'Octave Uzanne, et *Paul et Virginie* de Bernardin de Saint-Pierre.

La reliure de ces ouvrages se distinguait par une appropriation fort entendue avec le sujet.

M. Magnin est parvenu à produire dans ses mosaïques des teintes ombrées qui se rencontrent rarement dans des travaux de ce genre.

Il est arrivé également, sans supprimer la couture sur nerfs, principale qualité d'une bonne reliure, à créer un nouveau genre d'ornementation au dos des volumes, au moyen d'un dessin continu du haut en bas.

M. Magnin n'avait pris part antérieurement qu'à une seule exposition, celle des arts décoratifs de Lyon, en 1884, et avait obtenu une médaille d'argent.

M. RUBAN aîné, *relieur*, rue Dauphine, 16, à Paris.

M. RUBAN, l'un de nos plus jeunes artistes relieurs, a fondé sa maison le 1er mai 1879 dans des conditions très modestes. Une médaille d'argent obtenue au Palais de l'Industrie en 1886 l'a encouragé à se livrer exclusivement aux travaux d'art. Ses affaires ont pris peu à peu de l'extension et sont parvenues à atteindre un chiffre de 35,000 à 40,000 francs.

M. Ruban exposait des reliures fort réussies. En continuant à étudier les beaux modèles que nous ont laissés les maîtres des siècles passés, et les reliures de nos artistes mordernes, aussi bien sous le rapport de la constitution parfaite du corps d'ouvrage et de la couvrure que sous celui de la décoration en dorure correcte et bien nourrie, cet exposant ne tardera pas à prendre parmi ces derniers le rang qu'il recherche à juste titre.

Dans sa vitrine figuraient :

Un volume Uzanne : *La Française du siècle*, in-8° jésus, en maroquin grenat, les plats encadrés de filets en or aux angles et au milieu, des éventails en métal encastrés dans le maroquin.

Un volume Uzanne : *L'Éventail*, in-8° jésus, en maroquin bleu, avec un éventail en or et mosaïque.

Un volume Uzanne : *Le Miroir du monde*, in-8° jésus, reliure artistique, en maroquin Lavallière, dorure à la Grolier, filets et feuillage or et mosaïque.

Un volume : *Aventures d'un comte d'Artois*, in-16, en maroquin vert, dorure à entrelacs genre Grolier.

MÉDAILLES DE BRONZE.

M. CORNU-GILLE, *relieur*, rue de l'Éperon, 12, à Paris.

M. CORNU-GILLE s'occupe spécialement de la reliure des livres de piété, qu'il se procure chez les éditeurs et qu'il fournit reliés aux libraires de Paris et des départements.

Sa vitrine contenait un grand assortiment de ces volumes sans prétention artistique, en maroquin poli. Beaucoup de ses reliures étaient garnies de fermoirs, de plaques, de coins, d'écussons, de chiffres en métal gravé et ciselé d'après ses dessins. La couture en était bonne et solide; ils s'ouvraient convenablement; le corps d'ouvrage, la dorure sur tranche et la couvrure étaient soigneusement exécutés.

M. GIRAUDON, *relieur et maroquinier*, rue Thérèse-Richelieu, 1, à Paris.

M. GIRAUDON, l'un des maroquiniers parisiens les plus renommés, a acquis, il y a quelques années, la maison de reliure de M. Armand. Il occupe environ 45 personnes et fait un chiffre d'affaires de 400,000 francs.

Ce fabricant, qui avait obtenu précédemment onze diplômes d'honneur et vingt-deux médailles d'or et d'argent, et qui avait été nommé membre du jury à plusieurs expositions de Paris et promu officier de l'instruction publique et chevalier de la Légion d'honneur, exposait pour la première fois comme relieur.

Nous n'avons qu'à louer la solidité, la régularité et le fini de ses travaux, qualités qui distinguaient les œuvres de son prédécesseur. M. Giraudon paraît vouloir marcher dans la voie que ce dernier avait adoptée en renonçant à la reproduction des anciennes reliures pour se consacrer exclusivement à l'appropriation des ornements à la nature et au sujet des ouvrages.

Nous citerons parmi les livres exposés :

Un Claudius Popelin : *Un cent de strophes à Pailleron*, plaquette in-8° en maroquin rouge, orné sur plat d'un cartouche carré, contenant le titre traversé par une branche de feuillage en or et mosaïque;

Un *Poèmes* de Gresset, in-8°, en maroquin Lavallière, filets or encadrant les plats, fleurons or et mosaïque aux quatre angles, et au milieu un perroquet dessiné en filets or et mosaïque;

Un Monnier : *Eaux-fortes et rêves creux*, reliure en maroquin, les plats encadrés de deux filets or séparés par une étroite bande de cuir rouge, coins légers composés de petits fers en or; aux angles et au milieu, une tête de mort ailée, en mosaïque.

M. Ritter, *relieur*, quai des Grands-Augustins, 28, à Paris.

M. Ritter débuta, comme ouvrier relieur, dans les ateliers de M. Engel, et s'établit pour son compte en 1886. Son chiffre d'affaires s'élève actuellement à 80,000 francs, et son personnel compte une vingtaine d'ouvriers et ouvrières.

Cette maison s'est particulièrement attachée à la reliure d'amateur et a obtenu une médaille de bronze à l'Exposition de Paris (1888).

Parmi les nombreux ouvrages exposés dans la vitrine de M. Ritter, nous signalerons :

Le volume *Mireille*, grand in-4° en maroquin, avec une belle composition florale d'un dessin artistique bien en rapport avec le sujet du texte; dorure relevée par une mosaïque en cuir appliqué, d'un harmonieux coloris;

Un volume, *L'abbé Constantin*, in-4° en maroquin, avec composition emblématique en or et mosaïque du même genre que *Mireille;*

Un volume, *La Reliure de luxe*, Derome, in-8° raisin, orné d'une composition moderne en filets or et mosaïque;

Un autre exemplaire de *La Reliure de luxe*, en maroquin, avec une belle et savante composition en mosaïque de cuir, contournée de filets à froid, sans or;

Un volume, *Napoléon Ier et son temps*, in-8° jésus relié en maroquin, avec semis d'abeilles en dorure, aigle et N couronné sur le plat;

Un volume, *Les Quatre fils Aymon*, in-8°, relié en maroquin avec application sur plat, de cuir incisé et ciselé, décoré de feuillage et de fleurs entourant les quatre chevaliers, et divers emblèmes tirés du livre, le tout habilement exécuté et signé «Meunier», l'habile doreur qui a collaboré aux remarquables compositions des reliures Ritter.

MENTIONS HONORABLES.

M. E. Boule, *relieur*, rue du Champ-de-Mars, 29, à Paris.

M. Boule exposait l'appareil breveté dont il est l'inventeur, au moyen duquel chacun peut relier économiquement, à la minute, les ouvrages de bibliothèque, feuilletons, journaux, revues, musique, lettres, manuscrits, papiers administratifs, etc.

M. Paymalina, *relieur*, rue Victor-Massé, 16, à Paris.

M. Paymalina exposait pour la première fois les travaux de reliure pleine et de demi-reliure pour bibliothèque, en maroquin, en veau et en chagrin, travaux qu'il avait exécutés lui-même et qui font honneur à son habileté.

Parmi les objets exposés, nous citerons :

Un *Rabelais*, in-4°, reliure pleine en maroquin; dorure : filets or à la Dusseuil, tranche rouge;

Une *Revue des arts décoratifs*, in-4°, reliure pleine en veau Lavallière, sur dos et plats encadrements et fleurons du xvii° siècle, en or;

Un Mery, *Les Parures*, in-8° jésus, en demi-reliure amateur, dos et coins en maroquin, tranche ébarbée, tête dorée.

Nous devons à l'obligeance de M. Engel père la plus grande partie des renseignements analytiques concernant la description et l'appréciation des travaux exposés par la Reliure.

CHAPITRE VI.

Matériel des arts de la peinture et du dessin. — Notices sur les fabricants d'appareils et d'instruments à l'usage des dessinateurs; sur les fabricants de crayons, de couleurs et vernis, d'estompes, de mannequins, d'outils pour la gravure, de pastels, de pinceaux, de porte-fusains et porte-crayons, de toiles pour peinture; sur les restaurateurs de tableaux, etc., exposant dans la section française.

MATÉRIEL DES ARTS DE LA PEINTURE ET DU DESSIN.

Les toiles destinées aux peintres se fabriquent en France[1]; leur tissage, en fil de chanvre écru, comporte un soin tout spécial, et l'un de nos exposants français est arrivé à fournir, aux décorateurs, des toiles à longueur voulue sur une largeur de 6 à 7 mètres, résultat fort apprécié et non encore obtenu jusqu'à présent. Un certain nombre de toiles préparées pour la peinture, dites *toiles imprimées*, sont importées sur nos marchés, par la Belgique, grâce à l'infériorité de leur droit d'entrée à la taxe qui frappe les toiles non préparées, anomalie qui mérite d'être signalée.

C'est encore en France que les procédés de rentoilage et de restauration artistique ont atteint le *summum* de la perfection. Par d'admirables moyens, les peintures anciennes, quel que puisse être leur degré de vétusté, subissent un rajeunissement complet.

Les couleurs à l'usage des artistes peintres peuvent se diviser en deux catégories distinctes, les fines et les communes; ces dernières nous semblent absolument négligeables au point de vue de l'analyse; composées, en effet, d'un mélange de couleurs fines et de substances incolores diverses, elles perdent, par ce fait même, les qualités de colorants qui auraient dû leur appartenir, pour rentrer dans la catégorie des substances colorées. Les couleurs fines, au contraire, impliquent une constitution exempte de tout principe étranger susceptible d'en diminuer la pureté. Les couleurs destinées à la peinture artistique sont livrées à l'état liquide après broyage à l'huile. Cette opération s'effectue généralement dans le lieu de consommation, et ces couleurs elles-mêmes sont préparées dans les usines de produits chimiques.

En dehors des couleurs primitives, certains peintres, pour faciliter leur travail, ont une tendance à employer les couleurs composées toutes préparées; il en résulte que l'industrie confectionne un certain nombre de produits répondant à ce besoin, mais dont les principes constitutifs ont souvent l'inconvénient de s'altérer avec le temps et de dénaturer ainsi l'œuvre exécutée. Les couleurs anglaises, françaises et allemandes

[1] On prépare également pour la peinture le tissu de coton, coutil ou croisé, fil de lin, jute, ou mélangé de jute, et tissu soie.

sont justement appréciées. Un nouveau procédé, qu'il ne nous a pas été permis de juger, faute d'éléments pour baser notre appréciation, consiste à broyer les couleurs au pétrole. C'est en Allemagne que s'est effectuée cette découverte.

Les pastels correspondent à une forme particulière des matières colorantes, nécessitée par la nature de leur emploi et consistant dans l'agglutination de la substance au moyen du miel.

Les couleurs destinées à la miniature et à la peinture sur porcelaine constituent à leur tour des variétés qui ne rentrent qu'accidentellement dans les objets ressortissant de l'examen du jury de la classe 10, et ne sauraient par conséquent nous arrêter. Nous en dirons autant des vernis, et laissant de côté les fusains et les estompes nous porterons plus particulièrement notre attention sur les crayons.

Cet article, dont l'Allemagne semblait pendant longtemps s'être créé la spécialité presque exclusive, a fini par trouver en France des conditions favorables à sa production. Depuis dix ans, l'industrie des crayons français a fait, en effet, de réels progrès : les établissements qui existaient en 1878 ont augmenté leur fabrication, perfectionné leurs produits; de nouvelles maisons se sont créées et sont actuellement en pleine voie de prospérité. A peu près maîtres de nos marchés, quant à l'écoulement des articles de qualité supérieure, nous luttons plus difficilement, il faut en convenir, lorsqu'il s'agit d'établir des crayons communs à un prix assez bas pour lutter avec quelque succès contre la concurrence allemande.

La France tient encore la première place au point de vue de la fabrication des pinceaux : le jury de la classe 10 a pu constater dans un certain nombre de vitrines l'excellente façon de ces objets et l'infériorité de leur prix comparativement à ceux des articles similaires fabriqués à l'étranger.

Les outils pour les graveurs, les règles, équerres et autres appareils à l'usage des dessinateurs se signalaient par leur parfaite confection. L'emploi restreint de quelques-uns de ces objets, le classement de quelques autres dans l'exposition de la tabletterie, et celle des instruments de précision, nous obligent à nous borner à leur simple citation.

Les chevalets, palettes, boîtes de couleurs, etc., sont de plus en plus appropriés aux besoins des artistes, et nous ajouterons à cette expression la qualification d'amateurs; il convient d'observer, en effet, que c'est l'accroissement du nombre des personnes se livrant à l'art de la peinture, par agrément, qui a donné à cette branche industrielle l'impulsion que nous croyons devoir mentionner.

La fabrication des mannequins est restée à peu près stationnaire, et nous n'avons à indiquer à ce point de vue aucun perfectionnement, aucune innovation dignes de remarque. L'établissement de cet article est coûteux en lui-même, et tout progrès au point de vue de sa production à bon marché reste nécessairement limité. S'il s'agit au contraire d'améliorations à introduire dans sa confection, le fabricant se trouve forcé de hausser son prix de vente, et l'objet n'atteint plus alors le but pour lequel il a été créé et qui consiste principalement à économiser à l'artiste les frais d'un modèle vivant.

MATÉRIEL DES ARTS DE LA PEINTURE ET DU DESSIN.

HORS CONCOURS.

MM. Haro *frères, peintres-experts,* rue Visconti, 14, et rue Bonaparte, 20, à Paris.

(M. Jules Haro, expert adjoint au jury des récompenses de la classe 10.)

Cette maison, qui a plus d'un siècle d'existence et qui est restée depuis sa fondation la propriété de la même famille, a pour spécialité : la restauration des tableaux et le transport de l'ancienne peinture sur toile ou sur bois, la restauration des peintures, pastels, aquarelles, miniatures, le vernissage et le dévernissage; les procédés spéciaux pour le marouflage des peintures murales; la préparation des huiles et vernis incolores, couleurs surfines destinées à la restauration, etc.

La maison Haro est chargée des travaux de restauration du Ministère des travaux publics, de la ville de Paris, des édifices nationaux, etc.

Elle a obtenu les récompenses suivantes : Exposition de 1849, médaille d'argent (pour toiles, inventions nouvelles et vernis); Exposition de 1851, a *prize medals,* pour toiles de dimensions exceptionnelles pour couleurs, huiles, vernis chromophiles, etc.; Exposition de 1855, mention honorable pour couleurs fines; Exposition de 1861, mention honorable pour embaumement, enlevage, restauration de tableaux, huile et vernis; Exposition de 1867, mention honorable pour l'*Histoire des procédés et des matières colorantes employés dans les beaux-arts;* Exposition de 1878, membre du jury et rapporteur; Exposition de 1889, hors concours.

Les rapporteurs des Expositions de 1849 et de 1867 s'exprimaient ainsi qu'il suit au sujet des travaux de cette maison :

Extrait du rapport de M. Léon Feuchères, rapporteur de l'Exposition de 1849, livre III, page 550 :

«La découverte de M. Haro fils est des plus importantes pour les arts : l'expérience acquise de ses toiles les fait juger infiniment supérieures à tout ce qui existe dans ce genre. Nulle toile n'est aussi agréable sous le pinceau et ne facilite davantage le travail. En effet, la souplesse des toiles de M. Haro est telle qu'en les frottant avec la main, il n'en résulte aucun pli ni gerçure. Une application dont le succès est incontestable, c'est celle qui en a été faite aux pendentifs du palais de l'Assemblée nationale peints par Eug. Delacroix. Ces toiles, quoique solidement collées, peuvent être enlevées facilement si des réparations à la peinture deviennent nécessaires.

«Nous ne craignons pas, pour terminer, d'affirmer la souplesse, la solidité de ces toiles, en un mot que cette invention est d'une importance majeure pour l'avenir des tableaux. N'est-il pas désespérant, en effet, de voir nos plus belles peintures perdues du vivant même de leur auteur par les gerçures ou la sécheresse et le plus souvent par l'humidité? Ce dernier et grave inconvénient ne peut en aucune sorte altérer et détruire la préparation dont M. Haro est l'inventeur. Outre ses toiles, le vernis de M. Haro nous a paru bien supérieur aux autres, et sèche à fond en peu de temps.

«Dans l'intérêt des arts et des artistes, le jury ne croit pas pouvoir mieux récompenser l'heureuse découverte de M. Haro qu'en lui décernant une médaille d'argent.»

Extrait du rapport de M. Roulhac, Exposition de 1867, page 139 :

«Dans cette catégorie de produits exposés dans cette classe, l'exposition la plus intéressante est celle de M. Haro, auteur d'un ouvrage intitulé : *Histoire des procédés et des matières colorantes employés dans les beaux-arts.* Cet industriel s'occupe particulièrement des travaux d'art dans les monuments publics; ses couleurs pour la peinture monumentale et la peinture sur toile sont d'excellente qualité; ses toiles de toutes dimensions sont très appréciées; enfin il se distingue par ses marouflages, ses enlevages de peinture, ses entoilages et restaurations de tableaux. »

MM. Haro frères exposaient en 1889 des restaurations de tableaux, des procédés et spécimens de l'art de la restauration et de la conservation des peintures.

Nous avons remarqué d'abord le curieux procédé d'embaumement pratiqué sur des tableaux peints sur bois dont le subjectile avait été détruit par les vers. Nous avions sous les yeux deux spécimens. Sur l'un, appartenant à l'école de Boticelli, commencement du xv° siècle, l'opération de l'embaumement avait été complètement faite. Sur l'autre, plus ancien encore, de l'école italienne primitive, représentant deux saints, grandeur demi-nature, l'opération n'avait été faite que sur la moitié inférieure; la partie supérieure laissait voir l'état du bois avant l'opération. MM. Haro frères indiquaient du reste ainsi qu'il suit ce procédé :

« *Embaumement, conservation des peintures sur bois.* — Les panneaux de bois sur lesquels des peintures très précieuses ont été exécutées par les peintres anciens et dont font encore usage les peintres modernes sont exposés, surtout dans les pays méridionaux, à une cause particulière de destruction : nous voulons parler de leur invasion par certains insectes de la famille des termites qui rongent la trame du bois, s'y creusent des galeries sinueuses, pour y subir leur métamorphose en chrysalides et en papillons et y déposer leurs œufs. Ce travail lent et mystérieux finit par faire du bois une espèce d'éponge friable que le moindre accident peut réduire en poussière, et par entraîner la destruction totale du panneau et de la peinture.

« A cette maladie, les restaurateurs de tableaux ne savaient, naguère encore, apporter qu'un seul remède : l'enlevage, c'est-à-dire la destruction du bois et le transport de la peinture sur un nouveau support; dans cette opération si délicate, l'œuvre de l'artiste peut être fondue, craquelée, écaillée, toutes circonstances qui nécessitent ensuite des masticages et des repeints qui altèrent plus ou moins le caractère d'originalité de la peinture.

« Le nouveau procédé de M. Haro permet d'éviter ce danger : il consiste à vider tous les canalicules, creusés dans le panneau, de la poussière ligneuse et des insectes qui les encombrent, puis, pour détruire les derniers insectes, les derniers œufs qui auraient pu échapper à cette première opération, pour prévenir une nouvelle invasion ou une repullulation de leur part, et en même temps pour rendre au panneau vermoulu la solidité qu'il a perdue, à faire pénétrer dans tous les vides du bois une composition spéciale qui, en se solidifiant, transforme ce panneau en une table désormais inaltérable et indestructible.

« Ces deux opérations étant pratiquées à la face postérieure du tableau, la peinture ne court aucun danger d'altération, et par conséquent il n'est pas nécessaire de dévernir ni de repeindre. »

MM. Haro exposaient également une série de sept modèles se rapportant au rentoilage et à l'enlevage des peintures sur toile. Ces modèles, qui indiquaient les phases graduelles de l'opération, consistaient dans de petits portraits de l'époque Louis XIV et nous offraient la démonstration d'un tableau détérioré, tombant par parties et dont la toile enlevée était remplacée par une toile neuve. Un grand portrait de Louis XIV était même exposé sans sa toile, la pellicule de peinture demeurant fixée entre deux glaces.

MM. Haro, dans leur vitrine, présentaient une collection de toiles de toutes les écoles et de tous les âges, sur lesquelles étaient peints les tableaux dont le mauvais état avait nécessité le rentoilage. Cette collection provenait des travaux exécutés par cette maison depuis plus d'un siècle.

L'exposition de MM. Haro frères contenait également des spécimens de peinture sur toile marouflée sur bois; l'échantillon exposé était resté de longues années dans un atelier humide, sans subir la moindre détérioration.

Nous avons remarqué encore : un tableau précieux, peint par Denner, dont le vernis chanci et décomposé avait été enlevé par parties et laissait voir intacte la figure du sujet, tandis que le reste de la peinture était recouvert d'une couche opaque;

Une grande miniature, dont une photographie, faite avant la réparation, servait de témoin pour la partie remise en état, et dont on n'apercevait pas la restauration.

Cette exposition était absolument remarquable sous tous les rapports.

Les différents procédés de restauration exposés par MM. Haro frères leur ont été transmis par leur père, qui les tenait lui-même de sa famille depuis plusieurs générations.

En dehors de l'intérêt particulier que ces spécimens présentaient, au point de vue de la conservation générale des peintures, ils offraient au public et aux restaurateurs de tableaux de précieux enseignements. MM. Haro frères, en leur qualité d'artistes, appréciant toute l'importance de ces procédés qui généralement sont tenus secrets par les spécialistes qui les emploient, avaient tenu à en exposer les différentes phases et à en démontrer la simplicité [1].

M. PITET aîné, *fabricant de pinceaux*, rue du Faubourg-Saint-Denis, 24, à Paris.

(Hors concours, M. PITET était membre du jury des récompenses de la classe 29.)

Cette maison a été fondée en 1825 par Mme PITET mère, avec la collaboration de sa sœur. Ces deux femmes laborieuses étaient à elles deux leurs seules ouvrières, et vendaient le jour les pinceaux qu'elles avaient confectionnés pendant la nuit.

Malgré ce début modeste, l'établissement, à la mort de M. Pitet aîné, en 1878, par suite d'un développement incessamment progressif, faisait près d'un million d'affaires, employait environ 200 ouvrières travaillant à la main, et obtenait 2 médailles d'or à l'Exposition universelle.

M. Pitet, le chef actuel de cette maison, dut faire de très grands efforts pour lutter contre la concurrence allemande et étendre ses relations. Il créa deux usines importantes, substitua complètement, au moyen d'un outillage approprié, le travail mécanique à la fabrication nouvelle.

Il occupe aujourd'hui 300 ouvriers et ouvrières dans ses manufactures de Morlaix et de Saint-Brieuc, et emploie une force motrice de 30 chevaux-vapeur. Son chiffre d'affaires dépasse 1,200,000 francs, et, grâce à cette transformation industrielle, M. Pitet est parvenu à reprendre possession des marchés de Belgique, de Hollande, d'Angleterre et d'Amérique un instant accaparés par les producteurs allemands.

GRAND PRIX.

MM. LEFRANC et Cie, *fabricants de couleurs et de vernis*, rue de Turenne, 64 et 66, à Paris.

La maison dont MM. LEFRANC et Cie sont aujourd'hui propriétaires a été fondée en 1775 et est toujours restée entre les mains de la même famille.

L'usine principale, située primitivement à Grenelle, a été transportée à Issy en 1868, et occupe une surface de 15,000 mètres.

---

[1] M. Jules Haro figurait comme rapporteur dans le comité d'admission et le comité d'installation de la classe 10.

La force motrice employée est de 40 chevaux, et le personnel est composé de 100 ouvriers et 20 ouvrières.

Un système de participation aux bénéfices, diverses institutions de prévoyance, de secours mutuels, d'assurances en cas de décès, etc., qui font l'objet d'une exposition spéciale à l'Esplanade des Invalides (*Économie sociale*, sections II et XIV), assurent à la maison un personnel d'élite, dévoué et intéressé à sa prospérité.

MM. Lefranc et Cie possèdent non seulement deux succursales parisiennes chargées de la vente de produits spéciaux (encres d'imprimerie : rue de Seine, 12 ; directeur : G. Fouquet ; — couleurs fines : rue Notre-Dame-de-Lorette, 40 ; directeur : G. Dédé), mais ont installé en outre des dépôts et succursales à Vitry-le-François, Bruxelles, Milan, Florence, Berlin.

La valeur des produits fabriqués annuellement s'élève à 2,250,000 francs, dont un tiers environ pour l'exportation.

Leur industrie comprend trois branches principales : la fabrication des couleurs, celle des vernis et celle des encres d'imprimerie.

Bien que constituant des produits distincts, ces substances présentent cependant de nombreux points de similitude sous le rapport de la confection, ce qui a permis à MM. Lefranc de fabriquer à la fois tous ces articles et de faire des progrès plus rapides que s'ils ne s'étaient occupés que d'une de ces trois industries.

Couleurs fines. — Cette maison a toujours apporté le plus grand soin à la fabrication des couleurs à l'huile pour tableaux. Ses procédés de broyage ont été très perfectionnés depuis 1878, et nous ne croyons pas qu'il soit possible de livrer des couleurs plus soigneusement traitées.

Elle vient de créer tout récemment une série de couleurs en tubes préparées spécialement pour la décoration artistique et la peinture des grands panoramas.

Les couleurs pour l'aquarelle ont été également l'objet d'une étude attentive. Non seulement le broyage des matières premières est effectué avec beaucoup de soin, mais un grand progrès a été accompli, au point de vue de leur solubilité rendue plus facile.

Nous signalerons tout spécialement les couleurs en pastilles et les couleurs moites en tubes ou en godets, qui sont pour les artistes d'un emploi avantageux.

Les gouaches liquides, de la maison Lefranc et Cie, ont pris une importance considérable depuis quelques années, grâce à leurs grandes propriétés d'adhérence et de souplesse.

Une innovation qui rend de sérieux services aux dessinateurs consiste dans la fabrication des couleurs dites *teintes conventionnelles*, adoptées en architecture, mécanique et topographie.

MM. Lefranc et Cie n'avaient jamais abandonné la fabrication des couleurs en pastels, bien que cette peinture ait été un peu délaissée; aussi ont-ils pu présenter au public une série de nuances très variées, lorsque ce genre de peinture a repris faveur. Ils ont créé, il y a quelque temps, une série très complète de pastels, à base de garance, dont la fixité est absolue et assure ainsi aux artistes la durée de leurs œuvres.

Nous mentionnerons également la fabrication de toiles et papiers à peindre, articles qui viennent compléter l'ensemble des produits destinés à la peinture artistique.

Ce qui contribue puissamment à donner à ces produits toutes les qualités désirables, c'est que la maison fabrique elle-même la majeure partie des couleurs qui servent à leur confection.

C'est ainsi, par exemple, que toutes les ocres et terres sont d'abord finement broyées à l'eau, lavées, séchées et remises en poudre impalpable.

Quoique le carmin ne soit pas une des couleurs les plus employées pour les beaux-arts, MM. Lefranc et Cie ont donné à cette fabrication une certaine importance.

Les laques de garance, très variées de nuances, offrent à la palette du peintre depuis les tons les plus intenses jusqu'aux roses les plus fins.

Parmi ces laques, ils ont pensé qu'il était utile de conserver certaines nuances, telles que le jaune capucine et le rose doré, qui tendaient à disparaître.

D'autres teintes n'existaient pas et ont été créées par eux, entre autres la laque de garance grenat, qui est d'une beauté remarquable.

Afin de pouvoir rester en France les maîtres de cette fabrication, ils ont acheté en Alsace, après l'annexion, le procédé Kopp, pour la fabrication des extraits de garance naturelle : alizarine, purpurine, xantazarine, etc.

A côté des laques de garance viennent s'en placer d'autres qui, bien que moins brillantes, n'en sont pas moins utiles; telles sont : les laques de cochenille, la laque verte, la laque de gaude, la laque jaune, le stil de grain brun, auxquelles ils sont parvenus à donner une très grande intensité tout en leur conservant leur qualité de transparence.

Ils fabriquent : le jaune de chrome de Spooner, dont la renommée est universelle, le jaune de zinc, le jaune de Rome, le jaune brillant, le jaune indien, le vert Véronèse, le jaune de cadmium, dont ils possèdent une série allant des nuances les plus claires aux tons les plus foncés.

Il convient de remarquer qu'il est devenu très difficile de se procurer certaines couleurs dans le commerce, soit que les premiers fabricants aient disparu, soit à cause des falsifications dont elles sont l'objet.

MM. Lefranc et Cie se sont attachés tout particulièrement à fabriquer ces couleurs et à leur conserver les propriétés qui les distinguent. C'est ainsi que nous citerons :

Le jaune de Naples, couleur originaire de Marseille, fabriquée d'abord pour colorer les faïences de cette contrée et employée ensuite dans la peinture à cause de ses qualités remarquables. Cette couleur, que l'on a souvent remplacée par des mélanges de blanc et de jaune de chrome, serait complètement disparue s'ils n'en avaient acheté le procédé après la mort du fabricant.

Le noir de bougie ou de lampe est souvent remplacé par des noirs de fumée communs. Celui qu'ils fabriquent est d'un noir et d'une pureté exceptionnels.

Pour être certains d'avoir un noir d'ivoire parfaitement pur, ils calcinent eux-mêmes l'ivoire nécessaire à sa production.

Ils produisent également le vert de Scheel, couleur qu'il est difficile de se procurer et qu'on remplace habituellement par le vert minéral, qui est loin d'en posséder la solidité; le bleu Pompéi ou bleu antique, dont M. Fouqué, professeur au Collège de France, a retrouvé le procédé, qu'ils ont perfectionné (ce bleu est identique à celui qu'on retrouve sur les fresques anciennes); le violet minéral, couleur d'une grande fixité, employé par la Banque de France pour la confection de ses nouveaux billets; les brun, jaune, orangé, rouge et violet de Mars, fort recherchés pour les peintures artistiques.

Huiles, vernis, siccatifs, fixatifs, etc. — Les vernis spéciaux pour la peinture à l'huile sont l'objet de soins tout particuliers et, grâce aux études incessantes qu'ils font pour les vernis à voitures qu'ils fabriquent en quantités considérables, ils ont apporté aux vernis artistiques des perfectionnements importants. C'est ainsi qu'ils ont pu reproduire le vernis Martin, dont on retrouve de si jolis spécimens sur les meubles anciens; le siccatif flamand, qui donne aux peintures dans lesquelles on l'incorpore l'aspect des peintures flamandes, si renommées.

Les vernis à tableaux et le vernis cristal sont des spécialités de la maison.

Nous mentionnerons, comme mémoire, le siccatif de Courtray, les huiles décolorées, etc.

Produits divers. — A citer encore : le fiel incolore, très utile dans la peinture aquarelle, le fixatif pour pastels, le fixatif pour crayons et fusains, etc.

Le cristal en tubes, dont l'emploi permet aux peintres de diminuer l'intensité de leurs couleurs sans en altérer la nuance ou la transparence; l'encre de Chine liquide, qui est absolument indélébile et inaltérable, sont également des produits fabriqués par MM. Lefranc et Cie.

Ébénisterie. — Depuis 1878, la maison a installé un atelier spécial d'ébénisterie pour la fabrication des boîtes d'artiste, des chevalets, des châssis et de tous les objets qui constituent le matériel du peintre. Cet atelier, sous la direction de M. Lazerges, a fait de rapides progrès. On peut citer parmi les articles qui y sont fabriqués : les châssis à clefs perfectionnés, les chevalets courants à fermoirs spéciaux, les boîtes de campagne, dites *boîtes Lazerges,* etc.

Les récompenses obtenues par la maison sont les suivantes : Exposition de 1839, médaille d'argent; Exposition de 1844, médaille d'argent; Exposition de 1849, médaille d'or; Exposition universelle de 1855, médaille de 1re classe; Exposition universelle de 1862, à Londres, 3 médailles; Exposition universelle de 1867, 2 médailles d'argent; Exposition universelle de 1878, 3 médailles d'or; la Société d'encouragement lui a décerné 1 médaille de platine; Exposition franco-espagnole, Bayonne, 1864, 1 médaille d'or; Exposition de Sydney, 1879, 1 médaille de premier degré de mérite; Exposition de Melbourne, 1880-1881, médaille de premier ordre de mérite; Exposition de Hanoï, 1887, hors concours; Exposition de Toulouse, 1887, 1 diplôme d'honneur [1].

MÉDAILLES D'OR.

M. Bourgeois aîné, fabricant de couleurs, rue du Caire, 31, à Paris.

Cette maison, fondée en 1867, possède deux usines : 22, passage Tocanier, à Paris, et à Senon (Meuse), et occupe 200 ouvriers et ouvrières.

La création d'une manufacture en province et la centralisation de la fabrication de tous les objets qui lui sont nécessaires (ébénisterie, boîtes en métal, etc.) lui ont permis de soutenir la concurrence avec les pays où la main-d'œuvre est moins coûteuse.

M. Bourgeois exposait les spécimens de ses différents produits : couleurs à l'huile pour les arts; couleurs pour l'aquarelle en bâtons, tablettes-pastilles, et moites en tubes et godets; couleurs demi-fines pour les écoles; couleurs et boîtes de couleurs sans danger pour les enfants; couleurs vitrifiables; laques, jaunes de cadmium, etc.; encre de Chine liquide indélébile et encres de couleur; pastels surfins pour artistes, et ordinaires pour enfants; matériel d'artiste, tel que boîtes, chevalets, châssis, toiles préparées, etc.; une nouvelle pâte plastique conservant indéfiniment sa malléabilité, etc.

La maison Bourgeois aîné avait déjà obtenu précédemment des récompenses aux Expositions universelles de Vienne (1873); Philadelphie (1876); Paris (1878), deux médailles d'argent.

M. L. Bullier, fabricant de brosses et pinceaux, rue du Cloître-Saint-Merri, 6,
à Paris.

Cette maison a été fondée en 1840 par M. Bullier père. A la mort de ce dernier, survenue en 1870, M. Bullier fils reprit la suite des affaires avec sa mère, sous la raison sociale : Veuve Bullier et fils; il dirige seul la maison depuis 1880. Depuis 1870, l'établissement s'est considérablement agrandi; son chiffre d'affaires a triplé et atteint actuellement la somme de 250,000 francs.

Cette maison écoule ses produits directement dans tous les pays d'Europe.

M. Bullier s'occupe exclusivement de la fabrication des brosses et pinceaux pour tous les genres de peinture. Son usine est située à Saint-Brieuc; une machine à vapeur actionne les différents outils qui la composent : tours, scies, machines à épointer, toupie lapidaire, etc.

---

[1] M. Lazerges a obtenu une médaille de bronze comme collaborateur de la maison Lefranc et Cie.

La fabrication du pinceau emploie des matières premières très diverses.

Les poils proviennent des queues de petit-gris, de martre rouge, de martre noire, de putois, des peaux de blaireau et de melloncillo. On emploie aussi des soies de porc de toutes provenances, ainsi que des déchets de fourrure de petit-gris, les poils d'ours et de chèvre. Le marché principal de ces matières premières est Leipzig, centre du commerce et de fabrication des fourrures. Le lieu d'origine de la plupart de ces fourrures est la Sibérie, et c'est à Irbit que sont centralisées les matières brutes destinées à être vendues chaque année, à la foire de février.

Les plumes dont on se sert sont de natures très diverses. Elles doivent être longues de tuyaux; ce tuyau doit être légèrement conique et la corne doit en être souple. La plus employée est la plume d'oie provenant de France, d'Allemagne ou de Russie. Viennent ensuite les plumes de cygne, de pélican, de canard, de vanneau, de pigeon et d'alouette.

Les bois sont aussi d'essences très diverses; le plus employé est le peuplier, à cause de sa légèreté, de sa blancheur, de son homogénéité; son prix peu élevé et la facilité avec laquelle on peut le travailler expliquent également cette préférence. On emploie encore le bouleau, le frêne, le buis, le cèdre, l'ébène et différents autres bois durs.

La vitrine de M. Bullier présentait du reste un intérêt tout particulier. A côté des nombreuses variétés d'articles fabriqués par cette maison, et comprenant des objets depuis 1 fr. 50 la grosse jusqu'à 20 francs la pièce, se remarquaient les spécimens du produit à ses divers états de transformation : queues de petit-gris brutes, prêtes à l'emploi, poil peigné, poil mêlé et battu, poil coupé, pinceau attaché, pinceau mis en tige, etc.

M. Bullier a obtenu les récompenses suivantes aux diverses Expositions : 1849, mention honorable; 1855 (Paris), médaille de bronze; 1858 (Paris), médaille d'argent; 1867 (exposition régionale de Dijon), médaille de bronze; 1878 (Paris), médaille d'or.

MM. Desvernay et Cⁱᵉ, crayons Conté, rue de Rivoli, 65, à Paris.

Ce crayon porte le nom de *Conté*, son inventeur. C'était en 1794; la France était en guerre avec l'Angleterre, et les produits de ce pays n'arrivaient plus sur nos marchés. Or, à cette époque, l'Angleterre avait le monopole de la production du graphite, qu'on extrayait de la seule mine de Borrowdale et qui servait à la fabrication des crayons de graphite brut. Il fallait procurer promptement à nos ingénieurs, à nos officiers, des crayons à dessiner. On s'adressa à Conté, et Conté créa une substance propre à remplacer la plombagine anglaise : il imagina un crayon artificiel ayant toutes les propriétés des crayons de mines, de qualité parfaite et de prix moindre. Cette invention fit l'objet de deux rapports à l'Institut et obtint une médaille d'or à l'Exposition de l'an ix. M. Humblot, gendre de Conté, continua l'œuvre de ce dernier, en lui donnant de l'extension et en y introduisant d'utiles perfectionnements.

La manufacture de crayons était alors à Paris; elle a, depuis, été transférée à Regny (Loire) et est actuellement exploitée sous la direction de MM. Desvernay et Cⁱᵉ, petits-fils de Conté.

Le crayon est composé d'un mélange de graphite cassé et réduit en poudre, et d'argile en proportion variable suivant le degré de dureté qu'on veut obtenir. Avant Conté, le minerai seul déterminait la qualité du crayon. Ce mélange est soumis à l'action d'une machine qui le fait sortir sous forme de fil rond ou carré. Le bois qui sert à envelopper la mine est du cèdre de Floride. Il est découpé en planchettes de la longueur du crayon; une machine y creuse les rainures destinées à recevoir la mine. Il y a de six à douze rainures par planchette. Une seconde planchette est collée sur la première, et une autre machine sépare les crayons les uns des autres en leur donnant la forme voulue. Le crayon est ensuite verni et une ouvrière y imprime la marque du fabricant.

Les produits de la maison Conté sont divisés en sept genres principaux, subdivisés eux-mêmes en plusieurs catégories suivant les graduations, les formats et la qualité :

1° Crayons pierre noire, blanche ou de couleurs variées, avec ou sans bois, pour le dessin ;

2° Crayons à mine de graphite en différents formats, séries ou degrés ;

3° Crayons lithographiques pour le dessin sur pierre, sur verre, sur faïence et pour retouches photographiques ;

4° Crayon de couleur indélébile avec ou sans bois (60 nuances) ;

5° Porte-mines, porte-fusains, porte-crayons ;

6° La tabletterie, qui comprend tous les articles de gommes à effacer montées en bois ;

7° Les estompes en peau, papier, liège.

Les crayons Conté ont obtenu les récompenses suivantes :

A l'Exposition des produits de l'industrie française (1798), une première récompense ;

A l'Exposition de l'an IX, une médaille d'or ;

Deux rapports favorables : à la Société d'encouragement, le 25 mai 1814 ; au Jury central des produits de l'industrie française en 1819 ;

Une médaille à l'Exposition de Londres (1862) ;

Une médaille d'argent à l'Exposition de Paris (1867) ;

Un diplôme d'honneur à l'Exposition d'Altona (1869) ;

Une médaille d'or à l'Exposition universelle de 1878 [1].

Nous signalerons, parmi les nombreux objets exposés par cette maison, les nouveaux crayons typographiques, les crayons ministres, les crayons velours, une superbe collection d'estompes, les porte-crayons Conté et les gommes Conté [2].

[1] Le jury a décerné une médaille d'argent à M. A. Joubert comme collaborateur de la maison Desvernay et Cie.

[2] «Conté, homme universel, ayant le goût, la connaissance et le génie des arts, précieux dans un pays éloigné, bon à tout, capable de créer les arts de la France au milieu des déserts de l'Arabie.» Ces paroles de Napoléon ont été inscrites sur la statue que la ville de Séez éleva à Conté en 1852.

Nicolas-Jacques Conté naquit le 4 août 1755 d'une famille de petits propriétaires, à Saint-Genery, près Séez. Il manifesta son génie inventif dès son enfance. A neuf ans, il exécute avec un couteau seulement un violon qui existe encore. Il imagine un nouvel instrument pour les arpenteurs. Un peintre appelé à refaire les peintures de l'Hôtel-Dieu de Séez étant tombé malade, Conté, âgé de 14 ans, demande à le remplacer et soumet à ses juges un panneau qui révèle chez lui des qualités maîtresses de peintre. Ses parents et protecteurs l'envoient se perfectionner chez Greuze.

En 1775, Conté épouse Mlle de Brossard et en 1785 il vient se fixer à Paris, où de nombreuses commandes de portraits lui procurent une honnête aisance. Il en profite pour se livrer à l'étude des sciences. Il imagine pour le comité des monnaies un outil à frapper. Une école d'aérostation est fondée en 1796 à Meudon : Conté en fait partie ; il améliore les tissus, invente un vernis imperméable et sans action sur les gaz, produit le gaz hydrogène à moindres frais et écrit un traité sur l'aérostation. Pendant une expérience sur les gaz, un accident le prive de l'œil gauche. Aussitôt remis, il reprend ses études, et le Directoire le nomme commandant des établissements aérostatiques. Il est chargé avec plusieurs autres savants d'organiser le Conservatoire des arts et métiers.

Désigné pour faire partie de l'expédition d'Égypte, il déploie son génie universel, crée des fourneaux à boulets rouges, tout ce qui est nécessaire à l'armée, une fabrique de draps, des moulins, des tanneries, des arsenaux, une poudrière, etc.

A son retour en France, il est des premiers décoré de la Légion d'honneur. Il prend part à la fondation de la Société d'encouragement à l'industrie nationale. Quelque temps après il invente une machine à graver, et, en 1794, le crayon qui porte son nom.

Conté mourut le 6 décembre 1805.

MM. Gilbert et Cie, fabricants de crayons, à Givet (Ardennes).

La manufacture de crayons de MM. Gilbert et Cie date du commencement de ce siècle; mais ce n'est que depuis une cinquantaine d'années qu'elle a passé dans les mains de ses propriétaires actuels et qu'elle a pris un essor considérable. Cette manufacture est située à Givet (Ardennes). Les bâtiments de l'usine, bureaux et annexes, occupent une superficie de plus de 6,000 mètres carrés, clôturée de murs et dominée par les pentes du mont d'Haurs.

En 1840, cette fabrique ne comptait qu'une trentaine d'ouvriers. Aujourd'hui elle en occupe, soit dans l'usine, soit au dehors, environ 300, et cependant la plus grande partie du travail est effectuée par des appareils mécaniques, au nombre de plus de 100, mis en mouvement par 2 machines à vapeur d'une force de 30 chevaux.

La manufacture de crayons de MM. Gilbert et Cie est chauffée à la vapeur et éclairée au gaz. Des soins hygiéniques bien entendus y entretiennent un état sanitaire des plus satisfaisants. Le bien-être des ouvriers, la progression équitable de leur salaire ont de tout temps préoccupé les directeurs de l'usine, qui y fondèrent une caisse de prévoyance. Grâce à cette utile institution, à laquelle concourent patrons et ouvriers, le personnel de l'usine trouve, dans les cas de maladie ou de vieillesse, des secours très précieux.

Cette maison exposait ses crayons dits *artistiques*, ses crayons à mine mobile, ses crayons noirs sans graphite, toutes les variétés de ses crayons de couleur, ses articles ordinaires, sa collection de crayons chinois, ses crayons-gommes, ses porte-mines, etc.

MM. Gilbert et Cie ont obtenu une médaille d'or à l'Exposition universelle de 1878 et un diplôme d'honneur à l'Exposition d'Anvers (1885). Cette maison possède un dépôt, à Paris, rue Réaumur, 33.

MM. Marquise et Cie, fabricants de crayons, porte-plumes, porte-mines,
à Saint-Paul-en-Jarret (Loire).

Cette maison fabrique les crayons en tous genres et spécialement les articles en pierre noire pour le dessin d'ornement et les crayons de couleur, ainsi que tous les genres de porte-plumes et de porte-mines en bois et en métal.

Elle a été fondée en 1872 par M. Marquise qui la dirige encore actuellement.

Ses commencements furent modestes : son capital n'était que de 10,000 à 12,000 francs, et elle ne fabriquait que de 150 à 200 crayons par jour. Aujourd'hui, elle livre journellement environ 14,000 crayons et 700 porte-plumes et porte-mines.

Ses deux usines occupent un espace de près de 5,000 mètres carrés; elles comprennent 200 machines, mises en mouvement par 3 puissantes roues hydrauliques et 2 machines à vapeur.

Le personnel est de 68 ouvriers.

Le chiffre d'affaires s'élève à 250,000 francs par an.

La maison Marquise ne trouvant pas en France les matières premières nécessaires à sa fabrication, sauf les couleurs et le bois de tilleul, fait venir le graphite, la plombagine et le noir de la Bohême, le bois de cèdre de la Floride, le palissandre du Mexique, le bois de rose et d'ébène du Gabon et de Ceylan. Malgré ces frais, elle est arrivée à livrer à la consommation des crayons dont le prix varie de 2 fr. 50 la grosse jusqu'à celui de 30 francs, suivant la qualité, et est parvenue ainsi à lutter avantageusement contre les produits allemands.

Elle a obtenu depuis sa création les récompenses suivantes : médaille de bronze, Exposition universelle de 1878, Paris; médaille d'argent, Académie nationale, 1878, Paris; médaille de vermeil, Exposition internationale de Paris, 1879; médaille d'or, Exposition industrielle, Melun, 1880; médaille d'or grand module, Exposition internationale de Bruxelles, 1880.

MÉDAILLES D'ARGENT.

M. A. BINANT, fabricant de toiles préparées pour peinture de panneaux et plafonds,
rue Rochechouart, 70, à Paris.

Cette maison a été fondée en 1820 par M. BINANT père, rue du Mail, 35, et transportée deux ans après, rue de Cléry, 7.

C'est en 1861 que M. A. Binant, tout en dirigeant son établissement de la rue de Cléry, commença à développer l'industrie de la toile appliquée aux arts décoratifs et à la peinture en général; il établit une fabrique de tissage à Thibouville (Eure), où il occupe une quarantaine d'ouvriers, travaillant sur des métiers à bras destinés à fabriquer tous les tissus Gobelins en laine, coton et fil, ainsi que les toiles de grandes largeurs pour peintures murales.

Les toiles de M. Binant ont été employées dans tous les travaux importants de l'État, pour les monuments publics du Panthéon, de la Sorbonne et des églises; par la Ville de Paris, pour les travaux des mairies, etc.

Les ateliers de préparation sont situés rue Rochechouart, 70, à Paris, où une usine spéciale, occupant une superficie de 1,800 mètres et employant de 18 à 20 ouvriers, a été construite en 1882.

M. Binant exposait des spécimens de ses toiles en grandes largeurs, toiles Gobelins, fils écrus, de 1 m. 40, 2 m. 10, 3 m. 10, 5 m. 10, 6 m. 10, 8 m. 10.

Une mention honorable lui a été accordée à l'Exposition des arts industriels, 1861, et à celle de Londres, 1862; et une médaille de bronze à l'Exposition de Paris, 1878.

MM. CHAPON frères, fabricants de toiles transparentes, rue du Temple, 13,
à Paris.

MM. CHAPON frères exposaient de fort beaux spécimens de leurs toiles transparentes (C. Husson) pour plans et dessins.

Cette maison avait déjà été récompensée à l'Exposition universelle de Paris, 1878, et à celle de Barcelone, 1888.

M. DUROZIEZ, fabricant de produits préparés pour la peinture, le dessin, la gravure,
la photographie, boulevard Saint-Michel, 58, à Paris.

Cette maison a été fondée en 1838 par le grand-père du propriétaire actuel, qui fit paraître plusieurs ouvrages estimés : *Notice sur la peinture à la cire, dite «peinture encaustique»,* 1838; *Notice sur la peinture à cire et huile, dite « de Taubenheim »,* 1844; *Considérations générales sur la peinture à l'huile, et en particulier sur l'emploi du siccatif de Harlem,* 1849.

La maison Duroziez emploie 6 ouvriers et fait un chiffre d'affaires de 32,000 à 35,000 francs.

Elle exposait des spécimens de ses produits : siccatif de Harlem, essence de térébenthine rectifiée, huile de lin clarifiée, copal à l'huile, en pâte, vernis fin, fixatif, vernis pour la photographie et la gravure, gluten, émeri, gluten de Taubenheim, huile de cire, essence d'aspic rectifiée, copal, émeri et cire pure à l'essence, lait de cire, liqueur à mater, cire pure en feuilles.

***

M. Girault, *fabricant de pastels*, rue de Vincennes, 73 *bis*, à Montreuil-sous-Bois (Seine).

Cette maison, fondée en 1780, et demeurée depuis cette époque la propriété de la même famille, est la plus ancienne des maisons de ce genre. Elle fabrique spécialement les pastels surfins, occupe une dizaine d'ouvriers et ouvrières et fait un chiffre d'affaires de 35,000 à 40,000 francs.

Elle exposait des spécimens de ses produits : pastels tendres, demi-durs, durs fins, pastels petit format, pastels coniques pour fonds, sauce velours noir, extra-fin, etc.

La maison Girault avait précédemment obtenu une médaille de bronze à l'Exposition universelle de Paris, 1878.

***

M. A. Grenier, *fabricant de couleurs*, rue Vieille-du-Temple, 31, à Paris.

M. A. Grenier est le successeur de M. J. Chevillot fils, par qui la maison a été fondée en 1860.

Il occupe un personnel de 5 ouvriers et son chiffre d'affaires annuel s'élève environ à 50,000 francs.

Toutes les couleurs sont exclusivement fabriquées à la main, mode de fabrication qui a été reconnu le meilleur pour les couleurs fines.

M. Grenier est fournisseur de diverses compagnies de chemins de fer, de l'École centrale des arts et manufactures, et de plusieurs grandes maisons d'articles de peinture et de dessin à Paris; il expédie également ses produits en Espagne, en Suisse, en Belgique et au Brésil.

La vitrine de cet exposant renfermait un grand choix de couleurs fines et extra-fines en tablettes et pastilles pour l'aquarelle et le lavis, des couleurs à l'huile, des encres de Chine, des boîtes de couleurs et autres articles de peinture ou de dessin.

Cette maison, qui avait déjà remporté dans diverses expositions 11 médailles en or, argent ou bronze, a obtenu une médaille d'argent à l'Exposition de 1889.

***

M. Leblond, *fabricant de mannequins pour artistes*, 27, rue de Turenne, à Paris.

M. Leblond exposait 2 mannequins, tiers nature, vendus à un artiste russe, et pour lesquels il a obtenu une médaille d'argent.

***

Mme veuve J. Rubin, *fabricante d'outils pour gravure et sculpture*, rue au Maire, 33, à Paris.

Cette maison, dont la spécialité consiste dans la fabrication d'outils pour la gravure et la sculpture en général, et plus particulièrement pour la gravure sur bois, fait un chiffre d'affaires de 25,000 francs et occupe 4 ouvriers.

Elle a obtenu : à l'Exposition universelle, 1878, 1 médaille de bronze; et à l'Exposition internationale, 1879, 1 médaille d'argent.

MÉDAILLES DE BRONZE.

Mlle Bevque, fabricante de mannequins pour artistes, avenue de Suffren, 153,
à Paris.

Cette maison, récemment fondée, exposait des mannequins construits sur mécaniques perfectionnées et pouvant être exécutés sur proportions données et sur mesures.
Elle a obtenu une médaille de bronze.

M. de Counval, fabricant de mannequins artistiques, rue du Plateau, 43,
à Saint-Maurice (Seine).

M. Edgard de Counval exposait plusieurs mannequins artistiques d'excellente facture.
Cette maison, fondée en 1806, fournit l'École des beaux-arts et les musées nationaux, exporte un certain nombre de ses articles et a été médaillée à l'Exposition universelle de 1878.

M. Duveau fils, fabricant de pastels, à Orléans (Loiret).

Cette maison a été fondée il y a environ trente-cinq ans, par M. Chasles aîné.
Elle fait un chiffre d'affaires de 10,000 francs environ. Elle ne fabrique que des pastels tendres et demi-tendres pour artistes, et ne fait pas l'article à bon marché. Sa vitrine contenait de nombreux spécimens de ses produits.
M. Duveau a obtenu à l'Exposition de 1889 une médaille de bronze.

M. Lamoun, fabricant d'outils pour graveurs et aquafortistes,
rue de la Harpe, 43, à Paris.

La maison Lamoun a la spécialité de la fabrication des vernis et outils pour graveurs et aquafortistes.
Vernis noir en boule, vernis blanc en boule, vernis au pinceau, vernis à recouvrir, vernis blanc liquide, vernis à remordre, vernis anglais, tampons à vernir, flambeaux à noircir, cires à border, rouleaux à vernir, pointes crayons, pointes sèches, porte-aiguilles, grattoirs, brunissoirs, burins, étaux, constituaient les principaux objets garnissant la vitrine de cet exposant.
M. Lamour présentait, en outre, des boîtes pour aquafortistes et de petites presses fort appréciées pour le tirage des épreuves.
Cette maison avait déjà obtenu une mention honorable à l'Exposition universelle de Paris (1878).

M. Lefebvre, fabricant de couleurs, rue de la Cerisaie, 13, à Paris.

M. Édouard Lefebvre exposait dans sa vitrine la collection complète de ses couleurs fines, de ses couleurs Rembrandt, de ses vernis et de ses toiles pour la peinture artistique.

Cette maison, qui, en dehors de la fabrication des articles mentionnés ci-dessus, exploite l'industrie des couleurs et des vernis pour les différents usages auxquels ces produits sont destinés, possède son usine à Montreuil (Seine) et a obtenu une médaille de bronze à l'Exposition universelle de 1867 et une médaille d'argent à l'Exposition de 1878.

MM. Mary et fils, fabricants de fournitures pour la peinture artistique,
rue Chaptal, 26, à Paris.

Cette maison, qui possède des ateliers spéciaux pour la dorure, l'encadrement, le rentoilage et la restauration des tableaux, avait exposé dans sa vitrine les nombreux produits de sa fabrication : couleurs et fournitures pour peinture à l'huile, pour l'aquarelle, la peinture en imitation de tapisserie, la photominiature; vernis Martin; pastels; articles pour l'enluminure, l'eau-forte, la peinture métallique sur velours frappé, etc. Nous signalerons parmi les objets exposés un appareil breveté dit *projectorama* dont MM. Mary et fils ont la propriété et qui s'applique à la peinture et au dessin d'après nature.

M. Mérimée, fabricant de craies colorées, rue Saint-Honoré, 87, à Paris.

Dans la vitrine de cet exposant figuraient les échantillons de ses diverses craies de couleur, pour dessins au tableau. Ces articles variés, de bonne qualité, étaient fort bien présentés.

Cette maison, possédée précédemment par M. Huan et M. Moisson, avait déjà été récompensée à l'Exposition de Vienne, 1873 (diplôme de mérite), et à celle du Havre, 1868 (mention honorable).

M. Pépin-Malherbe, fabricant d'articles à l'usage des peintres dessinateurs et sculpteurs,
rue Victor-Massé, 4, à Paris.

M. Pépin-Malherbe, neveu et successeur de M. Hostelet, exposait les produits variés de sa fabrication : mannequins articulés, boîtes, panneaux, chevalets, etc.

Cette maison avait déjà été récompensée à l'Exposition du Havre en 1868 et à celle de Paris en 1878.

Société des lunetiers, rue Pastourelle, 6, à Paris.

La Société des lunetiers (raison sociale : Okermans, Poircuitte, Alepée et Cie), dont le siège social est à Paris, rue Pastourelle, 6, avec succursale à Londres, a été créée en 1849.

Née de l'esprit d'association et entretenue dans ce principe, la Société des lunetiers, après des débuts modestes et difficiles, est arrivée à force de persévérance à une très belle situation et est devenue un établissement de premier ordre en son genre.

La Société des lunetiers, outre son personnel auxiliaire et conformément à ses statuts, compte trois classes d'intéressés. La première comprend soixante-deux membres sociétaires délibérants et participant au marc le franc de leur capital et de leur main-d'œuvre. La seconde compte soixante et un membres adhérents non délibérants participant seulement au marc le franc de leur capital. La troisième se compose des veuves des sociétaires et d'adhérents, actuellement au nombre de neuf. C'est parmi les adhérents que se recrutent les sociétaires. Dans aucune de ces deux classes le nombre n'est limité.

La Société admet toujours des sociétaires et adhérents selon ses besoins et la valeur des sujets qui se présentent à elle.

Bon nombre de sociétaires et adhérents ont depuis longtemps constitué leur capital et jouissent des avantages respectifs qui leur sont acquis d'après les statuts.

La Société des lunetiers possède actuellement neuf établissements industriels :

1° A Paris, au siège de la Société (fabrication générale de tous articles en lunetterie, optique et mathématiques);

2° A Ligny-en-Barrois (Meuse). Usine des Battants : fabrication de verres de lunettes et d'optique en tous genres;

3° A Ligny (Usine de compasserie) : fabrication de compas, cassettes et pochettes de mathématiques; loupes à lire, instruments de précision, géodésie et arpentage; niveaux en tous genres;

4° A Ligny, nouveaux ateliers (fabrication d'articles de bureaux et de dessin, articles de jeux, tabletterie);

5° A Cousances-aux-Bois (Meuse), fabrication de compas, punaises ou clous à papier, porte-crayons;

6° A Saint-Mihiel (Meuse), fabrication de lunettes et de pince-nez;

7° A Songeons (Oise), fabrication de lunettes;

8° A Morez (Jura), fabrication de lunettes et de pince-nez;

9° A Londres (Angleterre), succursale commerciale de la Société.

Dans ces différents établissements, la Société occupe un total de 1,490 personnes et une force motrice de 470 chevaux-vapeur.

La Société fabrique tous les articles que comporte son commerce, c'est-à-dire la lunetterie, les compas, cassettes et pochettes de mathématiques, loupes à lire, punaises, porte-crayons, niveaux, instruments de précision, de géodésie et d'arpentage, et articles de bureau et de dessin de tous genres.

C'est comme exposant de ces derniers articles que cette Société a été admise dans la classe 10.

Les ateliers de polissage et de meulage de Ligny et de Cousances sont munis d'appareils aspirateurs destinés à assurer l'état sanitaire des ouvriers. La Société assure son personnel contre les accidents du travail et entretient une société de secours mutuels.

Cette maison a des débouchés dans toutes les contrées du monde et doit son succès à l'économie au point de vue des frais administratifs, tous les principaux emplois étant tenus par des intéressés qui trouvent leur rémunération dans l'ensemble des bénéfices industriels et commerciaux résultant de l'exploitation générale.

Son écoulement, toujours grandissant, atteint actuellement 4 millions de francs.

La Société des lunetiers a déjà obtenu les récompenses suivantes : Paris, 1855, médaille de bronze, Besançon, 1860, médaille d'argent; Troyes, 1860, médaille de vermeil; Londres, 1862, médaille de bronze; Paris, 1867, médailles d'argent et de bronze; le Havre, 1868, médaille d'argent; Amsterdam, 1869, médailles de vermeil et d'argent; Londres, 1874, médaille de bronze; Philadelphie, 1876, deux médailles; Melbourne, 1881, médaille d'or.

M. Victor Tardif, fabricant de papiers à calquer, rue Philippe-de-Girard, 17,
à Paris.

Cette maison, qui fabrique spécialement des papiers à calquer, occupe une dizaine d'ouvriers et fait un chiffre d'affaires d'environ 100,000 francs.

Elle a déjà obtenu les récompenses suivantes : Paris, 1867, médaille de bronze; Vienne, 1873, médaille de mérite; Paris, 1878, mention honorable; Amsterdam, 1883, mention honorable.

Sa vitrine contenait des rouleaux de papier à calquer, de différentes sortes et qualités, et des échantillons de papiers à calquer datés du mois de mars 1878; ces derniers articles avaient conservé leur teinte azurée.

MENTIONS HONORABLES.

M. Jules Chalmel, rue du Faubourg-Saint-Martin, 71, à Paris.

M. Chalmel, successeur de MM. Deriot et Fontaine, exposait de nombreux spécimens de sa fabrication :

Couleurs en pâte pour les fabricants d'étiquettes de luxe, feuillagistes, fleuristes, coloristes;

Couleurs à la gouache pour peindre sur soie, gaze, bois, peau, satin, ivoire;

Couleurs en écailles pour peintres en miniature et pour relieurs;

Carmin spécial pour les tranches des livres;

Couleurs spéciales préparées pour peindre à froid sur porcelaine, avec une mixtion servant à donner le corps et l'adhérence;

Couleurs en tablettes, demi-tablettes et pastilles pour aquarelle;

Couleurs en tube broyées à l'huile pour peinture;

Vert de vessie, vert naturel transparent, non vénéneux (extrait des baies de nerprun);

Colléine Cowtry, colle forte liquide à froid, brune, blanche, blonde, pour bois, métaux, cartonnages fins, etc.;

Colle céramique pour la porcelaine;

Poudre de bronze préparée destinée à être employée avec de l'eau pour travaux ordinaires et peintures fines;

Bronzes liquides pour décoration;

Encre invisible (devenant noire à la chaleur), pour cartes postales;

Vernis à tableaux préparé au mastic en larmes;

Ficoline remplaçant avantageusement le fiel dans tous ses usages;

Mixtion pour peindre à froid sur la porcelaine ou imitation de porcelaine;

Essences spéciales à l'usage des peintres sur porcelaine; essence de térébenthine distillée, de lavande, grasse de térébenthine, grasse de lavande.

Cette maison a déjà obtenu des récompenses aux Expositions de Paris, 1849, 1855, 1867; Londres, 1851, 1862; Porto, 1863; Nantes, 1861; Bayonne, 1864.

M. P. Gemy, inventeur du mégagraphe, à Marseille.

Sous le nom de *mégagraphe* M. Gemy exposait un instrument qu'il a inventé pour faciliter aux architectes, décorateurs, constructeurs, etc., l'exécution des grands dessins.

Ce nouvel appareil permet de faire facilement et rapidement sans fatigue des dessins de 6 à 8 mètres de hauteur.

Pour obtenir ce résultat, l'inventeur a établi contre un mur une planche verticale articulée à sa partie supérieure, ce qui permet de lui donner l'inclinaison désirée. Deux rouleaux, un supérieur et un inférieur, y sont adaptés; un fort papier toilé recouvre les deux faces de la planche en passant sur les deux rouleaux, et forme après la réunion de ses deux extrémités une toile sans fin. Un cordon de tirage, engagé lui-même dans une poulie que porte à une extrémité le rouleau supérieur, met cette toile en mouvement. Le rouleau inférieur étant plombé tient le papier toilé constamment tendu.

Le papier à dessiner une fois fixé sur le papier toilé, on comprend la facilité avec laquelle peut s'élever ou s'abaisser à volonté le dessin; d'un autre côté, la toile ayant deux fois la grandeur de la planche articulée, il est aisé de concevoir que le dessinateur peut au moyen de cet appareil exécuter des travaux de 6 à 8 mètres.

M. Gemy a établi en outre sur chaque bord de sa planchette des règles graduées, qui, tout en servant de conducteur au papier, permettent de mesurer l'écartement des horizontales à tracer.

M. Ch. Luttringer, *fabricant d'encadrements*, rue de la Lune, 35, à Paris.

Cette maison a été fondée en 1867 par M. Luttringer.

Elle exposait des spécimens de ses produits pour encadrement de gravures, dessins, aquarelles, etc., passe-partout pour la photographie, cadres en tous genres, etc.

Une mention honorable lui a été accordée.

M. Mazereau, *fabricant d'instruments de précision*, rue de Thorigny, 10, à Paris.

M. Mazereau présentait dans sa vitrine des règles, bâtonnets, équerres et autres instruments de précision à l'usage des dessinateurs.

Ces différents objets, qui appartiennent tout à la fois au matériel du dessin des écoles et à la fourniture de bureau, étaient de bonne facture.

M. Picart, *fabricant d'articles pour peinture*, 14, rue du Bac, à Paris.

Cette maison a été fondée par M. Picart père en 1837. Son fils, qui lui succéda en 1867, s'est appliqué à développer le commerce d'articles pour le dessin et la peinture, et spécialement plusieurs appareils brevetés et déposés, destinés à simplifier le dessin d'après nature.

M. Picart exposait de nombreux objets à l'usage des artistes et des officiers en campagne, tels que chambres noires du commandant Blain, cannes-pliants, tables de paysagistes à pieds automatiques, perspectographes, etc.

CHAPITRE VII.

SECTION DES COLONIES.

ALGÉRIE. — COCHINCHINE. — SÉNÉGAL.

ALGÉRIE.

Grâce à la culture de l'alfa, les fabricants de papier, d'Algérie, sont admirablement placés pour la fabrication des sortes fines. Ainsi que nous l'avons indiqué dans nos considérations générales, cette substance est absolument favorable comme matière première à la fabrication des articles destinés à l'impression.

Les fabricants anglais l'ont du reste si bien compris, qu'ils n'ont rien négligé pour s'en assurer l'approvisionnement.

Leur trafic considérable leur a permis de transporter, à destination de leurs usines, les alfas algériens, dans des conditions de tarif si réduites, qu'aucune compagnie maritime française n'a pu en offrir d'équivalentes.

Or, étant donné le bas prix de l'alfa à son lieu d'origine, on conçoit facilement l'importance que peuvent avoir ses frais de transport, au point de vue du cours de la pâte qu'il est appelé à constituer.

Cette circonstance explique l'infériorité dans laquelle se trouve notre industrie vis-à-vis de la papeterie anglaise, sous le rapport de l'utilisation des alfas d'Algérie, infériorité qui, nous l'espérons, tendra à disparaître au fur et à mesure que les causes qui l'ont amenée, et continuent encore à l'entretenir, auront été écartées, au grand profit des fabricants français [1].

Les chiffres que nous a fournis M. DE LAJONKAIRE, d'Oran, viennent à l'appui de notre observation. Cet exposant indiquait, en effet, que ses exportations de pâtes d'alfa avaient atteint en 1888 la quantité de 39,600 tonnes, dont 36,000 tonnes pour l'Angleterre, 2,000 tonnes pour la Belgique et 1,600 tonnes seulement pour la France.

Parmi les exposants de la classe 10 qui figuraient dans cette section, nous signalerons M. BRUNACHE, fabricant de papier à Constantine, qui a obtenu une médaille de bronze.

---

[1] Nous avons indiqué déjà dans nos considérations générales que le bon marché de la houille, du chlorure de chaux et de la soude favorisait la préparation économique de ce produit en Angleterre.

La fabrique de M. Brunache est située dans la commune du Hanma, à 7 kilomètres de Constantine, où se trouvent ses bureaux; elle est reliée à la maison principale par une ligne téléphonique et est éclairée à l'électricité.

Cette manufacture se compose de sept bâtiments distincts, occupant une superficie de 550 mètres et possède :

Une machine à table terminée par une batterie de six sécheurs; une calandre; une coupeuse automatique; quatre piles raffineuses et deux cylindres broyeurs nouveau système; un broyeur exclusivement affecté à la trituration du chiffon; des ateliers de forge, d'ajustage et de menuiserie; quatre cuves pour la paille et un hache-paille; une machine à éteindre la chaux et à préparer les lessives; un lessiveur rotatif chauffé à la vapeur et pouvant donner 2,000 kilogrammes de matières premières préparées, par chaque opération; des machines pour le coupage et le blutage des chiffons.

La force motrice utilisée pour actionner ces diverses machines est de 80 chevaux-vapeur environ et produite par trois turbines et une roue hydraulique affectée à la conduite du dynamo.

Les dépenses d'installation s'élèvent jusqu'à ce jour à 250,000 francs environ.

La manufacture comprend comme personnel : un directeur, un chef de fabrication, dix ouvriers européens, tous logés dans l'usine, plus vingt-cinq Arabes et vingt femmes européennes ou israélites indigènes chargées du triage et du pliage.

Sa fabrication journalière est d'environ 2,500 kilogrammes; les matières premières qu'elle utilise sont : la paille, l'alfa, le lin, le chiffon, les vieux papiers et les pâtes de bois.

M. Brunache écoule ses papiers dans les trois départements d'Algérie, fournit la plus grande partie des journaux de la colonie, et commence à étendre sa clientèle dans l'extrême-sud et la Tunisie.

Parmi les produits envoyés par cette maison, nous avons remarqué plusieurs sortes blanches et d'emballage composées principalement de pâte d'alfa.

La reliure était représentée par quatre exposants :

M. Auguste HENRIOT, de Sétif, qui a obtenu une médaille de bronze et qui avait envoyé un certain nombre d'ouvrages reliés dans le genre courant; nous citerons parmi ces volumes : *Les Étoiles*, de Camille Flammarion, et les *Contes du lundi*, d'Alphonse Daudet.

M. JOURDAN, d'Alger, qui a obtenu également une médaille de bronze et qui avait placé dans sa vitrine un grand nombre de volumes reliés, tels que : la collection du *Bulletin judiciaire de l'Algérie*; le *Cours de langue kabyle*, de Bel Kassem ben Sedira; *L'Hiver à Alger*, de Desprez; *Les Touaregs de l'ouest*, de Bissuel.

La maison FONTANA (association ouvrière) accusait par ses envois l'habileté et le goût incontestables de son personnel.

De riches reliures d'amateur figuraient à côté d'ouvrages ordinaires consciencieusement exécutés et nous avons été frappé de la bonne confection des volumes suivants :

la *Concordance des ères hégiriennes et géorgiennes*, de Bernon; la *Paléontologie de l'Algérie*, de Pommel; la *Statistique générale de l'Algérie*, etc.

Le jury pour encourager ses efforts lui a décerné une mention honorable.

On pouvait aussi remarquer dans la section algérienne les échantillons de papiers de pliage exposés par MM. J.-B. MONTI et Cⁱᵉ, qui dirigent une exploitation d'alfa à Sétif, et qui avaient entrepris d'indiquer par des exemples les nombreux usages industriels auxquels cette matière est susceptible de convenir.

Ce n'est que pour mémoire que nous parlons de cette exposition qui, à proprement parler, n'appartenait pas à la classe 10.

COCHINCHINE.

Dans le pavillon affecté à l'EXPOSITION PERMANENTE DES COLONIES, exposition qui a obtenu une médaille de bronze, figuraient un certain nombre de spécimens d'encres et de pinceaux confectionnés en Cochinchine. La consommation de ces articles diminue de jour en jour d'importance dans cette colonie, par suite de l'adoption des objets usuels de notre papeterie.

Le SERVICE LOCAL DES COLONIES, récompensé également d'une médaille de bronze, nous avait envoyé divers échantillons de papier fort curieux. La fabrication de ces produits offre de tels rapprochements avec les procédés employés dans l'Annam-Tonkin, que nous ne nous y arrêterons pas pour l'instant, nous réservant de traiter ce sujet lorsque nous aborderons le compte rendu de la section annamite.

SÉNÉGAL.

Les différents articles de papeterie qui servent à l'instruction des Sénégalais sont pour la plupart puisés en Europe; toutefois la reproduction de la pensée par l'écriture existait dans cette contrée antérieurement à notre prise de possession, et tout rudimentaires qu'aient été les moyens matériels employés pour cette transmission, nous en avons cependant retrouvé la trace dans les divers objets que nous avons eu à examiner.

C'est ainsi que nous avons été amené à remarquer une tablette en bois, haute de 0 m. 30 et large de 0 m. 20 environ, servant aux lettrés pour l'inscription des versets du Koran.

Cette inscription se pratique au moyen de pinceaux appropriés et imbibés d'une encre confectionnée pour la circonstance; elle s'efface ensuite par simple lavage.

Les marabouts recueillent avec soin l'eau qui a servi à cette opération et la font boire aux malades, en vue de la guérison qu'ils cherchent à obtenir; quand ils ont eu la bonne fortune de se procurer du papier importé d'Europe, ils y tracent leurs formules sacrées et l'appliquent religieusement comme topique sur les plaies des blessés, l'abdomen des hydropiques, les articulations endolories des rhumatisants, etc.

M. Ernest Noirot, administrateur colonial au Sénégal, a soumis à l'examen du jury de la classe 10 quelques spécimens fort curieux des encriers *ouolofs* confectionnés par les indigènes; les calebasses desséchées et recouvertes de peaux d'animaux constituent les éléments de cette industrie primitive.

Le jury a décerné à M. Noirot une médaille de bronze.

CHAPITRE VIII.

SECTION DES PAYS DE PROTECTORAT.

ANNAM-TONKIN. CAMBODGE.

ANNAM-TONKIN.

L'exposition de cette section présentait un intérêt tout particulier pour le jury de la classe 10; le papier brut, le papier transformé, les fournitures de bureau, le matériel des arts et la reliure s'y trouvaient effectivement représentés à l'état de produits indigènes bien faits pour éveiller sa curiosité.

Le papier se fabrique, dans cette contrée, avec les écorces du *Wisktrœmia Balansœ* Drake, ou *Cai-Gio* des Annamites, substance à la fois très résistante, très souple et très légère. Les procédés employés pour le blanchiment de la pâte étant insuffisants, pour ne pas dire nuls, il en résulte que le papier conserve la nuance écrue particulière à la matière qui l'a composé, et porte dans sa trame les traces des nombreuses impuretés qui s'aperçoivent à la surface du Cai-Gio [1].

La multiplicité des usages du papier annamite est un fait qui mérite d'être remarqué, car, ni en Europe, ni même en Amérique, l'emploi de ce produit n'est aussi varié; la facilité avec laquelle il se substitue au bois, au métal et à l'étoffe dans la composition des objets usuels explique suffisamment cette particularité.

---

[1] *Le papier au Tonkin.* (Extrait du *Globe.*)

C'est dans les environs de Hanoï qu'on trouve les principales fabriques de papier indigène; les Français désignent ce lieu sous le nom de *village du papier;* les deux tiers de la population sont employés à la confection de ce produit.

Ce papier est fait avec l'écorce du Cai-gio, dont la production est abondante dans la province de Tuyen-Quan. Cette écorce est macérée deux ou trois jours dans un ruisseau, puis effilée à la main par des ouvrières; soumise à une nouvelle macération de quarante-huit heures dans un lait de chaux, cette substance, qui commence déjà à être décolorée, est placée, par couches alternant avec des couches de cendre de paille de riz, dans un four spécial en terre glaise et y subit trois jours de cuisson.

Lavée à grande eau, la matière est pilée dans une sorte de mortier, délayée à un degré déterminé, dans un bassin spécial, où l'ouvrière chargée de ce travail vient puiser la pâte avec un châssis en bambou analogue à la forme de nos papetiers.

Les feuilles de papier, superposées les unes aux autres, sont réunies en paquets de o m. 50 à o m. 60 de hauteur et soumises à l'action d'une presse particulière pendant quatre à cinq heures consécutives, puis soumises à un dernier séchage sur un foyer formé par deux dalles accolées et chauffées.

Le papier tonkinois vaut de o fr. 64 à o fr. 65 les 100 feuilles (format et épaisseur analogues à la couronne 8 kilogrammes).

L'ouvrière papetière fait de trois à quatre feuilles à la minute et est payée o fr. 20 par journée de 12 heures de travail; l'ouvrier qui pile la pâte est payé o fr. 80 pour le même temps.

Un classement, basé sur la nature de la destination, s'applique naturellement aux divers papiers qui se fabriquent dans cette contrée et qui se subdivisent ainsi en papiers d'emballage, papiers à cigarette, papiers à écrire, papiers à imprimer, papiers pour tenture, papiers pour jouets, etc.

L'appropriation du produit va même plus loin et nous révèle les diverses spécialités des articles pour diplômes de mandarin, pour cérémonies funèbres, pour écritures sacrées, spécialités dans lesquelles nous retrouvons les éléments de l'une des branches les plus curieuses de l'industrie de transformation.

Les feuilles de papier destinées à ces divers usages sont, en effet, revêtues d'une couche de peinture bronzée, argentée ou dorée, suivant le cas; ce couchage est obtenu au moyen de couleurs fabriquées sur place, et laisse sur les quatre côtés de la feuille une marge indemne qui lui forme une sorte d'encadrement.

Les articles de fournitures de bureau étaient représentés, dans cette section, par un certain nombre de spécimens d'encres en tablettes, dont la fabrication est analogue à celle de l'encre de Chine, et par quelques types d'encriers laqués du meilleur goût.

Les pinceaux dont se servent les Annamites, non seulement pour la peinture, mais aussi pour l'écriture, sont composés d'une tige de bambou à l'extrémité de laquelle vient s'insérer une petite touffe de fibres textiles de la «Sansevière» (*Sanseviera latifolia*, plante appartenant à la famille des liliacées).

L'exposition de Mgr PUGINIER contenait, entre autres objets, un certain nombre de volumes dont la reliure n'a pas manqué de nous frapper. Les feuilles de ces livres, réunies au moyen d'un lien végétal, sont placées dans une couverture solidement encollée à leur bord d'assemblage et formée d'un papier épais et résistant. La surface extérieure de cette couverture, mise en couleur, puis ornementée de dessins argentés ou dorés, est revêtue, en dernier lieu, d'un vernis laqué.

Les papiers de l'Annam-Tonkin étaient présentés : 1° par l'administration de l'Exposition permanente des Colonies, qui a obtenu une médaille de bronze et dont la vitrine comprenait un certain nombre d'échantillons des sortes à écrire, à imprimer et des types pour cérémonies religieuses; 2° par le Gouvernement de la province de Hanoï, auquel a été décerné une médaille de bronze et qui comptait, au nombre des articles soumis à notre examen, le fameux papier jaune avec dragons filigranés, servant à la confection des diplômes de mandarin.

Dans la riche collection envoyée par Mgr PUGINIER, envoi qui lui a valu, du reste, une médaille d'argent, se remarquaient plus particulièrement les encriers laqués et les ouvrages en reliure dont nous avons parlé plus haut.

Le Gouvernement de la province de Sontay, auquel le jury a attribué une mention honorable, avait, de son côté, exposé un certain nombre d'écritoires en ardoise, composées d'une soucoupe portant un godet à son centre, et plusieurs bâtons d'encre annamite confectionnée par les indigènes.

Une mention honorable a été également décernée à l'administration du Protectorat de l'Annam-Tonkin, qui avait envoyé divers spécimens de pinceaux et de porte-pinceaux.

CAMBODGE.

L'industrie locale du papier est réduite, au Cambodge, à sa plus simple expression.

Les indigènes se servent, pour écrire, des feuilles de *Sachi* et de *Sattra,* préalablement préparées pour cet usage.

Sur ces feuilles, très résistantes, découpées en bandes de o m. 5o environ, sur une largeur de o m. o5, les lettrés gravent leurs manuscrits, au moyen d'un stylet à pointe de pierre ou de métal; une matière tinctoriale noire, analogue à l'encre, souvent même de l'encre de Chine délayée, est ensuite étendue sur ces feuilles et vient remplir les caractères creusés par la gravure. La bande, après nettoyage et séchage, est percée d'un orifice destiné au passage du lien qui réunit les manuscrits, par chapitres.

Ces chapitres sont ensuite placés dans un sac qui constitue la reliure élémentaire du volume.

Les bonzes du Cambodge font usage, pour l'instruction des élèves de leurs écoles, d'un carton qu'ils fabriquent eux-mêmes avec un mélange de coton et de feuilles de mûrier. Sur ce produit, revêtu d'une couche de matière noire lui donnant l'aspect d'une sorte de carton-ardoise, les écoliers écrivent leurs exercices, à l'aide d'un crayon de terre glaise dont les traits sont facilement effaçables.

Il va sans dire que les objets européens, grâce à la facilité de leur emploi, sont de plus en plus en faveur au Cambodge, et l'époque n'est pas éloignée où ces articles auront absolument détrôné les produits et les procédés que nous venons de décrire.

Un certain nombre de manuscrits sur feuilles de *Sachi* et de *Sattra,* de stylets pour écrire, de cartons enduits et de crayons à l'usage des bonzes, ont été soumis à notre examen par M. Planté, à Phnom-Penh, exposant de la classe 1o, qui a obtenu une mention honorable.

CHAPITRE IX.

EXPOSITION DES SECTIONS ÉTRANGÈRES.

RÉPUBLIQUE ARGENTINE. — AUTRICHE-HONGRIE. — BELGIQUE. — BRÉSIL. — CHILI.
CHINE. — DANEMARK. — ESPAGNE. — ÉTATS-UNIS. — FINLANDE.
GRANDE-BRETAGNE. — GRÈCE. — ITALIE. — JAPON. — LUXEMBOURG. — MEXIQUE.
NORVÈGE. — PAYS-BAS. — ROUMANIE. — RUSSIE. — SALVADOR.
SERBIE. — SUISSE. — VÉNEZUÉLA.

RÉPUBLIQUE ARGENTINE.

La République Argentine est l'un des pays où les articles de papeterie française, et principalement les registres, trouvent d'importants débouchés. Malgré le développement de l'industrie locale qui s'est manifesté depuis 1878, le chiffre de nos exportations dans cette contrée s'est maintenu, et ce fait s'explique par l'accroissement constant de la consommation.

L'emploi des registres, chez une nation, est intimement lié à son mouvement commercial, et l'activité croissante des transactions de la République Argentine donne l'explication du maintien de nos exportations dans cette contrée.

Ajoutons que le soin scrupuleux apporté à la confection des objets exportés a contribué en grande partie à consolider nos relations avec ce pays.

M. Jacobo PEUSER, libraire-éditeur à Buenos-Ayres, qui a obtenu une médaille d'argent, avait exposé, entre autres objets, un certain nombre de registres en maroquin, cousus au fil métallique, dont la réglure et la confection méritent d'être particulièrement signalées. Cette importante maison, qui comprend, en dehors de son imprimerie, des ateliers de réglure, de brochage, de reliure, etc., compte un personnel de 250 ouvriers et ouvrières.

Deux fabricants d'encre figuraient dans cette section :

M. Emilio DOUCET, de Buenos-Ayres, dont la marque est fort appréciée et dont le jury a encouragé les efforts en lui accordant, ainsi qu'à M. Aurelio SEIJO, de San Lorenzo, province de Santa-Fé, une médaille de bronze.

La reliure était représentée par les travaux courants de M. José BERTOLOTTI, relieur à façon, à Rosario, province de Santa-Fé, qui exposait une collection de dos de livres reliés, en bois, couverts en chagrin et ornés d'encadrements, de filets et fleurons en or, spécimens qui lui ont valu une mention honorable.

AUTRICHE-HONGRIE.

Au point de vue de la fabrication du papier, l'Autriche-Hongrie était admirablement représentée [1].

Les fabricants autrichiens, sans abandonner la spécialité des belles sortes dont la réputation de qualité, de blancheur et de propreté est pleinement justifiée, ont su profiter des conditions absolument avantageuses où ils se trouvent, au point de vue de l'emploi des succédanés.

Leur pays leur fournit, en effet, les bois les plus favorables pour la confection des pâtes chimiques et mécaniques; aussi se sont-ils empressés de les introduire dans la composition des papiers ordinaires.

Les expositions de M. Piette et de MM. Schmidt et Meynier étaient absolument remarquables, tant par la perfection que par la variété des produits exposés.

La représentation des papiers et des cartons transformés s'est bornée à l'exposition des parchemins végétaux de MM. Schlüter et Cie, et des papiers à cigarette de MM. Schnabl et Cie. Nous ne ménagerons pas nos louanges à ces deux maisons, qui, bien que différentes par la nature de leur industrie, se rapprochent singulièrement au point de vue des efforts employés pour se faire connaître et apprécier à l'étranger.

Les nombreuses variétés des parchemins de MM. Schlüter et Cie atteignent toutes des prix fort abordables et ne laissent rien à désirer sous le rapport des divers usages auxquels elles sont destinées.

De leur côté, MM. Schnabl et Cie s'ingénient sans cesse à créer de nouvelles marques et à présenter, sous des formes séduisantes, d'excellents papiers destinés aux fumeurs de cigarettes du monde entier.

A ces deux maisons se bornait donc, dans cette section, l'exposition des produits de transformation du papier et du carton, et ce fait nous a été d'autant plus pénible à constater, que nous avons toujours admiré les articles de Vienne, articles qui, par l'ingéniosité de leur construction, par le soin apporté à leur fabrication, par le goût particulier enfin qui préside à leur confection, offrent de nombreux caractères de ressemblance avec les objets de fantaisie que produit l'industrie parisienne. Cette analogie, nous dira-t-on, va parfois jusqu'à l'imitation complète des objets que nous avons innovés. C'est là, en effet, une particularité qu'il est bon de signaler; tant que ces emprunts ne rentreront pas dans le domaine de la contrefaçon, nous n'y trouverons point matière à critique, et nous ne nous étonnerons pas de voir deux industries similaires profiter réciproquement des progrès réalisés.

Nous avons remarqué également avec regret l'abstention, à ce grand concours in-

[1] Je dois une partie des renseignements sur les exposants de cette section à l'obligeance de M. Wedeles, membre du jury de la classe 10.

dustriel, des exposants austro-hongrois de papiers façonnés, d'enveloppes, de registres, de cartonnages et nous ajouterons de fournitures de bureau, de reliure, de
crayons, de couleurs, pinceaux et autres objets appartenant au matériel de la peinture
et du dessin, tous articles, en un mot, à la fabrication desquels ces nationaux ont donné
un développement et un degré de perfection qui leur ont valu une réputation fort
justifiée.

Parmi les fabricants de papier de la section, il convient de citer en première
ligne :

1° M. P. PIETTE, à Freiheit (Bohême), qui a obtenu un grand prix.

Son exposition, des plus remarquables, comprenait :

Les papiers serpentes pour fleurs, de vingt-cinq nuances différentes; les sortes pour
papiers de tenture, les papiers en rouleaux pour impression, les papiers à lettre très
bien assortis en ramettes ou en boîtes, tels que le *post-paper*, le *Victoria mill* et le *note-
paper*; les papiers pelure pour copies de lettres, et les papiers à cigarette, dont la
fabrication est, avec celle des papiers serpentes, l'une des spécialités les plus importantes de la maison.

La fabrique de Freiheit exécute toutes les variétés de papiers à cigarette, qu'elle
livre, suivant les demandes, en rames, en blocs ou en cahiers; ses marques les plus
répandues sont les *Hirondelles* et le *Bröl*, dont la consommation est des plus importantes
à l'étranger, surtout dans l'Amérique du Sud, les colonies anglaises et françaises.

Nous ne saurions trop féliciter la maison Piette des progrès qu'elle a accomplis dans
la fabrication des papiers bulles et des sortes écolières dont elle exposait de nombreux
échantillons.

Cette maison, fondée en 1865, possède aujourd'hui trois usines, dont l'une, celle
de Freiheit, fabrique spécialement, comme nous venons de le dire, les papiers à cigarette, à copies de lettres et les papiers serpentes.

L'usine de Pilsen, dirigée par MM. Louis et Jules Piette, produit les papiers à
écrire, à imprimer, blancs et de couleur, ainsi que les papiers buvards.

C'est également dans cet établissement que se préparent la cellulose au bisulfite
et la pâte de bois mécanique.

L'usine de Bübenc, dirigée par un ancien contremaître de la maison, a pris une
extension considérable.

C'est là que se fabriquent les papiers de tenture, depuis les qualités les plus ordinaires jusqu'aux sortes les plus fines.

Une grande partie de la fabrication de ces usines s'expédie en Orient, l'autre partie
au Mexique et à la Plata.

Le chiffre d'affaires annuel des trois établissements est de 4 millions.

La maison possède 4 machines à papier, emploie une force motrice de 1,100 chevaux, et occupe un personnel de 900 ouvriers, pour lesquels elle a institué des caisses
de retraite et d'épargne, des maisons ouvrières et des crèches pour les enfants.

M. Piette a des dépôts et des représentants à Paris, à Londres et à Bombay.

2° MM. Smith et Meynier, à Fiume, dont la fabrique de papier, fondée en 1828 par MM. W. C. Smith et Charles Meynier, et dirigée aujourd'hui par M. Henry Meynier, neveu de ce dernier, est le plus ancien établissement de ce genre existant en Autriche.

Cette maison exposait des papiers écoliers; des papiers pour registres, réglés et non réglés; des papiers pour affiches, de sept couleurs; des papiers à lettre, vergés et vélins, notamment le *cream note-paper*; des papiers à dessin en rames et en rouleaux; des papiers à cigarette en rames; des papiers buvards de couleur et des vergés à la plaque.

Par suite des grands travaux exécutés depuis 1873, la force hydraulique dont cet établissement disposait, et qui était alors de 250 chevaux, se trouve aujourd'hui à peu près doublée.

Cette papeterie compte actuellement 5 machines, dont la dernière a été montée en 1868; toutes sont pourvues des appareils les plus nouveaux et les plus perfectionnés. Elle renferme en outre 60 cylindres à triturer ou à blanchir la pâte à papier, ainsi que tout l'outillage nécessaire à son traitement.

Les machines à vapeur sont au nombre de 10, produisant une force totale de 350 chevaux, ce qui permet de travailler pendant les périodes de sécheresse.

Le nombre des ouvriers employés dans la fabrique est de 400, sans compter les personnes travaillant au dehors.

Les propriétaires ont eu soin, depuis de longues années, d'assurer la situation de leurs ouvriers, en organisant une caisse de secours pour les malades et une caisse de retraite pour pensionner les vieux ouvriers de la fabrique, ainsi que les veuves et leurs enfants.

La papeterie de Fiume a déjà reçu 7 médailles de première classe et 4 médailles d'or aux expositions nationales et étrangères.

Elle se trouvait *hors concours* à l'Exposition universelle de Paris en 1867 et à celle de Vienne en 1873, le chef actuel de la maison, M. Henry Meynier, étant membre du jury [1].

MM. Ellissen, Roeder et C°, propriétaires de la fabrique de papier de Theresienthal, et qui ont obtenu une médaille d'or, se faisaient remarquer par leur exposition disposée avec beaucoup de goût.

Cette maison, qui a la spécialité des papiers façonnés pour l'exportation, exposait un grand choix de ses produits. Nous avons surtout remarqué : les coquilles parcheminées réglées bleues, la tellière fabriquée spécialement pour le gouvernement du Vénézuéla, la coquille demi-fine réglée blanche et azurée, des papiers de couleur de divers formats, coquille, raisin ou jésus; des florettes de couleurs assorties en vélin ou en vergé, des cartons bicolores gris-bleuté, chamois, etc.; des cartons blancs

[1] M. Ch. Fiémont a obtenu une médaille d'argent comme collaborateur de la maison Smith et Meynier.

et de couleur, des papiers florette et ministre tout réglés, papier d'office et à dessin, papiers buvards, papiers diplomate, papiers à lettre en boîtes; des enveloppes, enfin des papiers à cigarette et des papeteries très coquettes renfermant cinquante feuilles de papier et cinquante enveloppes.

La fabrique de Theresienthal a été construite en 1870 pour une fabrication d'environ 6,000 kilogrammes de papier d'impression par jour et a été installée depuis peu à peu pour la fabrication des papiers à écrire, à lettre, papiers de couleur et cartons; sa production s'élève aujourd'hui à 7,000 ou 8,000 kilogrammes par jour.

Une nouvelle fabrique, construite en 1882 à Kematen, produit aujourd'hui environ 4,500 kilogrammes; grâce à la construction d'une nouvelle machine à papier, cette production pourra s'élever bientôt au même chiffre que celui de l'usine de Theresienthal.

Toutes les pâtes employées sont préparées dans ces usines.

Les matières premières utilisées pour la fabrication sont les chiffons et les pâtes de bois mécaniques et chimiques.

On compte dans ces manufactures 42 cuves pour la préparation des chiffons; 7 défibreuses produisant journellement de 5,000 à 6,000 kilogrammes de pâte de bois sec; 4 chaudières pouvant donner journellement de 5,000 à 6,000 kilogrammes de pâte au bisulfite.

Les différentes machines sont mises en mouvement par une force hydraulique de 1,200 chevaux.

Le nombre des ouvriers employés s'élève à 800.

La maison Ellisen, Rœder et C° avait déjà participé à plusieurs expositions où elle avait obtenu les récompenses suivantes :

Un premier prix spécial à Sydney, en 1879;

Un diplôme d'honneur à Melbourne, en 1880;

Une médaille d'honneur à Boston, en 1883;

Une première récompense de mérite à Adélaïde, en 1887;

Une médaille d'or à Melbourne, en 1888;

Diverses récompenses dans des expositions régionales;

Et la médaille de mérite (1er prix) à l'Exposition universelle de Vienne, en 1873.

Parmi les exposants de la section austro-hongroise s'occupant de la transformation du papier, le jury a décerné une médaille d'argent à M. Rodolphe KAFKA, de Vienne, qui exposait une collection très variée de papiers à lettre.

Ses ateliers de transformation occupent un personnel d'environ 100 ouvriers et ouvrières.

Deux exposants de cette section ont obtenu la médaille de bronze :

1° MM. SCHLÜTER et C°, fabricants de papier parcheminé, à Prague (Bohême), qui exposaient dans deux vitrines fort bien disposées les produits de leur fabrication :

Papier parcheminé en rouleau, employé pour le paquetage des produits pharmaceutiques, pour le bouchage hermétique des flacons de conserves et de confiserie, pour l'emballage des soieries, étoffes riches, rubans, gants, etc., qu'il empêche de se piquer par contact;

Papier parcheminé de couleur pour filatures;

Papier parcheminé végétal pour l'enveloppage des beurres, fromages, suifs, graisses, savons, bougies, chocolats, bonbons, etc.

Cette usine, qui emploie un personnel de 75 ouvriers, possède comme matériel :

Une machine plate pouvant produire des bobines de 2 mètres de largeur; une machine spéciale (système Frisson) pour la sulfurisation du papier; une autre machine (système Draper) affectée au même emploi.

La production journalière de l'établissement Schlüter et C° s'élève à 3,000 kilogrammes.

2° MM. Schnabl et C°, I Predigergasse, 5, à Vienne.

Dans cette exposition, installée avec goût, on pouvait remarquer, indépendamment de quelques papiers à lettre et florettes pour l'exportation, des tubes à cigarette avec et sans bout, des fume-cigares et fume-cigarettes en papier, dont la composition végétale est fort appréciée par les fumeurs, et des échantillons très nombreux de papiers à cigarette en cahiers.

Parmi ces derniers articles, nous citerons spécialement les marques suivantes : *le Voleur, le Shah de Perse, le Bonheur, le Sans-rival, le Savoureux, le Cospoli, l'Amli, le Parfait, le Riz de Chine, le Tisza, le Kolmon, le tricolore de Bulgarie* et *le Sport.*

La maison, fondée en 1859, fabrique dans son usine tous les articles employés à la confection des cahiers de papiers à cigarette.

A cet effet, elle occupe un personnel de 500 ouvriers environ et emploie comme matériel :

4 machines lithographiques, 4 machines typographiques, 3 appareils à fabriquer le papier peint, 5 machines à fabriquer les cartons, 15 coupeuses de papier, 2 appareils à filigraner. Ce matériel est mis en mouvement par une machine à vapeur (système Compound) de 50 chevaux. Pour empêcher un chômage éventuel, l'usine possède une seconde machine à vapeur; ces machines sont pourvues d'appareils destinés à empêcher les accidents.

La maison a créé une caisse de prévoyance pour ses ouvriers.

Les produits de cette fabrique sont consommés en Autriche-Hongrie et exportés en Herzégovine, en Bosnie, en Bulgarie, en Roumanie, en Turquie, etc.

La maison Schnabl et C° a obtenu dans diverses expositions les récompenses suivantes :

En 1873, à Vienne, une médaille de progrès;

En 1878, à Paris, une médaille d'argent;

En 1882, à Trieste, une médaille d'argent;

En 1888, à Barcelone, une médaille avec la couronne d'or;

En 1888, à Melbourne, la médaille d'or.

Un autre fabricant de papier a également obtenu une médaille de bronze, M. Paul Gyurky, à Tiszolcz (Hongrie), fabricant de papiers d'emballage sans bois, naturels et colorés, séchés à l'air et à la vapeur. Les produits exposés par cette maison étaient bien fabriqués, la qualité en était convenable et la teinte variée aussi fraîche qu'on peut l'exiger dans ce genre d'articles.

La maison Gyurky, qui possède une machine à papier, occupe un personnel de trente ouvriers.

Dans la branche des fournitures de bureau, deux exposants ont obtenu des mentions honorables :

1° MM. H. Hartmann fils et Cⁱᵉ, de Vienne, dont la fabrique est fondée depuis 1842, et qui, entre autres produits, exposaient des cires à cacheter rouges, jaunes, noires, vertes, etc., et divers spécimens d'encre ordinaire ou communicative, violette, noire ou carminée, etc.;

2° M. Ignace Hecht, fabricant à Vienne, qui présentait une collection très variée de timbres en caoutchouc de toutes formes et de toutes grandeurs.

BELGIQUE.

Dans la section belge, à l'exception des articles pour fournitures de bureau, toutes les branches industrielles ressortissant de l'examen du jury de la classe 10 se trouvaient représentées.

La fabrication du papier, l'une des industries les plus importantes de la Belgique, s'est considérablement développée dans ce pays, depuis 1878. Parmi les nations qui exportent leurs papiers en France, la Belgique tient assurément le premier rang comme importance.

Favorisée par le bon marché de ses transports, le bas prix de ses charbons, la modicité de ses salaires, la Belgique peut arriver à l'établissement d'un prix de revient si réduit, qu'il nous serait difficile, sinon impossible, de l'atteindre.

Les fabricants de papier belges suffisent non seulement à leurs besoins, mais exportent, en outre, leurs produits dans le monde entier. Il convient de remarquer qu'ils se sont, jusqu'à présent, plus particulièrement spécialisés dans la fabrication des sortes moyennes et ordinaires, à l'exécution desquelles ils apportent incontestablement, de jour en jour, plus de soin et de régularité.

Parmi les fabricants de papier et de carton qui exposaient dans la section belge, nous citerons, en première ligne :

MM. de Naeyer et Cⁱᵉ, manufacturiers à Willebrœck, et qui ont été récompensés par un grand prix.

Cette maison, indépendamment des usines appelées *Papeteries de Willebrœck,* construites en 1862 et occupant actuellement une superficie de 14 hectares, possède encore des installations à Grainhem (Belgique) et à Lille, en France.

Les manufactures de Willebrœck comprennent notamment : une fabrique de pâtes chimiques à papier; une papeterie; des ateliers de fonderie, de chaudronnerie pour la construction; des chaudières multitubulaires inexplosibles, des machines à glace, système Raoul Pictet, et divers appareils destinés à la papeterie.

Il existe dans les usines de Willebrœck 40 lessiveuses de différents systèmes, pouvant produire 45,000 kilogrammes de pâte par jour, et 7 machines à papier de grandes dimensions, munies de tous les appareils accessoires et susceptibles d'atteindre journellement un chiffre de fabrication de 35,000 à 40,000 kilogrammes, en toutes sortes : papiers d'impression fins et ordinaires, en rames et en bobines, papiers à écrire, papiers de couleur, papiers façonnés pour lettres, vergés et vélins, papiers d'emballage, enveloppes de lettre, papiers lignés, papiers bordés pour deuil.

Les produits fabriqués annuellement aux papeteries de Willebrœck atteignent une valeur d'environ 6 millions de francs.

MM. de Naeyer écoulent le quart de leur fabrication en Belgique et le surplus dans tous les pays du monde.

Les usines emploient plus de 1,500 ouvriers (1,300 hommes et 200 femmes) et utilisent une force motrice de 6,300 chevaux environ, fournie par l'intermédiaire de 31 générateurs (système de Naeyer); elles sont éclairées à la lumière électrique et au gaz.

Les filtres servant à épurer les eaux ont une superficie de 10,000 mètres carrés.

La Société de Naeyer et Cie a créé, dans le but d'améliorer la position matérielle et morale de ses ouvriers, de nombreuses institutions qui se sont développées et complétées progressivement.

Des instituteurs attachés à l'établissement sont spécialement chargés de donner l'instruction aux jeunes ouvriers qui, dès leur entrée à l'usine, c'est-à-dire à partir de l'âge de quatorze ans, suivent les cours jusqu'à dix-huit ans. Ces enfants reçoivent une instruction primaire complète.

Un corps de musique, composé de 75 exécutants, et un bataillon scolaire ont été recrutés parmi les jeunes ouvriers employés dans les fabriques.

MM. de Nayer et Cie ont institué, au profit du personnel, une société coopérative d'alimentation, une boulangerie économique; ils ont installé une crèche-asile et une maison de retraite pour les vieillards.

La société s'occupe, en outre, de la construction de maisons ouvrières dont les occupants peuvent devenir propriétaires au bout de dix-huit années, moyennant le payement d'un intérêt de 3 p. 100 et d'un amortissement de 4 p. 100 par an.

Depuis deux ans que la combinaison a été conçue, une centaine de ces maisons ouvrières ont été construites et mises à la disposition du personnel.

La Société de Naeyer et Cie avait installé à l'Exposition universelle, dans la galerie des Machines, une fabrique de papier au grand complet, avec calandre, coupeuse, machines à ligner, à enveloppes, etc., faisant une largeur de 2 m. 50 de papier rogné, fonctionnant industriellement tous les jours et pouvant produire 300 kilogrammes de papier à l'heure.

Tous les visiteurs du palais du Champ de Mars se souviennent de l'intéressante exposition de cette maison et de son installation grandiose. Tout y avait été admirablement organisé, d'ailleurs, pour capter l'attention du public.

Au point de vue spécial qui nous intéresse, nous ne saurions ménager nos félicitations à MM. de Naeyer et Cie, qui, dans la fabrication des sortes moyennes et ordinaires à laquelle ils se sont plus particulièrement appliqués, sont arrivés à un degré de perfection absolument remarquable.

Au bout de la machine à papier se trouvait un trophée composé de soixante-deux espèces de matières végétales, des types de pâtes constituées avec ces matières, et des échantillons des soixante-deux sortes de papier fabriquées avec ces pâtes.

Cette maison avait obtenu, aux Expositions précédentes, les récompenses suivantes : médaille d'or à Amsterdam, en 1877; médaille d'or à Paris, en 1878; 3 diplômes d'honneur à Amsterdam, en 1883; diplôme d'honneur à Nice, en 1884; 3 diplômes d'honneur à Anvers, en 1885; prix de progrès et prix d'honneur au grand concours international de Bruxelles, en 1888.

Une médaille d'argent a été décernée à M. F. Delcroix qui fabrique, à Baulers, près Nivelles, le papier destiné à être transformé ultérieurement, dans ses ateliers, en parchemin végétal.

L'usine de Baulers-Nivelles a été spécialement créée et outillée pour la fabrication du papier buvard et sa transformation en parchemin végétal, transformation obtenue au moyen de l'acide sulfurique, éliminé ensuite par des réactifs ou des lavages.

Le parchemin végétal, dont l'origine industrielle ne remonte guère au delà de 1871, rend des services inappréciables dans beaucoup d'industries (sucreries, filatures de laine, fabriques de dynamite, etc.), grâce à la propriété qu'il possède d'être chimiquement neutre, imperméable, même à la graisse, et de ne pas se désagréger dans l'eau bouillante.

Par suite des progrès importants réalisés par l'usine de Baulers dans sa fabrication, le parchemin végétal est encore propre à de nouvelles applications, telles que : la lithographie, la gravure sur métaux, la photographie, le calque, etc.

Les procédés économiques employés, la spécialisation de la fabrication et la récupération de l'acide ayant servi à la transformation du papier permettent d'obtenir le parchemin à un prix de revient très avantageux.

Fondée en 1882, cette maison occupe actuellement un personnel de 120 ouvriers et ouvrières, et utilise une force motrice de 180 chevaux produite par 3 machines à vapeur; sa fabrication moyenne s'élève annuellement à 1,400,000 francs, dont 90 p. 100 sont exportés dans tous les pays d'Europe, en Amérique, au Japon, en Australie.

M. Delcroix a créé une caisse de secours pour les ouvriers malades ou incapables de travailler, et a assuré son personnel contre les accidents du travail.

Les produits de l'usine de Baulers-Nivelles avaient obtenu précédemment : une médaille d'argent à l'Exposition d'Anvers, en 1885, et le prix d'honneur au grand concours international de Bruxelles, en 1888.

Parmi les exposants de papier ou de carton de la section belge, quatre d'entre eux ont obtenu la médaille de bronze :

1° Mme veuve Victor CATALA, à Braine-le-Comte, qui avait exposé ses papiers d'emballage et ses cartons.

Cette maison, fondée en 1850, occupe un personnel de 50 ouvriers et ouvrières, et utilise une force motrice de 100 chevaux produite par une machine à vapeur qui actionne différentes machines pour la préparation des pâtes à papier et à carton, et 2 machines continues pour leur fabrication.

Sa production moyenne annuelle est de 300,000 francs et son exportation s'élève à 300 tonnes environ, par année, à destination de l'Angleterre, du Brésil et des Républiques de l'Amérique du Sud.

2° M. Georges DE CONINCK, à Dieghem près Bruxelles, qui exposait des cartons-paille et des cartons demi-blancs à la mécanique et à la main, des cartons revêtus mécaniquement de papiers de différentes couleurs et des papiers d'emballage de diverses espèces.

Cette maison a été fondée en 1808, mais M. de Coninck n'en est propriétaire que depuis 1883.

Elle occupe un personnel de 102 ouvriers et utilise une force motrice de 180 chevaux.

L'usine emploie pour sa fabrication : 1 machine continue avec 12 cylindres sécheurs dont 4 de 1 m. 50 de diamètre, et les autres de 1 mètre; 2 coupeuses pour cartons et papiers en long et en travers; 1 calandre à 5 rouleaux, 2 lisses à 3 rouleaux; 6 piles; 5 broyeurs; 3 chaudières rotatives de 1,000 kilogrammes de pâte chacune; 1 machine à carton enrouleuse; 3 machines à vapeur avec leurs générateurs; 3 presses hydrauliques; 3 presses à vis; 2 cisailles à main; 1 bobineuse; 2 hache-paille; un élévateur à paille, puis une forge et un atelier de réparation, avec tour, perceuse, raboteuse, etc., enfin une installation complète pour la fabrication du gaz de houille.

La confection des cartons mécaniques recouverts de papier quelconque, pendant leur fabrication à la machine continue, est une des créations de cette maison qu'il convient de signaler; nous en dirons autant du procédé employé pour décanter les eaux de fabrication de l'usine; cette opération s'effectue dans une série de douze réservoirs permettant le dépôt des fibres.

Tous les ouvriers de l'établissement, dont les ateliers sont élevés et largement ventilés, sont assurés aux frais du propriétaire contre les accidents du travail.

La production moyenne de la maison est annuellement de 3,500,000 kilogrammes de papier et de carton au prix moyen de 20 francs, soit 700,000 francs.

La plus grande partie des produits fabriqués par cette maison est exportée en Angleterre, en Amérique, en Australie, en Chine et au Japon.

M. de Coninck avait déjà obtenu les récompenses suivantes aux expositions auxquelles il avait participé :

Une médaille de bronze à Anvers, en 1885; une médaille d'or à la Nouvelle-Orléans, en 1885; une médaille d'argent à Liverpool, en 1886; une médaille d'argent au Havre, en 1887, et une médaille de 2e classe à l'Académie nationale agricole manufacturière et commerciale de France.

3° M. Émile Mercier, propriétaire des Papeteries de Fauquez-sous-Virginal.

Les produits exposés par cette maison consistaient en :

Papiers d'impression, papiers d'écriture réglés et non réglés, papiers de couleur pour affiches et couvertures, cartons blancs et de couleur, papiers buvards pour copies de lettres, sortes pour photographies, papiers à lettre façonnés et non façonnés, réglés ou non réglés.

Parmi ces diverses sortes, les blancs, vélins et vergés à 50 francs et les coquilles de couleur à 60 francs nous ont plus particulièrement frappé.

Cette maison, dont M. Mercier est propriétaire depuis 1885, a été fondée en 1838; elle occupe un personnel de 130 ouvriers, et utilise une force motrice de 120 chevaux produite par 4 générateurs à vapeur.

Les différentes machines employées pour la fabrication du papier, comprenant une machine continue, une calandre et autres accessoires, peuvent atteindre une production annuelle d'environ 1 million de kilogrammes, représentant une valeur de 600,000 francs.

La moitié de ces articles est exportée dans l'Amérique du Sud et aux Indes anglaises.

Les Papeteries de Fauquez-sous-Virginal se signalent particulièrement par l'emploi d'appareils perfectionnés pour le traitement des déchets de filatures de lin, la disposition nouvelle de la table de fabrication de leur machine à papier et de leur sécherie, et par la préparation des pâtes de paille servant à leur exploitation.

Ces établissements sont placés sous la direction de M. Charles-Étienne Catala [1].

Les Papeteries de Fauquez avaient obtenu précédemment une médaille d'argent à l'Exposition nationale de Belgique, en 1847, et avaient remporté, au Chili, un diplôme d'honneur [2].

4° La Société anonyme des Papeteries de Saventhem, qui exposait les produits de sa fabrication, consistant principalement en papiers pour impression en rames et en

---

[1] M. Charles-Étienne Catala est le créateur d'un procédé pour la fabrication de la pâte de paille blanchie.

[2] Une médaille de bronze a été accordée à M. Charles Catala, collaborateur de la maison Émile Mercier.

bobines, en sortes écolières, papiers de couleur et satinés, papiers pour affiches et emballage.

Cette maison, fondée en 1852 sous la raison sociale *Isid. Van den Eynde*, et transformée en société anonyme en 1880, occupe aujourd'hui un personnel de 120 ouvriers et utilise une force motrice de 275 chevaux produite par 4 générateurs à vapeur et 1 roue hydraulique.

Cette force motrice sert à actionner 2 machines à papier continues, 2 coupeuses, 2 bobineuses, 1 mouilleuse, 1 presse hydraulique, des raffineurs, un tour, des chaudières rotatives, etc.

La Société des Papeteries de Saventhem a apporté à ses machines et à ses appareils toutes les améliorations et les modifications nécessitées par les inventions nouvelles; elle a introduit récemment, au nombre des matières servant à la fabrication du papier, les pâtes de paille et de bois chimiques et mécaniques.

Des mesures ont été prises par la Société pour rendre les bâtiments aussi salubres que possible et assurer la sécurité des ouvriers, qui sont assurés du reste contre les accidents, touchent, en cas de maladie, 50 p. 100 de leur salaire et reçoivent gratuitement les soins médicaux.

La moyenne de la valeur de la production annuelle, qui était, en 1880, de 1,400,000 francs, est redescendue, en 1888, à 800,000 francs, par suite de la baisse du prix des papiers.

La moitié de la production est destinée à l'exportation.

Les principaux débouchés de la maison sont l'Amérique du Sud, l'Angleterre et la Hollande.

La Société des Papeteries de Saventhem n'avait encore participé à aucune exposition.

Au point de vue de la transformation du papier et du carton, nous signalerons dans cette section la fabrique de registres de MM. Van Campenhout frères et sœurs, dont l'exposition, absolument remarquable par le soin et le goût apportés à l'exécution des nombreux registres qui en formaient l'élément principal, leur a valu du reste une médaille d'argent.

Cette maison a été fondée à Bruxelles en 1720, et, depuis cette époque, elle n'a pas cessé d'appartenir à la même famille, jusqu'aux propriétaires actuels, qui sont à sa tête depuis 1856 [1].

Elle possède un magasin de vente, une fabrique, et occupe, dans ses ateliers et au dehors, un personnel d'environ 100 ouvriers et ouvrières.

Deux moteurs à gaz, d'une force de 10 chevaux, servent à actionner les différentes machines employées au nombre de 145 : presses lithographiques et typographiques mécaniques ou à bras, machines à rogner, à coudre au fil métallique, à perforer ou à

---

[1] Ce sont MM. Van Campenhout qui ont introduit en Belgique ce genre d'industrie.

griffer, presses à satiner, machines à régler, à cylindrer ou à folioter, cisailles et emporte-pièce pour le découpage des enveloppes et étiquettes.

La valeur de la production moyenne de l'année est de 800,000 francs, dont le quart est exporté en Hollande, en Italie ou en Afrique.

Cette maison avait obtenu précédemment à diverses expositions les récompenses suivantes :

Une mention honorable à Londres, en 1862 ; une mention honorable à Paris, en 1867, et une médaille de bronze à Paris, en 1878.

En dehors de leurs registres, MM. Van Campenhout frères et sœurs exposaient un certain nombre de travaux de reliure, parmi lesquels nous avons remarqué : un volume in-8°, *Trésor des églises de Bruxelles*, reliure pleine en veau fauve, les plats bordés d'un filet fin en or et d'un second encadrement or et mosaïque en cuir de couleur ; la tranche de cet ouvrage était marbrée.

Nous citerons également l'établissement de M. Henri Kiss, 30, rue Gaucheret, à Bruxelles, qui a obtenu une médaille de bronze.

M. Kiss a adopté comme spécialités : la fabrication des papiers polygraphiques en toutes couleurs, des papiers paraffinés et cirés à l'usage de la télégraphie, du décalque et du dessin, industrie entièrement nouvelle et inconnue en Belgique à l'époque où cette maison a été fondée (1870).

Elle occupe aujourd'hui, tant à l'intérieur qu'à l'extérieur, un personnel d'environ 80 ouvriers et ouvrières.

Un moteur d'une force de 2 chevaux-vapeur sert à mettre en mouvement les diverses machines à couper et à rogner employées dans des ateliers où toutes les mesures propres à assurer l'hygiène ont été prises.

La production moyenne de la maison est d'environ 270,000 francs par an.

Une partie des produits fabriqués est exportée dans les différents pays d'Europe et d'Amérique.

Indépendamment des médailles d'or, d'argent, diplômes d'honneur, etc., que ses produits lui ont ont valus dans les diverses expositions auxquelles il a participé, M. Kiss avait déjà obtenu une mention honorable à l'Exposition universelle de 1878, à Paris.

Deux autres exposants de cette section ont obtenu une mention honorable :

1° M. P. Floutier, 139, rue du Progrès, à Bruxelles, qui avait exposé des enveloppes de lettre, du papier deuil et des sortes façonnées.

Sa maison, fondée en 1883, occupe aujourd'hui un personnel de 14 hommes et 72 femmes.

Son matériel se compose de presses à rogner, à découper et de machines à enveloppes.

La valeur moyenne de sa production annuelle est de 300,000 francs, dont les deux tiers sont exportés dans l'Amérique du Sud.

M. Floutier avait déjà obtenu une mention honorable à Anvers, en 1885, et une médaille d'or à Ostende, en 1888.

2° La Société anonyme des papiers cirés imperméables de Quaregnon, près Mons, laquelle exposait des cartons-cuirs pour toitures, des papiers cirés imperméables pour emballage, des papiers cirés des deux côtés pour tapisser les murs humides, et des papiers mousseline au jute indéchirables pour emballage.

Fondée en 1865 et dirigée depuis 1879 par la société actuelle, cette maison occupe aujourd'hui 15 ouvriers. Son matériel se compose d'une chaudière et d'une machine à cirer le papier.

Cette société avait déjà participé à l'Exposition d'Amsterdam, en 1883, et y avait obtenu une médaille d'argent.

Avant de passer à l'examen des relieurs de la section belge, nous mentionnerons en passant l'exposition d'un tableau très complet présenté par M. de Tournay-Catala, rue du Boulet, 13 et 15, à Bruxelles, et qui lui a valu du reste une mention honorable.

Ce tableau synoptique, établissant la concordance entre le poids en grammes au mètre carré et le poids à la rame de 500 feuilles, dans les formats les plus usités en Belgique, pour les papiers d'impression, labeurs d'imprimerie, écriture, etc., était accompagné d'un autre tableau établissant la concordance entre le poids en grammes au mètre carré et le poids à la rame de 480 feuilles dans les différents formats.

Ces tableaux avaient obtenu précédemment des médailles de 1re classe aux Expositions universelles de Santiago, en 1875, et de Melbourne, en 1880, ainsi qu'un 1er prix d'excellence à l'Exposition de Bruxelles, en 1888.

Les deux branches de la reliure se trouvaient très honorablement représentées dans la section belge, où trois exposants ont obtenu une médaille d'or :

1° MM. L. Claessens et fils, rue des Comédiens, 43, à Bruxelles, qui exposaient des reliures d'art et d'amateur et des spécimens de reliures artistiques du xve au xixe siècle ; ces travaux se faisaient remarquer par leur bon goût, l'imitation excellente des différents styles, le fini et la qualité du travail, la netteté, l'harmonie et la richesse dans l'agencement de la mosaïque et de la dorure aux petits fers.

Les ouvrages suivants se trouvaient réunis dans les vitrines de MM. Claessens et fils :

Décrétales, reliure monastique en peau de renne, avec filets d'encadrement, fleurons de style et légendes en noir typo ; excellente couture sur doubles nerfs ; un autre volume, reliure incunable en peau de truie, non moins réussi que le précédent ;

Costumes belges, in-4° en maroquin rouge poli, avec plats encadrés de six filets d'or ;

Imitation de Jésus-Christ, reliure vélin blanc ornée de filets, avec mosaïque peinte dans le style xvie siècle ;

Bigarrures et touches du seigneur des Paris, volume in-18, reliure pleine en veau fauve, dorée sur tranche, très belle mosaïque en cuir de couleur, dorure aux petits fers pointillés ;

Entrée du duc d'Anjou à Anvers, reliure en maroquin poli, rouge ancien, dorure d'entrelacs avec remplissage de mille points;

Les Mémoires de messire de Lalande, 2 volumes, reliure xviiie siècle;

Horace. — Dante, reliure mosaïque;

Le Miroir du monde, reliure en soie avec dorure et mosaïque cuir.

Cette maison, fondée en 1852 et qui occupe aujourd'hui un personnel de 18 ouvriers dont 15 hommes et 3 femmes, avait déjà participé à plusieurs expositions et remporté une médaille d'or à Amsterdam, en 1883; une médaille d'or à Anvers, en 1885, ainsi que la croix de Léopold; un 1er prix de progrès et un diplôme d'honneur à Bruxelles, en 1888.

2° M. Gustave RYKERS, relieur de l'Académie royale de Belgique, rue de la Paille, 18, à Bruxelles, qui exposait également des spécimens de reliure artistique remarquables par leur exécution.

Son exposition se composait d'une série de 32 reliures différentes à partir du xve siècle jusqu'à nos jours. Parmi ces ouvrages, il convient surtout de signaler :

Un volume in-4°, *L'Art ancien,* relié en maroquin poli, doré dans le style du xviiie siècle, avec riche encadrement et beau milieu sur plats;

Un volume, *Faïences de Rouen,* en maroquin bleu, les plats ornés de dentelles en or et mosaïque de cuir; cette reliure était doublée de maroquin avec fleurs en or et mosaïque en cuir de couleur;

Un Fromentin, *Sahara et Sahel,* in-8° jésus en maroquin bleu, avec dorure à entrelacs, genre Grolier;

Deux forts volumes in-4°, reliure monastique du xve siècle, dont l'un couvert en veau nature et l'autre en peau de truie;

Un autre volume préparé pour reliure monastique, non couvert, endossé, rogné, avec ses ais en bois et ses entailles pour loger les cordons d'attache de la couture sur nerfs;

L'Histoire de la peinture sur verre, de Lévy; sur le plat de ce volume était représenté un vitrail ancien avec personnages, travail des plus compliqués, exécuté en mosaïque de maroquin et dorure aux petits fers;

L'Éventail, par Uzanne, in-8° jésus, en maroquin, dorure aux filets et petits fers, avec guirlande de feuillage entourant un éventail en mosaïque;

L'Ombrelle, le Manchon, le Gant, du même auteur; sur les plats de ces volumes étaient également représentés, comme pour le précédent, les sujets traités dans ces ouvrages.

La maison Rykers, fondée en 1860, occupe tant à l'intérieur qu'à l'extérieur, un personnel de 12 ouvriers, et possède dans ses ateliers un balancier, un laminoir et des machines à rogner et à couper.

Les travaux de M. G. Rykers lui ont valu : une médaille de bronze à l'Exposition nationale de Bruxelles, en 1880; une médaille d'argent à l'Exposition nationale de Gand, en 1882; une médaille d'argent de 1er prix au concours de Gand, reliure de bibliothèque; une médaille d'argent de 2ᵉ prix au concours de Gand, reliure de luxe; une médaille d'or à l'Exposition de Bruxelles, en 1888; un prix d'excellence au concours de Bruxelles, en 1888.

3° MM. ZECH et fils, relieurs à Braine-le-Comte (ancienne maison LELONG), dont la spécialité est la reliure commerciale et la reliure des livres religieux.

Désirant faire apprécier tous leurs travaux, depuis les plus ordinaires jusqu'aux plus soignés, ces relieurs avaient exposé, au nombre de plus de 150, des spécimens de leur fabrication, depuis le traditionnel cartonnage Bradel, jusqu'aux reliures d'art et d'amateur.

Cette maison, fondée à Mons en 1785 par M. Auguste-Joseph Lelong, transférée en 1811 à Charleroi, puis à Bruxelles et enfin à Braine-le-Comte en 1869, appartient depuis 1883 aux propriétaires actuels; elle possède également des ateliers de reliure à Louvain et des succursales à Paris, à Lyon et au Canada.

L'établissement de Braine-le-Comte, dont les ateliers sont vastes, élevés, bien éclairés, aérés et ventilés par un système simple et commode, occupe aujourd'hui environ 300 ouvriers, dont 220 hommes et 80 femmes.

Un moteur à vapeur de la force de 30 chevaux actionne toutes les machines.

Dans l'atelier de brochage et de reliure, on compte 3 presses hydrauliques, 4 balanciers, des laminoirs, cisailles, machines à gaufrer, à rogner, à couper le carton, à faire les étuis, à grecquer, à plier, à numéroter, etc.

Un générateur de 60 chevaux sert à alimenter le chauffage de tout l'établissement, et un ascenseur mû par la vapeur met en communication les quatre étages de la fabrique, où sont installés, indépendamment des ateliers de reliure, une imprimerie, une librairie et différents magasins.

Une caisse de secours, en cas de maladie et d'accidents, fonctionne avec succès dans cette maison depuis plus de seize ans.

La valeur de la production annuelle est d'environ 600,000 francs; les trois quarts des affaires s'appliquent à l'exportation en France, en Hollande, au Canada, au Brésil et dans les républiques sud-américaines.

Pendant l'année 1888, outre ses nombreux journaux et revues, la maison a imprimé 192 ouvrages qui ont été tirés à 1,800,000 exemplaires, brochés, cartonnés ou reliés dans ses ateliers.

La maison avait déjà participé à plusieurs expositions où ses travaux lui ont valu : 3 médailles d'argent, 1 médaille de bronze, 4 médailles d'or, à Paris, Anvers, Rome et Bruxelles; de plus, M. Zech a été créé chevalier des ordres de Léopold et de Saint-Grégoire-le-Grand.

Indépendamment des trois maisons que nous venons de signaler, un autre relieur, M. Émile SCHMITTZ, rue des Palais, 123, à Bruxelles, a obtenu une médaille de bronze pour ses travaux, parmi lesquels nous citerons plus particulièrement : un volume de Lemonnier, *La Belgique*, in-4°, reliure pleine en chagrin vert, dorure style xviiiᵉ siècle;

14.

un volume en maroquin décoré au milieu du recto, en or et mosaïque, de l'effigie bien connue du Männchenpiss de Bruxelles.

Fondée en 1870, cette maison occupe 12 ouvriers ou apprentis. Les ateliers, d'une surface de 60 mètres carrés, bien aérés et éclairés, renferment des machines à rogner, à satiner, à cylindrer, à grecquer, à perforer, à coudre, ainsi que les accessoires pour la dorure aux petits fers et la dorure ordinaire.

M. Schmittz avait précédemment obtenu : à Anvers, en 1885, un diplôme et une médaille de bronze; à Bruxelles, en 1888, deux diplômes, une médaille d'argent et une médaille de bronze.

Enfin, Mme veuve Sainte-Marie, rue du Pacheco, 12, à Bruxelles, qui exposait des ouvrages brochés et des spécimens de couvertures parcheminées, a obtenu une mention honorable.

Fondée en 1838, cette maison, qui a obtenu une médaille d'argent en 1888 à Bruxelles, occupe aujourd'hui 30 personnes et emploie pour ses travaux des presses hydrauliques, des machines à rogner, à coudre, à perforer et à numéroter. Le brochage et le satinage, le découpage ainsi que le collage des échantillons pour les magasins de nouveautés, s'effectuent dans les ateliers de cette maison.

M. Daniel Tempels, rue Linnée, 11, à Bruxelles, s'était chargé de représenter, dans la section belge, la branche du matériel des arts, grâce à l'envoi de ses tubes de couleurs broyées au fixatif pour les imitations de bois (articles brevetés).

Cette maison, fondée en 1803 par M. Dubois, emploie pour sa fabrication 5 moulins à volants et occupe un personnel de 150 personnes environ.

M. Tempels avait déjà obtenu une médaille de bronze à Nice en 1884, ainsi qu'au grand concours de Bruxelles en 1888. Le jury de la classe 10 à l'Exposition universelle de 1889, voulant récompenser ses efforts, lui a attribué une mention honorable.

BRÉSIL.

Le Brésil figurant parmi les pays étrangers où les articles français trouvent encore certaines facilités d'écoulement, il était intéressant pour le jury de la classe 10 d'étudier le mouvement industriel qui avait pu se produire depuis dix ans dans ce pays.

La fabrication du papier n'était point représentée; c'est une industrie qui ne semble pas, jusqu'à présent, avoir pris racine dans cette contrée; les papiers allemands, anglais, belges, français, etc., alimentent en grande partie les consommateurs du Brésil.

Les produits de transformation venant de l'Europe y sont également en faveur; toutefois il faut reconnaître que des progrès sérieux ont été accomplis dans ce pays, au point de vue de la confection des registres et des travaux de reliure.

Les expositions de MM. Leuzinger et fils et de MM. Lombaerts et Cie, de Rio de Janeiro, accusaient effectivement d'heureux efforts dans le sens de la bonne fabrication.

MM. LEUZINGER et fils, qui ont obtenu une médaille d'argent, exposaient, à côté d'ouvrages fort bien reliés, une collection de journaux et de grands-livres cousus la plupart au fil métallique, recouverts de basane ornementée de filets, et garnis de cuivre.

Parmi les travaux de reliure de cette maison, nous signalerons particulièrement : un album in-4° de spécimens d'impressions commerciales, dont la reliure en plein maroquin était très satisfaisante; un volume : Edmara, *Constructions navales du Brésil,* in-8° raisin, en demi-reliure genre amateur, dos et coins en veau, travail bien réussi.

MM. LOMBAERTS et C°, auxquels le jury a décerné également une médaille d'argent, abordant un genre un peu différent, se signalaient à l'attention par l'envoi d'un certain nombre de registres, recouverts en maroquin avec filets d'ornement, dont la confection était très consciencieuse. L'habileté des ouvriers se reconnaissait également dans les travaux de reliure exécutés par cette maison, travaux parmi lesquels nous citerons : un volume in-4°, *Annales de l'Observatoire,* reliure pleine en chagrin vert; un autre in-4°, *Viva Moderna,* reliure emboîtée en plein chagrin rouge avec plaque en or, et dorée sur tranches; un in-8°, relié en velours, avec ornements en or et à froid, et tranches dorées.

M. WALFRIDO DE CARVALHO, qui a obtenu une mention honorable, exposait un certain nombre de volumes cartonnés en percaline.

L'industrie des encres à écrire et à copier avait comme représentants : MM. CARDOSO MONTEIRO et C° et M. J.-H. SANDINHA, de Rio de Janeiro, qui ont obtenu : les premiers une médaille de bronze, le second une mention honorable.

La branche du matériel des arts, de la peinture et du dessin était représentée, dans cette section, par les nombreux échantillons de couleurs minérales envoyés par M. Frédéric-Antonio STECKEL, à qui une médaille de bronze a été attribuée, et par M. Francisco DE REZENDE, de Rio de Janeiro, qui a obtenu une mention honorable.

CHILI.

Pour juger des progrès accomplis dans l'industrie nationale du Chili, il faut placer son début à l'époque où la Constitution qui régit actuellement ce pays fut promulguée (1833).

Cette constitution, aujourd'hui profondément ancrée dans l'organisation sociale du Chili, modifiée et affermie par l'influence des divers progrès réalisés depuis, a valu au pays de longues années de paix et de travail.

Il convient aussi de remarquer que, dès l'origine de cette République, l'une des préoccupations les plus sérieuses et les plus constantes de son gouvernement a été de développer, autant que possible, l'instruction publique, en protégeant l'enseignement populaire et en subvenant à ses dépenses avec les fonds publics.

La plus grande liberté existe au Chili pour donner ou recevoir l'instruction, l'État ne se réservant que le droit de soumettre les élèves à des examens, de leur délivrer des certificats et de fournir des diplômes de capacité à ceux qui désirent exercer une profession exigeant, d'après la loi, une garantie spéciale.

L'instruction, que l'État protège, est toujours gratuite; le nombre des écoles primaires était en 1887 de 960, comprenant 81,362 élèves; ces chiffres se sont encore augmentés en 1888, où pour leur entretien et leur inspection, en tenant compte des dépenses faites dans les écoles normales d'instituteurs et d'institutrices, il a été dépensé plus de 1,406,000 dollars.

Il ne faut donc pas s'étonner du développement accordé dans ce pays à l'industrie du livre, de l'imprimerie et conséquemment de la reliure, dont quelques-uns des spécimens exposés étaient assurément très remarquables.

Cependant le Chili n'a été représenté à l'Exposition universelle, dans la classe 10, que par trois exposants, tous trois récompensés :

1° M. Schrebler (Frederico), relieur à Santiago, qui exposait différents échantillons de cuir estampé et de reliures; parmi ces dernières, nous avons plus particulièrement remarqué : un volume, dos et coins en maroquin marron, avec filets or, plat en papier chiné; un album, dos et coins en maroquin marron, plat en toile imitant le maroquin, et quelques reliures de bibliothèque.

Tous ces travaux, parfaitement soignés et d'une très belle exécution, ont prouvé que M. Schrebler a une connaissance approfondie de son métier, nous dirons presque de son art. Nous ignorons s'il est venu en France en étudier les préceptes, ou s'il emploie des ouvriers français, mais nous avons retrouvé dans ses travaux le goût, la sûreté d'exécution, le fini, en un mot, que nous avons remarqués dans les reliures parisiennes exposées dans la classe 10.

Cette exposition a valu à M. Schrebler une médaille d'argent.

2° M. Miranda (Roberto), à Santiago, qui exposait également des livres reliés, reliure espagnole, d'un travail parfaitement exécuté, qui lui ont valu une médaille de bronze.

Dans les vitrines de cet exposant, nous avons remarqué : une reliure avec tranches dorées et dos en maroquin sur le plat également en maroquin, une mosaïque avec filets or et rouge et incrustations au fer; une reliure, toile marron, imitant le maroquin avec inscriptions or; enfin une reliure en maroquin vert avec filets et encadrements sur les plats.

3° M. Ricco-Mauotière, à Valparaiso, qui a obtenu une mention honorable pour son exposition d'articles de bureau, tels qu'enveloppes blanches, bulles et de couleur, boîtes de papier à lettre contenant cinquante feuilles et cinquante enveloppes, articles ornés de dessins de très bon goût.

Ses vitrines contenaient encore des papiers divers : papier jaune, papier écolier réglé, papier deuil, etc., et des échantillons de cartonnages.

Le façonnage des deuils était bien exécuté et les enveloppes convenablement confectionnées.

CHINE.

La section chinoise n'offrait au jury de la classe 10 qu'une seule exposition à examiner, celle de M. Yee-King-Fong, habitant à Paris, rue de Lille, 37, et qui soumettait à l'appréciation du jury quelques types d'encres de Chine en bâtons, pour lesquels il a obtenu du reste une mention honorable.

Certes, nous aurions eu grande satisfaction à parler des papiers de Chine, dont la qualité est justement renommée, et de passer en revue les articles si variés et si remarquables représentant dans ce pays les diverses branches de la papeterie et de la reliure; mais l'absence de ces produits nous a causé des regrets que nous ne saurions dissimuler.

Faute d'éléments pour baser notre appréciation, nous sommes bien forcé de nous en rapporter aux renseignements qui nous ont été fournis et qui s'accordent à constater que la papeterie chinoise est restée absolument stationnaire depuis dix ans.

Et puisque l'encre de Chine est l'unique produit qui nous ait donné matière à citation dans cette section, ne terminons pas ce compte rendu sans consacrer au moins quelques lignes aux procédés de sa fabrication.

Cette substance se compose d'un extrait obtenu par l'évaporation à siccité d'une décoction de gingembre, d'hohiang, de Kang-sang et de gousses de Tchu-hia-tsao-ko.

A cet extrait viennent s'ajouter une solution de colle de peau d'âne, employée à consistance sirupeuse, et une quantité déterminée de noir de fumée.

Le mélange des trois matières est rendu homogène au moyen d'un broyage approprié, et la pâte résultant de ces diverses opérations est placée dans des moules de cuivre, pour être enfin livrée à la consommation à l'état de bâtons.

Le noir de fumée servant à cette fabrication est l'objet d'un soin tout particulier au point de vue de sa préparation. Dans des fourneaux, spécialement construits pour cet usage, s'opère la combustion des rameaux de sapin; la fumée, conduite par de longs tuyaux jusqu'à des chambres closes et tapissées de papier, vient y déposer les particules de noir tenues en suspension.

Quelques fabricants préparent leur noir de fumée en faisant brûler lentement certaines huiles essentielles.

Les procédés en usage pour cette fabrication sont du reste assez variés, et ce fait explique la différence qui se remarque dans la qualité et dans le prix de revient des diverses encres qui nous sont envoyées par la Chine.

DANEMARK.

Dans la section danoise, deux exposants seulement, MM. Clément et Weitmeyer, appartenaient à la classe 10.

La conscience dans le travail, et le goût empreint d'une certaine rudesse, sont des qualités particulières aux artisans du Danemark, et nous les avons trouvées fort développées dans les travaux que nous avons eu à examiner.

M. D.-L. Clément, successeur de M. Emmanuel Petersen, relieur de l'Université, à Copenhague, avait exposé une collection très complète et très variée d'ouvrages reliés, parmi lesquels nous avons principalement remarqué :

Un volume, *Motifs de peintures décoratives*, par Gruz; très belle reliure en maroquin, dorure mosaïque à la main, sur cuir repoussé, tranches dorées ;

La Bible, de Gustave Doré; reliure veau Lavallière, avec larges bandes or, encadrant les plats; au milieu, sur un fond de veau plus clair, un cartouche avec une croix formée de filets or très réussie; entre les bandes et le cartouche plus clair du milieu, le veau était satiné; les tranches de cet ouvrage étaient marbrées ;

Histoire du Danemark; reliure pleine en chagrin blanc, les plats encadrés de bandes rouges dorées à la presse très correctement ;

Rom under Pius IX, en vélin blanc, avec dorure à la presse sur bandes rouges encadrant les plats;

Danske Mindesmaerker, in-folio, relié en chagrin marron; quatre coins et quatre larges bandes en mosaïque encadraient le titre; la tranche était marbrée peigne.

Cette exposition, l'une des plus curieuses des sections étrangères, a valu à M. Petersen une médaille d'or.

L'autre exposant, M. Carl Weitemeyer, serrurier à Copenhague, qui exposait une presse à copier en fer forgé, a obtenu une médaille de bronze.

ESPAGNE.

Nous savions que l'industrie du papier, en Espagne, avait progressé depuis dix ans; de nombreuses fabriques s'étaient créées et avaient profité, pour leur installation, de tous les perfectionnements nouveaux, et nous nous attendions à trouver dans cette section l'exposition d'un certain nombre de papiers mécaniques à écrire et à imprimer; mais notre espérance a été déçue sous ce rapport.

Certes, les échantillons qu'il nous a été donné d'apprécier, grâce au soin apporté à leur fabrication, étaient capables de nous satisfaire, mais nous aurions désiré les rencontrer plus variés et plus nombreux.

Par contre, la spécialité des sortes à la cuve et des papiers pour cigarettes se trouvait représentée d'une façon absolument satisfaisante, et nous applaudissons aux progrès réels que nous avons rencontrés, non seulement sous le rapport de la fabrication, mais encore au point de vue de la présentation des produits.

Cette branche industrielle de la papeterie espagnole s'est développée à un tel point, que l'exportation de nos papiers similaires en cette contrée, de très importante qu'elle était encore il y a une dizaine d'années, est devenue à peu près nulle.

Suffisamment protégée par ses tarifs de douane, l'industrie des papiers à cigarette suffit aux besoins du pays, à ceux de ses colonies, et tend à se créer de sérieux débouchés à l'étranger.

Les papiers mécaniques, dont le chiffon continue à constituer la matière première principale, sont moins favorablement placés au point de vue de l'exportation; la production étant au-dessous de la consommation intérieure, les fabricants de papier mécanique de l'Espagne se contentent d'écouler leurs articles sur place, et le font avec d'autant plus d'avantages, que les droits perçus sur les papiers étrangers maintiennent les cours à un taux fort rémunérateur.

Parmi les exposants qui représentaient dans la section espagnole *la fabrication* du papier figurait la maison Pedro N. Osenalde, de Madrid, qui a obtenu une médaille d'or, et jouit à juste titre d'une excellente renommée pour la fabrication de ses papiers à la cuve. La qualité, la blancheur, la pureté et la régularité des produits que nous avons eu à examiner dans la vitrine de cet exposant ne nous ont pas moins frappé que la parfaite confection de ses filigranes; filigranes variés parmi lesquels nous avons plus particulièrement remarqué le *Banco de España*.

Il serait difficile de posséder une collection de papiers à cigarette plus complète que celle que nous avons rencontrée dans la vitrine de MM. Albons, Satorre et Cⁱᵉ, de Alcoy, successeurs de Miguel Botella Perez.

Cette maison, qui date de plus d'un siècle, a introduit dans son outillage les derniers perfectionnements, et ses produits justement réputés trouvent des débouchés importants à l'étranger, surtout en Amérique.

Elle possède aujourd'hui trois fabriques, n'occupant pas moins de 500 ouvriers, et dont la production journalière en papier à cigarette s'élève à 2,000 kilogrammes pour le papier fabriqué à la main et à 1,500 kilogrammes pour le papier fabriqué mécaniquement.

A côté de cet exposant et ayant obtenu comme lui une médaille d'argent venaient prendre place :

1° Les neveux de Bartolomé Costas, dont la fabrique fondée en 1829, à Capelades, province de Barcelone, occupe actuellement 400 ouvriers et produit des papiers à la main très estimés : papiers pour écrire, papiers avec filigrane, papiers pour documents et papiers à cigarette vendus en Espagne ou exportés à l'étranger.

Cette maison, dont la production s'élève à 80,000 rames par an, n'avait encore figuré qu'à l'Exposition universelle de Barcelone en 1888, où elle avait obtenu une médaille d'or.

2° Les trois principaux fabricants de San Juan-las-Fonts, province de Girone :

MM. Torras et Morgat, M. Salvador Torras Juvinya et les successeurs de MM. Torras frères, qui ont adopté la spécialité des papiers à cigarette [1].

---

[1] Ces derniers toutefois ont abordé avec succès la fabrication des papiers mécaniques.

Et enfin, 3° MM. José Vilaseca y Domenech, de Barcelone, qui exposaient de nombreux échantillons de leurs papiers à la cuve. Cette maison, dont le chiffre d'affaires annuel s'élève environ à 2 millions et qui occupe 550 ouvriers, avait déjà obtenu une médaille d'argent à l'Exposition universelle de 1878, à Paris; une médaille d'argent à Matanzas et à Philadelphie, et une médaille d'or à Barcelone, en 1888.

La transformation du papier était représentée dans la section espagnole :

1° Par M. Heraclio Fournier, fabricant de cartes à jouer, à Victoria, à qui le jury a décerné une médaille de bronze et dont la collection de jeux de cartes de toutes catégories était du reste fort remarquable;

2° Par M. Fosas (Jaime G.), fabricant de cartes à jouer, à Igualda, qui a obtenu une mention honorable pour la collection variée des produits de son industrie;

3° Par MM. Francisco Roca, fabricants de cahiers de papier à cigarette, à Palma (Baléares), qui ont obtenu également une médaille de bronze; cette maison, qui occupe 29 ouvriers, produit pour une valeur d'environ 300,000 francs par an et travaille pour les Baléares et la Péninsule, mais plus spécialement pour les Philippines, l'île de Cuba et les marchés du Levant; fondée en 1876, elle avait concouru pour la première fois à l'Exposition universelle de 1888, où elle avait obtenu une médaille d'argent;

4° Enfin par la maison Francisco Just y Valenti, qui exposait un certain nombre d'albums confectionnés avec un papier spécial, pour l'éducation des aveugles, objets qui lui ont valu une mention honorable.

Dans la catégorie des articles pour fournitures de bureau se remarquaient les expositions de M. Gerando Amor, de Valladolid, qui nous a soumis un choix important de ses encres à écrire et à copier, et de Mᵐᵉ veuve de Renan, de Barcelone, qui exposait des encres à écrire et des colles liquides. Cette maison, fondée en 1876, qui occupe 9 ouvriers et vend ses produits en Espagne et dans ses colonies, avait obtenu une médaille d'argent à l'Exposition universelle de 1888, à Barcelone, seule Exposition où elle eût encore concouru.

Le jury a attribué à ces deux exposants une mention honorable.

Parmi les relieurs espagnols que nous avons eu à juger figuraient M. Minon Leonardo, qui, entre autres travaux de reliure, présentait : un volume de l'*Illustration espagnole*, petit in-folio, reliure pleine en chagrin rouge; de larges bandes en relief encadraient les plats de filets dorés avec mosaïque; un exemplaire de *Don Quichotte*, en plusieurs tomes in-8° jésus, reliés en plein chagrin, entrelacs en or avec mosaïque; quelques autres volumes reliure en plein chagrin, ornés de plaques en or et noir typo.

Figurait également dans cette section M. F. Navarro, qui, à côté de ses reliures courantes, avait exposé un certain nombre de registres dont la fabrication était consciencieuse.

Le jury voulant encourager les efforts de ces deux exposants a attribué une mention honorable à chacun d'eux.

Enfin la maison Placido de la Calle, de Madrid, qui a reçu une mention honorable, s'était chargée de représenter la branche industrielle du matériel des arts, par l'envoi de ses tubes de couleurs à l'huile.

ÉTATS-UNIS.

Sur les sept cents fabricants de papier et de carton des États-Unis, deux seulement nous avaient envoyé leurs produits.

Ce pays fabrique tous les genres de papier et de carton, depuis les sortes les plus communes jusqu'aux plus fines, et suffit à peine à alimenter son importante consommation [1].

Le système de protection adopté par les États-Unis a été favorable au développement de l'industrie papetière; les cours, supérieurs généralement à ceux de l'Europe, sont restés rémunérateurs pour les fabricants [2].

Un grand nombre d'usines nouvelles se sont construites dans les divers États et ont profité de toutes les améliorations qui se sont produites. Les Américains n'ont rien à nous envier comme outillage, mais il faut reconnaître que de notre côté nous n'avons rien à leur emprunter.

Aux États-Unis comme en France, les succédanés, paille, bois, etc., sont réservés pour la fabrication des sortes ordinaires, et les chiffons continuent à constituer la matière première des papiers fins.

La papeterie aux États-Unis se trouve actuellement dans une situation analogue à celle de la papeterie française il y a une douzaine d'années.

Tout en se développant incessamment, elle arrive à peine à suffire aux besoins de la consommation du pays, ce qui lui permet de maintenir ses cours. Mais si ce développement de production s'accentue, ce qui est probable, cette industrie sera forcée, pour écouler ses produits, de baisser ses prix et de rechercher, en dehors de son territoire, des débouchés qu'elle n'obtiendra qu'à force de sacrifices.

Il est vrai que cette crise économique sera retardée, grâce au système de protection adopté par les États-Unis, tandis qu'elle a été précipitée en France par suite de l'abaissement des droits de douane résultant de l'application des traités de commerce actuels.

Les fabricants de papier figurant dans cette section étaient :

M. L. L. Brown (*Paper Company*), à Adams, Brikshire County (Massachusets), U. S. A.

[1] La première fabrique de papier aux États-Unis fut fondée en 1693 à Boxborourg (Pensylvanie), la deuxième à Élisabeth, et la troisième à Boston, en 1728. En 1860, il existait déjà 555 usines, fabriquant une quantité de papier évaluée à plus de 100 millions de francs; le *Moniteur officiel* belge accusait en 1873 un nombre de 800 fabriques produisant 200 millions de francs de papiers de toutes sortes. (Extrait du *Dictionnaire Larousse*.)

[2] Nous devons une partie des renseignements sur les exposants des États-Unis à l'obligeance de M. Rogers, membre du jury de la classe 10.

Cette maison exposait de très beaux papiers pour registres, grands-livres ou documents, des papiers à écrire et à dessin, et une collection complète et très variée de pâtes de chiffons.

Grâce aux matières premières employées à leur fabrication, ces articles présentaient un degré de résistance remarquable, ainsi qu'une garantie de longue durée.

Cette maison, fondée en 1850, occupe aujourd'hui un personnel de 340 ouvriers, dont 140 hommes et 190 femmes.

La fabrication journalière est d'environ 4,500 kilogrammes, et la valeur de cette production atteint annuellement le chiffre de 2,500,000 francs.

Les principaux débouchés sont, indépendamment des États-Unis, le Canada et l'Amérique du Sud.

La papeterie L. L. Brown avait participé antérieurement à l'Exposition de Philadelphie en 1876, où elle avait remporté la plus haute récompense, de même qu'à l'Exposition de Cincinnati en 1888; elle a obtenu une médaille d'or à l'Exposition universelle de 1889.

MM. S. D. WARREN and C°, à Boston (Massachusets), U. S. A.

Cette maison exposait des papiers pour gravure et taille-douce, ouvrages de luxe, chromo, etc., de qualité supérieure et de très belle apparence.

Fondée en 1854, elle occupe aujourd'hui environ 900 ouvriers, dont 150 femmes; produit journellement 40 tonnes de papier avec une force motrice hydraulique ou vapeur de 4,000 chevaux, et écoule ses produits non seulement sur le territoire des États-Unis, mais encore dans toutes les parties du monde.

Elle possède 8 machines à papier.

MM. S. D. Warren and C°, qui jusqu'à ce jour n'avaient pas encore exposé, ont remporté une médaille d'or.

A l'exception des registres, à couture spéciale et nouvelle, présentés par THE CASE LOCKWOOD AND BRAINARD C°, de Hartford (Connecticut), maison récompensée par une mention honorable, les produits de transformation du papier et du carton, les travaux de la reliure et les articles appartenant au matériel des arts ne figuraient dans aucune des vitrines de cette section.

Par contre, l'industrie des fournitures de bureau était représentée par les maisons :

LENOY, W. FAIRCHILD and C°, établissement fondé en 1843, dont la maison de vente est située, 189, Broadway, et les ateliers, Fourth street, Lafayette place, à New-York.

Les plumes d'or forment l'objet principal de la fabrication de cette importante maison.

Ces plumes sont fabriquées suivant le procédé que nous aurons l'occasion de signaler dans la notice relative à la section anglaise; elles sont composées de deux parties; une pointe d'iridium est soudée à la plume.

Cette opération une fois terminée, le corps de la plume passe dans une série de laminoirs échancrés.

A l'aide de marteaux à main, l'ouvrier donne ensuite à la pointe l'élasticité désirable, et la plume, prête à être estampée, reçoit alors, au moyen d'outils appropriés, la forme qui lui est destinée.

La pointe d'iridium est ouverte et divisée en deux parties qui sont soigneusement retirées au marteau, brunies et passées sur la meule; l'ajustement des becs et le polissage terminent enfin le travail.

Indépendamment de ces plumes, MM. Leroy, Fairchild and C° avaient encore exposé une très grande quantité d'objets de leur fabrication, en métal précieux, or ou argent, tels que porte-mines, porte-plumes, étuis à mine, à plumes, etc.

Tous ces objets, fabriqués soigneusement et avec goût, ont valu à la maison Leroy, Fairchild and C° un grand prix.

MM. Carter, Dinsmore and C°, 162, Colombus avenue, à Boston (Massachusets), fabricants d'encres à écrire et à copier, d'encres noires indélébiles et à marquer, d'encres de couleur, bleues et carminées, et de colles liquides.

Fondée en 1858, cette maison occupe aujourd'hui un personnel de 110 ouvriers, dont 43 hommes, 52 femmes et 15 enfants; elle utilise une force motrice de 75 chevaux-vapeur.

La fabrique actuelle, reconstruite il y a quatre ans, est haute de six étages et occupe une superficie de 2,500 mètres. Elle a été bâtie de façon à assurer l'hygiène des ouvriers; l'air y circule abondamment, et un dynamo électrique distribue la lumière dans ses différents ateliers.

Les encres Carter se font remarquer par leur fixité et leur pureté, leur fluidité constante et la belle couleur noire qu'elles possèdent lorsqu'on les emploie, même après avoir séjourné longtemps dans la bouteille ou l'encrier.

Indépendamment des encres ordinaires et à copier avec lesquelles on peut obtenir jusqu'à quinze copies, MM. Carter, Dinsmore and C° fabriquent encore une encre spéciale dite *encre de sûreté* (*Safety Carter*), à l'usage des banques, des administrations, des chemins de fer, etc., pour la signature des titres ou documents.

Cette encre est absolument permanente et ne peut être effacée par aucun procédé chimique.

Les encres rouges ou bleues, à écrire ou à marquer, ainsi que la gomme liquide fabriquée par cette maison, jouissent auprès du public de la même faveur que ses autres produits.

La fabrication annuelle s'élève environ à 10 millions de bouteilles, représentant une valeur de 1,500,000 francs.

Les produits fabriqués, dont les prix sont aussi réduits que possible, par suite de l'importance de la fabrication, trouvent un écoulement facile, non seulement en Amérique, mais encore dans les autres parties du monde.

Ces produits ont figuré dans de nombreuses Expositions internationales et ont remporté : à Philadelphie, en 1876, une haute récompense; à Paris, en 1878, 1 médaille d'argent; à Sidney, en 1879, une première médaille; à Melbourne, en 1881, 4 premiers prix; à Montréal, en 1882, 2 premiers prix, et 2 diplômes; à Barcelone, en 1888, 1 médaille d'or.

Le jury de la classe 10, à l'Exposition universelle de 1889, a décerné à la maison Carter, Dinsmore and C° une médaille d'argent.

La même récompense a été également attribuée à un autre fabricant d'encres à écrire et à copier et de colles liquides, M. S. S. STAFFORD, 603, 605 et 607, Washington street, à New-York.

Cette maison, fondée en 1858, occupe aujourd'hui un personnel composé de 50 hommes, 65 femmes, 8 voyageurs et 7 employés.

Elle possède une fabrique haute de six étages, large de 75 pieds et profonde de 85; la force motrice y est distribuée par un moteur à gaz de 10 chevaux-vapeur.

La fabrication s'élève annuellement à 9,500,000 bouteilles d'encre, de toutes grandeurs, représentant une valeur de 1,300,000 francs.

Ces produits s'écoulent aux États-Unis et s'expédient dans tous les pays d'Europe, au Canada, en Australie, aux Indes, dans l'Amérique du Sud et l'Amérique centrale, en Chine et au Japon.

Les encres à écrire Stafford possèdent une intensité de couleur remarquable, avec peu de tendance à s'épaissir.

Les encres à copier ont également une grande fluidité et permettent d'obtenir des copies plusieurs mois après qu'on en a fait usage.

La gomme liquide, très adhérente, est d'une clarté parfaite.

Jusqu'à présent, M. Stafford n'avait participé à aucune Exposition internationale.

Trois autres fabricants ont obtenu une médaille de bronze :

1° MM. John UNDERWOOD and C°, 30, Vesey street, à New-York.

Cette maison, fondée en 1850, possède des succursales à Chicago (Illinois) et à Toronto (Canada), et des fabriques, 143 à 149, Grande avenue, à Brooklyn et à Toronto.

Indépendamment des encres à écrire et à copier et des colles, elle exposait encore des fournitures pour machines à écrire.

M. John Underwood, le père de l'un des propriétaires actuels, fut breveté en Angleterre en 1856 et en France quelques années plus tard, pour son invention d'encres à écrire et à copier. Il était, comme chimiste, l'élève de Michael Faraday.

Les encres soumises à l'appréciation du jury, *Cobalt Everlasting bank ink*, et les encres *Bailysad* se remarquaient par leur fluidité permanente et leurs qualités communicatives, permettant d'obtenir jusqu'à trente-cinq copies avec une seule épreuve.

Une machine à vapeur de 25 chevaux produit la force nécessaire à la fabrique de

MM. J. Underwood et Cie, établissement pourvu du reste de toutes les améliorations modernes.

Cette société a obtenu la haute récompense donnée en Angleterre par la Société royale des arts.

2° Caws ink and pen Company, Broadway, 189, à New-York.

Cette maison exposait des encres, des porte-plumes à réservoir et des plumes stylographiques.

Fondée en 1875 pour la fabrication des encres, elle entreprit en 1886 la fabrication des plumes.

Elle occupe aujourd'hui de 25 à 30 personnes, et la valeur totale de sa fabrication annuelle représente une somme de 60,000 à 75,000 dollars (375,000 francs).

Les produits de cette maison trouvent leur écoulement dans toutes les parties du monde, mais principalement aux États-Unis.

Les encres noires de Caws sont obtenues par un procédé spécial; introduites dans le commerce courant, en février 1877, elles ont obtenu bientôt la faveur du public. grâce à leurs qualités. En effet, l'encre noire Caws coule très librement et n'épaissit pas; elle n'oxyde point les plumes, ne s'altère pas, est insensible à la gelée et résiste à l'action des acides.

Les encres à copier de cette maison possèdent les mêmes qualités.

Les plumes stylographiques ont été livrées au public en 1875; depuis cette époque, il en a été vendu 1 million et la fabrication en augmente chaque année.

La plume stylographique consiste en un porte-plume renfermant un réservoir hermétiquement clos, où l'encre se conserve fraîche et propre indéfiniment. Avec la quantité d'encre qu'il contient, on peut écrire de 50 à 60 pages de suite. La pointe est constituée par un petit tube d'or, allié d'iridium et de platine. Cet objet, qui sert à la fois de plume, de crayon et d'encrier, toujours prêt à l'usage, est très portatif.

Une autre création de la maison est la plume-fontaine *Dashaway*, consistant également en un porte-plume à réservoir, auquel on peut adapter toutes les espèces de plumes métalliques, et écrire de 40 à 50 pages sans renouveler l'encre. La plume-fontaine et le stylographe permettent l'emploi de toutes les encres.

Aucun des produits de la maison n'avait encore figuré dans les expositions internationales.

3° MM. L.-E. Waterman et Cie, Broadway, 155, à New-York, fabricants de porte-plumes-*fontaine*, livrent actuellement au commerce 2,500 grosses par an.

Fondée en 1883, cette maison occupe aujourd'hui 114 personnes, dont 81 hommes, 28 femmes et 5 enfants.

Les matières premières servant à la fabrication de ces articles proviennent de l'Amérique du Sud et de la Californie.

Les produits fabriqués, qui représentent une valeur totale annuelle de 2,500,000 fr., trouvent un écoulement facile en Angleterre et aux États-Unis.

Le porte-plume-*fontaine*, de Waterman, renferme également un réservoir qu'on peut remplir d'encre fluide, et permet d'écrire, suivant sa dimension, depuis dix jusqu'à quarante heures.

On peut rester plusieurs mois sans l'utiliser et sans que l'encre contenue dans le réservoir perde aucune de ses propriétés; il est possible d'y adapter toutes sortes de plumes, soit en acier, soit en or.

MM. Waterman et Cie, qui n'avaient participé jusqu'à présent à aucune exposition internationale, avaient cependant été récompensés plusieurs fois dans des expositions locales.

Enfin cinq exposants ont obtenu une mention honorable :

1° M. LITTLE (P. Adelbert), à Rochester (État de New-York), fabricant de fournitures pour machines à écrire.

L'établissement de M. LITTLE, fondé en 1886, occupe actuellement 6 ouvriers.

Les matières premières servant à son industrie proviennent de l'Angleterre et des États-Unis; les produits fabriqués, qui représentent annuellement une valeur de 100,000 fr., trouvent leur écoulement aux États-Unis et en Europe.

Les rubans confectionnés par M. Little offrent cette particularité que le bord n'en est pas liséré, mais dentelé, afin d'éviter le plissage.

Jusqu'à présent ces produits n'avaient figuré dans aucune exposition internationale.

2° THE NASSAU, MANUFACTURY COMPANY, Nassau street, 140, à New-York; maison de vente : Underwood street.

Cette maison, fondée en mars 1888 et occupant actuellement environ 25 ouvriers, exposait des colles liquides et des flacons, avec bouchon en caoutchouc imperméable à l'air. Ces flacons, disposés de façon à ne point se renverser et à s'opposer à l'évaporation du liquide contenu, présentent de grands avantages sous le rapport de l'économie, de la propreté et de la commodité.

Les produits servant à leur fabrication, qui s'élève à 25,000 grosses par an, sont tirés des États-Unis et de l'Amérique du Sud.

Ces articles, qui se vendent tant à l'étranger qu'aux États-Unis, étaient présentés pour la première fois à l'appréciation d'un jury.

3° THE ROGERS' AUTOMATIC TIME STAMP COMPANY, Eddy street, Providence, R. J., qui exposait des timbres automatiques pouvant imprimer en même temps le nom et l'adresse d'une maison de commerce et donner la minute, l'heure, le jour, le mois et l'année, en un mot l'instant précis où ils sont employés.

Ces timbres, dont le prix ne s'élève pas à plus de 44 dollars, sont susceptibles de trouver de nombreuses utilisations.

4° THE PHILADELPHIA NOVELTY MANUFACTURING COMPANY, à Philadelphie, qui exposait un grand nombre d'articles de bureau de forme élégante et bien établis, parmi lesquels nous avons remarqué des porte-plumes à réservoir, des encriers et des objets en fer malléable, pince-notes, pique-notes, attaches pour papier, etc.

5° MM. Weeks et Campbell, Church street, 149, à New-York, qui exposaient une collection très riche et très variée de calendriers, brouillards, mémorandums, etc.

FINLANDE.

On comprendra facilement que le duché de Finlande, admirablement placé pour la fabrication des pâtes de bois chimiques et mécaniques destinées à la fabrication du papier, ait vu depuis quelques années se monter sur son territoire de nombreux établissements affectés à cette industrie.

Vingt-cinq à trente fabriques, et des plus importantes, exploitent aujourd'hui les bois du pays et alimentent la Russie et l'étranger des pâtes nécessaires à la fabrication du papier.

L'emploi des succédanés en papeterie a entraîné depuis une quinzaine d'années la préparation des pâtes de bois dans les pays les mieux placés pour cette production économique. La Finlande a été du nombre de ces contrées favorisées; cette nouvelle industrie y a pris racine et s'est développée avec une telle rapidité, que les fabricants, embarrassés pour le placement de leur grosse production, ont trouvé avantage à utiliser une partie de leurs pâtes et à les livrer sous forme de papiers ou de cartons à la consommation.

La plupart de ces industriels se sont bornés à cette utilisation et se sont gardés de monter un outillage leur permettant de donner plus de qualité, plus de blancheur et par cela même plus de prix à leurs produits. Nous estimons qu'ils ont agi sagement; leur véritable supériorité réside dans la confection économique des sortes bon marché; s'ils abordaient les papiers fins, il leur faudrait recourir à l'emploi des chiffons, et alors disparaîtraient les avantages qui ont déterminé la fondation de leurs établissements et qui ont si largement contribué à leur prospérité.

L'industrie du papier était représentée dans cette section par cinq exposants :

MM. J.-C. Frenckell et fils, à Tammerfors. *Hors concours* (M. T. Frenckell, membre du jury des récompenses de la classe 42).

A la fin du siècle dernier, il existait déjà, à la place de l'usine de Tammerfors, une petite fabrique de papier qui, après avoir appartenu à différents propriétaires, fut vendue en 1832, pour la somme de 32,000 roubles, à Johan Christoffer Frenckell, libraire et imprimeur à Helsingfors. Son fils, Frans Wilhelm, après avoir étudié à l'étranger la fabrication du papier mécanique et obtenu en 1841 le renouvellement de son privilège, fit construire sa première machine à papier continu et dota ainsi la Finlande de cette industrie si importante. Les chefs actuels de la maison sont MM. W. et T. de Frenckell.

Le nombre des ouvriers de l'usine, qui n'était que de 5 en 1805 et de 40 en 1815, après s'être élevé à 108 en 1840, atteint aujourd'hui le chiffre de 300 personnes.

Vers 1843, l'usine avait 11 cylindres et une machine à papier, mis en mouvement par 6 roues hydrauliques, et la fabrication annuelle était d'environ 23,000 rames de diverses espèces de papier à écrire, de papier d'impression, de maculatures, et d'environ 34,000 kilogrammes d'autres papiers, valant ensemble de 25,000 à 30,000 roubles.

En 1860, l'usine fut agrandie et la fabrication dépassa bientôt 500,000 roubles par suite de l'acquisition d'une seconde machine.

En 1873, l'installation d'une troisième machine nécessita encore un agrandissement, et la fabrication s'éleva à 1,568,675 kilogrammes de papiers de tous genres, pour une valeur totale d'un million environ.

A l'usine est jointe, depuis 1874, une fabrique pour la préparation des pâtes de bois et de paille.

L'outillage est actionné par 7 turbines d'une force totale d'environ 400 chevaux, et 2 machines à vapeur de 30 chevaux.

L'établissement possède : 40 cylindres, 3 cuves à chiffons, 2 cuves à paille, 1 cuve à bois, 2 défibreuses, 2 raffineuses, 3 machines à papier, 1 calandre, 1 presse à lustrer, 2 machines à couper, 1 machine à coller, etc.

La maison Frenckell s'est préoccupée du bien-être matériel et moral de ses ouvriers : logements pour le personnel, école enfantine et bibliothèque ont été mis successivement à la disposition du personnel; une société de secours mutuels et une caisse de retraite ont été créées au profit des vieux employés de la maison.

Pendant longtemps la papeterie de Tammerfors, à laquelle de nombreuses récompenses ont été décernées, tenait le premier rang parmi les établissements similaires de la Finlande, au point de vue de l'importance et de la qualité des produits; mais, depuis quelques années, de nouvelles papeteries se sont installées autour d'elle.

Cette manufacture fabrique : des papiers à écrire; des papiers d'impression confectionnés avec des fibres de lin additionnées parfois de fibres de chanvre ou de cellulose de paille; des papiers pour cartouches, pour le timbre et pour documents, fabriqués avec des chiffons et offrant une très grande résistance; enfin des cartons de bois, en feuilles.

Toutes ces sortes sont consommées en Finlande ou exportées à l'étranger, où cette maison possède de nombreux représentants.

Parmi les autres exposants, deux ont obtenu des médailles d'argent :

1° Enso Träsliperi Aktiebolag (Société anonyme d'Enso), dont les usines sont situées à Wuoksen, près la chute d'eau d'Imatra, à 50 kilomètres de Wiborg.

Cette société, qui occupe 200 ouvriers dont 125 hommes et 75 femmes, produit des pâtes mécaniques de bois de tremble et de sapin, ainsi que de très beaux cartons-cuirs et cartons-bois pour le placement desquels elle possède des agences à l'étranger.

Sa production annuelle est d'environ 5,400,000 kilogrammes.

La force hydraulique dont elle dispose met en mouvement 14 turbines d'une force de 1,940 chevaux.

Le baron A. de Standertskiold, qui dirige ces usines, a été, autrefois, propriétaire des fabriques d'Ingeroïs et a travaillé comme ouvrier, afin d'étudier la fabrication.

2° M. Modéen, fabricant de papier, à Kangas.

Ce fabricant, qui ne possède qu'une seule machine, s'est adonné à la fabrication du papier à cigarette, de la pelure pour copies de lettres et du papier mousseline.

Ses sortes sont très estimées et trouvent un écoulement facile en Russie.

Sa fabrication s'élève annuellement à 500,000 francs environ.

M. Modéen avait participé déjà à plusieurs Expositions internationales et avait obtenu un certain nombre de récompenses.

Le jury a accordé une médaille de bronze aux deux exposants suivants :

1° Kymmené Aktiebolag (Société anonyme dirigée par M. Ernest Dahlstroem).

Cette maison a réuni, dans son exploitation à Abo, la fabrication de la pâte de bois mécanique et celle de la cellulose au bisulfite, la confection du carton de bois et l'industrie du papier pour emballage, impression et tenture.

Cet établissement, admirablement monté pour les articles dont il a adopté la spécialité, comprend 2 machines à papier.

Le bon marché des produits de cette usine et leur qualité justement appréciée ont contribué à leur créer de nombreux débouchés, non seulement en Russie, mais encore à l'étranger, notamment à Londres et à Paris.

Les usines de Kymmené, fondées en 1872, agrandies progressivement depuis cette époque, produisent annuellement 6,800,000 kilogrammes environ, représentant une valeur de plus de 2 millions de francs.

Ces manufactures, situées à quelques kilomètres de la station de Kouvala, ligne du chemin de fer d'Helsingfors à Saint-Pétersbourg, sur la cataracte de Kimmené, comprennent, en dehors de la papeterie : 1 four à chaux, 1 briqueterie et 1 scierie mécanique.

Elles occupent un personnel permanent d'environ 400 ouvriers et emploient, pendant l'hiver, un millier d'hommes et près de 300 chevaux pour le coupage et le transport des bois.

La force hydraulique, disposée pour 3,000 chevaux, n'est utilisée, actuellement, que pour la moitié de sa puissance; elle met en mouvement 12 turbines.

On emploie environ, à Kymmené, 750,000 stères de bois de sapin, dont 350,000 stères pour la fabrication du papier et des pâtes de bois, et 400,000 stères pour le chauffage.

Il existe, pour les enfants des ouvriers, une école fréquentée par près de 120 élèves et, pour les adultes, une salle de lecture et une bibliothèque ouverte tous les soirs.

Une caisse de secours et de prévoyance pour le personnel fonctionne depuis cinq ans.

2° Tammersfors Linne et Jern Manufaktur Aktiebolag (Société anonyme). En dehors de la préparation des pâtes de bois chimiques et mécaniques, cette société fabrique des cartons de bois justement estimés.

La maison possède une agence à Paris et des usines à Tammerfors et à Ingeroïs.

Les usines de *Tammerfors*, qui occupent un personnel d'environ 90 ouvriers, produisent annuellement 1,500,000 à 2 millions de kilogrammes de carton de bois et de pâte de bois mécanique, pour lesquels elles emploient de 9,000 à 10,000 stères de sapin.

Les usines d'*Ingeroïs* emploient environ 150 ouvriers et produisent annuellement de 4 millions à 4,500,000 kilogrammes de carton-bois et de pâte de bois mécanique, nécessitant une consommation de 18,000 à 20,000 stères de bois de sapin.

GRANDE-BRETAGNE.

Le jury de la classe 10 a éprouvé une certaine déception en constatant que sur les 850 fabricants de papier que compte l'Angleterre [1], deux seulement figuraient comme exposants, dans cette section. La papeterie britannique, tout en subissant la baisse générale des cours, s'est maintenue cependant dans une situation satisfaisante. Elle ne s'est pas laissé entraîner à la fabrication des sortes bon marché, pour laquelle elle ne se sentait pas avantageusement placée, et s'est plutôt appliquée à l'amélioration des sortes fines et moyennes.

Les fabricants anglais, qui ont augmenté leur production depuis dix ans, se sont efforcés de se créer de nouveaux débouchés à l'étranger.

Les qualités très sérieuses de leurs produits ont favorisé ce mouvement. L'emploi de l'alfa, très favorable pour les papiers destinés aux impressions [2], et le collage à la gélatine, pour les papiers à écrire, sont des procédés dont ils ont eu l'initiative et qui ont singulièrement contribué à faciliter les placements qu'ils recherchaient.

La papeterie anglaise s'est procurée, particulièrement en France, des écoulements importants, et ses vergés pour correspondance ont pris une telle vogue auprès des consommateurs, qu'ils ont fini par détrôner les articles jusque-là en usage.

Plus rugueux et généralement moins blancs que les sortes auxquelles ils se substituaient, cette préférence ne peut guère s'expliquer que par un entraînement de la mode.

Cette substitution ne s'est pas bornée au papier pour correspondance : les billets de naissance, billets de décès, factures de commerce, etc., ont fini par s'imprimer également sur vergés anglais, au détriment de nos belles coquilles d'Angoulême.

Au point de vue des papiers d'alfa, les fabricants d'Angleterre ont su également

---

[1] D'après le *Moniteur belge*, il existait en Angleterre, en 1873, 850 fabriques de papier produisant annuellement 187 millions de kilogrammes. (Extrait du *Dictionnaire Larousse*.)

[2] Les fabricants anglais ne s'adressèrent à l'Algérie pour se procurer l'alfa, que vers l'année 1869, époque à laquelle ce produit atteignit en Espagne un prix exagéré.

profiter de leur bonne situation pour se placer très solidement sur nos marchés et accaparer, en quelque sorte, la spécialité de la fourniture des journaux illustrés.

Si nous avons exprimé un juste regret en constatant le nombre restreint des fabricants de papier qui figuraient dans la section britannique, nous devons, d'autre part, adresser nos éloges aux deux exposants qui s'étaient chargés de représenter très brillamment cette industrie [1] :

1° MM. Grosvenor, Chater et Cⁱᵉ, Cannon street, 68, London, E. C.

Cette maison, fondée en 1690, est une des plus anciennes de la Grande-Bretagne ; depuis près de deux siècles elle appartient à la même famille et a toujours conservé la même raison sociale.

Elle possède des usines à Woburn, Bucks, Greenfield, Holywell, Flintshire et un dépôt de ses produits sous la direction de M. Revol, rue Favart, 6, à Paris.

La vitrine de MM. Grosvenor, Chater et Cⁱᵉ renfermait une très belle collection de papiers pour dessin, écriture, impression, et de papiers couchés en blanc, parmi lesquels on remarquait surtout les papiers à lettre et les enveloppes aux marques *Royal non pareil*, *The Coronet*, *The Porchester* et une nouvelle sorte de papier d'impression pour vignettes et gravures, le papier *Perfection*, à la fabrication de laquelle, depuis près de trois ans, cette maison accorde tous ses soins et qu'elle a réussi à faire adopter, du reste, par plusieurs de nos grands imprimeurs et éditeurs pour leurs travaux typographiques ou chromotypographiques.

Cette maison, qui exposait pour la première fois en France, a obtenu une médaille d'or.

2° MM. Soper et Cⁱᵉ, fabricants de papier, Kings Mill Loudwater.

Fondée depuis 1786 et appartenant aux propriétaires actuels depuis 1882, cette maison, qui a des représentants à Londres, Glasgow et Dublin, possède une usine à High Wycombe, Buchs (Angleterre).

Cette fabrique, avec une seule machine à papier, occupe un personnel de 23 ouvriers.

Les salaires annuels qui sont alloués à ces derniers s'élèvent à la somme de 25,000 francs environ.

La vitrine de MM. Soper et Cⁱᵉ, bien aménagée, renfermait de beaux papiers blancs pour impression et une remarquable collection de papiers buvards colorés.

Ces papiers, et principalement la sorte désignée sous le nom de *Coarse Calico* (papier buvard fabriqué avec des tissus de coton), se distinguaient par leur bonne qualité.

---

[1] Parmi les réfugiés français chassés en 1685 par la révocation de l'édit de Nantes et qui vinrent s'établir en Angleterre, figuraient un certain nombre de papetiers, qui apportèrent leurs procédés de fabrication et donnèrent une certaine impulsion à l'industrie du papier. Un siècle plus tard, Wattemann, après avoir travaillé comme ouvrier dans les manufactures françaises, fonda la célèbre papeterie de Maidstone, comté de Kent. (Extrait du *Dictionnaire Larousse*.)

Ces exposants avaient eu l'heureuse idée de placer sous les yeux du public le papier buvard aux différentes phases de sa fabrication, avec les produits chimiques employés, le chlorure de chaux pour le blanchiment des chiffons, l'alcali et le bleu d'outremer pour la teinte, etc.

MM. Soper et Cie, qui jusqu'à ce jour n'avaient pris part à aucune exposition, ont obtenu une médaille de bronze.

La transformation du papier était uniquement représentée par MM. W. F. Hunt et Cie, 25, Great Windmill street, et 6, 8 et 10, Lexington street, à Londres, où leur maison a été fondée en 1868.

MM. Hunt et Cie fabriquent à la machine des caisses et des capsules en papier plissé pour la cuisine, l'office et la pharmacie; des papiers estampés et gaufrés pour ronds de plat, plateaux; des papiers dentelles et découpés; des manchettes à gigot, à jambon, à côtelettes, etc.

Parmi ces différents produits bien disposés, nous avons surtout remarqué des coquetiers en papier plissé et des coiffes de même nature pour les bouteilles.

Ces derniers articles inventés par la maison Hunt sont appelés, vu la modicité de leur prix, à rendre de sérieux services à la pharmacie et à la parfumerie.

MM. Hunt et Cie ont obtenu une mention honorable.

La maison Witting brothers, qui fabrique les cartons de pâte et possède son siège à Londres, Cannon-street, 64, a obtenu également une mention honorable pour l'exposition des divers produits de sa fabrication.

Les articles de fournitures de bureau étaient mieux représentés dans la section anglaise que les produits de la papeterie.

Cette branche d'industrie avait réuni huit exposants, dont cinq fabricants de plumes métalliques, industrie dont l'Angleterre a eu pendant longtemps le monopole exclusif.

Nous trouvons, à ce sujet, dans le numéro du 2 août 1880 du *British Mail,* journal des chambres de commerce du Royaume-Uni, quelques renseignements intéressants sur cette remarquable invention :

« Depuis l'époque où les plumes d'oie prirent la place du stylet ou du roseau des anciens, différents essais furent tentés pour les remplacer et supprimer en même temps les inconvénients qu'elles présentaient, mais rien de pratique ne fut découvert jusqu'au jour où l'on inventa la plume d'acier [1]. Le premier essai pour procurer des plumes dont les pointes fussent susceptibles de résister à l'action corrosive de l'encre fut tenté préalablement, et, au commencement de ce siècle, on se servit de plumes d'écaille ou d'os avec pointes métalliques.

« Ces tentatives imparfaites ne rencontrèrent pas beaucoup de succès, mais elles contenaient le germe d'une création plus pratique.

---

[1] Il y a environ soixante ans.

«John Isaac Hawkins, un Américain vivant en Angleterre, fit des plumes d'écaille auxquelles il souda des pointes de diamant et de rubis. Bientôt après, il imagina de les remplacer par des plumes d'or avec des pointes d'osmium ou d'iridium. Ces pointes avaient l'avantage de résister à l'oxydation.

«D'autre part, s'il faut en croire un extrait fort intéressant d'un manuscrit faisant partie de la bibliothèque d'Aix-la-Chapelle, portant le titre de : *Chronique historique d'Aix-la-Chapelle,* livre 2, année 1748, édité par Johann Janssen, l'invention des plumes d'acier remonterait à une époque beaucoup plus ancienne qu'on ne le suppose généralement; au siècle dernier, on aurait déjà fabriqué des plumes avec lesquelles on pouvait écrire vingt feuilles de papier sans altération de l'écriture.

«Pendant longtemps, M. James Perry passa pour être l'inventeur de la plume métallique, mais on reconnut depuis que la première manufacture fut fondée en Angleterre par un coutelier de Sheffield, qui, avec l'aide d'un de ses amis ferblantier [1], entreprit ce genre de fabrication. »

Il existait alors également, à Birmingham, un fabricant du nom de Spittle confectionnant ce genre d'objets; MM. John et William Mitchell lui succédèrent.

A cette époque, le commerce de cet article était des plus restreints et l'approvisionnement des moins importants, conséquence naturelle de la rareté des demandes.

Aujourd'hui, la plume d'acier est universellement employée, et sa fabrication a pris une telle extension, qu'une seule ville arrive à en fournir 15 ou 16 millions par semaine.

Il est vrai que Birmingham, où se trouvent réunies une douzaine environ de fabriques de plumes métalliques, est le seul centre de production de cet article en Angleterre.

Birmingham consommait en 1880 environ 15 tonnes d'acier, par semaine, pour la fabrication des plumes.

Les cinq fabricants qui figuraient dans la section britannique étaient les suivants :

Joseph GILLOTT et fils, dont la maison fut fondée par M. Joseph Gillott père, qui appropria l'usage des machines à la fabrication de ces articles; l'importance de l'établissement est considérable, et la marque de cette fabrique justement estimée dans le monde entier.

Le personnel employé dans cet établissement comprend un grand nombre d'ouvriers et d'ouvrières.

La confection des boîtes destinées à recevoir les plumes s'effectue dans un atelier spécial dépendant de la manufacture.

MM. Gillott et fils fabriquent également les porte-plumes par les procédés mécaniques qu'ils ont innovés.

---

[1] En 1880, il existait encore à Birmingham un ouvrier assurant qu'il se rappelait avoir lu en 1816 cette annonce derrière une fenêtre de la rue Haute à Sheffield : «Ici on trouve des plumes d'acier à 6 pence la pièce ».

Un local particulier a été affecté à la coloration et au vernissage des plumes; dans cet atelier, comme dans les autres parties de la manufacture, toutes les mesures ont été prises au point de vue de l'hygiène et de la sécurité des ouvriers.

L'exposition de MM. Gillott et fils était composée de trophées de plumes de différentes formes et grosseurs et de diverses nuances métalliques.

Dans la vitrine on pouvait remarquer également l'exposé des procédés variés de la fabrication, depuis la plaque de métal jusqu'à la plume entièrement finie et prête à être renfermée dans la petite boîte de carton portant la signature sociale.

Cette maison a obtenu des récompenses dans un grand nombre d'expositions précédentes, notamment une médaille d'or à l'Exposition universelle de Paris en 1878, et le jury de la classe 10 lui a décerné une médaille d'or.

1° M. WILLIAM MITCHELL, fabricant de plumes métalliques et de porte-plumes à Birmingham, dont la maison de commerce est à Londres, E C, 44, Cannon street.

Cette maison existe depuis près de soixante ans, son fondateur étant, comme nous l'avons déjà dit, l'un des principaux créateurs de la fabrication des plumes d'acier.

Elle occupe aujourd'hui plusieurs centaines d'ouvriers et est devenue l'une des plus importantes dans ce genre d'industrie.

Ses produits, comme ceux de la maison Gillott, sont universellement connus; les plumes qu'elle fabrique ont été adoptées par plusieurs administrations publiques et privées de la Grande-Bretagne et de ses colonies.

Dans sa vitrine, M. William Mitchell exposait différentes sortes de plumes métalliques et entre autres des échantillons d'une série alphabétique, connue sous le nom de *Selected*.

Cette maison, qui jusqu'à présent n'avait participé à aucune exposition française, avait obtenu des récompenses aux Expositions de Londres en 1851 et 1862; une médaille d'or en 1882 à l'Exposition de la Nouvelle-Zélande, et une médaille d'or à l'Exposition de Calcutta en 1883-1884.

2° MM. D. LEONARDT et Cⁱᵉ, fabricants de plumes d'acier, 100, Charlotte street, à Birmingham.

Cette maison, fondée en 1856, occupe aujourd'hui un personnel de 570 ouvriers, dont 57 hommes et 513 femmes; les salaires qu'elle leur alloue s'élèvent annuellement à la somme de 16,000 livres sterling.

Sa production, qui n'est pas inférieure à 2 millions de grosses par an, tend de jour en jour à augmenter.

MM. Leonardt et Cⁱᵉ ont un dépôt à New-York et des représentants à Paris ainsi que dans les principales villes d'Europe.

La vitrine de ces exposants renfermait divers spécimens de plumes : plumes semicirculaires, plumes Brazza, plumes de Lesseps. Les deux premières offrent une particularité qui n'existe dans aucun modèle et qui réside dans la forme des becs de la plume; ces becs se terminent par un petit bouton ovoïde, concave en dehors et convexe en dedans. Au lieu de pointes plus ou moins aiguës, elles ne possèdent qu'une surface arrondie glissant sans difficulté sur le papier le plus rugueux. Certes il n'est pas possible de tracer avec cette plume des déliés aussi fins qu'avec la plume à bec droit; mais si la plume à bouton n'est pas l'instrument du calligraphe, c'est la vraie plume de l'écrivain, du journaliste et de l'homme de lettres, qui écrivent au courant de leur pensée.

Εὕρηκα «j'ai trouvé», telle est la marque de fabrique que M. LEONARDT a donnée à ses nouvelles plumes, qu'accompagnaient, dans sa vitrine, les plumes alphabétiques, les plumes de ronde, les porte-plumes et les porte-crayons.

La maison Léonardt, qui occupe à Birmingham une place importante, avait déjà obtenu de nombreuses récompenses : la grande médaille d'or à Moscou, en 1872; la médaille de mérite à Vienne, en 1873; une médaille de bronze à Paris, en 1878; une première récompense à Sydney, en 1879; une médaille d'or à Brisbane, en 1882; une médaille d'argent à Amsterdam, en 1883; un diplôme d'honneur à Toulouse, en 1887; une médaille d'or à Anvers, en 1887, et des récompenses dans plusieurs expositions en Angleterre.

3° MM. MACNIVEN et CAMERON, Waverley Works, Blair street, à Édimbourg (Écosse).

Cette maison, fondée en 1770, n'était destinée à l'origine qu'au commerce de détail, et ce n'est qu'en 1864 qu'elle entreprit la fabrication des plumes métalliques; elle possède aujourd'hui un dépôt à Paris.

Comme tous les autres fabricants, MM. Macniven et Cameron se sont préoccupés de satisfaire le goût du public et de créer différents modèles de plumes pour tous les genres d'écriture.

Leur vitrine, fort coquette et fort bien disposée, témoignait du reste de leurs efforts pour arriver à ce but, et parmi l'importante collection de porte-plumes, de plumes d'acier, de plumes d'or, de plumes à pointe retroussée, rabattue, etc., il convient de citer particulièrement les plumes *Nile* et *Pickwick* pour l'écriture rapide, et la plume *Waverley* pour l'écriture courante, la plume *Owl* pour l'écriture fine, la plume *Hindoo* pour les personnes écrivant sur le côté de leur plume, et enfin les plumes *Flying J.* et *Flying Dutchman*, sortes de plumes à réservoir, permettant de tracer consécutivement trois cents mots sans nouveau trempage dans l'encrier.

Cette maison, qui exposait pour la première fois en France, avait participé précédemment aux Expositions suivantes, où elle avait été récompensée: en 1885, à l'Exposition de Londres pour les inventions internationales; en 1886, à l'Exposition de Liverpool; en 1886, à l'Exposition d'Édimbourg; en 1887, à l'Exposition de Newcastle; en 1887, à l'Exposition d'Adélaïde; en 1888, à l'Exposition de Melbourne.

Les trois exposants qui précèdent ont obtenu une médaille d'argent.

Enfin, M. J. ALEXANDRE, York street, à Birmingham, fabricant de plumes métalliques, exposait également de nombreux spécimens de sa fabrication, entre autres la plume *Humboldt*, d'un usage fort répandu aujourd'hui.

Le jury lui a décerné une médaille de bronze.

La fabrication des fournitures de bureau était encore représentée par deux inventeurs d'appareils, reproduisant, par d'ingénieux procédés, à un nombre indéterminé d'exemplaires, la correspondance et les dessins, et qui ont obtenu tous les deux une médaille de bronze :

1° The fac simile apparatus Company, 79 A Gracechurch street, à Londres.

Cette société, qui occupe aujourd'hui 20 personnes auxquelles elle attribue un salaire annuel s'élevant à environ 1,000 livres sterling, a été fondée en 1881 pour la fabrication et la vente des appareils servant à reproduire l'écriture.

Elle possède des agences à Paris et dans les principales villes de France.

L'appareil de reproduction que cette société exposait et qu'elle vend aujourd'hui sous le nom de *graphocycle*, désigné en Angleterre sous celui de *neocyclostyle*, a été inventé en 1882 par M. Gestetner. Il fut nommé d'abord le *cyclostyle*, mais, depuis sa création, cet objet a subi d'importantes transformations qui ont amené son changement de dénomination, afin d'éviter toute confusion avec l'appareil primitif.

Le graphocycle est un appareil permettant la reproduction, en n'importe quelle couleur, de l'écriture, du dessin, de la musique, etc., d'après un original obtenu au moyen d'une plume munie d'une roue perforatrice.

Les procédés de perforation sont fort simples, et des centaines de copies peuvent être obtenues rapidement sans exiger une pratique spéciale de l'appareil.

Depuis son invention, le graphocycle a obtenu dans diverses expositions les récompenses suivantes :

Une médaille d'argent à l'Exposition universelle de Calcutta, en 1883-1884 ; une médaille de bronze à l'Exposition des inventions, à Londres, en 1885 ; une médaille d'argent à l'Exposition universelle d'Anvers, en 1885 ; une médaille de bronze et un diplôme de mérite à l'Exposition du Jubilé, à Adélaïde, en 1887 ; une médaille d'argent à l'Exposition internationale de Linz (Autriche) ; une médaille d'or à l'Exposition du Centenaire, à Sydney, en 1888 ; une médaille d'argent à l'Exposition du palais de l'Industrie, à Paris, en 1888.

2° MM. Zuccato et Wolff, 15, Chaterhouse street, Holborn viaduct, à Londres, E. C., fabricants brevetés du *trypograph*.

Fondée en 1872, cette maison occupe aujourd'hui 20 personnes, dont les salaires s'élèvent annuellement à 950 livres sterling.

Le trypograph est un appareil perfectionné pour la reproduction d'écritures, dessins, etc., en encre noire indélébile ou en toute autre couleur.

C'est un procédé rapide, simple et économique pour la reproduction des circulaires, prix-courants, menus, programmes, musique, etc.

On se sert du trypograph en posant une feuille d'un papier spécialement préparé à cet effet, sur une plaque métallique, délicatement striée ou ridée, et, pour écrire, on emploie un stylet en acier dont la pression fait perforer le papier par la surface gravée.

Le cliché ainsi obtenu est tendu dans un châssis; il ne reste plus alors qu'à placer la feuille de papier, destinée à recevoir le dessin, sous ledit châssis et à passer sur le cliché le rouleau encreur.

Le trypograph a figuré déjà dans un grand nombre d'expositions où il a obtenu les récompenses suivantes :

Une médaille d'or à Sydney en 1879; une médaille de bronze à Melbourne, en 1880; une médaille d'or à Adélaïde, en 1881; une médaille d'argent à Perth (Australie), en 1881; une médaille d'argent à la Nouvelle-Zélande, en 1882; une médaille d'argent à l'Exposition des inventions, à Londres, en 1885; une médaille de bronze à Adélaïde, en 1887; un diplôme d'honneur à Londres, en 1888.

Enfin le jury a accordé une mention honorable à THE LONDON RUBBER PRINTING COMPANY, dirigée par M. H. SAVAGE, 33, Cheapside, London, E. C.

Fondée il y a douze ans par M. H. Savage, cette maison, qui eut des débuts modestes, occupe aujourd'hui 42 ouvriers.

Elle fabrique les timbres en caoutchouc dont elle exposait la riche collection, confectionne le matériel nécessaire à les établir et produit également les encres à tampon et les encres à marquer le linge.

Une grande partie des articles de cette maison est exportée à l'étranger.

Les deux branches de la reliure étaient fort bien représentées dans cette section.

Les travaux de reliure artistique brillaient plus par l'habileté consommée de l'exécution que par la recherche du style et de la composition.

La reliure commerciale se signalait par de très heureux perfectionnements accomplis au point de vue de l'appropriation de l'ouvrage, et nous avons été particulièrement frappé par la bonne confection des reliures souples des bibles exposées [1].

La maison anglaise THE GALIGNANI LIBRARY, rue de Rivoli, 224, à Paris, qui a obtenu du reste une médaille d'argent, avait organisé une exposition collective d'imprimeurs, éditeurs et relieurs anglais [2].

Parmi ces derniers, il nous a été donné d'apprécier les œuvres de :

1° THE CLARENDON PRESS, à Oxford, maison importante et considérée, éditant spécialement des livres classiques pour les écoles et l'Université.

La plupart des ouvrages exposés par cette librairie étaient simplement cartonnés en percaline gaufrée, mais le travail en avait été exécuté avec soin.

Le jury a décerné à cette maison une médaille d'or.

2° THE OXFORD UNIVERSITY PRESS, à Londres, Amen Corner, E. C.

Cette librairie, dirigée par M. Henry Frowde, avait exposé une grande variété de bibles et de livres de prières, fort bien reliés en maroquin janséniste et dorés sur tranche.

---

[1] La reliure souple des bibles se confectionnait dès le XVIᵉ siècle.

[2] La librairie Galignani date de l'année 1814, époque à laquelle le père de MM. Antoine et William Galignani a fondé le journal : *The Galignagni Messenger*.

La reliure molle sans cartons de quelques-uns de ces volumes était particulièrement remarquable; tous, du reste, présentaient une bonne et solide couture souple, et s'ouvraient parfaitement à fond.

Le papier employé pour ces livres d'usage courant mérite tout particulièrement d'être signalé, car, malgré sa faible épaisseur, il offre une très grande résistance, supporte admirablement l'impression et ne présente pas ce défaut de transparence qu'il est si difficile d'éviter dans les sortes minces.

Ce papier est du reste fabriqué par la maison et exclusivement réservé au tirage de ses ouvrages; on conçoit l'excellent parti que peut tirer de ce produit, désigné sous le nom d'*India paper,* la librairie The Oxford University press, qui peut établir ainsi des livres importants, comme texte, sous un volume très restreint et dans un poids fort léger.

The Oxford University press a remporté une médaille d'or.

3° MM. Eyre et Spottiswoode, Great New Street, London, E. C., qui avaient exposé de nombreuses reliures habilement exécutées en maroquin du Levant, chagrin, veau et vélin; des reliures molles, sans cartons, en maroquin avec recouvrement protégeant la tranche. Ces dernières reliures bien réussies s'ouvraient admirablement à fond. La maison a obtenu une médaille d'argent.

4° MM. Samuel Bagster et fils, de Londres, Paternoster Row, 15.

M. Samuel Bagster, le fondateur de cette maison, né en 1772, entra dans le commerce le 19 avril 1794, époque à laquelle il s'établit sur le Strand, à Londres, et commença bientôt après sa carrière d'éditeur.

En 1812, il commença à publier la première série de ses bibles polyglottes.

Le premier livre paru fut un volume de poche, et comme il n'y avait à cette époque que des bibles embarrassantes, cette nouvelle édition, bien reliée, obtint le plus grand succès et fut ensuite éditée en français, en allemand, en espagnol, en italien, en portugais, en hébreu, en grec et en latin.

En 1816, M. Samuel Bagster quitta le Strand pour venir s'installer dans le local actuel de la maison, 15, Paternoster Row.

En 1836, M. Bagster prit trois de ses fils comme associés et changea sa raison sociale en celle de Samuel Bagster et fils.

Cette association continua jusqu'à la mort de M. Samuel Bagster, en 1851.

En 1858, un seul de ses trois enfants resta dans les affaires, Jonathan Bagster, qui pendant longtemps continua à soutenir la réputation de l'œuvre paternelle.

Il mourut en 1872 après avoir pris comme associés, en 1871, deux de ses fils, Théodore et Robert Bagster; ce dernier dirige seul la maison depuis 1879.

Les bibles Bagster sont universellement connues.

Les volumes exposés par cette maison présentaient une bonne reliure en plein maroquin et chagrin; ils se signalaient par une excellente couture souple, et s'ouvraient fort convenablement.

Le jury voulant récompenser les efforts de ces exposants leur a accordé une médaille de bronze.

5° M. Hatchard, Piccadilly, 189, à Londres, qui a obtenu une mention honorable pour l'exposition de ses volumes en reliure pleine et en demi-reliure, pour bibliothèques.

6° M. Walter Scott, imprimeur, éditeur et relieur, qui avait exposé une collection de volumes classiques, bien reliés, en demi-reliure, dos et coins en veau, et une série d'ouvrages de littérature moderne, cartonnés, en percaline gaufrée, travaux qui lui ont valu la même récompense.

Enfin la reliure était encore représentée par MM. Rivière et fils, Burlington Buildings, Heddon street, Regent street, London W.

Fondée en 1832, cette maison, qui occupe aujourd'hui près de 70 personnes, était la seule de la section qui eût exposé des reliures d'art assez remarquables.

Parmi les livres présentés, entièrement dorés à la main et au petit fer, il convient de citer :

Un volume petit in-folio, *Domes day Books*, reliure pleine en maroquin du Levant, avec composition en filets or; au milieu du plat, au recto, on voyait l'effigie de Guillaume le Conquérant, et plus bas une scène de l'invasion;

Un volume petit in-folio, *Dante*, en maroquin du Levant; belle dorure en rinceaux avec mosaïque, style Renaissance; au milieu du plat figurait, au recto, le portrait du Dante, dessiné en filets or;

Un volume in-folio, *Report of the grand lodge of Greece*, 1872, en maroquin brun, avec bonne couture sur nerfs, imitation d'une reliure de Margoli;

Un album-buvard in-4°, en maroquin Corinthe; une guirlande encadrait les plats, ornés eux-mêmes de roses alternant avec des abeilles; au centre se trouvait un élégant cartouche en filets or avec cette légende : *The flower for me, the honey for thee* «Pour moi la fleur, le miel pour toi»;

Un volume : *England's Helicon*, in-12, en maroquin vert olive, poli; les plats ornés d'un semis de queues d'hermine, avec encadrement de plusieurs filets or;

Un volume : *Marriage of Cupid and Psyche*, in-8°, en maroquin rouge; dorure et mosaïque verte et jaune, imitée de Pasdeloup;

Plusieurs volumes in-12, *Moore et Tennyson*, bien reliés en veau.

MM. Rivière et fils, qui avaient déjà participé à plusieurs Expositions et y avaient obtenu des récompenses, notamment une médaille d'argent à Paris, en 1855 et 1867, ont remporté à l'Exposition de 1889 une médaille de bronze.

Cinq fabricants représentaient dans la section anglaise l'exposition du matériel des arts et de la peinture.

Nous devons citer en première ligne : MM. Georges Rowney et Cie, Percy street, 10 et 11, London W., qui possèdent également une maison à Paris, rue Sainte-Anne, 57.

Ces exposants, dont l'établissement a été fondé en 1789, occupent aujourd'hui un personnel de 240 ouvriers; le montant des salaires annuels s'élève à 12,925 livres sterling.

Cette maison, qui exposait des couleurs, des crayons, des pinceaux pour l'aquarelle et la peinture, est la première qui ait introduit en Angleterre l'usage des machines pour la fabrication des couleurs et du matériel pour artistes.

C'est également l'une des premières qui ait entrepris de reproduire des aquarelles ou des peintures en chromotypographie ou par d'autres procédés.

MM. Georges ROWNEY et Cie, qui avaient obtenu précédemment une médaille à Londres, en 1851; à Paris, en 1855; à Londres, en 1862; à Dublin, en 1865; une médaille d'argent à Paris, en 1867; à Lyon, en 1872; à Paris, en 1878; à Philadelphie, en 1876, ont remporté une médaille d'argent à l'Exposition de 1889.

Deux autres exposants ont obtenu une médaille de bronze :

1° MM. LECHERTIER, BARBE et Cie, dont la fabrique est située Glasshouse street, 5 et 7, et la maison de vente Regent street, 60, à Londres.

Fondé en 1827, par M. Louis Lechertier, cet établissement est actuellement dirigé par le petit-fils du fondateur, M. Jules Lechertier.

Elle occupe 20 ouvriers; les salaires annuels qu'elle leur alloue s'élèvent à environ 1,200 livres sterling.

Leur exposition était consacrée aux couleurs pour l'aquarelle; leur vitrine contenait quatre-vingts spécimens en tablettes et en tubes.

Le plus grand soin est apporté dans les ateliers de cette maison à la manipulation des matières premières servant à la fabrication des couleurs. Ces matières sont broyées à l'aide d'une machine à vapeur, dont le travail rapide permet de conserver tout l'éclat de leur coloration.

MM. Lechertier, Barbe et Cie, qui fabriquent également les couleurs à l'huile, publient aussi des reproductions chromolithographiques assez généralement appréciées.

Ils n'avaient jusqu'alors participé qu'à l'Exposition universelle de Paris en 1878 et avaient remporté une mention honorable.

2° M. B. S. COHEN, Great Prescot street, 24, à Londres, qui exposait des crayons pour tous usages, noirs ou de couleur, des mines de plomb de Cumberland, pour crayons, porte-mines, des pupitres et des taille-crayons, a obtenu une médaille de bronze.

Enfin le jury a accordé une mention honorable à MM. Henry SANDERS et fils, Victoria Gardens, Notting hill gate, London W., fabricants de tubes compressibles pour couleurs, etc., capsules, couvercles et jets en métal pour bouteilles.

Cette maison, fondée en 1820, n'a pas cessé de progresser depuis cette époque et est devenue aujourd'hui l'une des premières dans ce genre d'industrie. Elle occupe actuellement de 80 à 100 ouvriers et ouvrières, et emploie annuellement 70,000 kilogrammes d'étain pur. Cet étain, réduit d'abord en lingots, puis en plaques, est ensuite laminé, et les articles qu'il sert à fabriquer sont estampés ou moulés, au moyen de la vapeur et d'une forte pression hydraulique, de façon à obtenir la forme voulue, sans jointures ni sutures.

La production moyenne annuelle est d'environ 70,000 grosses d'articles de toutes sortes, mais, par suite des prix réduits auxquels on est arrivé à pouvoir les fournir, la valeur de cette production ne s'élève pas à plus de 12,000 à 15,000 livres sterling.

En effet, un tube, pouvant contenir 57 grammes de peinture, ne coûte pas plus de 0 fr. 025 et peut être utilisé pendant plus de deux ans, sans que la couleur qu'il contient soit altérée.

La plus grande partie des produits fabriqués par MM. Henry Sanders et fils est exportée sur le continent, dans les principales villes de l'Amérique du Nord, de l'Amérique du Sud et des colonies britanniques.

La seule Exposition à laquelle les produits de cette maison aient figuré jusqu'à ce jour est celle de Vienne en 1873, à l'occasion de laquelle une mention honorable lui avait été accordée.

GRÈCE.

Dans la section grecque, un seul fabricant de papier, le directeur de la PAPETERIE DE PHALÉRIE, à Athènes, avait exposé ses produits, dont les buvards formaient la majeure partie. Cette maison a obtenu une médaille de bronze.

L'industrie du façonnage du papier et du carton était représentée par les articles de MM. TSOUCANELIS et CÉPHALAS, d'Athènes, qui, entre autres objets, exposaient des enveloppes bulles et de couleur, des papiers chinés et vergés avec enveloppes, et des papiers à lettre de fantaisie dans de très bonnes nuances variées. Le jury a décerné une médaille de bronze à ces exposants.

Trois mentions honorables ont été également attribuées :

La première, à M. CONTOGONIS, d'Athènes, pour ses enveloppes de lettre et ses papiers façonnés;

La deuxième, à MM. PALLIS et CORZIAS, d'Athènes, dont l'exposition offrait une grande variété d'articles de papeterie, papiers buvards et cachets en caoutchouc d'une belle composition, cartonnages divers pour confiseurs, bijoutiers, etc.;

La troisième, à M. Michel ARNIOTIS, d'Athènes, pour ses registres, parmi lesquels nous avons particulièrement remarqué :

Un registre soigné, demi-reliure, dos et coins en futaine, plat toile;

Un autre registre, demi-reliure maroquin, plat toile.

L'examen des quelques reliures exposées par cette maison semblait indiquer qu'elle possédait une connaissance sérieuse et approfondie de son métier.

La reliure artistique était représentée par les travaux de M. Anesti CONSTANTINIDÈS, d'Athènes; travaux fort soignés pour la plupart, parmi lesquels nous avons remarqué quelques dispositions en mosaïque, de très bon goût. Cet exposant a obtenu, du reste, une médaille d'argent.

M. N. S. Lardis, d'Athènes, par ses envois de travaux courants pour librairie et pour bibliothèques, s'était chargé de la représentation de la branche commerciale de la reliure hellénique. Une mention honorable lui a été accordée.

La même récompense a été attribuée à M. Michel Xanthakis, d'Athènes, qui avait envoyé des échantillons de couleurs, de pinceaux; des outils et des appareils à l'usage des peintres.

ITALIE.

Un seul exposant de cette nation figurait sur le catalogue de la classe 10, M. Pierre Miliani, fabricant de papier à la cuve, à Fabriano [1].

L'exposition de cette maison, qui a obtenu une médaille d'or, se signalait du reste à l'attention du jury par la parfaite confection de ses papiers à dessin, ainsi que de ses papiers fiduciaires, parmi lesquels nous avons principalement remarqué les beaux filigranes Pie IX et Léon XIII, Banca nazionale, etc.

M. Miliani, suivant l'impulsion imprimée à cette branche d'industrie depuis une dizaine d'années, fabrique également les papiers à lettre, les enveloppes, les mandats à la forme, ainsi que les cartes d'un seul jet; tous ces objets figuraient dans la vitrine de cet exposant, et leur bonne fabrication a été fort appréciée.

Cette maison, qui conserve encore le nom de son fondateur, a été établie à la fin du siècle dernier à Fabriano, ville où l'industrie du papier était en honneur depuis une époque très reculée.

Après des débuts modestes, grâce à l'intelligente direction et à l'activité de M. Pierre Miliani, les produits de cet établissement ne tardèrent pas à être recherchés par les graveurs et les imprimeurs les plus célèbres de l'époque, et cette fabrique occupa bientôt la première place en Italie, par le fait de la supériorité incontestable de ses produits, qui depuis 1851 ont figuré à presque toutes les Expositions internationales et y ont été récompensés. Les fabriques Miliani emploient aujourd'hui un personnel d'environ 300 ouvriers et ouvrières; une partie de leur production est vendue en Italie et l'autre partie est écoulée en Angleterre, en Autriche, en Allemagne et en Amérique.

La force motrice est produite par des moteurs hydrauliques d'une force de 80 chevaux, et des moteurs à vapeur d'une force de 30 chevaux.

JAPON.

L'exposition du Japon présentait un intérêt tout particulier, par suite du mouvement d'expansion commerciale qui se manifeste chez cette nation depuis un certain nombre d'années et du caractère spécial de ses procédés industriels [2].

---

[1] En 1874, on comptait en Italie une production annuelle de 15 millions de francs. (*Dictionn. Larousse.*)

[2] Nous devons à l'obligeance de notre collègue M. Narushima les renseignements sur l'exposition du Japon; un certain nombre de ces renseignements ont été intégralement reproduits.

Le goût naturel qui préside à la confection des objets japonais depuis les plus délicats jusqu'aux plus vulgaires, le style national en un mot, nous était connu et nous étions certain, à l'avance, d'en trouver la traduction dans les produits soumis à notre examen; nous avons été surpris cependant de l'effort considérable accompli par ce pays pour approprier son genre de fabrication à nos besoins et à nos usages.

Les fabricants japonais, nous a-t-on dit, en poursuivant ce travail d'assimilation industrielle, perdront peu à peu l'originalité particulière à leurs produits.

A coup sûr, l'observation ne manque pas de justesse; encore est-il que si cette transformation s'opérait jamais, le mouvement ne s'effectuerait que d'une manière incomplète et avec une extrême lenteur. Constatons donc, et sans l'ombre d'un regret, les résultats heureux obtenus par une nation amie, qui, en échange des procédés qu'elle nous emprunte, nous initie, à son tour, aux secrets de ses artisans habiles.

LE PAPIER DU JAPON, SA FABRICATION, SES USAGES, ETC.

Le papier du Japon est estimé depuis longtemps à cause de sa solidité, de sa souplesse et de sa grande résistance, propriétés qu'il doit non seulement aux procédés de fabrication employés, mais encore et surtout à la nature des plantes qui en forment la substance.

Les papiers constitués avec les fibres de ces plantes, dont les essais d'acclimatation en Europe n'ont pas été jusqu'ici couronnés de succès, sont remarquablement solides et résistants. Il n'est pas à craindre qu'ils se rallongent ou qu'ils se crispent; leur surface est très brillante et reçoit merveilleusement l'encre d'imprimerie pour laquelle ils semblent avoir une sorte d'affinité.

Ces qualités les rendent très propres aux différents genres d'impression : chalcographie, typographie, lithographie, très favorables au décalque des photographies, et fort recherchés pour la confection des livres, registres ou documents précieux et importants.

Depuis quelques années, ces papiers s'emploient pour la correspondance, l'impression des menus, des cartes de visite, des billets de naissance ou de mariage.

On ignore à quelle époque l'industrie du papier prit naissance dans ce pays; la première mention historique qui en soit faite remonte à l'année 590, sous le règne de l'empereur Sucko, époque à laquelle un prêtre coréen, nommé Doncho, importa des procédés de fabrication.

Toutefois, comme on avait déjà depuis longtemps des livres du Japon, il est probable que les procédés importés par Doncho n'avaient trait qu'à la fabrication du papier coréen.

Les rares spécimens de papier fabriqué au commencement du viii° siècle, qui sont parvenus jusqu'à nous, sont très fins et prouvent que déjà, à cette époque, cette industrie était assez perfectionnée.

De nos jours, il y plusieurs centaines d'espèces de papiers portant des noms différents tirés du lieu de provenance, de la couleur, de l'usage, etc. Les matières premières qui entrent dans la composition de tous ces articles sont cependant en petit
nombre, mais la substance qui sert principalement à la fabrication du papier au Japon
est la fibre des trois plantes qui suivent :

1° Le *Wickstrœmia canescensis*; 2° l'*Edgeworthia papyrifera*; 3° la *Brossonetia papyrifera*, vulgairement nommés *gampi*, *mitsoumata* et *kozo*.

Presque tout le papier est fabriqué à bras, ce qui se reconnaît à ce que la fibre
prise dans le papier présente, sans trace d'avaries, le même aspect que dans la tige de
la plante. La confection du papier à la main est si répandue, que presque chaque
famille est pourvue du matériel nécessaire à ce travail. Comme l'industrie du papier au
Japon s'est transmise de génération en génération par la tradition, les manipulateurs
de la pâte sont arrivés à un grand degré de perfection.

Tous les procédés de cette industrie sont extrêmement simples : on enlève l'écorce
de ces plantes, puis on la met tremper pendant quelques jours, afin de séparer la partie
extérieure, qui est employée pour les papiers communs, de la partie intérieure incolore, qui fournit les filaments du papier; cette dernière substance, soigneusement lavée
dans un cours d'eau et rincée à plusieurs reprises, est liée en bottes et exposée au
soleil, autant pour la sécher que pour la rendre suffisamment blanche. Ce blanchiment
naturel a l'avantage de ne pas exposer les fibres à l'action énergique d'agents chimiques qui peuvent en diminuer la résistance.

Les Japonais se procurent l'alcali pour la cuite, par le lessivage des cendres de la
plante; ils emploient aussi quelquefois l'eau de chaux. Ils font bouillir l'écorce pendant
douze heures dans des chaudières, à découvert, afin d'enlever les substances gom-
meuses et résineuses; puis, pour se débarrasser de l'alcali, ils agitent cette écorce dans
des paniers dans un courant d'eau, après en avoir coupé les nœuds trop durs. Ils la
frappent ensuite avec des bâtons ou des maillets en bois, jusqu'à ce qu'elle forme une
bouillie qu'ils mélangent dans des cuves avec la quantité d'eau nécessaire, et qu'ils brassent
pour lui donner la consistance voulue.

Afin que la masse s'agglutine, on ajoute dans les cuves, soit un extrait de racines
bouillies de fororo (*Hibiscu-manihot*), soit du nori noki (*Hydraugea paniculata*) préparé
avec du riz bouilli et formant une substance laiteuse.

Cet encollage ne peut se comparer à nos procédés à la gélatine et au savon résineux
auxquels il est inférieur, mais il est évident que cette préparation est susceptible d'être
améliorée.

Les formes ou châssis, sur lesquels on fabrique les feuilles de papier, se composent
de lattes de bambous réunies en lignes parallèles par des fils de soie ou de chanvre.

La forme est posée sur un cadre en bois lui donnant l'aspect d'une boîte plate dont
le fond serait un tamis, et l'appareil est trempé dans la cuve, puis soulevé et agité pour
étendre la pâte d'une manière uniforme.

L'ouvrier enlève le couvercle et la claie de bambou contenant la feuille de papier, qu'il retourne et place sur celles qui ont été faites précédemment, en les séparant au moyen de deux liens de paille.

Lorsqu'on a ainsi préparé un nombre suffisant de feuilles et que l'eau s'en est en partie écoulée, on place ces feuilles sous une presse, pendant quelques heures, afin d'en extraire ce qui peut rester d'eau, et, comme dernière opération, on étend, avec une brosse, les feuilles humides sur des planches unies où on les laisse sécher.

Les explications que nous venons de fournir sur la fabrication du papier japonais démontrent suffisamment quelle peut être l'habileté des ouvriers, qui, avec des procédés aussi sommaires, peuvent arriver à fabriquer, avec un grand degré de perfection, des papiers de toutes sortes, ordinaires, vergés ou filigranés, de tous poids et de tous formats, depuis le papier à copier, format 58-46, pesant 1 kilogramme la rame de 500 feuilles, jusqu'aux papiers de tenture, format 178-117, pesant 37 kilogr. 500 la rame.

Les applications du papier au Japon sont tellement nombreuses, que les Européens peuvent à peine s'en faire une idée. Eu égard à la nature de leur papier, dont les fibres constituantes ne sont pas complètement désagrégées au moment de la fabrication, les Japonais s'en servent pour faire une foule d'objets usuels.

En dehors de la confection des livres, cahiers, registres, etc., on l'emploie pour remplacer les vitres des fenêtres, pour les *karakamies* (sortes de fermetures constituées avec plusieurs épaisseurs de papiers de qualités différentes et montées sur un cadre en bois), pour la tapisserie des murailles, etc.

Une fois verni, le papier du Japon imite le cuir; huilé ou enduit de *shibu*, il devient imperméable et sert à faire des manteaux pour la pluie.

L'*Ikkombari*, sorte de carton ressemblant au papier mâché européen, sert à l'établissement de nombreux ustensiles légers et solides. Ce produit est également employé pour la fabrication des fleurs artificielles; on l'utilise sous forme de ficelles à l'attache des paquets; il sert comme étoffe à la confection des vêtements.

On procède à l'imitation du cuir en étendant, au moyen de brosses, le papier, préalablement préparé, sur une planche métallique portant des dessins dont il prend l'empreinte. La feuille est alors enduite d'huile, de vernis ou de *shibu*, et le travail est terminé par l'application de la couleur qui lui est destinée.

On fabrique également le papier avec le Hagi (*Lespedezza hyrtobotria*), le Nigoki (*Purasma eulanthoide*), le Yanagi (*Salix japonica*), le Sugi (sorte de *cryptomeria*), le Slenoki (*Chamæ cyparis obtusa*) et le bambou; mais la matière ainsi confectionnée est d'une qualité inférieure à celle que l'on obtient avec le kozo, le gampi ou le mitsoumata.

Voici, du reste, au sujet de la culture de ces trois plantes, quelques renseignements émanant du ministère de l'agriculture et du commerce à Tokio:

1° Le *gampi* est un arbrisseau à feuilles tombantes, blanches et alternes; ses fleurs, jaunes, fleurissent à la fin de juillet et au commencement d'août; les fruits mûrissent en novembre.

La première coupe des rameaux utilisables s'effectue au bout de la troisième année de plantation. La récolte en moyenne est la suivante :

	SOL SUPÉRIEUR.	SOL INFÉRIEUR.
	Par tan [1].	Par tan.
Tiges de gampi...	270 kans.	80 kans.
Écorces noires...	45	30

On coupe les branches de gampi au moment de la chute des feuilles; on enlève avec soin l'écorce qui les recouvre, puis on les fait sécher à l'abri de la lumière.

La consommation du gampi s'est élevée en 1882 à 1,813 kans 760, et l'année suivante à 8,018 kans 460.

2° Le *mitsoumata* [2], plante originaire de l'Asie, se ramifie en trois branches; il bourgeonne à l'automne et fleurit au printemps.

Les papiers qui sont fabriqués avec les fibres de cette plante, nommés *saurongabausi*, étaient consommés autrefois en assez grande quantité; mais ces produits sont inférieurs, sous le rapport de la résistance, à ceux que constitue le kozo.

Le mitsoumata s'obtient par semis et par bouture. La replantation, évaluée à 750 pieds par tan, se pratique soit au printemps, soit à l'automne.

L'instant le plus favorable pour la récolte est le commencement de la floraison. Si l'on a affaire à un sol de bonne nature, la coupe peut être faite dès la deuxième année; dans le cas contraire, il faut attendre la quatrième année.

Sa récolte moyenne, par tan, est la suivante :

	SOL supérieur.		SOL médiocre.		SOL inférieur.	
Branches...................	320 à 400 kans.		200 à 275 kans.		150 à 170 kans.	
Écorces brutes de ces branches.	65	80	40	55	30	35

On transporte, immédiatement après la coupe, les branches de mitsoumata à l'étuve. On met environ 3,000 branches pesant 40 kans dans une chaudière et on les soumet un certain temps à l'action de la vapeur; on les retire ensuite pour les décortiquer, puis on les lie et on les fait sécher; elles prennent alors le nom d'*écorces noires*.

Il est préférable de procéder à la deuxième opération immédiatement après le décorticage, car lorsque les écorces sont vertes, le travail est plus rapide et une femme peut arriver à en préparer jusqu'à 30 kans par jour.

La manipulation consiste à dépouiller les fibres de leur enveloppe extérieure, en les frottant contre les arêtes d'un bambou spécialement taillé pour cet usage.

[1] Le tan est une mesure de superficie équivalant à 540 mètres carrés; le kan ou kamé vaut 3 kilogr. 750.

[2] *Mitsoumata* veut dire «trois branches».

Pour obtenir des fibres blanches, il faut compléter la préparation par des lavages successifs.

La quantité du mitsoumata utilisée s'est élevée à 777,507 kans 680 en 1882, et à 941,207 kans 330 en 1883.

Le prix de cette substance est d'environ 15 yens par 30 kans (le yen vaut un dollar).

3° Le *kozo* est une plante à feuilles tombantes, de forme ovale; ses fleurs sont unisexuelles et ses fruits, d'une couleur rouge foncé, ont la chair épaisse et ressemblent à ceux du mûrier. Au Japon, cette plante est très répandue, surtout à Tosa, à Yio et à Souno. Il est rare que l'on consacre à sa culture des terrains particuliers, car elle croît d'ordinaire naturellement sur le bord des chemins.

Il n'est point possible de fixer exactement la quantité de kozo récoltée annuellement; tout ce qu'on peut dire, c'est que, dans un sol supérieur, elle peut s'élever à 250 kans d'écorces noires dès la première année.

Les rameaux de cette plante sont coupés en hiver et sont préparés d'une manière analogue à celle qui a été décrite pour le traitement des branches du gampi. La consommation du kozo s'est élevée à 4,488,494 kans 720 en 1882 et à 4,889,156 kans 574 en 1883.

Le papier se fabrique dans toutes les provinces du Japon; quelques maisons importantes ont des représentants en Europe.

Un grand prix a été attribué à la FABRIQUE DE PAPIER DE L'INSETSU-KIOKU DU MINISTÈRE DES FINANCES, IMPRIMERIE IMPÉRIALE À TOKIO. — Cette maison exposait la riche collection de ses papiers faits à la main; parmi ces produits, le *Nakamura,* confectionné à Oji, près Tokio, mérite tout particulièrement d'être signalé.

La direction de l'industrie au Ministère de l'agriculture et du commerce à Tokio soumettait également au jury les échantillons des sortes mécaniques que cette usine fabrique, depuis quelque temps, sur une machine de la force de 200 chevaux et dont la pâte est composée de paille, de chiffons et de kozo.

Le nombre des ouvriers et ouvrières employés à cette fabrication est de 190.

D'après le rapport de la vingtième année du Meiji (1887), la production s'est élevée à 3,140,288 kans, pour la somme de 193,089 yens.

Une rame de ce papier coûte 4 yens 70 sens, en qualité supérieure, et 2 yens 07 sens, en qualité ordinaire.

Les sortes filigranées exposées par l'Insetsu-Kioku comprenaient :

1° Un article couleur crème, du format de 2 mètres sur 98 centimètres; le filigrane repoussé, très net, représentait des chrysanthèmes et un arbuste;

2° Une autre sorte de teinte azurée, du format 98 centimètres sur 66 centimètres, dont le filigrane en relief représentait des cigognes au bord d'un cours d'eau; sujet richement encadré et d'un dessin irréprochable [1].

<hr>

[1] M. Ojiseiski-Koisha a obtenu une médaille d'or et M. Yedo-Kawa-Seisho une médaille d'argent, comme collaborateurs du Ministère du commerce du Japon.

Une médaille d'or a été accordée à M. Nakayama (Hideo), Kochi-ken, Tosa-Kori, qui exposait des papiers variés d'excellente facture. M. Hattori (Gensaburo) Tokio-fu Nibonabshi-ku, dans la vitrine duquel nous avons particulièrement remarqué un papier à lettre, de teinte azurée, avec initiales et fleurs filigranées très correctement dessinées, a été récompensé par une médaille d'argent.

M. Ino-Seiski-Kaisha, Kochi-ken, Akawa-Kori, a obtenu une médaille d'argent. Il présentait dans sa vitrine divers papiers, parmi lesquels une sorte pour copies de lettres pesant 1 kilogr. 104 la rame, et un article pour impression de gravure sur bois, pesant 2 kilogr. 500 la rame et vendu 2 fr. 30 les 40 feuilles, méritent tout particulièrement d'être cités.

M. Kiodo-Shoski-Kaisha, Kochi-ken, Tosa-Kori, a remporté la même récompense; l'un des échantillons envoyés par cet exposant avait l'apparence d'un papier mécanique.

Des médailles de bronze ont été décernées à M. Fusayasu (Kihachi), Tottori-ken, Keta-Kori, pour ses papiers japonais dits *Minogami*; à M. Uyeda (Juhei), Kochi-ken, Akawa-Kori, pour les spécimens variés de sa fabrication.

Les vergés de M. Kagimoto (Tzurugiro), Kochi-ken, Takaoka-Kori, et les papiers pour abat-jour, lanternes, de M. Shimada (Senyemon), Osaka-fu, Higashi-ku, ont valu à ces deux exposants une mention honorable.

PAPIER TRANSFORMÉ.

Nous avons indiqué à quels usages divers est employé le papier au Japon; malheureusement, l'exposition de cette section ne nous offrait que peu d'exemples de ces produits de transformation; quelques exposants, tels que la Fabrique de lanternes en papier peint d'Osaka, qui a obtenu une mention honorable, avaient cependant envoyé des échantillons de lanternes japonaises.

Le chiffre d'exportation de ces objets s'est élevé, pendant la vingtième année du Meiji (1887), à la somme de 31,840 yens [1] 80 sens.

ARTICLES DE BUREAU, FABRICATION AU JAPON DE L'ENCRE DE CHINE
ET DES PINCEAUX.

Au Japon, on ne se sert pas de plumes, mais de pinceaux, pour écrire, et l'encre employée est exclusivement l'encre de Chine. On ignore à quelle époque remonte la première fabrication de ces articles, mais il est probable que l'usage a dû en être importé par les Chinois.

Au moyen âge, l'encre consommée par les différentes administrations de l'État était

---

[1] Le yen est une monnaie valant nominalement 5 francs.

fabriquée par le *Toshorio* ou section des archives. Les procédés de fabrication sont décrits tout au long dans le *Engishiki* et n'ont subi, jusqu'à présent, aucun changement important. Les encres de la province d'Omi, nommées *takesa,* celles nommées *kaïbara* de la province de Tamba, et les *tacherbuka* de la province de Yamohiro avaient la réputation d'être supérieures à toutes les autres. Ce fut à Nara que l'on employa particulièrement le noir de lampe pour la fabrication de ce produit justement réputé.

Qu'il s'agisse du noir de lampe ou du noir de fumée obtenu par la combustion du pin, on mélange en tout cas la substance avec un *sho* d'eau et un kan de colle. L'opération se pratique à chaud. Le mélange, une fois pétri d'une manière satisfaisante, est placé dans des moules et soigneusement comprimé.

L'encre ainsi préparée est abandonnée pendant quatre heures dans de la cendre mouillée, placée de nouveau dans de la cendre moins humide pendant un jour, puis recouverte enfin avec de la cendre complètement sèche pendant trois jours; les bâtons sont alors lavés à l'eau froide et subissent un dernier apprêt destiné à les polir.

Plus l'encre vieillit, meilleure elle devient, car la colle, en se durcissant, facilite le délayage ultérieur de la matière.

Pour recueillir le noir de fumée, on dispose sur une étagère un certain nombre de soucoupes contenant de l'huile et des mèches, puis on recouvre ces soucoupes d'un vase, de forme conique, percé d'un orifice à son sommet. Il faut avoir soin d'enlever au fur et à mesure le noir de fumée ainsi obtenu.

L'huile la plus favorable pour cet usage est certainement celle de gama (*Sesamum orientale*); celle de colza est également employée avec avantage.

Quant au noir de fumée produit par la combustion du pin, il se recueille de la manière suivante :

On construit en maçonnerie une sorte de petit bâtiment de 3 ou 4 tan carrés, divisé en plusieurs compartiments, puis on fait brûler du bois de pin, riche en résine. Le noir de fumée se dépose alors de lui-même sur les parois de la construction, préalablement revêtues d'une couche de papier. Cette matière est ensuite recueillie et transformée en encre de Chine d'après le procédé que nous avons indiqué.

Les pinceaux que les Japonais emploient pour l'écriture sont confectionnés de la manière suivante :

L'ouvrier commence par prendre une petite quantité de poils et les frotte avec de la cendre de riz; lorsqu'il sont suffisamment dégraissés, il les assemble et les lisse avec un peigne de laiton. Il détermine alors l'épaisseur de la couche de poils selon les dimensions qu'il veut donner à ses pinceaux, et les agglutine au moyen d'une décoction d'algues marines; un séchage rigoureux et une dernière manipulation destinée à égaliser le pinceau terminent l'opération.

Indépendamment de l'encre de Chine et des pinceaux, plusieurs Japonais avaient exposé des articles de bureau, tels que presse-papiers, encriers, porte-plumes, essuie-plumes en laque, coupe-papiers, etc.

M. KUMAGAI (Naoji), Tokio-fu, Kiobashi-ku, qui exposait des encres de Chine et divers articles de bureau, a obtenu une médaille d'or.

Une médaille d'argent a été accordée à M. MATSUI (Genjun), Nara-Ken, Sokami-Kori, exposant de ces mêmes objets.

Les pinceaux de M. KURITA (Sensuke), Oseka-Fu, Kita-ku, lui ont valu une médaille de bronze, et les coupe-papier en ivoire de M. KOBAYASKI (Kojiro), Tokio-fu, Kiobashi-ku, une mention honorable.

LUXEMBOURG.

Dans la section du grand-duché de Luxembourg figurait comme exposant M. LAMORT, ingénieur des arts et manufactures, vice-président du jury des récompenses de la classe 10, qui, dans une vitrine centrale, admirablement agencée, avait disposé avec méthode les produits variés de sa fabrique de papier.

M. Eug. LAMORT exploite la papeterie de Manternach, desservie par la station de Wecker.

Cette usine a été fondée en 1837 par M. Jacques Lamort, grand-père du propriétaire actuel et originaire de la Lorraine; elle fabrique des papiers fins et mi-fins, et des sortes ordinaires destinées à l'écriture et à l'impression.

Près de l'usine principale, affectée exclusivement à la fabrication du papier, est située, sur le même cours d'eau, une annexe destinée à la préparation de la pâte de bois; ces deux établissements utilisent dans leur ensemble une force hydraulique de 200 chevaux, répartie sur quatre turbines.

M. Lamort a obtenu une médaille d'or à l'Exposition universelle d'Anvers (1885) et, en sa qualité de membre du jury, se trouvait placé hors concours.

MEXIQUE.

Le Mexique compte une quinzaine de fabricants de papier, et trois d'entre eux nous avaient envoyé leurs produits.

L'ADMINISTRATION DU MINISTÈRE DES FINANCES, à Mexico, qui a obtenu une médaille d'argent, figurait en tête de ces exposants d'une façon des plus brillantes. Cette administration fabrique et imprime le papier nécessaire aux documents officiels, et se charge de la confection des registres employés pour la comptabilité de l'État. Ces différents travaux étaient exécutés d'une façon parfaite.

Le papier qui avait servi à la fabrication des registres était de bonne qualité, bien collé et réglé avec soin.

Un certain nombre de grands-livres affectés au service du timbre, recouverts en maroquin, nous ont tout particulièrement frappé par leur solidité excessive.

M. Juan BENFIELD, à qui le jury a attribué une médaille de bronze, possède une machine à papier à Belem, près de Mexico, et fabrique l'article pour emballage et les sortes à écrire.

Les papiers blancs, figurant dans sa vitrine, présentaient des qualités incontestables sous le rapport de la solidité et du collage, mais donnaient matière à critique au point de vue de la propreté, de la blancheur et de la régularité de force.

Les mêmes éloges et aussi les mêmes reproches méritent à notre avis d'être appliqués aux échantillons envoyés par MM. J. Ramirez y Cⁱ, de Mexico, également récompensés toutefois par une médaille de bronze.

Les droits prohibitifs qui frappent les papiers étrangers, à leur entrée au Mexique, entretiennent, nous a-t-on dit, la douce quiétude des fabricants indigènes, qui vendent très cher leurs produits et ne sentent point la nécessité d'entrer dans la voie des améliorations réclamées par les consommateurs.

Ces deux fabricants avaient compris, dans leurs envois, les papiers à lettre façonnés et les enveloppes pour correspondance.

M. Juarez-Romero, de San Luis de la Paz, ouvrier à façon, dont le jury a voulu récompenser les efforts en lui décernant une mention honorable, avait exposé un certain nombre de registres, journaux et grands-livres, recouverts en basane fauve, avec tranche peigne.

A côté des travaux de reliure du Ministère des finances, nous avons également remarqué un fort beau missel envoyé par M. Ricardo Añorno. Ce volume, relié en maroquin avec tranches dorées, accusait un travail des plus consciencieux et a valu à son auteur une médaille de bronze.

Lorsque nous avons visité pour la seconde fois l'exposition mexicaine après le passage du jury, nous avons constaté, avec regret, que, faute d'indications suffisantes, un exposant très sérieux avait échappé à notre examen, et par ce fait même avait été privé de la haute récompense qui certes lui eût été accordée.

Nous voulons parler de M. Francisco Diaz de Léon, l'un des principaux libraires mexicains, qui possède des ateliers importants d'imprimerie et de reliure, et dont la maison jouit d'une notoriété d'autant plus justifiée, que son propriétaire est à la tête d'une foule d'œuvres philanthropiques qu'il a fondées et qu'il contribue à entretenir par ses dotations généreuses.

NORVÈGE.

L'exposition de la classe 10 était représentée dans cette section par deux relieurs :

M. Hans Christian Thagaard, de Christiania, qui a obtenu une médaille de bronze et dont la vitrine fort bien disposée comprenait entres autres travaux :

Un album recouvert en basane avec filets or, et la Bible illustrée, de Gustave Doré, petit in-folio, reliure pleine en chagrin bleu, orné sur dos et plats de filets d'or formant losanges, et d'un fleuron central.

M. Julius A. L. Maske, de Trondjhem, dont la reliure courante a été jugée digne d'encouragement et qui a été récompensé par une mention honorable.

PAYS-BAS.

L'exposition de la section hollandaise était certes l'une des plus curieuses et des plus complètes qu'il nous ait été donné d'apprécier. Les papiers et les cartons de Hollande, en particulier, sont restés, sous le rapport de la qualité, à la hauteur de la réputation dont ils jouissent à juste titre dans le monde entier [1].

Il est à remarquer, toutefois, que les industriels de cette contrée se sont plutôt appliqués à perfectionner leurs produits qu'à se lancer dans la fabrication des articles à bon marché. La raison s'en explique par le voisinage de la Belgique, admirablement placée pour fabriquer économiquement et fournir à la Hollande les sortes communes nécessaires à ses besoins.

Il faut remonter à la fin du xv⁰ siècle pour trouver les premières traces de l'introduction, dans ce pays, de la fabrication du papier; encore est-il que les premières manufactures qui s'établirent, l'une à Dordrecht, en 1586, et l'autre près d'Arnhem, en 1592, n'eurent qu'une existence éphémère, n'ayant pu soutenir la lutte avec les produits fabriqués alors par la France et la Lombardie.

En 1613, un Français, nommé Martin Orger, obtint l'autorisation de bâtir un moulin à papier à Apeldoorn, dans la province de Gueldre, province qui devint un centre très important de fabrication, jusqu'au moment où l'invasion de l'armée de Louis XIV, en 1672, força de nombreux industriels à se retirer dans la Hollande septentrionale.

Quelques-uns s'établirent dans les environs de Wormerveer; tels furent : Pieter van der Ley, Jacob et Adrien Honigh, qui, par le choix de leurs matières premières, la pureté et la solidité de leurs pâtes, la régularité de leur fabrication, en un mot, arrivèrent à donner au papier de Hollande une réputation européenne.

En 1726, dans les environs de Wormerveer, on ne comptait pas moins de quarante moulins à vent utilisés pour la fabrication du papier blanc, sans parler des autres moulins où l'on préparait les papiers de qualités inférieures. Mais la vogue du papier de Hollande fut de courte durée et les fabricants français, ayant amélioré leur fabrication, reprirent rapidement possession des débouchés qu'ils avaient perdus.

Depuis le commencement de ce siècle, grâce à l'énergie de plusieurs fabricants, l'article hollandais a retrouvé auprès des consommateurs son ancienne faveur [2].

---

[1] Nous devons une partie des renseignements sur les exposants de cette section à M. Obreen, membre du jury de la classe 10.

[2] Les Hollandais inventèrent les cylindres pour la trituration des chiffons. La bonne renommée de leurs produits tiendrait, suivant M. Haro, à l'excellente qualité de leurs toiles.

La fabrication du papier était représentée dans cette section par les huit exposants suivants :

MM. Van Gelder Zonen, fabricants de papiers à la main et à la mécanique, à Amsterdam, qui ont obtenu un grand prix.

La maison qu'ils dirigent fut fondée en 1782 par Pieter Smidt Van Gelder, qui établit, à Wormerveer, le premier des nombreux moulins à papier qu'il devait posséder par la suite, et qui, au bout de cinquante ans de travail, était devenu propriétaire de huit usines, travaillant avec vingt-quatre cuves.

A sa mort, le papier mécanique commençait à être fabriqué d'une façon courante et la vente du papier à la main baissait sensiblement.

La première usine de papier mécanique fut élevée en Hollande par ses descendants en 1834, et remplacée par un établissement plus perfectionné en 1845.

M. Smidt van Gelder, père des propriétaires actuels, apporta de nombreuses améliorations à cette fabrique.

Il fit reconstruire en 1868 l'usine de Eendracht, à Apeldoorn, aujourd'hui *Manufacture royale de papier à la forme*. Les vieilles machines furent remplacées par les systèmes les plus perfectionnés, et rien ne fut épargné pour créer une manufacture modèle. A côté de l'eau, force motrice existante, on employa la vapeur; on s'approvisionna des matières premières les plus propices et l'on arriva ainsi à fournir un produit dont la réputation alla grandissant chaque jour, non seulement en Hollande, mais en France et en Angleterre. Les papiers à la main d'Apeldoorn furent bientôt employés pour les belles impressions, comme l'œuvre de Rembrandt, les éditions de Rabelais, de Molière, de Victor Hugo, imprimées par Quantin, par Jouaust, etc.

Indépendamment de l'impression des ouvrages de luxe, ce papier reçut encore d'autres applications. Après la guerre de 1870-1871, les fabricants français ne pouvant satisfaire à toutes les demandes, la maison Van Gelder fournit du papier à la Banque de France pour la confection de ses billets, à l'Imprimerie nationale et au Dépôt des cartes de la marine, etc.

L'usine d'Apeldoorn, après plusieurs agrandissements successifs, comprend aujourd'hui 14 cuves et occupe 250 ouvriers.

En dehors de cet établissement, la maison Van Gelder Zonen possède une fabrique de papier mécanique, à Wormerveer, renfermant 3 machines et produisant annuellement 2,500,000 kilogrammes.

Une médaille d'argent a été décernée à l'établissement : Leeuwarder Stoom-Cartonfabriek, à Leeuwarden, établissement dirigé par MM. J. G. Kuipers et Cie.

Cette fabrique a été installée en 1867 par MM. J. G. Kuipers et Cie; elle est passée en 1882 entre les mains de la Société anonyme Leeuwarder Stoom-Cartonfabriek, sous la direction de ses fondateurs.

Sa production annuelle s'élève à 6 millions de kilogrammes de carton et de papier, quantité représentant une valeur de 500,000 florins par an.

Le nombre des ouvriers qu'elle occupe est d'environ 150, et ses principaux débouchés, comme exportation, sont : la Grande-Bretagne, l'Irlande, les colonies britanniques et l'Afrique.

Cette société, précédemment récompensée aux Expositions d'Amsterdam, de Londres, de Vienne, de Melbourne, auxquelles elle avait participé, présentait entre autres articles différentes sortes de carton très recherchées en Angleterre, sous la dénomination de *Knipersboards*, carton souple employé avec succès par la machine à inciser, pour la fabrication des cartonnages.

M. B. Cramer, à Berghuizen, près de Hattem, a obtenu une médaille d'argent.

Sa fabrique, fondée en 1711, emploie 70 personnes environ.

La force motrice y est produite :

1° Par une roue hydraulique de 15 chevaux mettant en mouvement deux machines à papier;

2° Un moulin à vent pour broyer les chiffons;

3° Une turbine, dernier système, d'une force de 80 chevaux. Un générateur à vapeur est affecté à la préparation des matières premières, au séchage des papiers et au chauffage des bâtiments.

Parmi les cartons exposés par cette maison, nous avons principalement remarqué :

Les cartons indéchirables, le carton-paille, d'un seul jet, les cartons glacés et les cartons Jacquard.

Tous ces articles étaient fabriqués avec soin.

MM. Hooites et Beukema, fabricants de papier et de carton-paille, à Hoogezand, ont également été récompensés par une médaille d'argent.

Leur établissement, fondé en 1868, ne comprenait primitivement que deux machines; il en compte sept actuellement et possède en outre cinq autres outils pour le collage du carton-paille avec des papiers de différentes couleurs, appareils actionnés par six grandes chaudières à vapeur de Cornwall.

La production annuelle de cette maison s'est élevée progressivement à 7 millions de kilogrammes, dont les deux tiers sont exportés en Angleterre. Le personnel employé atteint le chiffre de 150 ouvriers environ.

Des médailles de bronze ont été obtenues par :

1° La Fabrique de papier-paille dirigée par M. de Burlett à Ulrum.

Cette fabrique, qui existe depuis quinze ans seulement, fournit annuellement 1 million de kilogrammes de papier-paille à l'exportation, et principalement à l'Angleterre, à l'Amérique, aux Indes, à l'Espagne et au Portugal. Elle occupe 30 ouvriers et travaille à la vapeur; la matière première qu'elle emploie exclusivement est la paille du seigle et du froment.

Cette maison avait exposé pour la première fois à Bruxelles en 1888.

2° M. C. Kalf, propriétaire d'une fabrique de papier-paille fondée à Kampen en 1855.

Cette fabrique travaille avec une machine de 45 chevaux, occupe 20 ouvriers et fournit par an pour 800,000 kilogrammes de papier-paille de première qualité.

Elle écoule une certaine quantité de ses produits en Hollande et exporte en Belgique, en Grèce, en Angleterre, etc.

3° MM. F. Sanders et fils, fabricants de papier à la cuve, à Ugchelen, près Apeldoorn.

Cette maison existe depuis le commencement du siècle. Elle travaille avec deux cuves, occupe de 30 à 40 ouvriers et utilise la force hydraulique et la vapeur pour actionner son outillage. Elle exporte son papier en France, en Belgique, en Allemagne et en Angleterre.

Enfin M. Ploos van Amstel-Wallman, d'Amsterdam, avait exposé des cartons-paille et des cartons-pâte de sa fabrication, produits qui lui ont valu une mention honorable.

Dans cette section, l'industrie des articles de fourniture de bureau était représentée par trois exposants :

1° M. H. C. Van Blommesteyn-Powalky, d'Apeldoorn, qui exposait des encres inaltérables et de la cire à cacheter.

Sa fabrique, fondée en 1865, occupe 8 ouvriers et possède des machines pour broyer et mélanger les couleurs. La fabrication de son encre est de date plus récente et remonte à peine à un an.

L'importance de la fabrication annuelle est d'environ 100,000 kilogrammes.

M. Van Blommesteyn exporte en Belgique, en Angleterre, aux Indes et dans l'Amérique du Sud. Ses produits avaient déjà figuré à plusieurs Expositions, en Belgique et en Hollande, et le jury lui a accordé une médaille d'argent.

2° MM. Neelmeijer et Cⁱᵉ, à Apeldoorn, qui ont obtenu également une médaille d'argent, pour leur exposition d'encre et de cire à cacheter.

Cette maison, créée en 1880, exposait pour la première fois.

3° MM. Maurice de Léon et Cⁱᵉ, de Rotterdam, qui présentaient divers articles de bureau, parmi lesquels nous avons plus particulièrement remarqué un certain nombre de timbres en caoutchouc, et qui ont reçu une mention honorable.

RELIURE.

De tout temps, la fabrication de la reliure hollandaise a été fort appréciée; se rattachant directement à l'imprimerie et à la papeterie, elle ne pouvait manquer de suivre les progrès de ces deux branches industrielles. Les Hollandais sont tout à la fois des lettrés et des hommes de goût; le nombre des bibliophiles est relativement important dans ce pays, et les amateurs de beaux livres n'ont pas peu contribué à y favoriser le développement de la reliure artistique.

La conscience dans le travail, la sobriété dans l'ornementation sont des qualités que nous avons particulièrement distinguées dans les travaux qu'il nous a été donné d'examiner.

La Hollande n'est point restée en arrière au point de vue de la branche industrielle de la reliure, mais il faut reconnaître qu'elle s'est bornée à suivre le mouvement général, sans chercher, comme l'Angleterre et la France, à se lancer dans la voie des innovations.

Les fabricants des Pays-Bas tiennent à leurs traditions et, sans rester inférieurs en aucun point aux nations qui, par besoin ou par tempérament, sont sans cesse à la recherche de créations industrielles, ne modifient cependant leurs procédés qu'avec la plus grande réserve.

La spécialité des articles soignés et chers, qu'ils ont adoptée, les éloigne nécessairement du terrain des productions communes, où tous les peuples sont incités à s'engager, et cette résistance, dictée par des considérations fort justes, explique la prépondérance, au point de vue de la reliure, de la branche artistique sur la branche industrielle, prépondérance qu'il importait de signaler ici.

MM. J. J. Arnd et fils, d'Amsterdam, exposaient divers registres reliés, suivant des styles variés.

Parmi ces objets, il convient de citer : une reliure cuir de bouc, avec ornements dorés; une reliure fantaisie avec dorure à la main; une reliure style gothique et enfin une reliure Renaissance avec ferrure et coins en nickel découpé.

Tous ces travaux de luxe étaient exécutés avec le plus grand soin et le meilleur goût.

La maison de MM. Arnd et fils est des plus importantes; à la fabrication des registres, elle joint celle des livres de commerce, étiquettes, carnets à échantillons, etc.

Ces exposants possèdent 59 machines et occupent 75 ouvriers ou employés.

Ils avaient exposé plusieurs fois en France et à l'étranger, et le jury leur a décerné une médaille d'or.

MM. Lutkié et Granauburg, à Bois-le-Duc, présentaient les registres et les imitations de reliures anciennes, dont ils ont la spécialité.

Tous les objets exposés se signalaient par la conscience apportée à l'exécution et la richesse de l'ornementation.

Les ouvrages suivants se faisaient spécialement remarquer : *De la Reliure de luxe*, relié en maroquin rouge, avec dorure à la main et inscription sur le plat, tranches dorées; *Fables de La Fontaine*, reliure veau, dorure mosaïque sur le plat, tranches marbrées dorées; *Madame Chrysanthème*, reliure d'amateur, en maroquin, dorure, mosaïque du meilleur goût sur le plat; un registre cousu au fil de chanvre, reliure pleine en veau Havane, inscription en noir; un autre registre, pleine toile, d'une très belle facture.

Cette maison a obtenu également une médaille d'or.

PORTUGAL.

La fabrication du papier était représentée dans la section portugaise par deux exposants :

1° La Companhia da Fabrica de papel de Prado, qui a obtenu une médaille d'argent, et dont l'exposition comprenait de beaux spécimens de papier à la cuve; les sortes à cigarettes en formaient la majeure partie;

2° M. Francisco Gomès, *fabrica de papel de Ruaès*, près Braga, qui, ne possédant qu'une seule machine à papier de 1 m. 80, exposait cependant une importante collection des produits variés de son établissement.

Les divers échantillons composant cette collection : papier paille et papier ordinaire pour emballage, papier blanc pour écriture et impression, étaient de bonne qualité courante.

Le jury, tenant compte des efforts de M. Francisco Gomès, lui a décerné une médaille d'argent [1].

La reliure était représentée par les travaux des indigènes du Congo portugais, que le Musée colonial de Lisbonne avait envoyés.

Quelques-uns de ces volumes étaient en demi-reliure ordinaire, mouton et chagrin, dos avec faux nerfs filetés or; quelques autres portaient des encadrements dorés assez bien traités; ces ouvrages étaient accompagnés d'un certain nombre de livres cartonnés en percaline gaufrée convenablement exécutés, avec titre en forts caractères d'or sur le plat.

Les volumes suivants : *Boletim Ultramarino*, *L'Africa occidental*, par Valdez, *L'Ultramar*, par Servico de Sande, attiraient surtout l'attention et accusaient des efforts que le jury a voulu encourager en accordant une médaille de bronze.

La même récompense a été attribuée à M. Paulino Ferreira, relieur, 126 et 128, rua Nova da Findade, à Lisbonne, dont l'atelier jouit, à juste titre, d'une vieille et bonne réputation.

Les volumes qui figuraient dans la vitrine de cet exposant étaient traités avec goût et se faisaient remarquer par le soin de l'exécution [2].

ROUMANIE.

La transformation du papier et du carton était représentée, dans la section roumaine, par l'exposition de M. A. Bermann-Reicher, fabricant de registres, à Jassy, qui avait envoyé, avec un certain nombre de spécimens de ses travaux de reliure cou-

---

[1] Le personnel ouvrier de la *Fabrica de papel de Ruaès* a obtenu une médaille de bronze de collaboration.

[2] MM. Antonio Alves, João César, C. M. Pérès, de la maison Paulin Ferreira, ont obtenu chacun une médaille de bronze comme collaborateurs.

rante, quelques grands-livres recouverts en toile, d'une confection satisfaisante, et qui a obtenu une médaille de bronze.

L'importante maison de M. Constantin Jonitui, de Bucharest, s'était chargée de représenter l'industrie des *fournitures de bureau,* par l'envoi des principaux types de ses encres à écrire et à copier, articles qui lui ont valu une mention honorable.

Dans la branche de la reliure, la maison Lindner se signalait particulièrement à l'attention du jury, qui, du reste, a récompensé ses efforts par une médaille d'argent.

Parmi les travaux figurant dans la vitrine de cet exposant, les quatre volumes des *OEuvres du prince Bibesco,* reliure d'amateur en cuir de Russie, indiquaient un tel goût et une telle conscience, que nous avons supposé, peut-être à tort, en tout cas sous l'inspiration d'un sentiment d'orgueil national bien légitime, que l'ouvrier qui avait accompli ce travail avait préalablement appartenu à quelques-uns de nos ateliers parisiens les plus réputés.

RUSSIE.

Nous commencerons par mentionner la parfaite organisation de la section russe. Admirablement groupés par espèces, les divers produits de la papeterie se présentaient sous une forme très favorable à l'examen.

Les fabricants de papier s'étaient particulièrement signalés sous le rapport de la richesse de leurs envois d'échantillons, et nous avons été frappé des progrès qu'ils avaient accomplis depuis l'Exposition de 1878.

Le régime de protection, qui dans certains pays semble avoir ralenti les efforts de l'industrie, a produit en Russie un résultat absolument opposé : les fabricants de papier ont perfectionné leur outillage, modifié leurs procédés et sont arrivés à livrer aux consommateurs des sortes ne laissant rien à désirer.

Les prix de vente de ces papiers sont demeurés rémunérateurs, et les industriels, s'appliquant à fabriquer des articles de plus en plus variés et de plus en plus parfaits, n'ont reculé devant aucun sacrifice pour atteindre le but qu'ils recherchaient.

La production et la consommation des papiers marchent de pair; et comme cette dernière est appelée à augmenter dans des proportions considérables, les fabricants, protégés comme ils le sont actuellement, ont un long chemin à parcourir avant de sentir la nécessité de rechercher, en dehors de leur pays, l'écoulement de leurs marchandises.

Est-ce à dire que l'exportation des papiers russes soit insignifiante? Non certes, le prix du produit, tout élevé qu'il peut être, demeure encore fort abordable pour certains emplois qui exigent la bonne confection et la régularité; mais, à notre avis, la vente à l'étranger des papiers russes, à l'exception toutefois des pays asiatiques en relations constantes avec cette nation, ne sera, d'ici longtemps, l'effet ni d'une tendance ni d'un besoin.

L'observation qui précède s'applique exclusivement aux papiers de chiffons, additionnés ou non de pâte au bisulfite, sortes moyennes ou fines en un mot, car lorsqu'il s'agit de papiers communs, le duché de Finlande, dont nous avons déjà parlé, est non seulement à même de faire face à la consommation du pays, mais se trouve encore dans des conditions absolument favorables pour les affaires d'exportation, affaires appelées à augmenter au fur et à mesure que les fabricants de pâte de bois de cette contrée transformeront cette substance en papier :

Trois fabricants des plus importants figuraient dans la section russe.

1° La Société des papeteries de Soczewka, qui a remporté une médaille d'or.

Les papeteries de Soczewka, situées sur la rivière Skrwa, district de Gostynin, gouvernement de Varsovie, furent fondées en 1842 par M. Jean Epstein, qui devint l'un des fondateurs de la société actuelle, créée en 1884. La direction de l'usine est confiée depuis 1866 à M. Stanislas Epstein, son fils.

En 1853, dans le but de remédier aux inconvénients résultant de l'éloignement de quatre petites fabriques, échelonnées sur un parcours de 2 kilomètres, sur quatre chutes d'eau, des travaux importants furent exécutés pour réunir ces quatre chutes en une seule. Au moyen d'une digue de 170 mètres de longueur sur 10 mètres de hauteur, élevant le niveau des eaux, on obtint une chute de 11 m. 50 avec un débit moyen de 1 mètre cube par seconde.

Les quatre fabriques furent ainsi réunies en un seul établissement alimenté par trois turbines du système Kœchlin, de Mulhouse, et de 116 chevaux de force totale; mais, par suite de l'extension de la vente, ces moteurs devenus insuffisants furent remplacés par quatre nouvelles turbines produisant 240 chevaux de force, et trois machines à vapeur fournissant dans leur ensemble 280 chevaux.

L'usine actuelle possède deux machines continues pour la fabrication du papier sans fin, et occupe un personnel de 550 employés ou ouvriers.

Sa production annuelle, d'environ 1,500,000 kilogrammes et d'une valeur brute de 600,000 roubles, consiste en papiers à lettre, papiers d'écriture et papiers vélins, papiers à dessin, cartons bristols, papiers pour copies de lettres et à cigarettes, papiers buvards, papiers registres, impressions fines, pliages de couleur, papiers spéciaux pur fil pour lettres de change, polices, actions, obligations, etc., papiers lithographiques.

L'usine se procure en Russie les chiffons servant à sa fabrication, ainsi que le chlorure de chaux, l'acide sulfurique et la plus grande partie des couleurs employées; elle importe de l'étranger la cellulose, la pâte de paille et les produits chimiques.

La Société des papeteries de Soczewka a des dépôts à Varsovie, à Kieff, à Odessa, et des agences à Saint-Pétersbourg, Moscou, Rostow sur le Don, Tiflis, Charkow, etc.

Les propriétaires de l'usine ont fondé et entretiennent à leurs frais, en vue du bien-être matériel et moral des ouvriers :

Une école élémentaire composée de 3 classes et fréquentée par 150 élèves;

Une école du dimanche pour les adultes;

Une bibliothèque composée de 500 volumes;

Un service de caisse de retraite et de secours pour les anciens ouvriers, les veuves et les orphelins.

La moyenne des pensions servies, sans aucune coopération des participants, est de 3,500 roubles.

Le service médical est également assuré d'une manière régulière dans l'établissement.

La fabrique de Soczewka avait participé préalablement à un grand nombre d'expositions et avait obtenu les récompenses suivantes :

1° En 1846, à Varsovie, une mention honorable;

2° En 1849, à Saint-Pétersbourg, une médaille d'argent;

3° En 1855, à Moscou, un diplôme de S. M. l'Empereur;

4° En 1857, à Varsovie, une mention honorable;

5° En 1861, à Saint-Pétersbourg, le brevet des armes de l'Empire (la plus haute récompense);

6° En 1861, à Londres, une mention honorable;

7° En 1865, à Moscou, second rappel du brevet;

8° En 1867, à Paris, une médaille d'argent;

9° En 1870, à Saint-Pétersbourg, troisième rappel du brevet;

10° En 1873, à Vienne, la médaille de mérite;

11° En 1876, à Philadelphie, une médaille de bronze;

12° En 1878, à Paris, une médaille d'argent;

13° En 1882, à Moscou, quatrième rappel du brevet;

14° En 1885, à Varsovie, la médaille d'or [1].

2° MM. Vargounine frères, Société de la papeterie de la Néva, à Saint-Pétersbourg, qui ont obtenu également une médaille d'or, et dont l'exposition n'était pas moins remarquable que celle de la société précédente.

Une collection très riche et très complète de papiers à écrire et à imprimer, de papiers pour cigarettes, de papiers de couleur, etc., donnait *a priori* l'idée fort exacte de la variété des produits sortis de l'importante usine de MM. Vargounine frères.

La qualité et le fondu de ces articles ne nous ont pas moins frappé que la fraîcheur et la pureté de leur teinte.

Admirablement présentés d'ailleurs, les échantillons qui nous ont été soumis se signalaient par un glaçage ne laissant rien à désirer, sous le rapport de l'uniformité et du degré d'intensité approprié à l'emploi.

Fondée en 1830, la fabrique de la Société de la Néva produit annuellement 2,400,000 kilogrammes de papier pour une somme de 3,800,000 francs. Une force motrice de 568 chevaux met en marche tout l'outillage de l'établissement comprenant entre autres appareils 3 machines à papier.

---

[1] Une médaille d'argent a été en outre accordée à M. Stanislas Jablowski, collaborateur de la maison Soczewka.

Cette maison avait participé à un certain nombre d'expositions étrangères et nationales et les récompenses suivantes lui avaient été accordées :

L'Aigle, aux Expositions de Moscou en 1865 et 1872, ainsi qu'à l'Exposition de 1870 à Saint-Pétersbourg; des médailles à Londres en 1851, et en 1872 une mention honorable; des médailles à Paris en 1867 et 1878; des médailles à Vienne en 1873 et à Philadelphie en 1876.

3° M. Pantschenko, à Rostow-sur-le-Don, à qui le jury a décerné une médaille de bronze.

Cette maison, fondée en 1870, possède aujourd'hui en activité : 6 chaudières, 5 machines à vapeur développant une force totale de 240 chevaux; 2 machines à papier de 1 m. 90 et 1 m. 50 de largeur; 12 piles d'une capacité de 115 kilogrammes; 3 coupe-chiffons; 3 lessiveuses sphériques de 2 et 4 mètres de diamètre.

La papeterie consomme annuellement 2 millions de kilogrammes de chiffons et 4 millions de kilogrammes d'anthracite tirés des mines de M. Pantschenko; elle produit 1,350,000 kilogrammes de papier, dont :

En papier écolier blanc tiré exclusivement des chiffons (4 et 8)......	125,000 kilogr.
En papier d'impression.................................	75,000
En papier de couleur..................................	150,000
En papier à dessin....................................	100,000
En papier d'emballage.................................	900,000
Total.......................	1,350,000

Le propriétaire de la fabrique se propose en outre de monter prochainement 2 machines de 300 chevaux effectifs, 2 chaudières à 3 foyers intérieurs, 4 piles de moyenne grandeur; 2 broyeurs à meules verticales et une nouvelle machine à papier.

La transformation du papier était représentée par les façonnés, les réglés, les enveloppes et les cartes en feuilles exposés dans les vitrines des fabricants que nous venons de citer. Tous ces articles, et particulièrement les bristols, étaient fort bien confectionnés

Deux exposants avaient envoyé des spécimens de leur fabrication de tubes pour cigarettes;

1° M. Alexandre Semeonowitsch Victorson, de Moscou, qui a obtenu une médaille d'argent.

Sa production annuelle de tubes à cigarette est de 60,000 caisses de 10,000 tubes, représentant une somme de 200,000 roubles; cette fabrication ne s'effectue que du mois d'octobre au mois de mai.

Cette maison, qui existe depuis 1875 et a obtenu une médaille à l'Exposition de Moscou en 1882, occupe environ 3,000 ouvriers, et emploie cinq machines à couper le papier. Le collage des tubes se fait à la main.

Le papier employé à la fabrication de ces tubes est de provenance française ou finlandaise; seul le carton servant pour les bouts est exclusivement fourni par la Russie.

2° MM. M. et W. Gaevsky frères, de Moscou, à qui le jury a décerné une médaille de bronze et dont l'établissement, fondé en 1878, produit 2 millions de tubes par an pour la somme de 70,000 roubles.

Leur fabrique, qui utilise des machines nouvelles pour couper le papier, emploie 800 personnes environ.

A côté de ces exposants venaient prendre place les fabricants de registres de la section. La facilité de se procurer sur place du papier réglé, résistant et de parfait collage, du carton bien fabriqué et des articles de peausserie d'excellente qualité, devait nécessairement engager les fabricants de registres à donner du développement à leurs affaires.

Toutefois, comme il ne suffit pas, pour réussir, d'avoir sous la main les éléments de l'industrie qu'on a entreprise, mais qu'il faut en outre posséder les procédés particuliers à leur manipulation, les fabricants de registres russes se sont montés en outillage et ont formé des ouvriers qui, si nous en jugeons d'après les travaux exposés, n'ont rien à nous envier au point de vue de la conscience et du goût.

Pendant longtemps, la Russie s'approvisionnait à l'étranger des objets de papeterie et, en particulier, des registres nécessaires à sa consommation; mais le développement de cette industrie sur son sol a ralenti progressivement l'importation de ces différents articles.

M. N. J. Swindoff, de Moscou, qui a obtenu une médaille d'or, et dont la fabrique, fondée en 1858, produit pour 200,000 roubles par an et occupe 60 ouvriers et 85 enfants, exposait des produits très soignés et très remarquables, parmi lesquels il convient de citer :

Un registre grand-livre relié en basane fauve, tranche peigne, couture métallique avec garniture en cuivre, ornementation sobre et de bon goût;

Un registre grand-livre maroquin noir, tranche peigne, garniture en métal blanc et inscriptions à la main;

Un registre grand-livre relié en basane fauve, avec coins garnis de parchemin orné d'arabesques;

Un registre grand-livre relié en cuir de Russie, avec garniture en cuivre;

Enfin un autre registre grand-livre relié en maroquin vert, avec coins garnis de cuir de Russie.

MM. Kouchnarreff et Cⁱᵉ, relieurs à Moscou, auxquels le jury a décerné une médaille de bronze, avaient exposé de beaux registres grands-livres; l'un d'eux était couvert en vélin blanc et entouré d'une large bordure en chagrin; un autre était en cuir russe foncé, avec garniture nickel; un grand-livre jésus présentait un emboîtage en plein chagrin et un encadrement en or, avec coins et milieu sur plats, en impression en bleu et noir typo.

Ces exposants soumettaient, en outre, au jury différents travaux de reliure, parmi lesquels nous signalerons : un volume, *Tartarin*, in-8°, couvert en satin, orné d'impression en bistre et noir typo; un volume, *La grande cloche*, album in-4°, en satin blanc, avec impression bistre et noir typo; un album in-4° oblong, contenant des spécimens de chromo, très bien montés sur onglet, reliure en plein chagrin, cartons avec biseaux arrondis, dorure et impression noir typo, tranche dorée.

L'industrie des *fournitures de bureau* avait pour représentant dans cette section M. GAGARINE, d'Ékaterinbourg, qui, entre autres produits de son établissement fondé en 1867, exposait des encres et une presse à copier qui lui ont valu une mention honorable.

Les objets ressortissant de la classe du *Matériel des arts* étaient représentés par les échantillons de M. M.-M. ÉLIASCHEFF, fabricant de crayons à Grodno, dont le jury a voulu récompenser les efforts en lui accordant une mention honorable.

Cette fabrique, fondée en 1878, occupe aujourd'hui plus de 60 ouvriers; elle possède une machine à vapeur de la force de 8 chevaux, et sa production annuelle s'élève à 30,000 roubles.

SALVADOR.

La République du Salvador importe sur son territoire la plupart des objets se rattachant à l'industrie de la papeterie.

Toutefois le développement de l'instruction publique et l'entière liberté accordée à la presse ont favorisé depuis un certain nombre d'années l'industrie locale de l'imprimerie et conséquemment celle de la reliure.

Le Salvador n'offrait cependant au jury de la classe 10 qu'une seule exposition à examiner, celle de l'IMPRIMERIE NATIONALE, à San Salvador; cet établissement avait présenté, dans le pavillon élevé par les soins de son Gouvernement, quelques types de demi-reliures.

Parmi les travaux exposés, nous signalerons :

L'*Histoire générale des choses de la nouvelle époque*, dont les volumes étaient reliés en maroquin rouge, avec filets or et tranches dorées;

Des livres d'arithmétique, d'histoire, de géographie et des romans, ouvrages en reliure plus ordinaire, avec dos et coins en mouton rouge, ornés de filets or, plats en percaline.

Une médaille de bronze a été décernée à cet exposant.

SERBIE.

Dans la section serbe, nous n'avons eu à examiner que trois expositions de relieurs :

1° Celle de M. POPOWITCH, comprenant entre autres travaux : un fort volume in-8°, *Pehja*, en reliure pleine emboîtée, couvert en veau blanc; doré à la plaque avec impression en noir typo; les coins portaient des charnières, et la tranche était colorée en rouge avec semis d'or.

M. Popowitch, dont l'établissement monté mécaniquement occupe un personnel de 40 ouvriers et ouvrières, a obtenu une médaille de bronze.

2° L'exposition de M. Engelhard, de Belgrade, représentée par un certain nombre d'ouvrages, parmi lesquels nous citerons : un volume in-4°, reliure pleine en veau rose mat, avec biseaux gaufrés, sur plat, de grands coins en or et noir typo, tirés à la presse, charnières, bordure et tranche dorées; un atlas de Serbie, in-folio oblong, dont les cartes étaient montées sur onglets en calicot, emboîtage en toile grise, armes de Serbie et grand titre en or sur le plat.

3° L'exposition de M. Stéphanowitch, de Belgrade, qui comportait comme pièce principale un grand in-folio : *Ethnographie de la Serbie,* sur feuilles de bristol montées sur onglet bridé, demi-reliure, dos et coins de chagrin rouge, les plats couverts en percaline gaufrée blanche; les cartons, très forts, portaient à leur centre un grand cartouche creux, pour l'aquarelle représentant une dame serbe en costume national.

Le jury, voulant encourager les efforts de ces deux exposants, a accordé à chacun d'eux une mention honorable.

SUISSE.

La Suisse est l'un des pays les plus favorisés au point de vue de la fabrication des papiers moyens et inférieurs, grâce aux facilités qu'elle rencontre pour se procurer sur place ses matières premières, et grâce à l'utilisation, comme force motrice, des nombreux cours d'eau qui la parcourent.

Les prix des papiers de ce pays sont un peu inférieurs aux nôtres, et c'est ce qui explique l'importance de leur vente sur les marchés français.

Ces sortes, qui comprennent toutes les variétés, sont généralement bien fabriquées, et l'absence d'exposants, dans cette branche industrielle, nous a causé d'autant plus de regrets, que le jury de la classe 10 eût été heureux d'enregistrer leurs progrès et d'encourager leurs efforts.

La transformation du papier était représentée, dans cette section, par les trois fabricants suivants :

1° M. F. Bickel-Henriod, de Neuchâtel, qui a obtenu une médaille d'argent.

Dans sa vitrine, fort bien aménagée, nous avons remarqué, indépendamment de divers articles de bureau, tels que coupe-papiers, porte-mines, buvards, plumiers, règles, etc., des volumes reliés et plusieurs registres. L'un de ces registres a particulièrement attiré notre attention; il était cousu au fil de chanvre, parfaitement relié, dos et plat en basane verte, bien réglé et soigneusement confectionné avec du papier de bonne qualité.

Nous devons citer également trois volumes en demi-reliure avec dos et coins en maroquin, plats en papier et tranches dorées d'excellente facture.

2° La Fabrique de registres de Berne, récompensée également par une médaille d'argent.

Cet établissement, créé en 1872, est dirigé par MM. Neher et Müller, et s'occupe spécialement de la fabrication des registres de commerce et des copies de lettres, agendas, cahiers, carnets, albums à dessin, etc., articles trouvant leur écoulement dans la Suisse française et allemande, et dans les contrées limitrophes.

Le nombre des ouvriers et ouvrières occupés par cette maison varie de 50 à 60.

La force motrice servant à actionner les machines à imprimer et à régler est fournie par un moteur à gaz de 3 chevaux.

Ces machines, ainsi que celles à paginer, à découper et à perforer, sont fournies, en majeure partie, par des usines françaises ou des manufactures suisses.

Les matières premières employées pour la fabrication, telles que le papier blanc ordinaire ou le carton, sont fournies par des fabriques indigènes; toutes les autres sont importées de France ou de Belgique.

Tous les grands registres de cette maison, destinés à offrir une solidité à toute épreuve, étaient cousus à la main avec du fil de lin de première qualité; les registres ordinaires et les brochures étaient cousus au fil de laiton.

Dans les vitrines de cette maison nous avons remarqué :

Un grand-livre en peau de crocodile, avec garniture en nickel gravé, titre doré et tranche peigne;

Un grand-livre en basane fauve, avec coins ornementés, en maroquin, et tranche peigne;

Un autre grand-livre en maroquin marron, avec garniture en acier ciselé et tranche rouge avec semis de croix noires;

Un beau registre colombier de huit mains;

Un autre registre jésus d'une rame.

Tous ces articles étaient bien confectionnés avec de beau papier; la réglure en était soignée.

La Fabrique de registres de Berne n'avait encore exposé qu'une fois à l'Exposition nationale suisse de 1883, où elle avait remporté un diplôme.

3° La Société industrielle de Fribourg, à laquelle le jury a décerné une mention honorable. Cette maison fabrique exclusivement les cartonnages, industrie nouvelle dans le canton de Fribourg, et, après avoir eu des débuts modestes, occupe actuellement 75 ouvriers, ouvrières et apprentis; une bonne partie de ces derniers est formée par l'école d'apprentissage attenante à la fabrique et placée sous la surveillance d'un contre-maître expérimenté.

Cette société avait exposé une collection véritablement curieuse de cartonnages en tous genres pour la mercerie, la gainerie, la bijouterie, l'horlogerie, la confiserie, la pharmacie, etc. Tous ces articles, parmi lesquels se trouvaient quelques coffrets de luxe avec chromo et garniture en bronze, étaient d'une forme assez élégante et d'une parfaite exécution.

Les articles de fournitures de bureau étaient représentés, dans cette section, par les envois de :

1° M. G. Galli junior, qui a fondé, en 1887, à Mendrisio (Tessin), la première maison de ce genre, existant en Suisse, pour la fabrication des crayons, porte-plumes, encres, cires à cacheter et gommes liquides.

Cette fabrique, dont l'outillage perfectionné est mû par une chute d'eau de la force de 15 chevaux, occupe aujourd'hui un personnel de 25 ouvriers et ouvrières, et a pu livrer pour 200,000 francs de marchandises pendant l'année 1888.

Ses produits, fort appréciés en Suisse et à l'étranger, lui ont valu une médaille de bronze.

2° MM. Liebi et Karlen, à Thoune, successeurs de MM. Schüpbach et Karlen.

Cette maison, fondée en 1880, fabrique des ardoises encadrées pour écoles, des tableaux et des crayons d'ardoise.

La matière première servant à cette fabrication est exploitée dans la contrée.

Cette fabrique, qui possède 6 machines à travailler l'ardoise, et 18 machines pour la fabrication des cadres, est actionnée par une force motrice hydraulique de 15 chevaux et occupe un personnel de 35 à 40 ouvriers et ouvrières. Ses produits s'écoulent couramment en Suisse et s'expédient également en France, en Belgique, en Hollande, en Italie, en Angleterre, etc.

Le jury a décerné à MM. Liebi et Karlen une mention honorable.

La même récompense a été attribuée à :

1° MM. John Kocn et Cⁱᵉ, à Aussersihl-Zurich, qui exposaient les porte-plumes à réservoir d'encre, dont ils ont adopté la spécialité.

Cette maison, fondée depuis un an seulement avec un personnel de 15 ouvriers, en occupe aujourd'hui 40.

Sa production journalière est de 400 pièces.

2° M. Rapin, qui exposait des encres spéciales, préparées d'après une nouvelle formule expérimentée.

VÉNÉZUÉLA.

Depuis le décret du 27 juin 1870, par lequel le général Guzman Blanco, président de cette République, a affecté à l'enseignement primaire, devenu obligatoire et gratuit, les rentes nécessaires à son fonctionnement, l'instruction publique a pris dans ce pays un développement extraordinaire.

Toutes les branches industrielles se rattachant à l'imprimerie et à la confection des livres sont nécessairement entrées dans la voie de progrès où les entraînait l'élévation intellectuelle de la nation.

La reliure et la fabrication des registres devaient nécessairement participer à ce mouvement, et c'est ce qu'il nous a été permis de constater par l'examen des produits qui nous ont été soumis.

La marche en avant du Vénézuela est si rapide, au point de vue particulier qui nous occupe, que le nombre des ouvriers spéciaux semble insuffisant pour les besoins industriels: aussi les compositeurs, imprimeurs et relieurs qui viennent s'établir dans ce pays trouvent-ils facilement à se placer, moyennant un salaire journalier variant, selon leurs connaissances, de 5 à 12 bolivars par jour (le bolivar équivaut à 1 franc), tandis que le prix des vivres n'est pas sensiblement plus élevé qu'en France.

Les livres imprimés traitant de sciences, d'arts et métiers, les journaux, les machines et ustensiles d'imprimerie sont exempts de tous droits d'importation au Vénézuéla.

Le Gouvernement possède une imprimerie d'État; cet établissement, qui comprend des ateliers de reliure, avait exposé divers ouvrages parmi lesquels nous avons remarqué :

1° *Documentos para la historia del libertador;*

2° *Seijas derectio internacional Hispano-Americano;*

3° *Origen y constitution mecanica del mundo,* reliure veau rouge avec filets or, plat toile gaufrée, tranches dorées;

4° 40 volumes concernant le Gouvernement de Vénézuéla, demi-reliure, dos et coins en basane, plats en papier.

Toutes ces reliures, généralement bien exécutées et d'un travail soigné, ont valu à l'Imprimerie nationale une médaille d'argent.

Une maison d'impression de Caracas, faisant également la reliure et la fabrication des registres, la Société «El Cojo» Herrera Yrigoyen et Cⁱᵉ, exposait aussi un registre grand-livre parfaitement confectionné, fort bien réglé, avec cahiers cousus au fil de chanvre, relié en veau noir mat, dos et plat avec reliefs, coins et charnières en métal découpé.

Les ouvrages suivants, exposés par la même société, méritent également d'être signalés au point de vue de la bonne exécution :

1° *Diez Sonetos al General Rafael Urdaneta en su Centenario;*

2° *D. A. Arietas Hojas Sueltas;*

3° *Legendos historios de Venezuela,* bonne reliure en veau, sans ornements.

Cette société a obtenu une médaille d'argent.

INDEX.

DOCUMENTS STATISTIQUES RELATIFS À LA FABRICATION DU PAPIER ET DU CARTON.

TABLEAU GÉNÉRAL DE LA PRODUCTION DU PAPIER ET DU CARTON.

PAYS.	NOMBRE			PRODUCTION
	de MACHINES.	de CUVES.	D'OUVRIERS et ouvrières.	ANNUELLE.
Allemagne	*953 [1]	*300	42,620	*660,000,000 [2]
États-Unis	1,180	"	*24,422	*361,673,000
France et Algérie	591	188	26,460	358,112,000
Îles Britanniques	557	170	24,830	338,280,000
Autriche-Hongrie	*265	*1,317 [3]	30,355	*113,129,400
Russie	127	44	*13,304	77,256,000
Italie	*300	*486	*17,000	*70,000,000
Pays-Bas	*54	*47	*2,328	*41,878,500
Canada	64	"	2,560	38,400,000
Suède	44	26	2,150	36,640,000
Belgique	54	9	*6,148	*36,578,530
Espagne et Andorre	49	131	3,925	32,544,000
Suisse	50	4	*2,133	30,096,000
Finlande	28	"	1,554	12,794,000
Danemark	16	"	640	9,600,000
Mexique	14	"	560	8,400,000
Portugal	12	27	885	7,848,000
Norvège	9	"	360	5,400,000
Indes	*7	"	*1,687	*9,181,000
Australie	*2	"	*175	1,200,000
Brésil	4	3	205	2,472,000
Roumanie	3	3	165	1,872,000
République Argentine	3	"	120	1,800,000
Cuba	2	"	80	1,200,000
Nouvelle-Zélande	*2	*3	*50	*1,200,000
Luxembourg	*1	*"	*60	*750,000
Égypte	1	"	40	600,000
Syrie	*1	"	40	600,000
Grèce	1	"	40	600,000
Chili	1	"	40	600,000
Vénézuéla	1	"	40	600,000
Île Maurice	1	"	40	600,000
TOTAUX	4,397	2,758	205,016	2,261,904,430

[1] Les chiffres marqués d'un astérisque sont d'origine officielle; ils nous ont été fournis par les consulats et les ambassades.

[2] Le chiffre de 660,000,000, pour la production annuelle de papier en Allemagne, nous paraît exagéré, mais nous avons tenu à le faire figurer dans ce tableau à cause de son origine officielle.

[3] Le chiffre de 1,317 cuves pour l'Autriche-Hongrie nous semble supérieur à la réalité.

Dans le tableau qui précède, nous avons reproduit fidèlement les données qui nous ont été fournies par les gouvernements étrangers [1]. Les autres chiffres ont été obtenus de la manière suivante :

Nous avons recueilli dans les annuaires et tout particulièrement dans celui de la papeterie universelle [2] les renseignements relatifs au nombre des machines et des cuves. Nous avons tenu compte des différences considérables qui se produisent au point de vue des quantités fabriquées quotidiennement soit en papier, soit en carton, selon qu'il s'agit de sortes minces ou de sortes épaisses, d'articles communs ou d'articles fins ; nous avons fait la part des divers rendements des machines d'après leur nature, leurs dimensions, la vitesse de leur marche, et nous avons ainsi été conduit à nous arrêter à la moyenne de 2,400 kilogrammes par jour et par machine.

Des considérations analogues nous ont permis de fixer à 80 kilogrammes la production moyenne et journalière de la cuve.

Afin d'évaluer la fabrication annuelle des papeteries et cartonneries, nous avons adopté une base de 300 journées de travail, faisant ainsi la part des arrêts ordinaires et extraordinaires.

Nous avons calculé le nombre des ouvriers et ouvrières d'après une moyenne de quarante hommes ou femmes par machine, et de quinze personnes employées par cuve. Il va sans dire que, dans notre évaluation, nous avons négligé, à dessein, de comprendre le personnel affecté à la transformation du papier et du carton, ainsi qu'à la préparation des pâtes de paille, de bois, ou d'alfa.

EMPIRE D'ALLEMAGNE.

D'après les renseignements recueillis par les soins de l'ambassade de France à Berlin et qu'elle a bien voulu nous transmettre, il existe actuellement en Allemagne 506 fabriques de papier mécanique ; 150 fabriques de papier à la cuve ; 351 fabriques de carton.

En ce qui concerne la production totale du papier, elle est évaluée à 600 millions de kilogrammes par an pour le papier à la machine et 50 à 60 millions pour le papier à la cuve.

Le nombre des machines employées par les fabriques de papier et de carton s'élève à 953 ; il n'a pas été possible de connaître exactement le nombre de cuves.

AUSTRALIE.

D'après les renseignements émanant du consul de France à Melbourne et communiqués par M. le Ministre des affaires étrangères à Paris, il n'existe en Victoria que 2 fabriques de papier : l'une à South Melbourne, appartenant à MM. Brooks et Cuvrie ; l'autre, la *Darmon paper Mills C°*, à Fyans Ford, près de Geelong.

Suivant les statistiques officielles de M. Hayter, ces fabriques emploient 175 ouvriers et une force de 450 chevaux. Leur matériel est estimé 48,000 livres sterling ou 1,200,000 francs, avec les bâtiments et les terrains.

En 1880-1881, les fabriques de papier étaient au nombre de 3, transformant 24,300 livres sterling (607,500 francs) de matières premières en 47,370 livres sterling (1,184,204 francs) de produits.

On ne possède pas les chiffres de consommation et de production des deux usines fonctionnant aujourd'hui, mais elles ne fabriquent qu'une faible partie du papier employé dans la province.

En effet, pendant le cours de l'année 1888 (les chiffres de 1889 ne sont pas encore connus), les importations de papiers à imprimer ou à écrire, qui sont exempts de droits quand ils parviennent à Melbourne tels qu'ils sont livrés par les fabriques, c'est-à-dire non ébarbés et sans emballage d'ori-

---

[1] Ces chiffres figurent dans le tableau avec le signe indicatif (*).

[2] *Annuaire de la papeterie universelle* de Chaignaud.

gine, ont atteint : pour les papiers à imprimer, 159,180 quintaux valant 246,745 livres sterling (6,168,625 francs); pour les papiers à écrire, 26,773 quintaux valant 59,762 livres sterling (1,494,050 francs). Aucun papier n'a été exposé à Melbourne en 1888-1889 par l'Australie occidentale, l'Australie méridionale, ni par la Tasmanie. Les *Darnou paper Mills*, de Geelong (Victoria), cités plus haut, ont été classés dans le deuxième ordre de mérite; les machines servant à leur fabrication ont été fournies par Bestram et fils, d'Édimbourg.

La fabrication du papier est actuellement nulle dans la Nouvelle-Galles du Sud. Des industriels anglais avaient fondé, il y a quelques années, à Liverpool, localité distante d'environ 35 kilomètres de Sydney, une manufacture de papier dont l'exploitation n'a jamais donné de résultats bien satisfaisants et qui, ne pouvant soutenir la concurrence avec les papiers importés d'Europe, a été finalement fermée dans ces derniers temps par ses propriétaires.

C'est la seule tentative de ce genre qui ait été faite et il n'existe de manufacture de papier ni à Sydney ni ailleurs en New South Wales, pas plus du reste que dans la colonie voisine du Queensland.

ÉTATS-UNIS D'AMÉRIQUE.

D'après les renseignements fournis par le Consul général des États-Unis à Paris, le nombre de fabriques s'élevait en 1880, époque du dernier recensement, à 692, représentant un capital de 239,591,720 francs.

Le total de la production représentait à cette époque une valeur de 285,544,000 francs.

Le nombre des ouvriers était de :

Hommes	16,133
Femmes	7,640
Enfants	649
ENSEMBLE	24,422

Les salaires de ces personnes s'élevaient à la somme de 44,173,000 francs.

Le total de la force motrice employée dans les manufactures de papier s'élevait à 123,912 chevaux-vapeur.

Les matières employées se composaient de :

Chiffons	187,917 tonnes.
Vieux papier	87,840
Déchets de coton	12,088
Déchets de chanvre manille	84,786
Paille	245,838
Produits chimiques	18,802,000 francs.
Autres matières à papier	36,471,000
Pâte achetée (pulpe)	8,714,000

représentant une valeur approximative de 175,919,000 francs.

La production se décomposait comme suit :

Papiers d'impression	149,177 tonnes.
Papiers à écrire	32,937
Papiers d'emballage	134,294
Carton pour relieurs	20,014
Papier de tenture	14,737
Papier de couleur	6,693
Papier pour billets de banque	134
Autres	3,687

ROYAUME DE BELGIQUE.

D'après les renseignements statistiques communiqués par la légation belge, renseignements extraits du dernier recensement de 1880 publié par le Ministre de l'intérieur et de l'instruction publique, qui ne possède pas, en ce qui concerne la production de l'industrie papetière, de données plus récentes, il existait à cette époque :

43 fabriques dont 38 papeteries et 5 fabriques de pâte à papier.

La production annuelle était de :

	Poids.	Valeur.
Pâte à papier	2,100,000 kilogs.	336,000 francs.
Papier	34,473,500	36,262,323
Papier d'emballage	2,105,000	945,000
Totaux	38,678,000	37,543,323

Le nombre d'ouvriers occupés par ces établissements s'élevait à 6,436 dont 288 pour les fabriques de pâte à papier et 6,148 pour les papeteries.

La force motrice utilisée s'élevait à 4,819 chevaux-vapeur, produite par 200 moteurs dont 12 pour les fabriques de pâte à papier et 188 pour les papeteries.

CANADA.

Les renseignements transmis par le Commissariat général du Canada nous apprennent que, d'après les statistiques officielles les plus récentes et qui remontent à 1881, l'industrie du papier occupait à cette époque au Canada 1,820 ouvriers. Le capital des différentes compagnies se livrant à cette fabrication s'élevait à 2,385,507 dollars ou 11,927,535 francs, et leur production annuelle était évaluée à 2,670,167 dollars ou 13,350,835 francs.

Depuis lors, cette industrie a progressé considérablement et l'on compte dans les provinces de Québec et d'Ontario 8 nouvelles fabriques importantes.

EMPIRE DE RUSSIE. — GRAND-DUCHÉ DE FINLANDE.

En Finlande, on ne fabrique pas de papier à la main ; d'après les renseignements qui nous ont été transmis par la chancellerie de l'ambassade de France à Saint-Pétersbourg, documents qui ont trait exclusivement à la fabrication du papier, il existait dans ce duché neuf fabriques en 1888.

Leur production s'élevait à cette époque à 12,794,000 kilogrammes de papier de différentes sortes représentant une valeur de 6,557,000 francs.

Le nombre d'ouvriers employés était de 1,554.

Le nombre des machines employées par ces usines était de vingt, utilisant une force motrice de 580 chevaux-vapeur et 3,890 chevaux hydrauliques.

INDE.

D'après une note communiquée par M. le Ministre du commerce et de l'industrie, il existe actuellement dans l'Inde 9 fabriques de papier, dont 7 seulement sont en activité[1]. Dans la présidence de Bombay

[1] Voir le tableau de la page 334.

PROVINCES.	DISTRICTS.	DÉSIGNATION des PAPETERIES.	DATE DE CRÉATION.	CAPITAL SOCIAL.	NOMBRE D'OUVRIERS employés par jour.	PRODUCTION ANNUELLE. QUANTITÉ.	PRODUCTION ANNUELLE. VALEUR.	GENRE DE PAPIERS FABRIQUÉS.	MATIÈRES SERVANT à la fabrication.
				francs.		kilogrammes.	francs.		
	Bombay...	Girgaum.......	1862.	"	54 (1 machine).	270,481	110,766	Gris et blanc.	Vieux tissus de jute, paille, chiffons blancs et toile à voile.
	Ahmedabad.	Ahmedabad.....	1881.	"	" (1)	"	"		
Bombay........	Surat.....	Mahamadbhai Jamaludin......	Janv. 1878.	"	40 (1 machine).	26,500	18,550	Blanc commun.	Chiffons divers.
	Poona.....	Reay........	1885.	1,000,000	190 (1 machine).	604,800	450,000	Écolier et à lettres, impressions, buvard et gris.	Paille de blé et de riz, chiffons divers, vieux tissus de jute, grass.
	Poona.....	Indian........	Juill. 1885.	800,000	" (1)	"	"		
Bengale.........	Howrah....	Bally........	1867.	1,936,000	575 (3 machines).	4,027,520	2,374,000	Impression pour cartouches, emballage, buvard, gris.	Chiffons, grass, déchets et rognures de jute et chanvre.
	Titagarh...	Titagarh	1882.	1,200,000	278 (2 machines).	1,882,358	1,255,030	Blanc d'emballage, gris pour cartouches.	Chiffons, paille, grass, jute, vieux papiers, vieux tissus de jute, vieux cordages.
Provinces du nord-ouest et d'Oudh..	Lucknow...	Upper India Couper........	Nov. 1879.	1,600,000	300 (1 machine).	1,712,811	733,076	Impression, emballage, colorés, communs et chers, buvard, cartouchs.	Chiffons, grass, cordes, toiles à sacs, de jute. Chanvre, coton, paille.
Inde centrale.....	Gwalior....	Sindia........	1883.	1,200,000	250 (1 machine).	657,362	427,440	Blanc et coloré pour affiches.	Moonj grass, vieux tissus de jute, chiffons divers.

(1) Fermée depuis plusieurs années.

il y en a 5 dont 2 sont fermées (celles de Pôona et d'Ahmedabad), 1 dans l'Inde centrale, 2 enfin dans la présidence du Bengale à peu de distance de Calcutta (celles de Bally et de Titagarh). 6 de ces usines appartiennent à des compagnies dont l'ensemble des capitaux représente la somme de 7,736,000 francs. En 1888, cette industrie occupait chaque jour un nombre moyen de 1,687 ouvriers et produisait une quantité de 9,181,832 kilogrammes de papier représentant une valeur de 5,368,862 francs. Les matières servant à cette fabrication sont principalement les vieux chiffons, certaines variétés d'herbes (*babui* et *moonj grass*), la paille de blé et de riz, les déchets et rognures de jute et de chanvre, ainsi que les vieux sacs en toile de jute (*gunny*).

La qualité du papier fabriqué dans l'Inde s'est beaucoup améliorée depuis ces dernières années, et la vente sans cesse croissante est devenue considérable. La valeur totale de cette production, qui, en 1885, n'était que de 3,559,908 francs, a atteint, en 1888, 5,368,862 francs, correspondant par conséquent à un accroissement de 50.81 p. 100 dans une période de quatre ans. En quantité, elle s'est élevée de 6,151,663 kilogrammes à 9,181,832 kilogrammes et présente une majoration de 49 p. 100 en faveur de l'année 1888.

Aucune usine ne fabriquant de papier à la main n'emploie par conséquent de cuves. Le tableau ci-joint, dressé d'après les dernières statistiques du Gouvernement de l'Inde, indique pour chacune de ces papeteries la date de leur création, leur capital social, le nombre moyen d'ouvriers employés par jour, le rendement annuel en quantité et en valeur, enfin les diverses espèces de papier fabriqué.

ROYAUME D'ITALIE.

Suivant les renseignements communiqués par M. le consul général de S. M. le roi d'Italie à Paris et recueillis par le Ministère royal de l'agriculture, de l'industrie et du commerce, il résulte qu'en 1889 il existait en Italie 416 papeteries en activité.

Ce chiffre ainsi que ceux qui vont suivre, bien que de source absolument officielle, sont fournis par le Ministère italien, sous toutes réserves.

On estimait que cette même année, le total de la production s'élevait à 700,000 quintaux représentant une valeur d'environ 60 millions de lire.

Le nombre des ouvriers employés dans ces papeteries était de 17,000.

La force motrice était produite par des moteurs mécaniques de la puissance de 18,000 chevaux dynamiques dont 3,400 fournis par la vapeur et 14,000 par l'eau.

Le matériel servant à la fabrication se composait à cette époque de : 100 machines sans fin, 200 machines à tambour, 486 cuves; de plus, la fabrication mécanique de la pâte de bois exigeait encore 50 appareils spéciaux.

Un seul fabricant produisait de la pâte chimique, ou cellulose, pour l'usage d'une papeterie lui appartenant.

NOUVELLE-ZÉLANDE.

D'après une note communiquée par M. le Ministre du commerce et de l'industrie, il existe en Nouvelle-Zélande 2 moulins à fabriquer le papier :

Le premier, *Woodhaugt Mills*, est situé à 3 kilomètres environ de Dunedin, emploie une vingtaine d'ouvriers et produit un peu plus de 5 tonnes de papier par semaine;

Le second, *Mataura paper Mills*, se trouve sur les bords de la rivière de ce nom, à 160 kilomètres environ dans le sud-ouest de Dunedin, occupe une trentaine d'ouvriers, possède 3 cuves et produit environ 15 tonnes de papier par semaine.

Les papiers de belle qualité ne sont pas encore fabriqués dans la colonie, car ces deux moulins ne produisent que du papier d'emballage de couleur brune, grise ou bleue et de bonne qualité, papier très utilisé dans le commerce.

Les substances dont on se sert pour la confection de ces papiers d'emballage sont, en première ligne, une herbe indigène connue sous le nom de *tussock*, puis ensuite les vieux cordages, les vieux papiers ainsi que les vieux chiffons.

EMPIRE DE RUSSIE.

D'après les documents officiels transmis par M. le consul chargé de la chancellerie de l'ambassade de la République française à Saint-Pétersbourg, il existe en Russie : 140 fabriques de papier et de carton situées comme suit :

	de Saint-Pétersbourg..	19
	de Moscou..	12
Gouvernements	de Kalouga..	10
	de Wladimir..	9
	de Livonie..	8

Le total de la production de ces usines s'élevait, en 1887, à la somme de 14,697,000 roubles.

Le nombre des ouvriers était à la même époque de 13,304.

Trente-trois de ces fabriques sont mues par l'eau; les autres utilisent la vapeur et la force hydraulique. Ces dernières emploient : 155 machines à vapeur représentant dans leur ensemble une puissance dynamique de 3,831 chevaux, 6 moteurs hydrauliques d'une force de 565 chevaux, 21 turbines dont 13 d'une force de 2,050 chevaux.

On compte dans ces manufactures, comme matériel : 43 machines à papier, 628 cylindres.

TABLE DES MATIÈRES.

CHAPITRE V.

SECTION FRANÇAISE.

CHAPITRE VI.

SECTION FRANÇAISE.

CHAPITRE VII.

SECTION DES COLONIES.

CHAPITRE VIII.

SECTION DES PAYS DE PROTECTORAT.

CHAPITRE IX.

SECTIONS ÉTRANGÈRES.

INDEX.

TABLE ALPHABÉTIQUE.